国家示范性高等职业院校的个性化成长

——以宁波职业技术学院为例

苏志刚　著

苏州大学出版社

图书在版编目(CIP)数据

国家示范性高等职业院校的个性化成长:以宁波职业技术学院为例/苏志刚著. 一苏州:苏州大学出版社,2013.6
ISBN 978-7-5672-0518-5

Ⅰ.①国… Ⅱ.①苏… Ⅲ.①高等职业教育—学校管理—研究—中国 Ⅳ.①G719.2

中国版本图书馆 CIP 数据核字(2013)第 134499 号

国家示范性高等职业院校的个性化成长
——以宁波职业技术学院为例
苏志刚 著
责任编辑 刘诗能

苏州大学出版社出版发行
(地址:苏州市十梓街1号 邮编:215006)
苏州工业园区美柯乐制版印务有限责任公司印装
(地址:苏州工业园区东兴路7-1 邮编:215021)

开本 787 mm×960 mm 1/16 印张 20 字数 365 千
2013 年 6 月第 1 版 2013 年 6 月第 1 次印刷
ISBN 978-7-5672-0518-5 定价:48.00 元

苏州大学版图书若有印装错误,本社负责调换
苏州大学出版社营销部 电话:0512—65225020
苏州大学出版社网址 http://www.sudapress.com

目录

前 言

《国务院关于大力发展职业教育的决定》(国发〔2005〕35 号)要求在整合资源、深化改革、创新机制的基础上,重点建设 100 所高水平的示范性高等职业院校,“大力提升这些学校培养高素质技能型人才的能力,促进它们在深化改革、创新体制和机制中起到示范作用,带动全国职业院校办出特色,提高水平”。根据这一文件精神,为了在全国高等职业教育中树立改革典范,引领高等职业教育与经济社会结合,推动高等职业教育健康发展,经国务院同意,“十一五”(2006—2010)期间,由教育部和财政部联合实施“国家示范性高等职业院校建设计划”,这项计划的目的在于使高等职业教育更好地为经济建设和社会发展服务。在这样的基础上,按照以地方为主,中央引导,突出重点,协调发展的原则,同时兼顾地区、产业、办学类型等因素,选择 100 所左右定位准确、办学条件好、社会声誉高、产学结合紧密、改革突出、辐射能力强的高等职业院校,通过五年时间,使院校在办学效益和辐射能力等方面有较大的提高,带动全国高等职业教育加快改革与发展,逐步形成具有中国特色的结构合理、功能完善、质量优良的高等职业教育体系,更好地为我国经济建设和社会发展服务。这是继高等学校本科教育实施“211 工程”之后,在高等职业教育中实施的另一个“211 工程”。

宁波职业技术学院是首批进入国家示范性高职院校行列的 28 所院校之一。示范院校建设以来,宁波职业技术学院的办学水平和人才培养质量都有了显著提高,学院毕业生的就业率连续几年都在 99% 以上。在示范性高职院建设的近七年中,宁波职业技术学院既像其他高职院一样面临着如何进一步加强内涵建设,提升教育质量的挑战,又在不断尝试和探索如何走出一条更加适合于自身成长和发展的道路。当今,不少有识之士认为,中国要有自己的职业教育模式,中国的职业教育研究者必须“三管齐下”助力于适合中国国情的职业教育(职业技术院校)发展模式。这个问题很大很重要,不独对于职业教育作为一门学问(学科)有重要性,更对中国发展适当的职业教育有重要性。“三管”何谓?一是学习借鉴外国已有的先进模式;二是总结反思自身过去的既有模式;三是分析提炼自身当下正在探索进行着的行动模式。在这个过程中,结合理论研究的案例研究有着难以替代的作用。本书围绕示范性高职院校如何进一步发展问题，提供较为广阔的前瞻性的理论思考，并结合宁波职业技术学院的具体个案展开调查分析。理论思考不仅有哲学、教育学、心理学等学科视野，还吸收了管理学、社会学、文化学等学科理论与方法。一些基于调查分析的案例，均为专业研究人员深入宁波职业技术学院的实际，收集一手信息撰写而成，曾公开发表。

本书分为九个部分，分别探讨示范性高职院所要面临的卓越战略、有效领导、教师发展、课程改革、教学创新、资本积聚、文化建设、组织学习、学生成长等九个重要问题。大致来说，又可分为四个部分。

从第一章到第二章为第一部分，主要探讨示范性高职院的卓越管理问题。实行品牌战略，保持基业长青，是深化示范性高职院内涵建设的必由之路（第一章）；要做到引领发展，示范性高职院领导班子必须是强有力的，有影响力、领导力与学习力，在愿景描绘、整体经营、知识管理、专业研究等方面应当能够胜人一筹（第二章）。

从第三章到第五章为第二部分，围绕教师、课程与教学三个方面探讨示范性高职院提升内涵建设的核心问题。高职作为特别类型的高等教育，既需要教师“德高”、“学高”，也需要教师“技高”。教师自身的专业发展与示范性高职院发展是相互依赖、相互促进的。“与学校共成长”，这应当是示范性高职院教师面临的时代命题（第三章）。课程与教学是密不可分的教育改革与创新的重点。既要适应社会经济发展，又要适应个体身心发展，高职的课程改革就必须超越既往，即打破将普通本科院校的学科体系进行压缩包装的惯习，遵循职业发展规律，按工作体系重新构建适合于高职人才培养的课程（第四章）。同时实行以追求优效为旨归的教学创新，在教学模式、教学设计与教学过程等方面使具有高职特色的课程理念得到贯彻，课程目标得以实现（第五章）。

从第六章到第八章为第三部分，从社会资本、文化建设和组织学习三个方面探讨示范性高职院建设的一些深层次问题。社会资本是示范性高职院建设的重要元素，具有不同于人力资本、财政资本的特别内涵与存在价值，是通过网络、关系及信任等建立起来的内外社会性支持条件（第六章）。学校文化是示范性高职院建设的灵魂，是一切育人手段中“最能深入人的骨子里的东西”。校园文化的建设与发展需要自我诊断和自觉策划，需要领导者的参与和引领（第七章）。组织学习是示范性高职院建设的根本路径。未来走得更快更远的人是学习能力强的人，对组织来说，同样也应当如此。示范性高职院组织学习项目的规划与实施，对最终构建学习组织将产生巨大的促进作用（第八章）。

第九章为第四部分，探讨示范性高职院的学生成长问题。学生成长既是示范性高职院建设的出发点,也是示范性高职院建设的归宿。从多元智能视野和当今时代背景来把握高职院学生的特点,充分认识到学生成长既是身心交织的全面成长,又是习得能力的专业成长;既是师生互动的共同成长,又是找到自我的个体成长。只有如此,示范性高职院所有的教育教学工作才能更好地实现学生充分、全面、健康、活泼发展的最大目标。

第一章

从优秀到卓越：示范性高职院校的内涵探究

第一节　示范性高职院校的工作中心：内涵建设

目前，走新型工业化道路，推进产业结构优化升级，转变经济增长方式，对我国人力资源的结构和素质提出了更新、更高的要求。同时，如何解决“三农”问题，建设社会主义新农村也是摆在面前的重要任务。近年来，党中央、国务院高度重视高等职业教育的发展，加大了对职业教育支持的力度。高等职业教育规模的进一步扩大，改革和发展步伐的逐步加快，服务经济社会的能力有了很大的提高，这对完善我国高等教育结构，实现高等教育大众化发挥了积极的作用。

一、示范性高职院校产生的背景、意义及目标

《国务院关于大力发展职业教育的决定》（国发〔2005〕35 号）要求在整合资源、深化改革、创新机制的基础上，重点建设 100 所高水平的示范性高等职业院校，“大力提升这些学校培养高素质技能型人才的能力，促进它们在深化改革、创新体制和机制中起到示范作用，带动全国职业院校办出特色，提高水平”。根据这一文件精神，为了在全国高等职业教育中树立改革典范，引领高等职业教育与经济社会结合，推动高等职业教育健康发展，经国务院同意，“十一五”(2006—2010)期间，由教育部和财政部联合实施“国家示范性高等职业院校建设计划”，这项计划的目的在于通过整合资源、深化改革、创新机制，使高等职业教育更好地为经济建设和社会发展服务。在这样的基础上，按照以地方为主，中央引导，突出重点，协调发展的原则，同时兼顾地区、产业、办学类型等因素，选择 100 所左右定位准确、办学条件好、社会声誉高、产学结合紧密、改革突出、辐射能力强的高等职业院校，用五年时间，使院校在办学效益和辐射能力等方面有较大的提高，从而带动全国高等职业教育加快改革与发展，逐步形成具有中国特色

的结构合理、功能完善、质量优良的高等职业教育体系,更好地为我国经济建设和社会发展服务。这是继高等学校本科教育实施“211 工程”之后,在高等职业教育中实施的另一个“211 工程”。

建设示范性高职院校具有如下重要意义:首先,建设创新型国家的核心是培养创新型人才队伍。创新型人才队伍需要科技领军人才,更需要能够解决生产难题的复合型、知识型一线创新人才。以培养具有创新精神和创新能力的高技能人才为己任的高职教育理应成为国家创新人才培养体系的重要组成部分。在当前面向生产、建设、管理和服务第一线的高技能人才严重不足的情况下,通过建设国家示范性高职院校,能在办学理念、办学方向上进一步引领全国高职院校通过推行产学合作、工学结合等方式,探索高技能人才培养的有效途径。

其次,建设社会主义新农村要求在农村地区普及九年义务教育的同时,大力发展职业教育和技能培训,使广大农民适应城乡经济社会发展一体化的要求。要完成这项历史性任务,既要加快发展农业类高职教育,也要充分发挥其他各类职业院校为“三农”服务的功能。因此,建设一批示范性高职院校,发挥其带动作用和辐射功能,对于统筹城乡发展、促进农业科技进步具有重要意义。

再次,就高职教育自身发展而言,增强高职院校基础能力,需要一批优秀院校的引领。近十年来,我国高等职业教育蓬勃发展,为现代化建设培养了大量高素质技能型专门人才,对高等教育大众化做出了重要贡献,丰富了高等教育体系结构,形成了高等职业教育体系框架。然而,对照现实要求和世界各国的情况,我国高职院校还须进一步深化办学理念,明确办学方向,提升人才培养质量。能否增强高职院校的基础能力,直接影响到构建中国特色职业教育体系和中国特色高等教育体系的前景。因此,须要集中财力和优质资源,在国家指导下建设一批高水平的高职院校,发挥其带动和示范作用,促进全国高职院校基础能力的普遍增强,并使这些最优秀的高职院校能够在高职教育领域做出贡献。通过国家示范性高职院校建设计划的实施,建成一批世界先进水平的高职院校,有利于凝聚全社会重视高职教育的共识,优化高职教育的改革发展环境,引领高职教育的持续健康发展。

示范性高职院校建设要达到的示范效应①大致表现为三个方面:一是提升效应。实现一部分高等职业院校办学软硬件水平的显著提升,并实现优质高等职业教育资源的共享,壮大高等职业教育实力,促进全国高职院校基础能力的普遍增强,并使这些最优秀的高职院校能够在高职教育领域做出更大的贡献。二

---

① 参见程红兵、刘民钢《国家示范性高职院校建设应以内涵为本》,《中国教育报》,2008 年 2 月 18 日。

是促进效应。示范性高职院校绝不仅仅是投资建设的示范，更应该是发展的示范、改革的示范、管理的示范。示范性高职院校要加快发展，探索开放的办学体制、专业设置与调整机制、学校与行业企业互动机制、工学结合机制、“订单式”人才培养机制、职业技能鉴定的协同机制、学历教育与职业培训结合机制、与行业企业合作的课程开发机制、实训教材开发机制、教学做融合机制、教育资源整合机制、校内生产性实训基地共建共享机制、双师型教师队伍培养机制等，形成科学的人事分配和管理制度，以及教学质量保障体系；还要在坚持从严治教、规范管理、民主办学等各个环节上作出表率和示范。三是带动效应。示范性高职院校通过建设，将在办学实力、教育质量、管理水平和办学效益等方面有很大的提高，特别在深化教育教学改革、创新人才培养模式等各个方面，能够取得明显的进展，发挥积极的楷模作用，总结出可借鉴可推广的经验、模式，带动全国高等职业院校办出特色，提高水平，在普及的基础上提高，在提高的指导下普及，并拉动地方政府、学校、企业和社会各界积极投入，促使职教育改革走上健康发展之路。

二、示范性高职院校内涵建设的多维思考

示范性高职院校内涵建设涉及体制、教学、课程、文化、师资、资源开发等诸多方面，所以需要多维的考量。大致来说，它的主要内容可以概括为：改革创新，激发体制活力；文化引领，形塑软性实力；明确目标，锁定职业能力；开放服务，拓展合作潜力。

1. 改革创新，激发体制活力

建设示范性高职院校，要想创新高职院校的体制，就要不断推进、不断提高、不断完善、不断探索新时期具有中国特色的高等职业院校的组织建设，建立符合高素质、高技能人才培养的长效机制，确立全校师生共同遵守的办学理念和行为准则。这不仅体现在教学管理机制、学生管理机制、教师（员工）管理机制等行为形态上，还体现在学校群体的意识及其物化形式上。

（1）建设创新型组织机构。采取现代的、柔性的、“以人为本”的组织结构，摒弃传统的、机械的行政化组织机构，以科学的精神和专业教育发展的需要作为组织设置的前提，行政系统必须服务于教学这个中心，服务于产学研之间的高效联合，增设校企产学合作机构，减少管理层次，增强部门间的联系和结合。

（2）创建服务型管理制度。紧紧围绕社会对高素质高技能人才的实际需要，摆脱以往中职院校管理制度的束缚，突破一般性学术型人才培养的高校管理制度，在遵循高等职业教育原理和规律的基础上，建立新的、科学的符合高职院

校可持续发展要求的新型管理制度，增强服务意识，优化管理效益。

（3）实施项目监控和决策机制。以重点专业（群）为“项目实体”，在充分听取专业指导与咨询组织意见的基础上，加强以重点专业为龙头的专业教学组织与行业企业多方位、多形式的合作，通过多渠道的工学结合方式培养专门人才；并且在加强项目的制度建设、组织管理、资金管理、建设目标管理、绩效管理等方面建立健全项目实施监控和决策体系。

（4）建立灵活的日常运行机制。对传统的教学组织、教学实施和教学管理模式进行改革，通过建立和健全灵活多样、丰富多彩的专业设置、专业建设、专业改革、专业发展机制，探索适应新型专业人才培养模式教学需要的运行和管理机制，构建科学、合理、有效的教学质量保障体系，形成统一性与多样性相结合的人才培养质量评价机制等。

2. 文化引领，形塑软性实力

高职院校的文化建设包括物质文化、制度文化和校园文化建设等各个方面，在物质文化、制度文化的基础上建立健全高职院校内在的群体意识和价值观念，尤其是要积极探索独具特色的学校文化建设，塑造具有引导、规范、激励、熏陶和识别功能的高职院校精神和意念环境。

（1）凝练办学理念。办学理念是办学者对于学校性质、定位和职能的理性认识，不仅反映了学校的历史传统，也表现了学校对现实的思考和对未来的展望，即要发挥传统的办学优势，还要根据经济社会的快速发展，凝练“跟得上社会步伐”的办学理念。这就需要示范性高职院校进一步调整和确定办学定位，突出办学特色，强化办学优势，根据自身的文化秉性不断进行整合，在引领学校建设发展的办学理念上与时俱进。

（2）传承个性精神。高等职业教育不应仅是教会学生技能的训练场所，还应是科学精神与人文精神相融合、科学技术与人文关怀相渗透，培养具有稳定价值观念的高素质高技能人才的精神家园。示范性建设中的高职院校，须要营造富有个性特点的精神灵魂，以其内在气质、价值取向和品格特征等来反映学校的“示范性”，形成人无我有、人有我优、人优我新的办学特色，赋予学校活力和个性。在校园风貌、办学思想、培养模式等方面具备持续的吸引力、凝聚力、引领力、竞争力，才可以使学校真正有生命力、竞争力和发展力，也才能真正成为我国高职教育改革的模范、管理的模范、发展的模范。

（3）提升校园文化。校园文化是历届校园人之品格、智慧、信念和业绩的结晶，由多重因素融汇、积淀而成，是体现了学校本质和特色的文化。作为高校精神文明建设的核心内容，校园文化不仅反映了一个学校的办学理念、治校精神，也汇集了学风、教风、作风等，彰显学校的个性。创建示范性高职院校要放开思想，充分调动广大师生参与建设的积极性和创造性，开拓、探索并提升独具魅力的校园文化，形成以"质量、特色、品牌"为共性内核特征的学校精神，励精图治、自我超越。

3. 明确目标，锁定职业能力

(1) 以专业建设为本。高职院校应以专业建设为本，坚持"服务社会设专业，依托行业建专业，校企合作强专业"的专业建设思路，按照国家精品专业的标准建设国家、省、校三级精品专业体系，提高专业建设总体水平。专业建设具有不可替代的基础性地位，它是高职院校各项建设工作的重中之重。要根据经济社会发展对人才需求的市场变化培养"下得去、用得上、留得住"，适应生产、管理、服务一线岗位能力和素质要求的高技能专门人才，就必须动态跟踪和把握人才市场供求规律，不断改革和优化人才培养方案。

(2) 课程标准突出职业能力培养。示范性高职院校课程体系建设重点强调职业性、实践性和开放性，根据技术领域和职业岗位的任职要求，参照相关的职业资格标准，改革课程体系和教学内容。通过积极与行业、企业合作开发课程，建立突出职业能力培养的课程标准，体现职业岗位的能力要求，使专业核心课程与职业岗位能力切实对应。

4. 开放服务，拓展合作潜力

所谓示范，即"作出某种可供大家学习的典范"。示范性高职院校，也即是全国同类高职院校学习和借鉴的典范，它能给其他高职院校的建设和发展提供有价值的参考。示范性高职院校要成为发展的示范、改革的示范、管理的示范，"全面贯彻党的教育方针，全面推进素质教育；做以服务为宗旨的示范；做以就业为导向的示范；做与生产劳动和社会实践相结合的示范"。因此，示范性高职院校须要注意全方位开放，接纳、包容以成"典型之范"。

(1) 培养过程，校企共同参与。高职教育的目标是培养生产、建设、管理、服务第一线的高级技术应用人才，因此，学校要注意与行业企业形成互动融合、亲密合作、和谐发展的良好局面。通过校企合作，一方面，学校可以有针对性地加强学生的生产性实训环节，提高其技术应用水平与职业能力，培养符合社会需要的各类人才；另一方面，在合作企业中建立校外实训基地，安排学生定时、定点到企业顶岗实习，切实感受企业真实的工作情景。同时，还应吸纳企业一线的技术管理人员参与人才培养的全过程，倾听企业对员工技能与素质的要求。这样，不仅丰富了学校的教学资源，还有助于提高学生的实践技能。通过工学结合，加快推进高职教育培养模式由传统的以学校课堂教学为中心向理论和实践性应用融合转变，将校内学习与校外工作有机结合，全面提高学生的职业素质与专业技术水平，确保高职院校的人才培养质量。

（2）师资队伍，内专外兼结合。高技能人才的培养，离不开高素质的师资队伍，这是学校发展不可或缺的人力资源。强化"人才强校"战略，高职院校应本着"不求所有，但求所用"的原则，按照开放性和职业性的内在要求，以优秀专业教学团队建设为重点，以专业带头人与专业骨干教师队伍建设为核心，大力加强高水平的"双师型"专业教师队伍建设。制定具备"双师"素质与"双师"结构的专兼结合专业教学团队建设规划，通过组织教师国内外进修学习、企业挂职锻炼、承担科技项目、参加实践（职业）技能培训等多种方式，提高专职教师的职业技能和教学水平，改变现有教学团队的素质；通过聘请行业企业技术专家、能工巧匠作为兼职教师，凝聚一批把握行业企业最新技术动态的领军人物，逐步形成实践技能课程主要由具有相应高技能水平的兼职教师讲授的机制，解决制约高技能人才培养质量的"双师"结构问题。

（3）教学资源，校企合作共享。建设共享型专业教学资源库是示范建设的任务之一，承担示范性建设任务的高职院校要以培养人才和服务社会为宗旨，通过校企共建来建设和培育体现教学改革成果、反映行业主流技术、具有工学结合特色的优质专业核心课程及配套教材、教学课件等教学资源，形成形式多样的立体化优质教学（培训）资源。另外，高职院校还可结合学院的建设、改革和发展的实际需要，多方筹措资金，进行诸如教学楼、图书馆、实训场地、文化体育设施等有形资源的建设。

此外，由于种种因素的限制和影响，高职院校的资源设备有限，这就需要高职院校必须有开放的办学理念，想方设法地将校外的资源设备充分加以利用。依托行业（协会）、企业，拓宽校企合作渠道，使每个重点建设专业拥有若干个稳定的、能实现学生顶岗实习的校外实训基地，并逐步形成校外实训基地网络，覆盖专业群相关专业，为提高学生的职业能力创设真实（仿真）的工作环境。

（4）服务社会，培训研发兼顾。高职院校服务社会的能力除了体现在及时为社会输送高质量的人才之外，还包括开展各类培训；充分利用学校优质的多媒体课件、图书资料等教育资源，为社会提供服务；与企业联合开展应用性技术开发和推广工作，为区域的技术创新、技术开发提供技术服务和技术支持等。示范性高职院校应坚持以服务社会为第一要务，并不断提高服务水平，促进当地经济的发展。

三、当前示范性高职院校提升建设内涵的主要举措

国家示范性高职院校在深化建设过程中，必须遵循职业教育规律，把握国家高等职业教育改革的方向，明确建设重点，不断提升建设内涵。

1. 创新办学体制和校企合作机制

创新办学体制和校企合作机制是示范性高职院校深化内涵建设的重要内容。在学校层面，要积极探索建立由政府部门、行业企业和学生家长代表等组成的董事会或理事会，发挥董事单位在产业规划、经费筹措、先进技术应用、兼职教师聘用、实习实训基地建设和学生顶岗实习及就业方面的优势；在专业层面，要创新合作机制，建立主要由行业企业参与的专业建设与发展委员会，发挥行业企业在专业设置与调整、人才培养方案制定、参与专业教学、学生考核等方面的作用，提高专业建设水平。同时，要创新校企合作制度，如建立产学合作基金，奖励对产学合作做出积极贡献的企业人员；建立企业兼职教师课时津贴学院统一支付制度、培训制度等。通过制度建设，提高企业参与合作的积极性。

2. 深化人才培养模式改革

示范性高职院校虽然在人才培养模式改革上取得了一定成就，但同具有国际影响力的培养模式相比距离还比较远，我们还没有产生像德国的“双元制”、澳大利亚的TAFF模式、美国的社区学院模式等具有国际影响力的培养模式。因此，深化改革，构建具有国际影响力的人才培养模式是国家示范性高职院校必须努力追求的目标。

深化人才培养模式改革。首先，要以社会需求为依据，明晰专业人才培养目标，参照职业岗位任职要求，校企共同制定专业人才培养方案。要积极推行“双证书”制度，将职业资格标准融入专业教学内容。其次，要积极探索“校中厂”、“厂中校”、“做中学”等实践教学模式，将专业教学和企业的生产过程有机结合起来，提高人才培养的针对性、灵活性和开放性。再次，要引进企业文化因素，按照生态化、园林化、人本化的要求，把高校文化和企业文化有机融合，构建新型的学校文化形态。

3. 打造一支高水平的师资队伍

师资队伍的质量是示范性高职院校创国内一流、国际知名高职院校的关键。通过示范性建设，高职院校的师资队伍整体水平有了提高，但同经济社会发展对高职教育的要求之间还存在较大差距。主要表现在，专业教师的学历层次不高、企业工作经历缺乏、技术应用与服务能力不强，高水平的兼职教师队伍没有形成。因此，师资水平已成为制约高职院校进一步发展的“瓶颈”。

国家示范性高职院校要通过制度创新,突破师资队伍建设的“瓶颈”。一是要强化对专业教师的培养培训,提高他们的学历层次和专业知识水平。要对教师开展职业教育教学能力培训和测评,提高他们的职业教育课堂教学能力。二是要建立专业教师定期到企业实践锻炼制度,提高教师的技术应用能力。三是要积极引进具有两年以上行业、企业工作经历的专业人才,加大兼职教师队伍建设力度。努力聘请各行各业的能工巧匠和专业技术人才担任兼职教师,由兼职教师承担的专业教学课时要达到50%以上,从而构建一支高质量的双师结构教学团队,提高师资队伍建设的整体水平。

4. 努力提升国际化发展水平

加强国际交流与合作,提升国际化发展水平是示范性高职院校提高国际知名度的重要举措。高职院校的国际化发展,一是要将国际化产品标准、服务标准、国际通用的职业资格标准融入教学内容,培养适应经济全球化,具有国际意识、国际交往和国际竞争能力的高素质技能型专门人才,实现学生跨国就业,提高就业水平;二是要围绕国家经济“走出去”发展战略,按国际通用的职业资格标准开展技术培训,满足我国企业海外发展需要;三是要利用学校优势和专业特色,到亚非拉等地区的发展中国家进行海外办学,提高发展中国家的职业教育发展水平,扩大示范性高职院校的国际影响力;四是要努力吸引海外学生到示范性高职院校进行交流与学习,积极开展课程和学分互认,提高示范性高职院校的国际化水平。

5. 不断增强社会服务能力

近几年的示范性建设虽然使示范性高职院校的社会服务能力有了明显增强,但社会服务大多停留在技能鉴定培训和企业职工培训上,为企业提供技术服务的项目不多。因此,提高技术服务水平是示范性高职院校今后社会服务能力建设的重点。示范性高职院校要通过校企合作建立技术应用中心、企业工程技术中心、研究所和产学研基地等方式,与企业联合开展科技攻关,促进科技成果转化,推进企业技术进步,提高技术服务水平。

第二节　示范性高职院校的战略选择:创立品牌

一、学校品牌的内涵及主要特征

人们对“品牌”一词并不陌生,每个人都有自己喜欢的品牌,品牌已成为我们这个时代优质产品的代名词。但对大多数人而言,提到教育品牌或学校品牌还是感到很陌生。主要原因可能是教育和学校的特殊性质和功能，使人们感到品牌仅是经济领域的事情，讲品牌就是教育产业化、学校市场化、人才商品化。这只不过是对教育或学校品牌的一种误解。什么是品牌？什么是学校品牌？学校品牌有什么特征？在探讨示范性高职院校“创品牌”这一战略选择之前，有必要先对这些问题作一些思考。

1. 品牌的含义

品牌是一种独立的资源和资本，它是企业或品牌主体一切无形资产的浓缩，是企业或产品在顾客或关系群体心目中形成的认知、态度和行为倾向的关系综合体，而这一浓缩又以特定的形象及个性化“符号”来识别。作为一种经济现象，品牌是商品经济发展到一定阶段的产物。“品牌”(brand)一词来源于古挪威文字“brandr”，意思是“烧灼”。在西方最早源于游牧部落，人们在家畜身上烙上印记与别人的家畜进行区分。后来发展到在手工艺品上打上符号或以手工艺人的签名作为标识，它就是最原始的商品命名。真正意义上的品牌起源于欧洲中世纪，12 世纪早期，在盛装威士忌的木桶上刻有区别的标志，英国在 1266 年通过一项法令，要求面包房在每个面包上打上生产者的标记。出土文物已经证实，我国是世界上最早使用品牌的国家。出土的西周青铜器中已刻有“已侯作宝钟”，唐代出现了酒幌、幡旗、铭牌、灯笼，宋代已有正式的广告出现。

20 世纪 50 年代，美国的广告大师大卫·奥格威(David Ogilvy)第一次提出品牌的概念，自此，有关品牌的专门研究才算真正开始。而在中国，直到 90 年代才有学者开始系统地研究品牌并界定这个概念。品牌的定义多种多样，在《资本论》中马克思认为是超越一般感觉的感性产品；菲利普·科特勒博士认为“是一种名称、术语、标记、符号或图案，或是它们的相互组合，用以识别某个消费者或某群消费者的产品或服务，并使之与竞争对手的产品或服务相区别”；奥格威品牌形象论认为“是在消费者心目中建立的产品与消费者之间的一种关系和纽带，属性、名称、包装、历史、声誉、价值、广告风格、文化、个性等无形组合构成了品牌”。从表层的定义来看，品牌属于产品，是产品的名称、术语、标志、符号或图案，或是它们的相互结合。但品牌的内涵与外延远远超过对产品本身的理解。品牌是一个复合概念，它由品牌外部标志(包括名称、术语、图案等)、品牌识别、品牌联想、品牌形象等内容构成，是给拥有者带来溢价、产生增值的一种无形的资产，它的载体是用以和其他竞争者的产品或劳务相区分的名称、术语、象征、记号或者设计及其组合。增值的源泉来自于消费者心智中形成的关于其载体的印象，即能够做到口口相传的牌子才称得上品牌。当今国际公认的品牌有六层具体的涵义：属性——表达出产品特定的属性；利益——给购买者带来的物质、精神上的利益;价值——应体现制造商的某些价值观;文化——品牌附加及象征的文化;个性——和人一样,它应传达出差异化的个性;使用者——它应体现购买或使用这种产品的那一类消费者。

总之,在经济领域,品牌包括三层涵义:一是从法律意义上说,它是一种商标,强调的是商标注册情况、使用权、所有权等;二是从经济或市场意义上说,它是一种牌子,注重的是商品的质量、性能、满足效用的程度,以及品牌所代表的商品的市场定位、文化内涵、消费者对品牌的认知程度等;三是从文化或心理的意义上说,它是一种品位或格调。概括起来说,品牌是一种视觉的、感性的和文化的形象,它是承诺、信誉,是一个组织的灵魂,其实质是一种无形资产,它蕴含着巨大的财富。

2. 学校品牌的含义

在当今全世界市场经济秩序中,创建品牌、推崇品牌是公认的最有活力或竞争力的一个举措。过去,人们习惯于把教育看作是上层建筑,重视教育的文化属性和政治(公益)属性,却很少谈及教育的经济属性。今天,学校教育显然无法离开中国社会转型的大趋势,创建学校名牌已经不是一个要不要的问题,而是历史的必然。现在需要考虑的是,如何认识教育品牌现象以及如何创建学校品牌。问题的实质还在于,学校品牌的核心是教育产业的竞争,是教育产品的竞争,其竞争力在于育人的结果,因而学校品牌是学校最宝贵的资产,是学校的核心竞争力。学校之间的竞争实质上是品牌的竞争。我国教育学者闫德明教授近些年来对学校品牌研究成果丰硕,在其新著《学校品牌概论》一书中,他提出了分析学校品牌的三个基本角度。

首先,学校品牌是一种识别符号。品牌之所以能够被记忆和区分,首先是因为它具有独特的识别符号。一个富有个性的识别符号,能够整合和强化人们对一个品牌的认同,并成为人们记忆品牌的工具。当人们感知到某种特定的符号时,就会产生相关的"品牌联想"。有研究表明,在人们头脑中的品牌认知是一个网络结构,其核心是品牌名称,围绕着它的是人们所形成的诸多概念节点。因此,经过长期的接触和品牌经验后,人们一看到特定的品牌名称和标志,就会激起这个以品牌名称为核心的记忆结构,唤起关于该品牌的各方面的联想。

其次,学校品牌是一种文化载体。一个成功的品牌不仅仅是一个可辨认的产品或服务,它是在"以某种方式增加自身的意义,使得买方或用户觉察到相关的、独特的、可持续的附加价值,这些附加值最可能满足他们的需要"。学校从事的是一种培养人的活动。这种"培养"不是按照设定的程序去生产相同规格的部件,而是在特定的文化氛围中熏陶并逐渐"养成"人才。人是文化的人,文化总是以一种“润物细无声”的方式影响着人的成长。学校品牌文化中的社会责任、精神追求和价值取向是沟通学校内部师生员工和外部公众的无形纽带。当一种学校品牌文化被认同之后，它就会以一种独特的方式来沟通人们的思想，产生对学校品牌的认同感，从而形成强大的凝聚力，使品牌的“张力”不断放大。所以，学校的“牌子”要想得到公众的认可，就必须有“文化品位”。

再次，学校品牌是一种公众认知。品牌资产是品牌与消费者的一种关系状态。这种关系状态存在于学校与社会的人际网络之中，需要通过了解、沟通、对话、交往等方式或途径来积累。有形资产因使用而损耗，而无形资产则恰恰相反，它会因不用而枯竭，因使用而增值。任何一所学校都有自己特定的目标公众和人际资源，挖掘、盘活和利用好这些资源，有利于优化和拓展学校生存和发展的空间，为学校赢得更多的发展机遇。学校的办学主张、发展规划、改革举措，须要得到公众的理解和支持，而公众对学校的感受、评价、建议，是学校品牌建设的重要决策依据。缺少了与公众的互动和交流，得不到公众的理解和支持，创建学校品牌将无从谈起。

3. 学校品牌的主要特性

学校作为一个社会组织，不同于工厂、医院、商场、政府等其他任何一种社会组织，它从事的是一种“通过人培养人”的活动。

首先，价值上以育人为目的。“育人”是学校的根本职能，因此，学校品牌必然是以育人为目的的品牌。“育人”是衡量学校品牌的首要尺度，只有以育人为目的的品牌，才是符合教育本性的品牌，才能称之为真正意义上的学校品牌。朱小蔓教授认为：“应当树立和推出真正符合教育性质、或者说符合教育本性的学校品牌，这种品牌应当是有鲜明的教育价值观、鲜明的育人立场和明确的道德目标的。价值观问题在品牌策划和品牌管理中都会涉及，但我要说，教育品牌的核心是教育价值观，学校的建设和追求必须服务和附着于教育价值观这个核心和灵魂的东西。教育价值观是价值观系统中的一部分，但不能将所有的价值观都纳入到教育价值观的范畴里，教育价值观是有特定内涵的。它的核心在于按照一定的教育尺度来衡量办学效能。这种尺度就是育人，它着眼于学生的长远发展，着眼于学生的均衡发展和应‘世’能力培养。当然，育人是一项具有综合性、复杂性和长效性的工作，它不是短期内可以评量的，而眼下人们评量学校教育用得最多的指标是升学率和硬件设施。在一些办学基础好、历史长、有文化积淀和教育积累的学校，它的升学率往往也很高，育人成就也很大，但反过来说，升学率高的学校不一定就是育人好的学校。因此，学校品牌建设可以将硬件作为标识之一，也可以拿升学率作为标识之一，但硬件和升学率终究不是核心标识，更不是唯一的标识，育人才是教育品牌的根本标识。我理想中的品牌学校，是那些能培养出有好的品德习惯、积极的人生态度，较为宽阔的知识面和浓厚学习兴趣，以及有积极的、比较灵活的思维能力、工作能力和活动能力的人的学校，是那些能培养出性格开朗、能与人合作的学生的学校，是那些培养的学生在十年、二十年之后依然能立足社会、服务社会的学校。”①

其次，载体上以师生为对象。学校是通过培养学生为社会服务的，学生不仅是这种服务的直接“消费者”和“评判者”，更是这种服务质量高低的“承载者”和“体现者”，是在这种服务中“不断发展和成长”的。从这个意义上说，学生（包括在校学生和历届校友）是学校品牌最重要的载体。北京大学和清华大学的学生有着不同的气质形象和性格特征，英国伊顿公学和美国哈佛大学的学生有着不同的风度和口音。新中国成立前，广州有三所私立名校：真光中学、岭南中学和培正中学。当时，民间流传的口头禅是：“真光猪，岭南牛，培正‘马骝头’”（“马骝头”是广州方言，意指“猴子”）。因此，学生品牌形象是学校品牌形象最生动、最直接的体现，学校品牌形象的最终检验是对人才培养质量的检验。当然，学校中的“人”，不仅仅包括学生，还包括校长（院长）和教师。校长（院长）是学校品牌形象的代言人和设计师。外国的如洪堡之于柏林大学，罗蒙诺索夫之于莫斯科大学，中国的如蔡元培之于北京大学，竺可桢之于浙江大学，陶行知之于晓庄师范，不正是这样吗？在某种意义上，正是校长（院长）的教育理想和人格魅力成就了一所学校的品牌。所以，德高望重的校长（院长）和学识渊博的教师，是学校品牌形象最显著的标识，也是创建学校品牌的根本保证。而教师个体与群体的影响力也不见得就低于校长（院长），他们也是成就学校品牌的主力军。如1925年2月，在院长曹云祥主持下，清华大学国学研究院筹备处鸣锣开张。此前，因提倡白话文而博得大名的胡适建议曹院长采用宋、元书院的导师制，并吸取外国高校研究生院以学术论文为专题研究法来办研究院。曹院长深以为然，首先聘请由清华出身、美国哈佛大学学成归国的一代名士、年仅32岁的吴宓（字雨僧）主持研究院筹备处事宜，并让吴拿着自己签发的聘书一一聘请。很快，在学界声名显赫的王国维、梁启超与在国外的赵元任、陈寅恪相继被聘为教授。这就是当年令天下学界为之震动，被后世广为传诵并影响深远的清华国学研究院“四大教授”（或“四大导师”）。清华校方为聘请“四大导师”来校任教，可谓不遗余力，其中一个被后世广为称道的鲜明特点是重视真才实学，不慕虚名，不轻信文凭。在“四大”之中，只有赵元任一人怀揣美国哈佛大学博士学位证书，而

---

① 朱小蔓《我对学校品牌管理的三个主张》，《光明日报》，2005年2月16日。

王、梁、陈三位均无博士、硕士头衔，甚至连学士学位也未拿到。

再次，评价上以迟效为常态。学校品牌是具有深厚文化底蕴的品牌，而文化是难以速成的。朱小蔓教授认为："学校品牌建设的核心在于形成一种精神文化。相对于器物文化和制度文化而言，精神文化是更为内在的，精神文化的改变也是长期和后效的。"①学校个性及办学特色的形成不是一朝一夕就能完成的，它需要长时间的"积累"与"沉淀"，因此，学校品牌的效应须要假以时日才能得到证明。学校的优良传统和校风校纪必须经过长时间的磨砺才能够形成。这是因为，育人是一项具有综合性、复杂性和长效性的工作，它不是短期内可以准确评量的。教育要为未来生活做准备，"面向未来"是教育与生俱来的一种"天然性格"。十年树木，百年树人，学校品牌是"树人"的品牌。所以，学校品牌的评价不能急功近利，只有坚持科学发展观，用心做教育，学校品牌的创建才有希望获得成功。一所能够称之为知名品牌的学校，应该是那些能够为学生一生的幸福奠定基础的学校，是那些能够不断激励人生和学生始终引以为荣的学校，是那些能够让人有着美好回忆和充满精彩故事的学校。

二、示范性高职院校品牌战略及其经营管理策略

世界著名品牌战略研究权威，美国加州大学教授 David Aaker 在其出版的《创造强大有力的品牌》一书中指出："品牌是竞争优势的主要源泉和富有价值的战略财富。"创建学校品牌不是由政府树立一个学习榜样，指定一种办学模式，用同一套指标体系去评价所有的学校；而是一方面政府要简政放权，依法管理，为学校创建品牌营造良好的社会氛围，另一方面学校要独立办学，依法办学，形成特色，赢得学生、家长和社会的理解、支持和合作。对示范性高职院校来说，学校品牌不是"示范性高职院校"的代名词。甚至可以说，一所学校是否称得上品牌学校，不是看政府有没有授予"重点"、"示范"、"优秀"等称号，而是看它是否得到了公众的认同，是否办出了个性特色。只有被公众长期认同的、有个性的品牌才是"真名牌"。示范性高职院校内涵建设达到一定水平，形成了自己的办学特色，"教师能创造出值得自己崇拜的学生"，学生学业完成后皆能成人成材成功，作为社会的积极分子致力于人生与事业的开拓，在社会上赢得了较好的美名或口碑，这样的学校就会让人交口称赞，这样的学校就会让人心生向往，此时此刻，学校才算真正创造了自己独有的品牌。

所谓高职院校学校品牌的个性特色，是指高职院校在长期的办学实践中逐

---

① 朱小蔓《我对学校品牌管理的三个主张》，《光明日报》，2005 年 2 月 16 日。

步形成的、具有优于其他院校的稳定的特性、办学风格和发展模式,是学校对自己长期办学经验进行总结,并在以后的办学实践中传承、积累,进而形成的优良传统的结晶,既可以表现为学校某一方面(或几个方面)的独特风格,也可以扩展为学校的整体风貌。换言之,高职院校学校品牌的个性特色既可以视为某种富有个性的强项或优势,也可以理解为学校某一方面(或几个方面)的稳定个性风貌,甚至可以是学校整体个性的体现。随着知识经济时代的来临和我国高等教育从"精英化"阶段步入"大众化"阶段,作为肩负实现高等教育大众化重任的高职院校如何尽快提高办学质量和办学水平,在竞争激烈的教育市场中求得生存并不断发展?实践表明,创建特色,凸显个性,打造品牌是一个重要举措。也就是说,在学校品牌的个性特色上下功夫,研制并实施品牌战略和经营管理策略。

1. 高职院校学校品牌战略

(1) 高职院校学校品牌战略的特征

从辩证的关系来说,高职院校学校品牌战略应当体现如下三方面特征:

一是独特与优质一体。独特性是学校特色的核心因素,没有独特性也就不存在学校品牌个性特色。从哲学意义上讲,特色是共性与个性的关系,共性寓于个性之中。高职院校的办学特色离不开高职教育的本质特性,即高等性和职业性,这是高职院校的共性。高职院校的办学特色就是在这种共性的基础上,突出学校的"强项"或优势,或选择重点,采取措施,予以突破,逐步形成某一方面的个性风格。它不是从天上掉下来的,其形成和发展需要一定的环境和基础。优质性是独特性的基础,是独特性形成和发展的环境和土壤,它决定着学校特色的档次或水平,离开了优质性,独特性就缺乏强劲生命力;而独特性是优质性的外显,它是优质性这块肥沃土地上的硕果,进而又不断激活优质性,保持优质性所需的活力。

二是稳定与发展并行。学校品牌个性特色不是昙花一现,它是学校在长期历史积淀的基础上形成的,能经受得起时间和历史的考验,并被社会广泛认可。个性特色一旦形成,就应该相应地稳定下来,既有长远规划,又有短期安排,年复一年,一届一届地传下去,并成为一种优良传统,而不是换个领导变换一个花样,承受不住内外界一时风气之变化。但这种稳定性并非绝对不变,它也须要经过不断积累和完善,体现高职院校在办学理念和主观追求上的完美统一,是相对稳定的态势。办学特色不仅是对过去历史经验的总结,是经过众多学校管理者反复提炼、上升为理性的结晶,是一个历史的概念,而且也是一个发展的概念,须要着眼于高职院校的发展前景和战略规划。随着时代的发展变化和外部环境的改变，高职院校的办学特色也会随之不断丰富和发展，与时俱进。从某种意义上说，高职院校的办学特色是一个与内外环境相适应、与特定时空相联系的动态概念，是一个动静结合的统一体。

三是局部与整体互补。衡量一所学校品牌个性特色，不仅要看它特色项目的成绩，而且要看它整体的办学水平。许多有特色的名校，其学校教育质量的总体水平都相当高。如果一所学校仅仅在个别特色项目上成绩优异，有几个尖子学生，而总体办学水平低，教学质量差，甚至不如一般（非“品牌”）学校，那就是以牺牲大多数学生的全面发展为代价来发展特长，这种仅以个别特色项目“一俊遮百丑”的做法，不值得倡导和学习。品牌个性特色的内涵应当能辐射和渗透到高职院校的各个方面，既包括办学理念，又包括办学实践；既包括教学、科研、生产和实训活动，又包括学校的管理活动；既包括可感知的显性的物化载体，又包括抽象的隐性的精神风貌。这反映了办学特色是高职院校的综合性标志。特别是当高职院校将个性办学特色视为一种发展战略时，在学校的各个管理层面、各个业务领域乃至各个工作方面都应高度体现这种特色战略的本体内涵和基本特性；在学校发展的各个阶段，也都应表现出内涵和属性的一体化，继承并发展现有特色的优良传统。

（2）示范性高职院校品牌战略的内容

品牌战略缺失，绝无打造强势品牌的可能。品牌战略是建立以塑造强势品牌为核心的高职院校发展战略，将品牌建设提升到院校经营战略的高度，其核心在于建立与众不同的品牌识别，为品牌建设设立目标、方向、原则与指导策略，为日后的具体品牌建设战术与行为制定“宪法”。示范性高职院校实施品牌战略主要包括如下六方面内容：

一是质量战略。随着市场竞争激烈程度的提高，学校经营管理者都认识到质量取胜的必要性。如今，随着市场经济的迅猛发展，教育服务市场的消费者已从被动地接受服务转换成主动选择和主动参与服务。高职院校实施品牌战略必须树立质量第一的思想，以质量战略作为品牌战略的核心和基础。在实施质量战略时，首先要树立品牌意识，确定质量目标，为接受教育服务的学生提供优良的课程与教学；其次要明确品牌竞争优势，保持质量优先；再次要加强质量管理，加强品牌的宣传和保护。

二是人才战略。“名师出高徒”。实施品牌战略，关键靠人才。把教师作为学校的主体和中心，以满足教师的需要、提升教师素质、实现教师的发展为目标，建设一支高素质、高层次、高水平的教师队伍，是构成学校核心竞争力的关键。高职院校要学会培养人才、引进人才，制定合理的用人机制，充分调动各类人才的主动性、积极性、创造性，做到人尽其才。

三是创新战略。实施品牌战略必须不断地开发创新。创新是教育的灵魂与活力之源，不断创新是高职院校生存与发展又一重大的永恒课题。创新也是一个系统过程，包括多方面的内容，主要有：观念或理念创新、组织与制度创新、课程与教学创新、质量与评价创新、管理与服务创新等。全方位进行创新，高职院校就会有无穷的生命力和永不枯竭的内在动力，从而推动自身的品牌建设不断发展。

四是合作战略。校企合作是高职教育发展过程中所必然采取的基本战略，合作方之间形成相互依存、相互促进和共同发展的有机体。在这个有机体内，不同合作方仍作为完全的独立体，但合作方之间形成多方位、多层次的立体化联结沟通机制，形成一个具有合力效应的联合体，通过合力效应，各合作方获得更大收益。在这个联合体内，院校和企业是最基本的直接利益相关者，是联合体的核心，但政府也是一个不可或缺的要素（在我国体制环境下，政府参与将有助于改革的顺利推进，这在很大程度上体现出我国校企合作实施中的特殊性）。高职院校与企（事）业的"无缝对接"具有如下作用：一方面，学校充分发挥办学优势、师资优势为企业培训员工，输入最新的科研成果；另一方面，企（事）业单位充分发挥自己的技术优势、市场优势与学院共同培养学生，学生毕业后可直接进入企业就业，促进学生、学校、企（事）业单位三方共赢。

五是科研战略。作为承担人才培养、科学研究和社会服务三大任务的高等学校，科研水平不仅是办学水平的具体体现，更是发展与生存的关键因素。坚持科研先行，通过科研不断积累和反思，进而创造和提炼思想，靠一点一滴用心去做，进而办出特色、创出品牌。已经成为品牌的学校，应该对其毕业生做一种回溯性研究，这将更有利于我们认识清楚究竟什么是学校品牌。今天，必须把教育品牌建设建立在清醒的价值观上，教育作为一种市场公益行为，固然需要借助市场运作，但教育消费的辨识、判断和检验期很长，所以一定要加强科研，提升理性思考的层次和水平。

六是宣传战略。品牌定位和品牌形象建设完成后，剩下的工作就是持续不断地传播品牌定位和品牌形象。定位在语言的表现方面通常以广告语的形式呈现在消费者面前。如果把品牌质量作为内涵，广告宣传则是外延，宣传的策划和创意、形式和内容、手段和媒体的选择等直接影响着品牌占有市场的份额，也影响着消费者对品牌定位的认识。在现代市场经济条件下，包括广告在内的各种宣传方式已成为高职院校实施品牌战略时必不可少的手段。宣传可以提高社会大众对学校品牌的认知度，提高学校品牌的知名度，高职院校要合理利用口碑宣传和传单宣传。

(3) 示范性高职院校品牌战略的规划

在品牌战略环境和学校资源条件分析的基础上,可以具体制定品牌战略规划。一般来说,品牌战略规划包括以下三个步骤:

一是确定学校品牌战略目标。品牌战略目标也称为学校品牌的愿景,学校品牌战略目标应与学校总体战略目标一致,并且服务于学校的整体战略。战略目标要考虑三个方面:其一是品牌的竞争实力。主要通过品牌的知名度、美誉度、认可度和顾客的忠诚度来实现,这些方面能够多侧面展示品牌的综合竞争实力。其二是品牌的拓展能力。主要通过品牌的联想度和延伸空间实现品牌的扩张,从而形成品牌族群。其三是品牌资产的增值能力。

二是选择学校品牌战略类型。学校要根据自身所处环境和对资源条件的分析,确定选择何种类型的品牌战略。在选择品牌类型时必须实事求是、高瞻远瞩,为学校品牌的延伸和品牌资产扩张留下足够的发展空间。学校要结合自身现有资源状况,包括实施品牌战略的目标、品牌定位、自身条件(如办学规模与实力、信誉度)等因素,综合考虑各种品牌战略类型和品牌组合方式的优劣势、适用性,然后进行比较选择。

三是制定学校品牌战略方针。品牌战略方针是实施品牌战略时所要遵守的基本原则,违反这些原则可能会影响学校品牌战略的有效实施,阻碍品牌战略目标的实现。学校品牌战略方针可以通过制定相应的规章制度加以实施。一般来说,学校品牌战略方针主要包括两项内容:其一是围绕品牌战略任务整合资源。学校要在明确品牌战略任务的基础上,把有限的人力、物力、财力资源进行有效整合及优化配置,使学校全部活动的焦点都集中到品牌的战略目标上,切不可把有限的资源分散使用甚至错误配置。其二是坚持品牌的核心价值观。品牌的核心价值是品牌的生命之魂,必须持之以恒,并且不断强化职业院校核心价值在消费者心目中的印象,不可随意变化。

2. 示范性高职院校品牌的经营管理策略

良好的品牌往往是市场的焦点,它不仅依靠消费产品的大众口碑,更要依靠经营者的用心管理。可以说,一切品牌都是经营的产物,都需要管理去维护。台湾学者童凤娇、林志成认为,面对新生人口减少的冲击,教育市场越来越小,学校经营压力却越来越大,因此,学校经营管理必须重视品牌创新。作为学校领导者的校长要分析学校目前经营管理所面临的多元问题,进而探究学校经营管理的品牌创新策略,包括:1) 了解背景困难,突破瓶颈困境;2) 形塑品牌理念,凝聚品牌共识;3) 拔擢优秀人才,建立专业品牌;4) 设定品牌指标,经营优质学校;

5）健全设备环境，讲究服务质量；6）进行知识管理，建置品牌智库；7）建立品牌论坛，培训品牌达人；8）创新教育品牌，找回真正学校；9）激励同仁士气，建立品牌形象；10）重视品牌营销，展现品牌效能；11）省思品牌策略，创增品牌价值；12）善用评鉴机制，促使品牌认同。校长只有卧薪尝胆与披荆斩棘，才能开创学校经营管理的新局面，展现学校品牌创新的价值①。这项研究对我们探讨示范性高职院校品牌的经营管理策略应当说不无启示。其实，学校品牌塑造是一个系统工程，有其相对完整的塑造过程，主要包括学校品牌状况调研、学校品牌定位、学校品牌设计、学校品牌培育、学校品牌扩张、学校品牌维护与创新，在整个流程中学校品牌传播贯彻始终。我们认为，示范性高职院校品牌的经营管理策略大致包括如下几方面内容：

（1）自身优势是基点，准确进行品牌定位

学校品牌定位是学校品牌经营和品牌竞争战略的先期工作，所有的品牌经营活动都必须在它的指导下进行，同时也是品牌创建的终极目标。品牌的魅力在于：它会使人们在甚至不了解产品的情况下仅凭“牌子”而心甘情愿地选择这种服务或产品。而正确的品牌定位是一切成功品牌的基础。在当今的社会生活中，“定位”一词已被广泛使用，它最初由美国人艾・莱斯和杰克・特劳在1972提出并加以推广和应用。在他们合著的《心战》一书中，两位学者专门探讨了在激烈的市场竞争中产品如何定位这一重大问题。他们指出：定位是针对现有的产品的创造性的思维活动，它不是对产品采取什么行动，而是主要针对潜在顾客的心理采取行动，是要将产品定位在顾客的心中。基于对定位的认识，人们认为品牌定位即是建立一个与目标市场有关的品牌形象的过程和结果。换言之，即指为某个特定品牌确定一个适当的市场位置，使商品在顾客的心中占领一个有利的位置，一旦产生某种需要，人们会先想到某一品牌。明确其潜在的竞争优势，准确选择竞争优势并选定目标市场，通过一定的手段向市场传播，这就是品牌定位的“三部曲”。品牌定位的目的就是将产品转化为品牌，以利于潜在顾客正确认识。成功的品牌都有一个特征，就是以一种始终如一的形式将品牌的功能与消费的心理需要联结起来，通过这种方式将品牌定位信息准确传达给消费者。因此，厂商最初可能有多种品牌定位，但最终的目的是要建立对目标人群最有吸引力的竞争优势，并通过一定的手段将这种竞争优势传达给消费者，转化为消费者的心理认同。

对学校品牌的定位来说，学校根据自身特点、所处地域需求及教育市场情况

---

① 童凤娇、林志成《学校经营管理与品牌创新策略》，《学校行政》，2007年第7期。

设计出自己的产品和形象，从而确定与众不同的有价值的地位。这里，所谓“与众不同”是指学校教育独特的个性，从而与其他学校教育有较明显的差异；而所谓“有价值”是指学校教育的这种个性和差异与地域需求及市场需求相吻合，以达到定位的有效性。这两者是互相统一，缺一不可的。也就是说，学校的品牌定位并非单纯等同于标新立异，而是必须考虑当地需求与教育市场的状况和特征。

有研究指出，品牌定位要突出品牌个性，但并非可以随心所欲地定位。决定品牌定位时应依据一定的标准，否则会适得其反。具体而言，有以下几种标准是定位时应遵循的：一是定位必须是消费者能切身感受到的，否则便失去了定位的意义。定位是要把品牌和消费者的想象、感觉联系起来，如果消费者根本无法理解该品牌所传达的信息，定位就是失败的。二是定位一定要以产品的真正优点为基础。产品是品牌的基础和依托，品牌的竞争优势是产品特点的延伸，名不符实的宣传定位会导致消费者的怀疑和企业的完全失败。三是定位一定要凸显竞争优势。“以己之长攻人之短”是我国古代的用兵谋略，现代商战中还是一样，以自己的竞争优势占领市场是企业不变的法宝。四是定位要清晰、明白，不宜太过复杂。比如 IBM 公司很少强调其产品质量，而是以自己是一家服务性公司为诉求点，因此大多数消费者都以为 IBM 能使非专业的电脑操作人员觉得有保障。对高职院校的品牌定位来讲，也应当参照并遵循这些标准。

总之，每一所学校都是唯一的和具体的，都有不同的文化传统和内外环境。不同的学校所具有的优势与劣势不同，所面临的机遇和挑战有异，因而所选择的创建学校品牌的突破口和侧重点也就不一样：有的学校在传承历史中超越，有的学校在反思实践中建构，有的学校在借鉴经验中创新，有的学校在验证理想中生成，有的学校在放大亮点中彰显，有的学校在革除弊端中发展……所以，每个学校都可能从某种特色切入，并且把这种特色发展为一种办学优势而最终成就品牌。不同类型、不同级别的学校应该是千姿百态、丰富多彩的，一定不能把学校品牌的样式单一化，不能把品牌的形象凝固化。

（2）自主发展多创意，科学实施品牌策划

品牌策划就是使企业品牌或产品品牌在消费者脑海中形成一种个性化的区隔，并使消费者与企业品牌或产品品牌之间形成统一的价值观，从而建立起自己的品牌声誉。对学校来讲，品牌策划是品牌策划者通过品牌创意对学校品牌的决策所进行的有目的、有计划的预谋活动。创意是策划者创造性的意念，即人们口头上说的“好主意”和“金点子”。这种创造性的意念体现在学校品牌决策这一特殊事件上，说明品牌策划不是采取常规方法就能解决的一般事件。品牌策划包括主观的思维活动和客观的实践活动，这种活动是一个连续的过程。换言之,品牌策划本身并非是一个无中生有的过程,而是把人们对品牌的模糊认识清晰化的过程。总之,学校品牌策划强调把品牌作为学校经营战略的核心内容,通过对学校发展的深度调查和系统分析,制定科学、合理、高效的学校品牌建设方案,动态控制学校品牌打造的全过程,从而达到营建品牌学校竞争的独特优势、创造学校特色品牌和质量品牌、争取学校发展的最佳效益、提供大众需求的优质教育资源的目的。

学校品牌策划的核心要点及技术环节,可参照已有的企业品牌方面相关研究。有研究认为,品牌策划一般包括四大核心要点和六大技术环节。其中,四大核心要点是:品牌识别系统(规划以核心价值为中心的品牌识别系统)、品牌架构(规划科学合理的品牌化战略与品牌架构)、品牌延伸扩张(通过理性的品牌延伸与扩张充分利用品牌资源这一无形资产,实现跨越式发展)、管理品牌资产(创建具有鲜明的核心价值与个性、丰富的品牌联想、高品牌知名度、高溢价能力、高品牌忠诚度和高价值感的强势大品牌,累积丰厚的品牌资产)。而六大技术环节分别是:商业心智界定(品牌缘起,正心正意——万因果定于最初一念,认清品牌创始初衷,可以避免过程中诱惑与迷失);商业内涵定义(对内对外,统一认知——理解深透度决定出手高度,认知统一度决定执行准度,认知决定创造的精准度);品牌价值定位(罗列资源,价值聚焦——品牌因定位而有个性,因个性才能被市场认知,定位是品牌价值锚);品牌识别界面(价值显化,品牌依附——无形价值需要有形界面加以显现,品牌识别界面是品牌价值沟通与依附前提);品牌体验界面(体验先行,扎根心智——体验直接作用与影响市场心智,品牌体验界面是品牌与消费者深度沟通的保证);品牌执行贯彻(统一思想,全员品牌——把品牌贯彻到全员的内心,既可增强团队信心,也让品牌渗透到经营细节)①。

学校品牌策划的主体可能是校(院)长、老师及员工,还包括学校邀请的策划专家、家长代表、行政部门领导及社区成员。今天虽然已有很专业的职业策划专家为企业提供品牌策划服务,但对学校品牌策划来讲,其产品为“培养活生生的人”这一独特特征决定了要找到适合于学校发展的职业策划专家并不是一件容易的事。育人的科学要求不同于物质产品加工的科学要求,其复杂性及艰巨性不容低估,因此需要集思广益才能走上科学的策划之路。还必须提醒的是,与商业品牌传播有所不同,学校品牌传播在媒体选择、内容制作、时机把握和受众分析等方面,要充分考虑到教育的特性。教育作为一种准公共产品(或服务),

---

① 引自《HCIC——慧施心智品牌策划技术实践》。http://www.tcssw.com/show.aspx? id = 19&cid = 13.

公众具有知情权和参与管理权。学校要善于通过文字与声像等传播媒介及时发布信息，反馈公众建议；也要善于通过人际交往与相关公众进行良好的沟通和交流，以增进相互之间的理解和支持；还要善于通过策划专题活动邀请公众亲身体验，展示学校品牌形象，形成良好口碑，以递升对于品牌的忠诚。

（3）优化组合求质量，积极提升品牌内涵

品牌的外延发展多表示注重品牌的外观与形式，而品牌的内涵发展则表明关注品牌的内容和实质，反映的是此品牌区别于其他品牌的内在品质与特征。品牌的外延发展是必要的，也是一种品牌发展方式，但是如果没有自觉的、丰厚的内涵发展，品牌终究会被人遗忘，许多品牌学校由盛变衰表明的就是这个道理。

品牌内涵发展首先要关注相对于规模发展的质量发展，它强调提升学校的办学质量，也就是提升学校的"软实力"。其次是关注相对于同质发展的特色发展。品牌学校的内涵发展也是一种特色发展，是将办学特色放在学校改革与发展的突出地位，在特色的形成和品牌的培育中使学校上升到一个新的更高水平。再次是相对于粗放发展的优化发展。教育品牌与商业品牌是不同的，这是由教育服务产品的性质及其生产过程决定的。决定教育服务产品质量的因素主要在于各个要素自身的质量及各要素的优化组合状况。第四是相对于模仿发展的创新发展。确立学校自己的品牌不能靠模仿，须要不断地自主创新、不断地追求卓越，方能保持品牌的生命力。

需要强调的是，学校品牌内涵发展应落脚于其品牌应是称之为人的品牌。这其实是一个哲学问题——人的终极关怀的问题。对于人的终极关怀，在西方思想发展史上，不仅是神学的任务，同样也构成了哲学的主题。校园人同样需要终极关怀，从学校教育中寻找到生命的意义，放射出生命的光彩。也就是说学校关注的不仅有学生的发展，还有教师和学校管理者的发展。品牌学校不仅会为学生的终生幸福奠定基础，使其学会学习、学会生存，同时，也能使教师和学校管理者拥有归属感和幸福感，使学校中所有的人具有一种灵魂的幸福。学校品牌发展必须遵循这一哲学意义上的学校自身的特性，才能建设有品位的品牌学校，才会产生永恒的学校品牌效应。

（4）直面危机与挑战，维护品牌创新品牌

学校品牌的维护是指对已拥有的学校品牌名称、形象的维护及其相关产品质量的保证。名称的保护涉及知识产权问题，形象的维护和相关产品质量的保证涉及学校教学创新和附加产品的质量问题。只有这样，品牌学校才能应对竞争的挑战，保持学校品牌的地位，及时消除品牌危机，从而保持学校品牌的美誉度。

品牌应该是个动词,而不是名词,即动态地管理品牌,保持与时代发展的同步。创建学校品牌永远都是“现在进行时”,需要校(院)长和全体师生员工悉心维护和不断创新。因此,学校要注意做好品牌预警、品牌跟踪、品牌建档和品牌诊断等工作。品牌预警可以视为学校品牌的“天气预报”,通过对品牌赖以生存的社会环境进行监控,预示和警觉学校品牌可能会出现的问题,加强危机管理。品牌跟踪的主要内容是对学校品牌的知名度、美誉度和忠诚度进行监测,了解学校品牌发展变化的趋势。品牌建档是将获得的数据与信息储存并进行统计分析,建立学校品牌知识库。品牌诊断是在品牌档案的基础上进行的,根据学校所具有的优势和劣势,面临的机遇和威胁,及时调整品牌战略和策略。

总之,学校品牌的经营与管理就是对所拥有的品牌资源和品牌资产(知名度、美誉度及忠诚度等)进行有效运作,从而获得最大的经济利益和社会效益的管理行为过程。今天的学校不再是一个文化孤岛或远离尘世的世外桃源,它与社会各方面都有着密切的联系,其中教育服务是学校与社会联系的纽带。不断满足社会的教育服务需求成为学校发展之本,只有不断适应这种变化,学校才能主动生存和可持续发展。学校品牌是适应市场经济变化条件下的学校发展战略、模式和策略,这是一种适应复杂环境的生态发展模式。它不是局限在学校范围内进行资源配置、组织变革和教育教学创新,而是将学校发展的视野扩展到所有同类学校甚至是整个社会环境。学校的发展资源来自社会各个方面,同时学校也在实现自己的服务功能中与其他学校保持动态平衡。学校发展的实践已经表明:学校组织必须在开放中才能保持活力;学校组织之间只有从竞争走向合作,才能走向共赢;学校只有通过不断创新服务,才能回归教育的本质,全面实现教育的功能。这就是包括高职院校在内的一切现代学校品牌发展之道。

第三节 示范性高职院校的使命:基业长青

示范性高职院校何以基业长青?我们知道,任何社会组织的发展都是有生命的。正如有人说的那样,再伟大的英雄,也有退出历史的时候。时间是一个极其重要的变量,没有这一变量,一切变化将无从发生。目前的 100 所国家示范性高职院校都面临着同样的使命:如何使自身的基业长青?这应当说是一个非常诱人的教育学与管理学难题。

1994 年 3 月,美国学者詹姆斯·C. 柯林斯和杰里·L. 波勒斯在美国加州斯坦福大学完成了一项研究报告，出版时用的书名是《基业常青》。书中介绍了如何建立一个伟大并长盛不衰的公司。有思想的人们早已经厌倦了"年度流行语"般稍纵即逝的管理概念，他们渴求获得能经受时间考验的管理思想。《基业长青》打破了旧有神话，提供了新颖的见解，并为那些有志于建立经得起时间考验的伟大公司的企业家提供了实际指导。柯林斯和波勒斯在为期6年的研究项目中，选取了18家卓越非凡、长盛不衰的公司作了深入研究，这些公司包括通用电气、3M、默克、沃尔玛、惠普、迪士尼等，它们平均拥有近百年的历史。是什么使这些公司不同于它们的竞争对手呢？它们拥有什么别的公司所不具有的法宝呢？研究报告围绕两个基本点：其一，找出极为高瞻远瞩的公司共同拥有的使它们有别于其他公司的基本特质和动力，并把这些发现化为有用的观念架构；其二，有效地把这些研究介绍给公司或组织，以便他们吸取管理方法，造福公司或组织创立、构建和维系其基业常青。2004年6月，北京大学光华管理学院副院长、经济学家张维迎教授参加"中国企业家论坛首届深圳高峰会"，他的报告题目是"基业常青：从高校看企业"。他在报告中讲到20多年前，美国加州大学前任校长卡拉克·科尔（Clark Kerr）作过一个统计，全世界在1520年之前出现的组织现在仍然用同样的名字，以同样的方式做同样事情的只剩下85个，其中有70个是高校，另外15个组织中包括一些宗教社团。世界上历史最长的高校是意大利的博伦纳，它已经存活了1000多年，现在依然生机勃勃。英国牛津高校有着900多年的历史，今天仍然是享誉全球的一流高校。这组数据告诉我们一个事实，高校是社会各种组织中最富探索与创新精神、生命力最强的基业常青组织。高校之所以有持久的生命力，能够保持基业常青，克拉克·科尔通过高校与企业的比较，得出五点结论，即高校拥有最忠诚的校友和品牌，持续的核心价值和理念，为理想而奋斗的团队，优秀的组织文化，自我反思精神与纠错能力。北京大学教育学院副院长、国务院学位委员会教育学科委员陈学飞教授研究认为最主要的原因有四个：其一，保持、传播和探索真理；其二，追求为人类服务；其三，没犯致命错误；其四，社会的需求。现代社会，高校已经成为核心组织，理由是：第一，进入20世纪以来，人类很多重大发现源于高校；第二，高校提供的思想成为社会发展的推动力；第三，高校成为社会最大的机构，任何人想要获得成功都要受到高校教育。成功的高校之所以能够基业常青，是因为它们长期信奉高校是创造知识、为人类增加智慧的组织。创造知识和探求真理的无限性，使高校这个组织永远达不到自己的目标，永远不能说自己完成了任务。

人们普遍认为，当前我国的高等职业院校正处于一个转型发展的机遇期和关键期。对高职院校来说，必须抓住机遇促进发展，不断进行改革和创新，追求高绩效地办学才能使自己始终走在时代潮流的前头，从而使基业常青。“绩效(Performance)是工作主体在一定时间与条件下完成某一任务所取得的业绩、成效、效率和效益”①，是组织为实现其目标而在不同层面上的展示。办学绩效是学校在办学过程中，在不同方面取得的业绩与成效。宁波职业技术学院成立于1999年，由宁波中等专业学校和宁波职工业余高校合并而成。近年来，学院办学绩效突出，整体实力快速增强，取得了长足的进步。目前，宁波职业技术学院拥有合作企业500多家，毕业生就业率多年保持在99%以上，企业满意率在95%以上。2005年，被教育部等七部委评为“全国职业教育先进单位”；2006年，学校以15个二级指标全A的成绩通过教育部高职高专人才培养水平评估；同年，又以优异成绩成为全国首批示范性建设高职院校，资助项目名列全国第二；2009年，获得高等教育国家级教学成果一等奖。这样一所有着突出办学业绩与成效的学校，在办学过程中必然有其独到之处，值得深入探讨。下面从五个方面作初步探讨与说明②。

第一，要有明确的办学定位。明确的办学定位是职业院校办学绩效的重要体现。高绩效的职业院校应该具有强烈的使命感与责任感，始终保持敏锐的判断力，高瞻远瞩地思考学校的合理定位，制定符合学校发展的战略规划，促使学校朝着目标前进。

职业院校要发展，就要明确办学定位，对办学路径做出科学的抉择；要有战略眼光，善于从整个社会发展空间中去思考学校的定位，选准学校所处的位置。明确的办学定位为学校的发展提供方向性指引，“如果不能明确学校的目标定位，那么为教育理念、策略和价值所设计的途径变成了目标而不是手段，从而更加模糊了目标定位”③。办学定位来源于学校的历史传统与现实条件，通过指导出台可操作的措施，影响学校发展的诸多环节。职业院校必须具有明确的办学定位，找准自己的定位区间和定位空间。科学的定位能保证职业院校的质量和效益协调发展，办学定位一旦明确，就会使所有成员产生强大的驱动力与凝聚力。办学定位是一所职业院校的根本宗旨，定位要从实际出发，遵循客观规律，结合区域经济发展需要，对学校进行综合分析，指引学校的发展方向。

从区域经济的结构性来讲，不同地区的资源结构与产业状况是不一样的，区

---

① 萧鸣政《现代绩效考评技术及其应用》第1页，北京大学出版社，2007年。

② 苏志刚《什么样的学校是高绩效职业学校——对宁波职业技术学院办学实践的思考》，《职教论坛》，2011年第15期。

③ John Goodlad. A Place Called School. New York：McGraw – Hill，1984：290.

域经济的结构性和发展的不平衡性决定了职业院校的办学定位具有区域性。宁波职业技术学院清楚地意识到办学定位区域性的重要意义，通过走访企业与政府部门，收集了大量的一手资料，分析了学院外部环境，寻找和发掘所在区域的特点。宁波职业技术学院认识到自身具有一定的区位优势，其毗邻宁波市北仑新区，这里有四大国家级开发区之一的宁波保税区。保税区作为浙江省、宁波市利用外资的战略重点和重要基地，已成为跨国公司、高新技术企业和外商投资密集的区域。目前，已有近40个国家和地区在区内设立5000多家企业，其中，世界500强企业38家，形成计算机、半导体光电、精密机械、仓储物流等7大产业群。同时，北仑新区也是华东地区重要的制造业基地、化工基地和高新技术基地。所以，在充分论证的基础上，宁波职业技术学院果断提出了“立足港城、服务社会、产学合作、争创一流”的口号，将办学目标定位成“创建特色鲜明的国家示范性高等职业院校”。这一办学定位的明晰，为宁波职业技术学院指明了发展方向，在这一办学定位指引下，学院坚持在办学中创特色，在服务社会中求发展，取得了不俗的办学绩效。因此，职业院校必须能够清晰识别所处战略情境，并根据情境明确地阐述发展目标，准确定位，从而使学校灵活应对环境变化，持续产生优异绩效。

第二，追求具有特色的发展模式。“学校除了教育职能外，还有一个职能，就是谋求自我保存与自我发展。学校及学校系统也像其他机构一样，一旦成立，人们就不能不关注它的自我存在和发展。”①在日趋激烈的竞争环境中，职业院校要想获得发展，离不开具有特色的发展模式。模式是组织为实现目标而采取方式的总和，它包括了组织发展各方面的构成要素。学校发展模式可以界定为学校为实现办学目标而采取的方式总和，包括资源利用方式和要素组合方式。发展模式能够彰显学校特色，在学校明确办学定位的前提下，解决学校如何适应社会环境和自身状况，组织管理和经营学校，从而实现学校的发展目标。学校发展模式不能趋同，具有特色的发展模式是职业院校根据自身条件，在办学实践中形成的有别于其他院校的模式，是学校独特性的表现。从发展的观点看，它是职业院校成长的基础。因此，在发展模式的构建上要注意扬长避短，增创特色，以个性创特色，以特色求发展。

宁波职业技术学院认为，职业教育是与社会发展最贴近、联系最紧密的教育，职业院校的外部性最强，这种外部性也应该体现在发展模式上。职业院校的发展离不开社会的支持与扶持，具有特色的发展模式需要政府、行业、企业的多

---

① 陈桂生《教育学视界辨析》第91页，华东师范大学出版社，1997年。

方参与，所以，宁波职业技术学院提出了极具区域特色的“三三模式”，即“三位合一”与“三方联动”模式。“三位合一”是指把产学研贯穿于“合作办学、合作育人、合作就业”的全过程；“三方联动”是指政府、企业、学校三方有机结合，建立互动合作保障机制，共同开展人才培养①。“三三模式”的主要内涵是创新学院办学体制和校企合作机制，搭建职业教育管理平台，使政府的资源及企业的设备、需求和师资等为学校所用，校企全方位合作共同培养高技能人才，学校通过技术服务和培训等方式，不断提升服务区域经济社会的能力。

宁波职业技术学院意识到，在构建“三三模式”过程中，需要政府、企业、学校三方认识到位，需要三方有机协调，同时要三方得益。政府在办好学校的过程中要承担主要责任，如果政府不重视，要办好学校就会存在重重困难。要建立政府、企业、学校三方得益的机制，政府得益是指学校要为所在区域的经济发展、社会进步等起到服务作用；企业得益是指学校要培养企业需要的人才，为企业发展提供人才支撑；学校得益是指政府和企业都支持学校办学。只有三方得益，学校才能良好发展。基于对政府、企业、学校三方作用的认识，宁波职业技术学院深入开展“三三模式”的探索，取得了良好的效果，成效不断显现，合作办学不断深入。目前，学院合作办学企业已达到了 500 多家，与海天集团、敏实企业、华丰集团和华建集团等一大批企业实行了紧密型合作，建设了 4 个以企业命名的二级学院；合作育人不断深化，学院“学工交替”、“半工半读”与“项目化教学”等教学项目的实施面不断扩大，工学结合学生受益面达到 60% 以上；合作就业全面展开，学院通过与企业订单培养实施就业、代培就业等方式，使毕业生的就业率连续多年保持在 99% 以上，企业对学生的满意率连续多年保持在 95% 以上②。

宁波职业技术学院把“三三模式”作为体制创新的切入点，积极争取政府的政策支持，建立由职业院校与企业共同参与，资金、技术、项目与人才等多层次合作的紧密型产学合作运行机制，使学院的发展在制度保障层面有了实质性突破，开创了地方政府在制度层面积极支持职业教育发展的先例。通过“三三模式”的创新实践，宁波职业技术学院已成为区域高技能人才培养高地，促进了区域经济发展。

第三，拥有优秀的教师队伍。教师队伍是学校发展的基础条件，“教师为发展学校愿景出谋划策，提供知识，提供远见，从而积极参与动态的领导过程；教师通过积极参与以及对结果承担个体责任，更加意识到学校的重大使命以及完成

---

① 苏志刚《创新高职院校体制机制　提升服务区域经济能力》，《教育研究》，2008 年第 10 期。

② 苏志刚《创新“工学结合”人才培养模式　建设示范性高职院校》，《中国大学教学》，2007 年第 9 期。

使命与自己日常工作的关系”①。保证职业院校培养目标得以实现的主体是教师，职业院校能否培养出大批高质量的应用型人才、能否提高办学绩效首先取决于是否有一支知识渊博、技能熟练的教师队伍。职业院校必须尽快提高教师队伍整体素质，“双师型”教师无疑是职业院校教师队伍的建设方向。“双师型”教师队伍主要有两层涵义，既是指教师具有较高的理论水平和较强的实践能力，又是指教师队伍构成中，既有学校的专职教师，又有来自企业的兼职教师。

宁波职业技术学院认为，职业院校的教师应该既有从事本专业教学工作的理论水平，又有本专业的实践技能，这样才能有效完成传授知识、训练技能的任务。教师的知识和技能结构必须反映最新技术发展，学院采取多种措施，逐步改善教师队伍的知识结构与技能结构，提高教师的技术应用能力和实践教学能力，努力建立一支优秀的教师队伍。宁波职业技术学院把“专家治校，名师治学”确定为学校重要的办学方针，建校后不久，学校就面向全国招聘了30多名具有高级职称的人才担任系主任和学科带头人，很快形成了一支以教授、专家为主体的教学队伍。学院制定并出台了一系列教师队伍建设制度，明确提出在密切校企合作的基础上，建立起一支专任教师与来自企业的兼职教师相结合的“双师型”教学队伍，以适应教学改革的需要，形成基础课程主要由专任教师完成，实践技能课程主要由兼职教师讲授的机制，有效地提高了人才培养质量。

宁波职业技术学院在加强专职教师聘用管理的同时，重点完善兼职教师聘用政策。学院制定了《兼职教师管理办法》，明确了兼职教师的聘用资格和条件、聘用程序与管理责任等，发挥企业和兼职教师在人才培养中的作用。面向社会公开招聘具有丰富实践经验的技术人员，担任专业课教师或实习指导教师；学院从校企合作企业中聘请行业专家和技术管理人员作为兼职教师，参与学院的教学改革、课程建设和实训指导，学院专兼职教师比例达到1∶1以上。同时规定，各二级学院30%以上的课时津贴要用于兼职教师。

在教师培训与评价方面，配合实施教师素质提高计划，开展以更新知识、提高能力为重点的教师培训活动。学院对全体教师开展职业教育教学能力的培训和测评。对教师的培训以职业活动为导向，突出能力目标。对教师来说，就是以课程的设计与实施为内容，进行训练。突出能力目标就是经过培训，每个教师能按照新职教观念，对课程进行整体设计和单元设计，并从课程是否具有合格的能力目标、是否具有合格的实训项目、是否具有真实的实训过程三个方面对教师的

① 欧文斯《教育组织行为学：适应型领导与学校改革》第231页，窦卫霖、温建平译，中国人民大学出版社，2007年。

课堂教学进行评价①。

在教师企业实践方面，为了建设高水平的“双师型”教师队伍，学院制定了教师下企业实践的管理办法，对为企业发展做出突出贡献的教师给予重奖。学院规定，专业教师下企业实践每周工作量补贴不少于10课时，每两年累计有两个月以上的企业实践，注重积累企业工作经验。

第四，实施创新的教学环节。当前职业院校教学环节存在严重的分化，即理论与实践分离、知识与技能分离，同时，忽视了对学生实践技能的培养，这一倾向必须尽快加以纠正。职业教育以培养技能型人才为目标，就要按照“以应用为导向，以技能为本位”的原则开展教学工作。教学环节设计应以提高学生的能力为中心，由“知识本位”转为“能力本位”，针对一定的职业岗位，按照教学工作过程的顺序，有组织地开展课程的开发与建设，使各个不同教学环节之间互相关联，构成一个有机的整体。这样才能有利于学生职业技能的形成。

宁波职业技术学院认为：企业需要什么样的人才，职业院校就应该培养什么样的人才。学院在进行教学设计时，首先要求到企业调研，弄清楚相应的岗位需要哪些知识和能力，在此基础上进行教学环节的改革。学院在设计理论教学计划时，按照文化基础、大类专业基础、专业基础和专业方向四个平台构建课程体系。在编写教材时，请企业的专家参与，以保证教学内容的先进性和针对性。在实践教学中，体现以应用能力为主设计教学计划，突出强调实践环节，注重对学生基本技能、专业技能与技术技能训练。按照岗位要求确定教学内容，通过校企合作，采取顶岗实习、共建实训基地与校企共同评价等有效措施，真正提高学生对生产的适应性，保证毕业生很快能够适应企业生产的需要。

在顶岗实习方面，学院出台了顶岗实习管理办法，制定了《顶岗实习教学大纲》，加强顶岗实习管理，保证顶岗实习质量，取得了明显成效。学院所有专业的学生在第5学期全部落实顶岗实习单位；学校专业教师和企业技术人员担任学生顶岗实习指导教师，保证每一位学生都有一名校内与校外指导教师。

在实训基地建设方面，学院模具设计与制造专业通过引进康鑫机械有限公司的设备和技术人员，实现了车间与课堂的相互融合，学生分批下企业轮训，由企业教师和学校教师共同完成教学任务；物流管理专业与迅达仓储运输有限公司合作，校企双方相互提供场地，共建实训基地，迅达仓储运输有限公司全年提供轮训岗位，轮训内容由学校与企业共同制定；建筑工程技术专业与世纪华丰集团合作，按照“把教室建在工地上，学生在真正的工地建真正的楼”的教学理念，

---

① 苏志刚《开展教师职教教学能力测评　提高课堂教学质量》，《中国大学教学》，2007年第4期。

由技术能手与学院教师共同指导学生现场实习，边做边学，学生的专业技能、施工技术及管理能力迅速提高。

在教学评价方面，学院改变过去学校单方面评价教学质量的做法，创新考核评价方法，吸收用人单位参与学院人才培养的质量评价。聘请企业人员制定教学环节的质量评价标准，将实践技能考核与岗位实践能力要求有机结合，考核内容分实习生活规范、专业技能掌握、岗位测试成绩、实习工作态度四个部分，学校和企业共同对学生的职业技能进行考核。

第五，构建和谐的校园文化。校园文化以校园为空间，以学生为参与主体，以特定的理念为指导，以校园精神为核心。校园文化是塑造学生健全人格、培养高尚道德情操的重要途径。校园文化对学生的行为取向与价值取向有引导作用，使之符合学校发展方向，使学生积极地从校园环境中接受那些学校倡导的价值观。学校管理者通过构建校园文化体现学校的办学方向和办学宗旨，将学生的行为纳入特定的轨道，以保证学校各项工作正常进行。

和谐校园文化建设是一个复杂的工程，它有明确的指导思想，应有组织、有计划、有步骤地开展实施。“以人为本”是现代和谐校园文化建设的价值基点，和谐校园文化要以人为中心，发挥学生的主人翁作用，重视对人性的唤醒，最广泛地调动起学生的积极性，体现人文关怀和道德情感，尊重学生的主体人格意识。

宁波职业技术学院认为，和谐校园文化对学生的学习活动、日常生活形成一种内在的聚合力和影响力。和谐校园文化的建设途径有多种，可以通过实物展示，加强广播站、校刊、校园网、宣传栏、班级墙报等建设，发挥舆论宣传阵地在和谐校园文化建设中的作用。还可以有针对性地开展内容丰富的文化活动，把人格培养渗透到校园文化活动之中。例如，聘请专家、学者到学校作报告，成立各种社团，开展文艺、体育与科技等各类竞赛，这些活动无论形式还是内容，都紧密结合学生学习和生活的实际，使学生在参与时受到潜移默化的影响，净化他们的心灵，提升他们的综合素质，升华他们的道德境界，从而推动和谐校园文化建设向更高水平迈进。

宁波职业技术学院特别强调以文化品牌建设来进一步推进和谐校园文化的内涵建设。学院一直致力于塑造学生的成功素质，2005 年，提出“成功高校”理念，开设学生成功高校课程；2006 年，成立成功高校素质拓展训练营，以室内训练、户外拓展和成功讲座为三大主线，学生入营训练三周，对全院所有学生在身体技能、心理素质、文化知识、应急能力、人生理想等方面进行了多形式训练，通过训练来改造学生心智模式，提升学生综合素质，把三年的学习时光作为自己内在素质的升华过程,使学生变得更为成熟;2007 年,“成功大学——素质拓展训练营”被浙江省教育工会、省教育部门评为首届高校校园文化品牌。宁波职业技术学院专门投入 50 万元,启动校园文化建设“名片工程”,也就是树立“学生是学院名片”观念的活动,成立“名片工程”领导小组,由学院副院长担任组长,各职能部门领导担任副组长,广泛发动各二级学院参与。通过举办“宁职院有约”校友访谈,建立校友网、校友工作站,汇编《学生是学院名片》系列丛书等活动,挖掘毕业生优秀事迹,用身边的成功案例激发在校学生的学习热情,为他们指明人生方向,把学生从一名缺乏自信的中学生打造成为一名自信的高校生。“从历史看未来——宁职院毕业生名片工程”于 2008 年被评为第二届浙江省高校校园文化品牌。

总之,大力发展职业教育是建设人力资源强国的迫切需要,提高办学绩效是现阶段职业教育对职业院校提出的要求,职业院校必须以高绩效为目标,采取多项措施,使学校的办学水平不断提高。提高职业院校的办学绩效是一个系统工程,所涉内容不仅仅包括以上五个方面,上述对宁波职业技术学院在发展过程中办学特征的分析也不尽全面,更多的是来自本项目研究者多年实际工作中的体会以及诸多同事的观点,尽管如此,仍希望能够为其他职业院校提供借鉴。

第二章

引领发展：示范性高职院的领导者

第一节　如何成为示范性高职院的领导者

《国际教育评论》中有关博茨瓦纳校长的一份调查报告中指出："有效学校的领导，无论是在发达国家，还是在发展中国家，都是学校质量和有效性的最重要因素。尤其是在发展中国家，校长作用尤其重要。"①人们常说，校长是一所学校的灵魂，有什么样的校长就有什么样的学校，一个好校长就是一所好学校。校长应该是一所学校的精神领袖，但领袖不是领导赐予的，更不是自封的，而是由其卓越的个人影响力自发形成的。在国家示范性高职院校遴选过程中，相关文件明确重点支持具有良好发展条件的院校进入示范性建设的行列，而且把院校领导的能力作为建设示范性院校的首要条件。院校领导尤其是主要领导应该具有强烈的使命感、责任心和先进的办学理念，具有战略思维和科学决策的能力，具有很强的领导力、执行力、学习力、创造力和人格魅力。

一、院长的影响力

1. 院长影响力的含义

作为高职院领导者，院长的中心工作是通过影响被领导的全体师生员工来实现学校组织的目标，其影响力的大小和范围直接体现着领导能力和成效。实证研究也证实了领导影响力的重要性，据美国哈佛大学教授、著名领导学家约翰·科特对15位有关组织的高级领导人进行的深入研究表明，在组织领导者面临的诸多挑战中，如何强化对他人的影响力至关重要。

"影响(influence)"是指最广泛意义上的权力，往往与领导力有关。广义的

① 转引自王婷《外国中小学校长的职责与培训》，《外国教育研究》，1996年第4期。

影响包括以通常的方式(如改变满意度或绩效等)改变他人的能力和促使他人采取行动的能力。影响力(influence power)一般指人在人际交往中影响和改变他人心理与行为的能力,这种影响使后者能够根据前者的意愿来做事。领导影响力就是领导者在领导过程中,有效改变和影响他人心理和行为的一种能力或力量。任何领导活动都是在领导者与被领导者的相互作用中进行的,领导工作的本质就是人与人之间的一种互动关系。在领导过程中,领导者如果不能有效影响或改变被领导者的心理或行为,那他就很难实现领导的功能,组织目标也就无法实现。领导者的行为对单个或成组的追随者的心理反应有着最直接的影响,追随者的态度、情感、感受、动机和期望都会随领导者的表现而改变。追随者对组织和工作的满意度、对组织的忠诚度,以及工作动机、工作压力和团队凝聚力,都与领导者影响力水平的高低密切相关。

美国学者布雷迪和伍德沃德认为:领导力就是影响力,它并非是一些有魅力的男人和女人的私人储备,而是一种存在于每一个人身上的活力。每个人都有成为优秀领导者的潜力,释放这种力量可以让我们每个人都取得非凡的成就①。我们的社会现在正面临着领导力缺乏的危机,在政府机关、商业机构、社区、学校、家庭等地方,我们都需要优秀的领导者。领导影响力在领导过程中发挥着重要的作用,具体表现在:领导影响力是整个领导活动得以顺利进行的前提条件;领导影响力影响着组织群体的凝聚力与团结;领导影响力可以改变和影响组织成员的行为。

2. 领导影响力的构成

影响力并不等同于权力。马克斯·韦伯认为:"权力意味着在一定社会关系里哪怕是遇到反对也能贯彻自己意志的任何机会,不管这种机会是建立在什么基础之上。"一般而言,权力有广义和狭义之分,广义的权力是指某种影响力和支配力,它分为社会权力和国家权力两大类。狭义的权力指国家权力,即统治阶级为了实现其阶级利益和建立一定的统治秩序而具有的一种组织性支配力。

从权力区分的角度,人们可以将领导影响力分为权力影响力和非权力影响力,其中权力影响力是由社会赋予个人职务、地位和权力而形成的,带有法定性、强制性和不可抗拒性,为领导者所仅有。一般来说,构成权力性影响力的因素主要有:传统因素,指人们对于"官"的畏惧和服从;职位因素,指职位赋予个人的左右下级的力量;资历因素,指因个人历史原因而形成的对他人的影响。权力性影响力又称为强制性影响力,主要源于法律、职位、习惯和武力等,它保证组织中

---

① 布雷迪、伍德沃德《每个人都能成为好领导:发现和培养你的影响力》,南海出版公司,2010年。

能够令行禁止。这种权力主要包括政治权力、经济权力、心理权力、宗教权力等。权力性影响力通过外推力的方式发挥其作用，在这种方式作用下，被影响者的心理与行为主要表现为被动服从。因此，权力性影响力对人的心理和行为的激励是有限的。

与权力性影响力相反的另一种影响力是非权力性影响力，也称非强制性影响力，它主要是以领导者个人的品德、才能和学识为基础而形成的，来源于领导者与被领导者之间的相互感召和相互信赖。构成非权力性影响力的因素主要有：品格因素、才能因素、知识因素、情感因素。由于它是领导者凭借个人的思想、品德、修养、能力、情感等有目的、有成效地影响、控制和改变被领导者的心理与行为、完成领导任务、实现组织目标的一种力量，因此，它能保证权力行使畅通无阻。

3. 院长影响力的提升途径

按照上述提及的领导者影响力构成，我们要提升院长的影响力就必须既提升权力性影响力，又提升非权力性影响力。

（1）院长的权力性影响力提升

权力性影响力的核心是权力。这决定了提升院长权力性影响力的直接途径主要有以下两条。

第一，民主授权，提高权力使用艺术。在实践中，领导者使用权力的艺术丰富多彩，授权是其中备受关注的一种。如果说分权是组织内部各种权力资源在不同层级和不同部门间的配置，它重在解决权力配置科学化问题，那么授权则是组织中的同一权力在行使过程中让更多的人参与进来，解决权力使用过程中的民主化问题。在现代领导活动中，由于领导工作纷繁复杂，专业技术要求较高，领导者单凭个人智慧已经无力使权力在使用过程中不被削弱。加上随着民主政治的发展，被领导者参与权力运作过程的要求与能力均不断提高，领导者的积极授权比以往任何时候都更加重要。通过授权，领导者可以用自己的智慧去发掘整个组织的智慧，把个人的积极性化为整个组织的积极性，把个人的能力扩张为本单位全体成员能力的总和。这样，有利于权力得到最大化利用。

第二，晋升职位，有位才能有责有为。这是提高权力性影响力最直接的办法。按照权力与责任应对称这一民主政治的基本要求，一个职位低、权力小的人要承担起超越职位本身的责任是不现实的，要使其承担更大的责任，就必须赋予其更大的权力，这就是所谓的“有位才能有为”。因此，不可否认，职位的晋升是提高权力性影响力的最主要、最直接的途径。干部职位晋升要符合社会道德的要求与党规国法的规定，做到公开、公平、公正。

（2）院长的非权力性影响力提升

应该承认，领导者的身世对于其非权力性影响力有着重要影响，即使在民主政治相对发达的西方国家，人们也或多或少地信奉“龙生龙，凤生凤，老鼠的儿子会打洞”。当然，身世对于领导者非权力性影响力的影响，可能是正面的，也可能是负面的。我们通常强调的提升院长的非权力性影响力，主要指的是改变领导者通过自身努力可以改变的因素。

第一，升华官德，以高尚的道德感染人。做官先做人，从政德为先，官德不仅是领导者“立身”之本，也是“立国”之基。散文大家、原人民日报社副总编辑、原新闻出版署副署长梁衡的最新著作《官德》①被称为中国首部系统性讲述官德的作品。在这一“高官讲官德，行文如流水”作品中，梁衡从为公、为民、诚实、敬业、廉洁、独立、坚定、谦虚、坦荡、淡泊等十大方面，系统阐述加强领导者官德修养的方法和途径。用四字语词概括这十个方面就是：一心为民、一心为公、忠诚老实、勤政敬业、不贪不贿、人格独立、坚持真理、谦虚谨慎、宽厚坦荡、淡泊名利。品德是非权力性影响力的构成要素，领导者拥有良好的个人品德，对下属恰如一种无言的号召、无声的命令，会让下属产生归属感和遵从感。领导者提升官德，应从以下几个方面入手：首先，要在思想上树立科学的世界观、人生观和价值观，以及正确的权力观、利益观和地位观等。前者是形成优秀个人品德的基础，后者是打造良好个人官德的前提。这两个方面的提升，对领导者来说都是不可或缺、至关重要的，它们共同构成了领导者整体道德品质的根基，领导者在道德实践中所有的具体表现，可以说都是由此生发开来的。其次，要在实践中积极践行社会主义核心价值体系，模范遵守社会公德、职业道德、家庭美德，这些都是当代公民道德建设的核心内容，也是优秀个人品德的现实要求和具体体现，因而更是领导者修身尚德、以德为官所必不可少的。再次，要在生活中时刻绷紧道德之弦，防止人性中常见的道德弱点被攻破。比如，要时刻保持艰苦奋斗的优良作风，经得起各种困难和诱惑的考验；要淡泊名利、志存高远，正确对待个人职务的去留升迁，当头儿不当霸，得意不忘形；要注意培养健康的生活情趣，慎重选择个人爱好，绝不能沉溺于灯红酒绿、流连于声色犬马；要理性处世、审慎交友，时时不忘净化自己的社交圈子等。

第二，提高能力，以过人的本领驾驭人。领导能力是非权力性影响力的核心要素。领导者能力的高低强弱，不但关联着其个人形象和威望，而且影响着全体员工的士气与信心，并最终决定着领导活动的得失成败。领导能力的提升应注

---

① 梁衡《官德》，北京联合出版社，2012 年。

重这样几个方面：一是提高总揽全局的能力。领导者要有长远眼光和全局观念，要以宽广的眼界看问题，要以前瞻的思维谋发展。二是提高科学决策的能力。对于手握大权的领导者来说，决策能力至关紧要，有人将决策比喻为“生死之地，存亡之道”，因决策失误造成重大损失的例子比比皆是，教训深刻。三是提高知人善任的能力。高明的领导不是自己事必躬亲、大包大揽，而是能根据下属的各自特长，合理调兵遣将，把每一个人的潜力都发挥到极致。四是提高协调沟通的能力。提高组织的整体效能，是领导活动的根本目的，而要达到这一目的，要求领导者必须寻求有效的途径来协调沟通好上下级、同级之间的关系，使组织内部人人关系融洽，大家心往一处想、劲往一处使，从而形成组织最大的合力。此外，当今时代新形势还对领导能力提出了一些新要求，比如提高应对突发事件的能力、构建和谐组织的能力、创新的能力等。

第三，虚心涵泳，以渊博的知识折服人。“虚心涵泳”是宋朝理学家朱熹读书法中的重要一条。朱熹云：“学者读书，须要敛身正坐，缓视微吟，虚心涵泳，切己省察。”虚心，就是放弃己意，不去妄猜，也即印光大师的“不假思索之意”，这是初步的放弃“我执”。涵泳，即提起精神，照着经文，心神合一地读下去，才是真正合理的读经方法。通俗地说，“虚心”主要是强调面对新事物、新知识和不同的观点，要一个宽大的胸怀，不能抱着先入为主的偏见而拒绝新知识和新事物，要虚怀若谷，不能固执己见。此外，还强调要抱有客观公允的态度对待新知识和新事物，反对主观臆断，反对用权威圣贤的语录来牵强附会地拼凑自己的意思。所谓“涵泳”也不仅仅是容纳不同观点的意思，而是强调读书时要反复思考体会，领悟书中所包含的深刻的思想含义。人非生而知之，学习既是人类的一种本能的需要，也是一种追求的境界。领导者的学习既要广泛涉猎，又要突出重点。首先，要努力通过学习提高自身的政治理论水平，切实掌握党的路线方针政策，从而拥有坚定的政治信念、正确的政治方向、鲜明的政治立场、敏锐的政治眼光。其次，要致力于学习科学文化知识特别是专业技术知识。一个具有较宽知识面且在专业方面具有深厚造诣的领导者，更容易使被领导者产生信服感、归属感。再次，要广泛涉猎经济、文化、科技、法律、艺术等诸多学科，博览群书，拓宽视野。此外，在重视学习的同时，还要注重方式方法，善于学习，增强学习兴趣，提高学习效率。如果能通过自己的学习影响并带动下属，从而形成创建学习型组织的良好氛围，那更是一种理想的境界。

第四，和谐人际，以真挚的情感温暖人。领导者的人际关系可分为工作和生活两个方面，当然，有时候二者是重叠交互难以分清的。从工作的角度讲，领导者要做到对待上级充分尊重而不盲从，对待同级积极配合，对待下级关心帮助，既要在心理上珍惜这份合作共事的特殊缘分，又要在实践中坚持平等交往，培养绿色健康的人际关系。在处理与下属的关系时，要坚持公开、公平、公正原则，无论对方文化层次高低、贫富与否、有无关系背景等，凡事做到一碗水端平，这是协调处理好各方关系、赢得下属尊重与信任的基础。从生活的方面看，领导者要想赢得下属的爱戴和拥护，就要拉近、消除与下属的心理距离，不高高在上、盛气凌人，不摆架子、耍官腔，待人和蔼可亲，与群众打成一片；要以实际行动体恤民情，倾听群众呼声，关心群众疾苦，想群众之所想，急群众之所急，办群众之所需，用真心换真情。无论在工作中还是在生活中，领导者在处理人际关系时都需要把握这样几个原则：一是要真诚，这是打开他人心灵之窗的金钥匙；二是要主动，以此体现自己真诚与善意；三是要坚持平等原则，居高临下或自命清高是领导者与下属交往的大敌。

第五，克己奉公，以出色的表率激励人。“公生明，廉生威。”领导者要做克己奉公的表率，就要努力做到“五慎”。一是要慎始，谨防沾染歪风邪气的“第一次”。很多腐败分子之所以成为千古罪人，就是因为没能把握住“第一次”，在“下不为例”的自我安慰中一步步走向了深渊。二是要慎微，勿以善小而不为，勿以恶小而为之。那种“小节无害”的心理，只能使自己放松自我约束，放任自流，最终犯下大错误。三是要慎欲，切不可纵欲无度。人有七情六欲，领导者也不例外，一些人之所以在权、色、钱等的诱惑下落马，究其根源，无不是为欲所困、为欲所害。四是要慎权。权力是把“双刃剑”，正确运用，掌权为公为民，就能使权力造福于民；违规滥用，掌权为私为己，就会造祸于民。五是要慎友。有些“朋友”就是瞄着领导者手中的权力而来的，领导者一旦识别不清、交友不慎，就有可能为自己埋下祸根。这“五慎”落实到具体生活中，就是要时刻管好自己的嘴、手、腿：管好自己的嘴，不该吃的坚决不吃；管好自己的手，不该拿的坚决不拿；管好自己的腿，不该去的地方坚决不去。正所谓“管好自己，天下无敌”。

第六，诚信立身，以良好的形象影响人。有人说，诚信是一种道德，诚信是一种规范，诚信是一种制度，诚信是一种资产。一个民族不能缺乏诚信观念，一个国家不能缺乏信用制度，一个社会不能缺乏信用体系，一个单位不能忽视信用管理。诚信是我们立身处世、治国安邦、事业发展的根本。对院长来说，保持信誉就要想方设法带领大家一起实现学校的组织目标，做到言必信，行必果。“一言既出，驷马难追。”当领导者把自己领导的单位的阶段性目标告知被领导者后，不管其间会有多少困难，最终都要争取实现目标，而不能食言。否则，无论事后你怎么解释，大家总会失望。你让大家失望，你就失掉了一次信誉，你一次又一次失掉信誉，所谓非权力性影响力也就丧失殆尽了。当然，一旦发现前面的承诺是一个错误需要改正时，也一定要自责在先，改正在后，而决不能轻易地诿过于人。领导者的信誉是一个“金不换”的招牌，拥有了这块招牌之后，才有可能聚合起一支队伍来，而这种影响不是职位赋予的，是靠领导者自身修炼获得的。

需要指出的是，影响领导者非权力性影响力的诸多因素之间并非相互割裂、毫无关系，而是互相影响、相辅相成的，某一方面存在欠缺与不足，就有可能形成“短板”效应，从而影响非权力性影响力的整体提升，甚至成为影响领导者形象的“致命伤”。现实中我们也常看到，有的腐败源于自身道德的堕落，有的则是生活中偶然沾染了不良习气，也有的是因为交友不慎而被拉下水，凡此种种，不一而足。因此，领导者应将自身非权力性影响力的提升看成一项系统工程，多方努力，整体推进，既要致力于各要素的全面提升，更要避免某一方面出现致命缺陷。唯有如此，才能达到理想效果，将自己锻造成为一名拥有无穷魅力和影响力的领导者。

二、院长的领导力

领导力（Leadership）是指在管辖的范围内充分地利用人力和客观条件，以最小的成本办成所需的事，提高整个团体的办事效率。它与上节论述的影响力密切相关，但又有区别。有研究者将领导力具体概括为“五力”，即感召力、前瞻力、影响力、决断力和控制力。院长是高职院校领导的核心，院长是否具有较强的领导力，关系到高职院校的凝聚力和成长力，关系到高职院校的改革、发展与未来。因此，深入分析高职院校院长领导力，具有极其重要的意义①。

1. 院长领导力的含义

过去几十年里，在组织发展过程中，领导力一直是一个具有战略性的理论与实践问题。近年来，领导力日益成为组织管理理论与实践聚焦的关键主题。在美国人力资源研究会的一次调查中，要求312名被调查者列出他们认为最紧迫的与人有关的问题，70%的被调查者认为领导力是最重要的②。

学界关于领导力的解释，众说纷纭，存在诸如交易型领导力、变革型领导力与分布型领导力等观点。在众多纷杂的“理论丛林”中，有一个主流的基本共识，即领导力是一种能力。著名管理学者斯蒂芬·P. 罗宾斯认为：“领导力就是

---

① 参见孙健《校长领导力在高职院校发展中的作用——基于对宁波职业技术学院办学实践的观察》，《职教论坛》，2011年第15期。

② 宗骞《高绩效组织领导力的挑战》，《现代管理科学》，2004年第1期。

影响一个群体实现目标的能力。”①本书认为，领导力是指领导者能够明确组织使命，通过有效确定目标、设计路径、实施举措等环节，从而影响组织成员，实现组织目标与愿景（vision）的能力。当然，这种能力不仅仅是单一能力，而表现为一系列能力，“领导力可以被形容为一系列行为的组合”②，是以组织中种种联合能力的形式表现出来的。按照经典领导理论，领导和管理的最大区别就在于，管理更倾向于按照组织目标实施已有的步骤，而领导则更注重目标的导向作用，确定方向，制订战略以引起组织的变化。领导者做正确的事，而管理者把事做正确。也就是说，领导者对方向、愿景、目标更感兴趣。目标反映了组织的价值观、理想与追求，Leithwood、Begley 和 Cousins 认为，领导力体现在认同组织所要达成的目标以及实现组织目标的过程中③。杰出的领导者必须能够明确清晰地阐述变革目标，并且得到组织成员的广泛认同和支持。领导力分布于组织结构之中，能够有效地影响和改变组织的发展。领导力要求领导者在组织成长的过程中，超越传统的问题解决方式，具备一种着眼长远、注重未来的倾向，创造适应性的变化，使组织的价值不断得到延续。

20 世纪 90 年代初，领导力理论被引入学校管理的研究领域，并引起广泛的关注。院长作为学校领导主体，在引领学校发展的过程中具有举足轻重的作用。院长领导力的研究对当前高职院校发展具有深远意义，能够将高职院校与学生成长、社会发展与国家未来紧密联结起来。院长领导力的研究是围绕院长在实现学校目标、推动学校发展的过程中展开的，是院长主体性力量的充分展示。按照本书对领导力的定义，院长领导力是指院长能够明确学校使命，通过有效确定目标、设计路径、实施举措等环节，影响学校全体师生，实现学校目标与愿景的能力。院长领导力是一种内生于学校并作用于全体师生的能力，它是由相互关联的能力构成的集合。

无论外部环境如何变动复杂，高职院校要想在竞争性的环境中持续发展，归根结底，是与院长领导力分不开的。在美国的《学校领导者标准》与英国的《国家院长标准》中，院长都被设定为学校的领导者，突出强调院长的领导作用。院长领导力是增强学校效能的关键，院长必须使自己的工作真正立足于学校的长远发展，准确地理解、把握院长的特定活动范围、行为模式与职责，通过确定目标、设计路径与实施举措，影响全体师生具体行为，最终达成目标。

---

① 斯蒂芬·P. 罗宾斯《组织行为学精要》第 205 页，柯江华译，机械工业出版社，2001 年。

② 詹姆斯·库泽斯、巴里·波斯纳《领导力》第 12 页，李丽林等译，电子工业出版社，2009 年。

③ Leithwood K，Begley T，Cousins B. Developing expert leadership for future schools. Routledge，1994：7.

院长领导力的构成可以分为两个层次：第一层次是院长自身专业素质，主要表现为院长的认知、意志、态度和思维等方面；担任领导角色的院长虽然具有正式职位，但并不意味着就必然具备领导力，领导力的发挥离不开专业素质，专业素质是院长领导力实施的基础。第二层次是院长影响他人的能力，即对学校全体师生的影响力，这是院长领导力发挥的关键。院长主要通过授权与校园文化等手段影响他人并实现领导力。

2. 院长领导力的特征

院长领导力强调通过引导师生员工对学校的价值认同和内在承诺，进而实现学校组织结构和制度的改变，最终实现学校发展的目的。院长领导力具有以下三个特征。

首先，具有方向性。院长领导力的重要体现是建立合理的前瞻性目标，为学校的发展提供方向性指引。这种共同目标定位是基于不同学校的历史传统与现实条件，是一个不断发展的过程。对于院长而言，方向的正确与否直接关系到学校发展战略的成败。为了在领导的过程中，尽可能少走弯路，尤其是关系学校发展的战略问题更需要明确方向。领导力特别强调领导过程中的方向性，院长须要根据学校所处环境，结合学校发展现状，制定科学合理的发展方向，提高目标的针对性。

其次，具有共享性。Leithwood 认为，"领导力要经过双方协商并与他人共享"①。领导力重视领导者与组织成员彼此的内在需要和动机，强调构建一种以共同愿景与共同价值追求为基础的和谐关系，激发组织成员的内在需要，发挥组织成员的最大潜力。只有合理利用、充分发挥学校全体师生员工各自的特长和技能，也就是说，只有领导力得以共享，组织责任得以共同分担，才能形成更加持久、更加充满活力的领导力。只有师生员工积极参与领导过程的每个环节，学校目标的实现才能更加顺利。因此，在提高院长领导力的同时要提高师生员工的集体归属感，激发他们的主观能动性。

再次，具有变革性。变革性在当前学校改革的背景下具有特殊的意义。领导力通过激发学校成员的潜在工作动机和能力，进而促使学校发生根本性的、彻底的改变。院长领导力的立足点就在于变革，即通过变革学校组织结构、文化和制度，从而对学校发展形成长远而深刻的影响。院长领导力产生有一个过程，在变革中生成，在变革中发展，变革是领导力的基本品质。院长领导力只有通过学校组织变革才能体现出来，离开学校组织变革，任何院长都无法施展领导力。

---

① Leithwood K. The Move toward Transformational Leadership. Educational leadership, 1992, 49(5).

3. 院长领导力在高职院发展中的作用

战略管理学派主张领导力的作用过程实际是一个目标导向的过程，领导者应首先确定目标，然后再设计路径和实施举措，也就是目标、路径与举措构成了领导力作用的三个环节。按照学校发展过程中领导力作用的顺序，院长领导力在高职院发展中的作用表现在有利于明确学校发展目标、规划学校发展路径与实施学校发展举措三个方面。

首先，有利于明确学校发展目标。院长领导力作用的首要体现就是有利于明确学校发展目标，在学校成长的各因素中，设置明确清晰、切实可行的发展目标，对学校的成长影响最为重要。目标作为学校成员认同的核心价值的体现，可以起到激励与规范全体成员观念与行为的作用。学校发展目标可以用一系列定性和定量的指标来衡量，代表学校未来发展的阶段性状态。学校发展目标一旦明确，就会使所有成员产生强大的驱动力与凝聚力。院长在确立学校发展目标，引导全体师生员工树立共同目标的时候，应该把握学校未来的发展趋势，促进办学理念的形成，将师生员工的个人目标与学校目标结合起来。学校发展目标表明学校的愿景与定位，是学校未来发展的总结性概括。这一目标是建立在学校全体师生的共同愿景基础之上的，要让全体师生员工认可这一目标，并且积极实现目标，就必须不断向成员宣传办学理念与办学目标。经过全面权衡和考虑，以执行院长苏志刚为首的领导层将宁波职业技术学院的办学目标确定为“创建特色鲜明的国家示范性高等职业院校”，办学定位确定为“立足港城、服务社会、产学合作、争创一流”，历史使命确定为“为中华民族的伟大复兴培养更多的具有良好职业道德、熟练专业技能和可持续发展能力的应用型人才”，从而明确了宁波职业技术学院未来的发展方向。同时，从 2005 年开始，学校面向全体教师多次举办校本培训与特色讲座，统一对办学思想认识，增强对发展目标理解，为推进学校发展铺平了道路。

其次，有利于设计学校发展路径。路径是到达目标的途径与手段，院长领导力作用不仅体现在有利于明确学校发展目标上，而且体现在有利于设计学校发展路径上。可以从设计模式路径、设计资源路径与设计组织路径三个方面分析院长领导力的作用。一是设计模式路径。模式是指组织中相对稳定成熟、标准化的业务运作流程或业务活动的组合。面对不断变化的社会要求，高职院校院长必须放弃传统模式下只是对已有事务简单处理的方式，要能够创新设计模式，从模式的执行者转向模式的发起者，并在新模式下带领全体成员共同实现学校目标。例如，宁波职业技术学院自创办以来，着眼于区域经济发展，努力创新办学模式，积极探索互惠双赢的工学结合人才培养模式。在实践中，学院领导层创新性地提出“三三”模式，即“三位合一、三方联动”模式。二是设计资源路径。学校发展目标的实现需要多种资源支撑，而学校的资源总是稀缺的，这就意味着必须扩展学校人财物等各类资源来源，院长要依据学校所处区域的情况，大力地借用外部资源。例如，宁波职业技术学院执行院长苏志刚认为，立足区域、依托区域、服务区域是高职院校形成特色的关键，也是获取外部资源的关键。宁波职业技术学院要充分利用区域优势，积极为区域经济发展提供人才、科技、文化等多方面的服务，只有这样才能得到区域的支持。学院充分利用地处宁波经济技术开发区的区域优势，坚持走产学研相结合的办学之路，获得了当地政府与企业源源不断的资源支持，使政府的政策、财力资源及企业的设备、资金和人才资源等为学校所用，不仅拓宽了办学空间，而且增强了办学实力。例如，亚洲最大的注塑机生产企业海天集团投资1000多万元在校内建设海天学院大楼，投入300多万元的数控设备用于海天学院的专业教学，20多位海天集团的技术人员担任海天学院的兼职教师。2007年和2008年，宁波市政府配套投入6000万元用于学院的国家级示范性高职院校建设。2008年起，宁波市政府又按本科生生均7250元标准给学院拨款，是浙江省第一家按本科生生均经费标准拨款的高职院校，为学院发展提供了坚实资源基础。三是设计组织路径。作为高职院校的院长，不仅要洞悉组织结构的发展趋势，而且要综合考虑各种影响组织结构变化的因素，根据学校发展目标变化动态地调整组织结构。有时甚至还须要打破原有的组织结构，建立更加灵活的组织结构，值得注意的是，过去最常见的繁琐复杂的科层制组织结构已经越来越不适应高职院校的发展，而精简化组织就成为各类组织的发展方向。例如，宁波职业技术学院组织理念就是机构精简、务实高效。学院实行“小行政、大教学”组织模式，实行全员聘任制、干部竞争上岗制，行政管理人员的总数控制在教师人数的10%，突出教学在学校的中心地位，架构“行政围着教师转”的组织结构，改掉高校普遍存在的机构臃肿、人浮于事的弊病，提高了管理效益。

因此，对于院长而言，只有合理设计组织的模式路径、资源路径与组织路径，才能够实现路径与目标的协同，才能够持续推进学校的有序发展。

再次，有利于实施学校发展举措。有利于实施学校发展举措是院长领导力作用的最具体表现，科学的举措体现了领导力运行的状况，是院长引导规范学校全体成员的思想和行为，以达成学校发展目标的过程。如果一所学校没有目标，就会迷失方向，而如果不重视目标的实现，那目标就只能成为空想。制定目标仅仅是领导力的逻辑起点，要将它变成现实结果必须依靠举措，举措是目标与成效之间不可或缺的一环。院长作为组织最高领导，要跟踪举措实施情况，分析是否需要改进,如何改进,从而确保举措实施的效果。社会发展对高职院校的专业设置、培养规格、教学方法、教学内容以及学校管理等方面提出了变革的要求,这就要求高职院校积极实施各项举措,应对外界挑战。程序严密、合理有效的举措有利于学校发展的良性运转,保证学校运行的正确方向。学校发展举措必须具体化、条文化为学校发展各项制度,制度决定效率,健全科学的制度能有效协调高职院校内部成员的关系,明确工作程序和责任,合理配置高职院校内外部资源,最终推动学校发展。宁波职业技术学院在实践中认识到,只有不断通过制度创新,才能建立互惠共赢的学校发展新机制,在执行院长苏志刚的带领下,宁波职业技术学院制定并实施了一系列行之有效的制度。例如,改革学生质量评价制度,采用校企共同考核,以证代考与答辩式考核等形式,提升了学生培养质量。创新多元筹资的投入制度,实行董事会领导下的院长负责制。政府通过董事会实行对学校的管理,新的管理体制使学校建设实行了多元投资,建设经费由宁波市教育局、开发区管委会与学院共同投入。董事会成立以来,教育局与开发区按1∶1投入,共投入2亿多元,学院筹资1.5亿元,企业投入0.15亿元。多元筹资体制,明确了各方的责任,保证了建设经费的足额到位,加快了学院发展。强化合作办学制度,校企共建二级学院,如学院与海天集团、敏实企业、华丰集团、华建集团等一大批企业实行了紧密型合作,建设了以企业命名的海天学院、华丰对外经济合作学院、minth学院、华建软件学院4个二级学院。校企共建国家示范专业,如与敏孚企业合作建设的机电一体化专业成为教育部教改试点专业,与迅达公司合作的物流专业、与华丰公司合作的建筑工程技术专业成为国家示范建设专业①。

4. 高职院院长领导力的提升策略

高职院院长领导力是一种着眼未来和预测未来的能力,它必须立足于对未来的准确把握,对其提升是一个动态的持续过程。院长领导力的提升强调通过具体手段,提高院长的专业素质,激励学校成员的动机。从院长领导力构成的角度看,院长领导力提升包括增强院长专业素质、充分授权全体成员与积极塑造校园文化三方面。

首先,增强院长专业素质。高职院院长既是一种职业,更是一种专业,一个注重远景目标、具有强烈使命感与责任感、始终保持敏锐思考力、懂得激励成员的院长,才能被认为是具有领导力的院长。有学者指出:“学校所处的外部环境

---

① 苏志刚、任君庆《基于制度创新的“三三”办学模式——记宁波职业技术学院的特色办学之路》,《高等工程教育研究》,2009年第3期。

越来越动荡，为了适应环境变化的要求，院长须要采取相应措施来进行变革。这一过程要求领导者具有相应的适变力，也就是从心理上适应外部环境，并开展变革的能力。"①这种适变力来源于院长专业素养，它不仅仅要求对知识与技能的掌握，更是要求院长从心理上构建内在信念与愿景。它能使院长明确自己的使命，以新的方式接受变革，高瞻远瞩地思考学校战略问题，制定出符合学校发展的规划，更加坚决有效地开展工作，促使学校朝着预定的目标前进。宁波职业技术学院执行院长苏志刚要求他和他的团队必须成为"职业化的学校管理者"，也就是从职业化的角度，对院长素质提出了更高的要求。

爱岗敬业、和蔼可亲、公平诚信、严于律己等高尚品质，都是具有领导力的院长所必备的。所以院长要加强自身专业素质的修炼，要有自我反省的道德自觉，提升自己的道德领导力（moral leadership）。院长要善于在实践中不断地学习、系统思考，在平日的工作中注意自己的言行，不断地加强自身修养，以自身的高尚品德来感染师生员工，激发他们的工作热情。另外，通过不断地学习，院长可以提炼和借鉴他人的经验，总结得失，这些都有助于院长专业素质的增强。

其次，充分授权全体成员。院长领导力也是对学校成员的影响力，院长领导力能否提升，关键在于全体成员是否全心全意拥护领导、尊重决策、执行指令。目前部分高职院院长领导过程专断色彩较浓，封闭性较强且偏重于控制，倾向于通过外部奖惩来激励学校成员完成任务，这是一种典型的交易型领导模式，压抑了学校成员的积极性和创造性。授权是院长领导力提升所依赖的重要途径，是院长动员和鼓励学校成员致力于实现目标的重要举措。院长通过授权激励学校成员采取达成目标的最佳行动，这种激励不仅是在情感上给予支持，更是给成员独立运作的空间。通过授权，"教师为发展学校愿景出谋划策，提供知识，提供远见，从而积极参与动态的领导过程；教师在学校价值观及其塑造的愿景方面增强了主人翁意识，从而获得更强的个人责任感；教师通过积极参与以及对结果承担个体责任，更加意识到学校的重大使命以及完成使命与自己日常工作的关系"②。授权使得学校成员的智慧与能力被释放出来，满足了学校成员高层次需求，让学校成员认识到自己的价值，增强了他们的责任感和工作动机，扩大了他们的自主性和效能感，使他们表现出更高的满意度，增强了他们对共同目标的理

① Helsing, Howel, Kegan. Putting the "Development" in Professional Development: Understanding and Overturning Educational Leaders Immunities to Change. Harvard Educational Review, 2008, (fall).

② 罗伯特·欧文斯《教育组织行为学：适应型领导与学校改革》第231页，窦卫霖、温建平译，中国人民大学出版社，2007年。

解。院长要学会充分授权学校成员,使多数学校成员可以从参与中获得更多的经验,增强对自己的信心,对自己的行为负责,从而提升院长领导力。授权的对象不仅包括教师,而且包括学生,宁波职业技术学院于2002年成立了“高校生教学管理委员会”(以下简称教管会),是在学院教务处领导、团委指导下的学生自主管理组织。教管会由院、系二级学生会学习部、各班学习委员及学生代表组成,由院级学生会学习部长担任主任,系级学习部长担任教学助理,聘请了教学副院长、教务处处长、学工部部长为专家委员会顾问。学生参与教学管理承担的主要工作:参与教学质量评价、参与日常运行工作、参与学校部分决策、参与各种教学调研等。教管会在学生与学院教学管理人员之间架起了沟通的桥梁,充分行使自己的民主权利,献计献策,提高了学生当家做主的积极性①。

再次,积极塑造校园文化。高职院院长领导力提升的重点是要积极塑造校园文化。学校作为一个共同体,要使学校内的广大师生形成共同意志和共同愿望,遵守集体规范,必须要在学校里形成一种彼此信任、尊重合作、积极进取、勇于创新并注重学习的校园文化。一所学校的文化能够提供一种对策,能够帮助决定事情将要怎样发生,以及这些即将发生的事情是如何被解决的。院长可以通过沟通协调的方式发展学校文化,增强学校认同的核心价值与信仰,缓解学校内部冲突与矛盾。美国密歇根大学 Kezar 教授认为,“在学校环境里组织文化的构建面临的最大的问题就是文化冲突。因为学校是由不同兴趣的团体构成的,这些团体都有着不同的价值观,所以冲突常常存在。在处理这些冲突时,院长首先应该扮演调解者的角色”②。通过积极塑造校园文化,高职院院长能够控制学校发展走向,使其各个环节围绕预定目标而行动;协调学校发展各方面关系,提高资源配置与利用效率;针对学校运行中的各种问题,把握和利用最佳决策及其实施时机,进行快速和有效解决。在这样一个和谐宽松的文化氛围中,院长领导力将会以难以估量的方式壮大起来,推动学校突破成长的极限,保持不断发展的态势。文化建设必须依赖于载体,例如标语、口号以及各类活动。宁波职业技术学院将校园文化建设融入校训、校风、学院精神与育人理念中,其校训为“勤、信、实”;校风为“和而不同”;学院精神为“创业、创新、创优”;育人理念为“以素质为核心,以能力为基础”。正是在这些理念的熏陶下,学院的校园文化蓬勃发

---

① 周艺红、邵冠灵《高职学生参与教学管理的实践思考——以宁波职业技术学院为例》,《太原城市职业技术学院学报》,2010年第6期。

② A. Kezar. Understanding Leadership Strategies for Addressing the Politics of Diversity. The Journal of Higher Education,2008,79(4).

展。另外，为了创设高品位的校园文化，宁波职业技术学院以文化品牌建设来进一步推进校园文化的建设，如以项目化的方式投入50万元资金，专门启动“名片工程”，提高了校园文化品位，增强了学校凝聚力，为宁波职业技术学院院长领导力提升打下了文化基础。

三、院长的学习力

1. 院长学习力的含义

学习力是领导者超速成长的能力。世界著名管理学大师彼得·圣吉（Peter M. Senge）曾说过，“未来唯一竞争优势是比你的对手学得更快的能力”。“学习力”的最初构想源自美国麻省理工管理学院教授福雷斯特（Jay Forrester）及其学生彼得·圣吉的“学习型组织”研究，他们虽没有给出学术性的界定，但却指出了学习力对于组织管理的非凡价值：一个具有学习力的学习型组织像具有生命的机体，总能灵活伸展，轮转向前。此后，有关组织学习、学习型组织、学习力等的研究成果呈直线增长态势，不仅有学术专著，而且有实证分析和案例推广，作为一种管理理论，学习力的设计与实施已使许多国际著名的企业受益。由于学习力研究与实践的成果显著，如何将其迁移到教育领域，同样也引起了教育学者的兴趣。

狭义地讲，领导者的学习力是指领导者学习的能力。广义地讲，领导者的学习力是指领导者通过多种渠道、运用多种形式、采取多种手段获取知识、提升能力的能力。学习力的强弱，不仅表现在获取知识能力的强弱上，更重要地体现在通过学习来提高能力的强弱上；不仅表现在从书本上学习知识的能力的强弱上，还体现在从实践中学习知识的能力的强弱上；不仅表现在对知识掌握的广度和深度上，还体现在实际工作中对知识创造性的运用上。

从学习力结构上看，它应包含学习力原发层面、学习力内化层面和学习力外化层面等三个层面。学习力的原发层面包括学习的意志、兴趣、动机、毅力、价值观等内容，学习力的内化层面包括现有文化知识基础、智力、记忆力、理解力、思考力、学习的效率以及观察力、分析力、综合力和评价力等内容，而学习力的外化层面则包括对所学知识的释放力、应用力、适应力、创新力等。学习力的这三个层面之间从总体上看是一种叠加的关系，学习力的原发层面支撑着学习力的内化层面，学习力的内化层面支撑着学习力的外化层面。与此同时，三个层面之间还存在着相互包容的关系。学习的兴趣、动机是在学习过程中形成的，兴趣、动机既是学习的前提，又是学习的结果。也就是说，在学习力内化和外化的过程中又进一步激活了学习力的原发力。判断领导者学习力的高低，主要看其学习的动力是否强劲,学习的基础是否厚实,学习方法的运用是否自如。

2. 学习力在领导者诸种能力中的地位

学习力是领导者最核心、最本质的能力,学习力的强弱直接决定和影响着领导能力的高低。1999 年世界管理大会中提出的"树根理论"对此是一个很好的说明。其含义:如果将一个组织(企业或学校等)比做一棵大树,学习力就是大树的根,也就是组织的生命之根。也就是说一个组织如同一棵大树,看上去枝繁叶茂、果实累累(如企业的产值、利润,学校的毕业率、就业率),但没有重视树根(学习力),结果经过一段时间大树枯萎了,一检查发现树根烂了,此时再想挽救为时已晚。从领导者个人来讲,"树根理论"的启示在于,学习力从根本上决定了影响力和领导力。美国学者托布斯说,未来的文盲不是不识字的人,而是不会学习的人。

首先,学习力是领导者诸种能力的综合反映。学习力不仅代表着一个人的文化知识基础,还代表着一个人的价值观,更是一个人诸种能力的集中体现。发现问题、分析问题、解决问题是领导者履行职责的基本内容,学习力的内化层面决定着一个人发现问题、分析问题的水平,而学习力的外化层面则决定着一个人解决问题的能力。从某种意义上讲,领导者能力展现的过程,实质上也是学习力释放的过程。

其次,学习力是衡量领导者潜能的真正标尺。干部选拔任用从某种角度讲,是对干部潜能的一种推测和判断。与其根据领导者现有的学识和能力,对领导者到新的工作环境、更高层面的工作岗位上,面对新的工作要求和工作任务能否胜任进行考察,不如对其学习力进行考察。在社会各方面飞速发展变化的时代,预测领导者未来所能具备的知识和能力是很难的,但我们却可以对领导者对未来时代所需要的新知识的态度及获取和运用能力即学习力作出评价。

再次,学习力决定着领导者创新的发挥程度。学习是一个能动地获取、运用和创造新知识的过程,学习的过程本质是创新的过程,创新与学习是一个相互交融不可分割的整体。创新的源泉在于学习,学习的成效体现于创新。毫无疑问,一个不注重学习新知识、不注重研究新情况、不注重探索新问题的领导者,是不可能有创新力的。

3. 提高领导者学习力的基本途径

首先要强化危机意识,增强学习动力。学习动力是学习主体进行学习的力量源泉。造成领导者学习力与创新力不强的原因是领导者缺乏危机意识和责任意识。激发学习动力关键是强化危机意识,使学习主体明确学习的重要性。科技的飞速发展引起了世界的迅速变化,知识老化的速度也因此大大加快。知识经济时代，高于被领导者的知识资本、智力资本是领导权力的主要来源。领导者只有不断扩大与被领导者知识差距和能力距离，才有领导资格。如果不提高其学习力和创新能力，也就会失去其影响力进而失去领导资格。高校要成为崇尚学习的场所，学习应成为高校每一个成员终身追求的生命目标。自觉学习就要求学习主体有学习的愿望和需求，了解自己的需要和特点，端正学习态度，明确学习内容，知道学什么，为什么学，怎么学，达到什么效果。在高校，人人都有随时接受教育的机会和平等接受教育的权利，人人都要能根据教学、科研、工作、生存和发展的需要，以充分发挥人的潜能和全面发展为目的，善于选择和利用各种资源进行学习，把学习与工作有机地结合起来，工作学习化，学习工作化，使学习和工作变为互相启发、互相激励的互动过程。

其次要强化角色意识，培养学习毅力。未来的社会是学习型社会，学习型组织是未来社会的“细胞”。学习型组织中的领导角色是设计师、仆人和教师，其中设计师的角色最重要。设计师的作用是什么？彼得·圣吉认为，设计师的工作就是设计组织的政策、策略和系统，设计组织的结构并对组织要素进行整合，就是设计组织发展的基本理念、核心价值观和最终目标等。这些设计内容关系组织的发展方向和前途命运，因此，要求领导者必须具有持久不衰的学习毅力。高职院领导者要构建学习型组织，关键要构建持续学习的终身教育体系，强调终身学习、全员学习、全过程学习、团队学习和全方位学习。通过构建持续学习的终身教育体系，可以全面开发与提升全体师生员工的学习力。

再次要强化自主意识，提高学习能力。自主学习意识依靠自由思考、自由探讨的学习学术氛围。牛津大学校长科林·卢长斯教授认为，大学从事的是人的教育，大学应该是这样一个场所，在这里能够培养独立思考能力、清晰的头脑、想象力等个人成功所必备的品质。哈佛大学荣誉校长陆登庭认为，大学有三项使命：一、发现和产生各领域的新知识，传承、传播、阐释、校准已有知识；二、要提供探索真理的氛围，培养学生的探究精神和创造性思考的能力，使他们获得终身学习的能力；三、要帮助学生学习对复杂世界进行分析和道德判断，使他们对自己、对其他社会成员有更好的理解。英国剑桥大学校长讲：“大学是追求真理的，应该是社会正义、良知、道义之所在，要培养独立的大学精神，营造自由的学术氛围。”所以，要充分发挥教师个人、集体和教学专业人员的作用。教师要养成学习与反思的习惯，增强学术研究意识，以研究者的眼光审视、反思、分析和解决自己在教学科研实践中遇到的问题，把日常教学工作与学术研究融为一体。在重视教师个人学习与反思的同时，特别强调教师集体的作用，强调教师之间的专业切磋、学术思想交流、学术研究协调与合作，互相学习，彼此支持，共同分享经验。学校要形成学术对话机制,为教师之间进行信念交流、经验分享和专题讨论提供平台。有了这样的自主学习意识和氛围,学习能力的提升应当是水到渠成的事。作为学习型组织的领跑者,高职院领导者应充分把握科学的学习方法,在"六个结合"上下功夫,即学与思结合,学与用结合,学与时结合,学与效率结合,学与效益结合,学与创新结合。所谓学与思结合,就是在学习的过程中要学会把学习的目的、内容和系统思考紧密结合起来,通过学习学会全面地、历史地、动态地看问题想问题。古人云:学而不思则罔,思而不学则殆。学与用结合,就是要把所学的知识与领导实际工作结合起来,做到学习工作化、工作学习化。学与用不分离,坚持理论联系实际,学以致用,用所学的知识指导实践,又在实践中不断学习。学与时结合,就是要树立与时俱进的学习观念。在学习过程中根据时代和事业发展的需要,对已掌握的知识进行动态的调节,不断进行知识更新,不断强化知识的有效性和活化率。学与效率结合,就是要注重学习的速度。在科学技术迅猛发展的时代,在国际国内形势复杂多变且各种竞争十分激烈的环境中,善于学习的实质就是知道从哪里很快很准确地找到自己不知道的东西。学与效益相结合,就是学习既强调速度,又强调效果,是学习效率和学习效益的有机统一。学习并不全都是有益的,有些垃圾知识和信息会与有用有益的知识和信息相伴而来,见到什么就学什么,这样的学习不仅无益,甚至对人的发展反而有害。因此,学习要有一种理性的批判智慧,自觉地筛选知识和信息。学与创新结合,就是把工作的过程看成学习新理论新知识新技术、创造新理论新知识新技术相互依赖相互作用的辩证统一过程。坚持学习与创新结合,强调的是学习要与时俱进,强调的是在学习前人创造的优秀文明成果的基础上,扬弃旧义,探求新知,不断推进理论创新、制度创新和科技创新。只有坚持学习与创新结合,才能将学习力有效地转化为创新力,才能做到与时俱进;只有坚持与时俱进,发展才会有新思路,改革才会有新突破,开放才会有新局面,各项工作才会有新举措。

总之,在当今时代要提升学习力,这样一些关于学习的观念或概念是我们每个人必须充分认知并要了然于心的:终身学习、创新学习、团队学习、合作性学习、网络学习、自我学习、有效学习等。之所以有这么多的观念或概念需要掌握,是因为我们所处的社会是"学习化社会",我们所处的组织是"学习化组织",人人都是学习者,"一次性教育"终结学习的做法早已经是历史陈迹。

第二节　院长作为愿景描绘者

一、愿景及愿景领导

美国前国务卿基辛格(Henry Kissinger)博士说："领导就是要让他的人们，从他们现在的地方，带领他们去还没有去过的地方。"这"还没有去过的地方"用当今管理学最响亮的词汇来说就是"愿景"。大部分中国企业管理人员目前仍停留在愿景、哲学、文化是虚无缥缈的狭隘认识上，只相信战略规划本身才是成功的关键，同时认为应当坚持使用战略规划的套路，在月度、季度和年度进行战略评估与调整，以便对战略方向有足够的把握。我们认为战略规划并非不重要，但仅仅停留在对于战略规划的依赖，只能使高层管理人员的思维束缚于现有问题的解决上，而难以放远眼光掌控全局展望未来。在著名的《基业长青》一书中，作者詹姆斯·C.柯林斯指出，那些真正能够留名千古的宏伟基业都有一个共同点：有令人振奋并可以帮助员工作重要决定的"愿景"。愿景就是公司对自身长远发展和终极目标的规划和描述。缺乏理想与愿景指引的企业或团队会在风险和挑战面前畏缩不前，他们对自己所从事的事业不可能拥有坚定的、持久的信心，也不可能在复杂的情况下，从大局、从长远出发，果断决策，从容应对。一些人错误地认为，企业管理者的工作就是将100%的精力放在对企业组织结构、运营和人员的管理和控制上。这种依赖于自上而下的指挥、组织和监管的模式虽然可以在某些时候起到一定效果，但它会极大地限制员工和企业的创造力，并容易使企业丧失前进的目标，使员工对企业未来的认同感大大降低。相比之下，为企业制定一个明确的、振奋人心的、可实现的愿景，对于一家企业的长远发展来说，其重要性更为显著。处于成长和发展阶段的小企业可能会将更多精力放在求生存、抓运营等方面，但即便如此，管理者也不能轻视愿景对于凝聚人心和指引方向的重要性；对于已经发展、壮大的成功企业而言，是否拥有一个美好的愿景，就成为了该企业能否从优秀迈向卓越的重中之重。詹姆斯·C.柯林斯的上述看法虽然是针对企业说的，但也完全可以借用到以"校企合作"作为突出办学模式的高职院校这一组织管理中来。

"愿景"一词来源于拉丁文videre，即"看"，"眼见为实"的意思，译自英语现代管理学术语vision。国外的学者曾用漫画对vision作了形象化的诠释，画中一条像小毛毛虫一样的蝴蝶幼虫，指着眼前漂亮的蝴蝶说"这就是我的vision"。虽然一些学者把"愿景作为一种对未来的共同目标的展望"，但愿景不是凭空形成的，它往往是“由我们的取景框和视野所决定的”。愿景是概括了组织未来的目标、使命及核心价值，为组织的未来发展提供了轮廓和发展方向，组织成员为之奋斗并希望达到的图景。愿景是最终希望实现的图景，它引领组织中的每个人沿着同一轨迹走向未来。

愿景领导亦是伴随着“愿景”一词而产生的词语，Nanus 在其《愿景领导》一书中正式提出“愿景领导”一词并强调在所有领导功能中，领导者对愿景的影响最深远，同时许多有关的领导研究亦发现有效能的领导者往往是具有愿景的领导者。愿景领导是组织中的领导者在组织中建立共同的目标、使命以及核心价值，形成组织的共同愿景，引导、激励组织成员在其驱动下自觉付诸行动，进而实现组织愿景的活动过程。学校愿景是学生对教育共同体所安排的课程进行学习，并且经过相当程度的努力之后，所能达到的理想情形。亦即，学校愿景是学校有关人士共同期望教育出来的理想学生。学校愿景领导就是学校领导共同体建立的一套学校成员共享的目标、使命以及核心价值，融个人的愿景与学校共同愿景于一体，引导、激励学校成员在其驱动下自觉付诸行动，进而提高学校课程品质及学生学习质量的活动过程。

二、学校愿景领导的特征

愿景领导作为一种领导方式，在学校教育领域中也显示出其自身的象征与标志，具有民主性、激励性、协调性。

首先是民主性。民主性是指学校愿景领导体现着广泛的诉求，协调着学校成员朝着同一方向努力。学校愿景是一种由目标、使命、核心价值和未来理想状态融合而成的“学校发展蓝图”，它既是领导者的目标，又是教师自发的心愿，因而它便成为凝聚人心的核心要素。同时，愿景领导是一种民主的、强调内部驱动的影响行为。因此，学校发展的共享愿景必须是领导层与学校其他成员共同建立起来的，它必须融学校共同愿景与个人愿景于一体，成为大家努力追求的目标，从而增强学校的凝聚力，最终提升办学品质，使教育教学质量不断提高。

其次是激励性。激励性是指学校愿景领导不仅激励学校成员要“承诺”为实现愿景而努力，而且要富有激情、勇于承担责任地把愿景变为现实。学校愿景领导能够激发、鼓励和调动学校成员的热情和动机，使其潜在的工作动机尽可能充分发挥和维持，从而更好地实现学校愿景。学校愿景是一个具有挑战性的理想目标，同时它也是一个现实的可以实现的目标，愿景的激励性能够更加有效地调动人的积极性、主动性和创造性，最大限度地发挥学校成员的潜能。一个共享的愿景能够将学校共同体成员集结到一起，并使其能够齐心协力地朝向组织的共享愿景而努力，同时也能使学校的每个成员都能感觉到他们对学校理想图景所做的贡献，意识到个人付出努力的重要性。学校全体成员的智慧融为一体，必将实现学校的理想与愿景。

再次是协调性。协调性是指在内外变革环境中学校领导共同体能够协调各个层面及环节的关系，实现学校自我协调发展。课程变革中社会背景的复杂性、各种教育诉求的差异性以及多种因素的影响，都需要学校领导共同体在实践中加以综合协调。通用汽车副总裁马克·赫根(Mark Hogan)对领导者是这样描述的："记住，是人使事情发生。世界上最好的计划，如果没有人去执行，那它就没有任何意义。我努力让最聪明、最有创造性的人们在我周围。我的目标是永远为那些最优秀、最有天才的人们创造他们想要的工作环境。如果你尊敬人们并且永远保持你的诺言，你将会是一个领导者，不管你在公司的位置高低。"可见，领导者要去选择、协调、发展，并在实践中凝聚力量。而学校愿景领导的实施能够有效地协调各种关系，开辟多种渠道，加强信息沟通，开展情况疏导，及时消除误解，进行思想认识上的高度统一，保证学校领导上通下达，下情上传，畅通无阻，进而实现领导文化的变革，即从强制性文化向协调性文化转变，从而达到教育的民主与公正、公平。

三、学校愿景领导者的卓越法则及行动步骤

教育不仅仅是传道、授业、解惑，更是生命对生命的承诺。全球华人首富、全世界华人最成功的企业家李嘉诚虽然早年因贫穷没受过良好的教育，但他对教育意义的理解却有过人之处，他说："理性是智慧的泉源，愚昧是人类最大的敌人。所以教育是如此重要，教育不应该只是一纸文凭或仅是一个学位，教育是掌握人生的导航器，是一个发现世界和发现自我的旅程，专业知识，语言能力，创意和慎思明辨的思维互相构成了一个平台，让我们可以怀着热诚和稳定的心态争取成就，服务社会、民族和国家。正因如此，教育是一切传统和进步，尊严和智慧的基石，知识可以改变命运，这就是教育的承诺。"①

虽然学校愿景是学校共同体成员彼此的承诺，但从一个侧面来看，它也是领导者对被领导者的承诺。院校长是学校共同体成员的领头羊，他们肩负愿景描绘者的角色使命。阿拉伯有句谚语说，"一头狮子统领的羊群能打败一只绵羊率领的狮群"②。德国克兰菲尔德管理学院的营销学客座教授休·戴维森在《承

---

① http://stuzsb.blog.163.com/blog/static/8143761820084273204276/

② 安弗莎妮·纳哈雯蒂《领导学》第2页，王新等译，机械工业出版社，2007年。

诺——企业愿景与价值观管理》一书指出，有很多充分的理由说明企业应该拥有愿景，然而事实很多企业没有愿景。总结起来原因至少有下面几个方面：一是认为“建立愿景是不必要的放纵”。很多企业高管认为，愿景非常抽象、模糊且具有高度理论性。对于以结果为导向的高管来讲，这不是他们愿意关注的事务类型。二是领导者缺乏自信和技能。建立一个新的愿景或改变愿景，对一个高管来说需要必备的领导技能，包括倾听、激励他人做出贡献、正视艰难的议题以及对未来进行设想的能力。三是新的愿景可能会限制领导者选择策略的空间。新的愿景将描绘出未来的清晰方向，它可能会阻止领导者偏离这一发展道路。这对一个具有高度战术思想的领导者来说是不吸引人的，他喜欢享有不受限制的个人决策空间。同样，愿景也可能导致重大的变革，如退出特定的市场，进入其他市场以及收购和出售。四是形成一个新的愿景是耗时的。建立新的愿景至少需要一年时间，很多高层管理人员不愿意占用这么多的时间进行讨论①。

学校愿景领导者如何才能带领学校共同体其他成员一道实现愿景，成就卓越？迪帕克·乔普拉所著的《愿景领导者：卓越领导的七大核心法则》②一书可以给我们不少启示。乔普拉认为，从根本上来说，领导是团队的灵魂人物，领导的作用就是满足他人的需求。当每个人的需求都得到满足之后，领导要带领团队满足更高层次的需求，并且每走一步都要使团队的潜力得以提升。卓越的领导者，其力量并非源于他人，而是源于自身。他所走的路受其灵魂指引，具有以下特点：富有创造力、组织能力，聪明睿智，充满爱心。领导才能的获得是一个循序渐进的过程，依循灵魂的指引来领导的核心内容，乔普拉用一个便于记忆的缩略语L-E-A-D-E-R-S展示出来了。愿景及实现愿景的主要方面各用一个字母表示。

L = 观察倾听（look and listen）。动用你的感官，做一个公正的观察者，不要有先入之见。用心去听，去看，要遵循自己最真实的感受。最后，用你的灵魂去听，去看，对所看到的景象及其展现出来的深层次的目的作出回应。

E = 情感联系（emotional bonding）。依循灵魂的指引来领导意味着不要为危机重重、耸人听闻的事件所左右，要找出对我们有害的情感并将之剔除，这样才能清楚地了解你自己以及他人的特定需求。

A = 运用意识（awareness）。这也就是说要清楚每一个挑战所蕴含的问题：我是谁？我想要什么？这种情况下应该怎么办？领导者要不断问自己这样的问题，并且鼓励自己的团队也这么做。

---

① 休·戴维森《承诺——企业愿景与价值观管理》，廉晓红等译，中信出版社，2004年。

② 迪帕克·乔普拉《愿景领导者：卓越领导的七大核心法则》，高玉芳译，中信出版社，2011年。

D＝注重行动（doing）。领导者必须注重行动。不管干什么，都必须起到表率作用，要对自己说的话负责。这就要求领导者能够持之以恒，坚持不懈，同时对待任何情况都能机智灵活，而又不乏幽默。

E＝有效授权（empowerment）。灵魂的力量来自于自我意识，自我意识会对反馈作出回应，但不受他人或优或劣意见的影响。授权并不是一种自私的行为，它能够提升领导者及其团队的地位。

R＝明确责任（responsibility）。有责任心的领导者会冒一定的风险，但不会鲁莽行事。他们言行一致，诚实守信，遵循内心价值观的指引。从灵魂这一层面来看，领导者最大的职责就是带领团队，达到更高的意识层次。

S＝同步性（synchronicity）。它是所有领导者都运用的一种来自于普遍意识场的神秘元素。同步能够给你带来好运，使你寻求到援助，超越预期目标达到更高的层次。从精神层面来说，同步是一种将各种需求与来自灵魂深处的解决方法联系起来的终极能力。

我们知道，英文单词 leaders 即领导之意，其中的“s”复数表示法也寓含乔普拉在整本书中始终强调的：人人具有有待开发的成为领导的潜力。因此，乔普拉所说的领导才能不是传统意义上的领导才能，从传统意义上来说，只有极少数的人才拥有领导才能。在一个团体中，领导者可能是最受欢迎、最自信或是最无情的人。据此来看，并不是每个人都能当上领导。当强悍而无情的人登上历史舞台时，领导我们的人不是国王和将军，就是暴君和独裁者，抑或是权势欲极强的总理和总统。历史基于领导者非凡的个人魅力演绎出一段段神话，并且利用普通民众的茫然无措营造出宿命的氛围，但是这些衡量标准是有问题的。这里所提到的领导品质没有一个表明领导者的确能够改善其追随者的生活，这样的品质只会带来不幸、冲突和压迫。以前对领导才能的定义，过分强调领导者的权力，致使权力滥用。

由于领导者的出现往往不可预测，几乎没有什么伟大的领袖是从权力阶层诞生的，因此我们不得不承认，谁会成为卓越的领导是由上天决定的，但这只会使人更加茫然无措。衡量卓越领导才能的标准其实非常简单，那就是，卓越的领导者有远见卓识、创造能力和团队意识，能够从较高的精神层次对自身及他人的需求作出回应。乔普拉认为，成为领导者唯一要做的就是听从自己内心的指引，做一个愿景领导者。愿景领导者会将其愿景展现在世人面前。在自己内心深处静谧的意识世界中播下的无形种子会渐渐萌芽抽枝，活生生地出现在你的面前。在整个生长的过程中，你必须投入精力，满怀热情地照管它们。最终，你的目的，所有的人都会知道。你所成就的事业，你、你的团队，甚至整个世界，都会从中受益。在我们这个星球,生态环境的恶化已经威胁到社会生活的各个方面,因此你所做的每件事必须是可持续发展的,也就是说为你的意识所认同——这是受灵魂指引而设计出来的宏图所必需的。

因此,院校领导者愿景领导的过程不会是一蹴而就的工程,它的实施和完善需要细致的工作和漫长的过程,在计划—实行—评价—反馈的循环过程中,不断地增强自身解决问题的力度和强度。具体说大致分成四个阶段。

首先是构建与描绘阶段。作为学校领导共同体,需要根据学校的情境分析与研究,领导师生共创学校成员共享的愿景与目标,愿景是学校领导共同体的核心,其中包括了共同体成员在学校领导方面共享的目标、使命以及核心价值。"愿景不是领导者的个人财产",共同愿景之建构,可以经由有组织的开放性的对话论坛来达成,即"让学生、行政人员、教职员工、家长、社区人士等在立场不一的愿景建构历程中,表达不同声音及不同看法,所有的声音有等同的权力,不受某一声音主宰,在充满各种价值观角力的过程中进行共同讨论对话"。学校愿景应是全校成员共同关心的焦点,是驱使学校成员创造未来的动力与蓝图。学校愿景的构建意味着学校有了创新与发展的灵魂,使学校充满了创新的活力,进而提升学校的优秀品质,提高教育教学质量。

其次是理解与共识阶段。彼得·圣吉博士在其《第五项修炼》一书中指出:共享性的愿景会改变人们与组织的关系。它能产生一种认同,并让每位雇员能考虑经理层的感受,并用"我们的公司"而非"你们的公司"去思考。愿景就是将组织中每个人连起来的线,它能让人们全身心地融入组织。愿景只有得到学校全体成员的认同时才是愿景,否则只是一句话而已。如果愿景只是学校领导甚至只是个别领导的愿景,那它就不过是装点门面的无用的灯笼,有时甚至成为学校成员宣泄解闷的打趣题材,这样的愿景其实也早已变成了组织成员的"怨景"。因此,学校愿景要学校成员达成共识,并能够真正理解和拥有愿景,才能使得个人和团队乐意参与,积极实现,进而推动学校的协调、可持续发展。

再次是规划与行动阶段。如何通过实际行动,把理念化作行为,把愿景转化为现实,是学校愿景领导的核心所在。愿景离开与其匹配的规划就成了无法实施的梦想,只有将愿景付诸规划,才有可能成为学校具体的行动,愿景领导的影响力才会真正发挥出来。学校的整体规划,需要由学校整体的愿景来建构,但是愿景并不是挂在墙壁上的口号,也不是搁置在橱柜里的计划,愿景是要去实现的,而要让愿景能够被实现,就应该给予学校成员以更大的自主权,充分发挥学校成员的自我领导,同时要锁定愿景,有一套坚定不移的既定做法,不因为领导人更迭等因素而改弦易辙,把规划变成一种行动,真正发挥愿景领导的作用。

最后是反思与共鸣阶段。学校愿景需要校长及其他参与人员不定时地加以检视，以确保其能够反应最初的理念、价值和使命，尤其在当今社会飞速发展的背景之下，学校愿景更要符合学生的需要与兴趣、学校的条件以及社会的发展变化。Fullan 曾经指出，愿景的建构是一种交互作用、持续进行的过程，并不是一次性的事件。愿景领导本质上是一种哲学思辨模式，是一个思想工具。反思是真诚对话的基础，是引发共鸣的前提条件，理性的反思更能引发心灵的感知与情感的共鸣，进而促成对话。学校成员共同分享彼此的心得，不断进行反思和修正，调整未来的规划与行动，才能使整个学校愿景领导运行机制日趋成熟和完善，进而符合社会和人的发展需要。

第三节　院长作为学校经营者

一、高校经营的含义

在高等教育逐渐市场化的过程中，高校面临极大的挑战，同时也存在很多机遇，过往上层制度安排下的声誉或许可以维持短暂的生存，但在渐渐成长起来的教育市场中，各高等教育机构如何定位自己、展示自己，进而使消费者作出适合他的教育选择，是高等教育机构未来永续发展经营与追求卓越之关键所在。

高校经营是指高校根据高等教育的规律和特点，在组织教学和管理的过程中，通过引入某些市场机制的手段和企业管理的办法和理念，依靠市场经济规律的作用达到降低办学成本，提高教育资源的有效配置，从而最终达到提高高校教育质量和社会效益、经济效益目标的系统过程①。它包含以下基本内涵：

首先，高校经营与高等教育产业化是两个不同的概念。高校经营概念的提出，绝不是高等教育的产业化，二者的区别明显。一是两者本质内涵不同，高校经营仅是一种制度安排，是一种管理措施，属方法论层面的内容；产业化则从本质上改变高校的公益事业性质，完全要求高校遵循市场价值规律，从纯经济效益的角度完成人才培养、科学研究和服务社会等项任务，这将完全背离我国现行的高等教育法律法规。二是两者的目标任务不同，高校经营是通过提高教育资源的利用效率，达到提高高等教育质量的目标；产业化是通过提高教育资源的有效利用，实现其经济效益，以追求资本的利润最大化为目标。

其次，高校经营的目的是提高办学效率。高校经营的根本宗旨是提高高等

---

① 曹光荣《高校经营管理视线新拓展》第 26 页，中国经济出版社，2006 年。

教育质量,实现高校社会效益和经济效益的双赢,在具体措施上更侧重于完成目标任务,实现资产增值;更注重高校在市场中的地位;更强调服务、竞争和创新,谋求主动发展;更努力去满足学生、家长、用人单位的需要,不断提升自身信誉度和美誉度,提高市场份额。而这一切目标的实现都要以提高办学效率为前提。高校在制度设计、具体工作安排、监督考核等方面都要讲求效率,高校经营的过程就是效率优先的过程。

再次,不同类型高校的经营侧重点不同。目前比较公认的高校分类方法是依据高校在教育和科学研究两个方面办学层次的不同,将高校分为研究型高校、教学研究型高校、教学型高校和职业技能型高校。近十年来,我国高职教育发展迅猛,已经成为我国高等教育的"半壁江山"。从不同类型高校所占比例及承担的不同任务来看,高校经营的侧重点必然也不一样。研究型高校承担着国家基础性、原创性研究和高精尖人才培养的重任,是国家知识创新和技术创新的中心,是国家科学技术的重要发源地,因此,研究型高校的经营应侧重于知识创新和学术进步,侧重于解决国家经济和社会发展中的重大问题;教学研究型高校的教学、科研任务仅次于研究型高校,在我国高等教育领域中占有重要地位,在社会服务的功能上,与经济社会接触更紧密,知识应用和技术创新面更广、量更大,科技成果转换更直接,因此,教学研究型高校的经营更侧重于为社会、企业提供知识面宽、应变能力强的复合型人才,更侧重于科技成果的直接转化;教学型高校和职业技能型高校主要以传播知识、传授技能为基本职责,一般不进行创新性、基础性研究,以培养学生"会学习"、"会创新"、"会做人"为目标,因此,教学型和职业技能型高校的经营更侧重于直接服务于社会,及时捕捉社会就业信息,掌握企业用人方向,采取灵活多样的办学形式,为社会培养各行业高素质的专门人才。

二、院长经营高职院的基本理念

一个从优秀到卓越的高职院领导者应该是"苦心经营"者。他会把管理的重点放在把握学校的发展方向上,强调对高校未来的经营,他们都具有战略思维和长远眼光、国际视野、前沿意识。他们洞悉学校面临的形势,科学地制定学校发展的战略目标、方针与措施;稔熟地把握规模与效益统一的原则、全面与重点相结合的原则、原则性与可操作性相结合的原则、现实性与超前性相结合的原则。一个高职院领导者只有做好了"经营"工作,他才算是进入了领导者的角色。曾任临沂师范学院院长、现任山东轻工业学院党委书记的徐同文博士认为:"评价高校领导称职与否的标准……仅有学术特长可能远远不够。现在当校长经济头脑、经营策略是首要制胜因素。随着国家市场体制的确立和市场本身的快速发育，中国的高校已无条件地进入了市场。市场是个好东西，谁不会利用它的资源和机制，谁就会进入死胡同，谁办的高校就会被抛弃。美国人衡量高校校长优劣的标准，其中重要的一条就是每年为学校募集多少资产。"①

高校的经营理念是指高等学校在经营活动中所遵循的价值观、信念和行为准则，是高校的价值理念、经营思想和行为理念的总和。不同类型的高校应根据自身的实际决定本校区别于其他高校的经营理念。根据《中华人民共和国高等教育法》《中华人民共和国职业教育法》和我国目前高等职业教育的实际，院长经营高职院的基本理念一般应具备以下几种②。

1. 掌握供求状况，以顾客需求为本

院长及学校共同体成员应当了解和熟悉教育市场的行情，掌握高职院教育的供求状况。教育供求是指高职院遵循市场经济的供求规律，根据社会上人才市场对各类各层高等专门人才的需求来确定学校对人才的培养。高等教育供求主要包括高等教育人才供给与高等教育人才需求两个方面。所谓高等教育人才需求，主要是指社会企事业单位与个人对高等教育进行高等人才培养有支付能力的需要。经济社会的发展中所表现出来的对高等教育人才的数量、质量、种类、层次、规格等有支付能力的需要不是盲目的，用多少人、用什么样的人和从哪里找要用的人都十分注重效益。企业单位对人才的需求是建立在确保有效提高企业边际生产力基础上的。古典经济学曾经提出了著名的要素"边际生产力递减"理论，即伴随劳动与资本不断增加，其边际生产力会出现递减效应。但是，新经济增长理论发现：除劳动与资本外，知识技术与人力资本也是生产要素，而且是现代生产力增长的决定性要素。伴随知识技术的不断提高更新与高技术、高技能人才的不断补充，要素边际生产力不仅能阻止并抵消边际生产力下降，而且还可以提高边际生产力，从而增加企业效益。这驱使企业为了获取最大利润，便不断调整劳动力素质，逐步淘汰低素质劳动力，而加大使用中高级熟练技工和引进高级专门技术人才的力度，这就是企业对高等教育需求不断增加的基本内在动因。在"知识爆炸"、高新技术飞速发展的今天，尤其正处于加速推进"两个转变"战略时期的中国，企业对高级技工和高级专门技术人才比任何时候都更加渴求。当前，珠三角、长三角以及京津唐等发达地区伴随产业结构调整，产业的技术构成巨变，技术密集型产业越来越多，高新技术产业方兴未艾，这些地区

① 宋喜群等《忧思高校当家人——临沂师范学院院长徐同文博士一席谈》，《光明日报》，2003年5月12日。
② 参见柏育红《民办高校经营理念研究》，《教育与经济》，2007年第3期。

劳动力素质的提升已迫在眉睫,特别是高技能人才十分缺乏。个人对高等教育需求的原因很多,有的出自就业的需要,有的是为了满足个人全面发展的需要,还有的是为了获取更广更高深知识、追求在科学事业上有所建树、更加完满地实现人生价值的需要。在当前中国经济急剧变革的时代,高层次教育对个人的生活、职业、发展前途关系十分重大,所以家庭与适龄青年对高等教育需求始终处于十分旺盛的状态。

所谓高等教育人才供给是指高校在一定时期内,为社会和个人所能提供接受高等教育与科技服务的机会。高等教育人才供给能力的大小,取决于高教投资规模、投资结构和办学条件等因素。我们应当清醒地认识到,当今中国高等教育供求关系最为显著的特征是受社会人才市场调节与国家宏观调控双重制约。所谓受制于社会人才市场调节就是指高等教育供求调节要以市场为基础,或者说高等教育供求受制于市场价格运动的影响,受制于社会人才市场调节。一方面,高等教育人才供给规模与人才类别、规格及素质能力结构等都要受社会人才市场需求规模、需求结构的制约;另一方面,高教人才供给规模与供给结构又受制于国家宏观调控,包括受制于国家高教发展战略目标、战略规划、调节手段(财政投资、教育信贷、发展政策、法律以及高教价格)等的调控。此双重调节的基本运作模式是"国家调控人才市场、人才市场引导高校"。作为教育市场办学主体的高校,为了在"双重调节"的作用下求生存、谋发展,就需要采用"双适应"的应对政策,不断地调整自身的供给因素,努力扩大供给规模,改善供给结构,提高供给能力与供给质量。具体而言,高校"双适应"的应对对策是:第一,主动适应国家推行高教大众化战略,抓住千载难逢的高等教育大发展的机遇,充分利用国家支持大众化和社会力量办学发展的优惠政策,稳步扩大办学规模。第二,主动适应人才市场对人才种类需求的变化,不断调整高校的学科专业结构,控制求量有限的短线专业,大力发展特色专业和紧俏专业,扶持壮大能保持长期需求量的长线专业建设,创造条件发展未来需求型的高新技术专业。第三,主动适应社会对人才知识能力、素质结构、层次结构要求的变化,不断深化课程体系、教学内容、教学方法的改革,努力加强素质教育与能力培养,逐步创造条件实行高专、高职、本科等多层次办学,构建适应人才市场对人才的知识、能力、素质结构及人才规格层次结构变化需要的课程结构与教学模式。第四,主动适应国民与个人接受高等教育的欲望和国家推行高教大众化的需求,加速改善校舍、设备等办学条件,特别是要大力提高师资水平。第五,大力改革和调整招生、就业机制,努力探索校企结合、产学一体化培养实用人才的"订单教育"模式,以使高职院生源长期植根于企业人才需求的肥沃土壤中。

明确供求状况是学校经营管理的起点，而朝向终点则要通过顾客良好的满意度来实现。这就要求办学人员还必须具有以顾客为本的市场理念。同所有高校一样，高职院的顾客一是学生，二是社会，两者是高校生存和发展的最终因素，是高校一切经营活动的出发点和最终落脚点。它包括“一切为了学生，为了学生一切”的“以学生为本”的育人理念和满足社会对人才培养需求的“以社会需求为本”的市场理念两部分。这两部分理念相互融合，相互贯通。培养学生以社会需求为前提，以学生为本，以成人成才为前提。美国斯坦福大学前校长Donald Kennedy谈到高校如何重新定位时表示，“必须永远把学生摆在学校决策的第一位”，这是高校教育改革的简单秘诀，却能发挥极大的功效。因此，学校除了借助于市场区隔、市场定位方法了解学校目前在学生心目中的地位以及学校未来如何发展外，更应考虑社会与学生的真正需求是什么，进一步找准特色，定位层次，拟定适当的营销组合策略，以吸引更多的优秀学生就读。

2. 打造品牌服务，以高端营销为谋

高职院生产合格的教育“产品”，是培养社会生产需要的高等专门人才。高职院生产的教育“产品”是否合格，不光自己说了算，还要由购买教育“产品”的人才市场说了算。一般来说，人才市场购买一所高职院的教育“产品”（就业毕业生）越多，说明这所学校所生产的教育“产品”的合格率越高，反之则相反。那么，高职院怎样才能提高人才市场对它所生产的教育“产品”的购买率？这既取决于人才市场对教育“产品”的需求与支付能力即购买力，又取决于高职院对教育产品的生产与营销。当今中国经济处在高速发展时期，人才市场竞争激烈，社会人才市场对教育“产品”的“购买率”高不高，就主要取决于学校生产教育“产品”的原材料、生产加工水平及教育“产品”的营销机制等三大环节。

首先，生产教育“产品”的“原材料”。这里的原材料是指生源质量。第一，要确保生源质量。按照国家目前招生政策，高职院的生源只能取高考低分段的学生。面对这种政策构架，绝对不能“饥不择食”，而应当“差中择优”，尽可能使生源质量好一些，能保证原材料的基本质量。第二，原材料“定价”即学生收费标准的确定，要遵循价值规律，应当依据下述原则进行合理“定价”，只能略高于教育成本：一是充分了解当地居民教育的支付能力，即居民“教育购买力”。不同地区的“教育购买力”是不同的，发达地区较高，“定价”可高一些，而不发达地区、欠发达地区“教育购买力”较低，“定价”应低一些。二是“定价”必须控制在当地政府物价部门所允许的“价格”浮动范围内，这是一条“定价”的合法界线，必须维护。当前，教育部与各地政府都把依法收费作为高校依法办学的一条重要评价标准，高职院务必予以高度重视并坚决执行。

其次,教育“产品”的生产加工水平即教育教学水平,是生产教育“产品”最重要、最核心、最关键的因素。只有高的教育教学水平,才能保证生产出高质量的教育“产品”。经营高校就要向企业学习,高度重视产品质量,而产品质量的提高要从原材料、零部件、装配线这些基础性环节下功夫。高质量的课程及其直接学习资源配置就是学生培养的原材料、零部件和装配线,哪一件差了都会导致“产品”的缺陷。企业在于品牌,品牌在于产品质量,高校也是同样的道理。但高水平的教学教育是一项复杂的系统工程,并不像工厂生产物质产品那么直接,它至少涉及六个方面的运作与服务:一是对准人才市场需要不断调整生产教育“产品”的数量、质量与规格,即按需求确定学校的招生规模、学科专业结构和人才质量标准。高职、高专要大力推行产学结合的办学模式,借助“订单教育”搞好校企合作,以确保所生产的教育“产品”适销对路。二是要建设一支有很强敬业精神的“双师型”师资队伍,这是决定所生产的教育“产品”是否合格、是否优良的关键。三是持续地增加教育投入,构建保证合格的教育产品生产所需要的各种硬件,包括校舍建筑、校园环境、实验仪器等各种设施装备建设。同时,由于教育产品是德智体全面发展的高素质人才,因此,学校的硬件建设要十分讲究文化品位,以充分展现和谐、文明、优美、高雅的高校文化风格,此乃打造高质量教育产品即造就高品位人才的重要条件。四是遵循教育规律,构建严谨科学的教学管理制度,以使教育“产品”生产的全过程能做到有制度可循,真正实现制度管人、制度管事、制度管理教育产品的每一个环节。五是充分尊重市场规律,构建教育产品生产的管理机制,即教育教学管理的运作机制,此乃保证广大教师、辅导人员、管理人员尽职尽责,严格执行制度的动力源与约束器。在市场经济条件下,无论是生产物质产品的企业还是“生产”人才的学校,最有效可行的管理机制,就是劳动量、劳动绩效和报酬紧紧挂钩的劳、绩、酬三挂钩的劳动绩效管理机制。六是构筑高效、优质、让师生满意的后勤经营服务、文化娱乐服务和行政服务系统,保证教育产品的生产顺利运作。高校的后勤服务、文化娱乐服务和行政服务,不仅要有确保提供高效、优质服务的严格管理制度与有效管理机制,而且要有以师生满意度为取向的服务标准与服务管理机制。

在精心组织教育“产品”生产的同时,还得精心组织教育“产品”的“营销”。营销需要全方位地建立多渠道、多层次的“促销”系统与网络,采用多种形式的“促销”手段,如广告“促销”宣传,派师生赴各地、各企业进行面对面的“促销”宣传,与一些企业建立“订单教育”联盟等。但最重要的“促销”或者基础性“促销”,是打造高质量教育“产品”即培养高质量人才和打造名副其实的优质学校形象。说白了,就是“产品”品牌化,这是高职院所生产的教育产品能够长期畅销、立于不败之地最可靠的保障。高职院的品牌就是“教育服务”。如果高校没有同消费者（社会企事业等用人单位）建立起密切相关的情感链接，没有培育出优质“产品”，高校的“教育服务”就无法实现向品牌的转化。由于我国目前高等教育市场发展还不够成熟，也由于高校经营管理者品牌意识淡薄，导致了品牌培育问题一直是高校经营的最大弱点。

3. 细化成本核算，以长远效益为重

办高校的根本宗旨是培养高质量人才，但是不能因此就可以不计成本，相反，要十分注重教育成本，尤其是高职院更要十分讲究成本核算，要竭力降低教育成本，以使一定的教育投入，能培养出数量更多质量更高的专门人才。我国相关法律法规要求，高校办学是为社会培养人才，不以营利为目的，但是不等于说高校办学就可以不要效益，不注重提高资金利用率。相反，高职院办学更要注重成本核算，以便把每一分钱都用到提高人才培养质量上去。高职院要降低教育成本，必须做好四项工作。

第一，创新经营管理机制，努力加强成本核算。高校的教育成本可以分为人员成本（含教职工工资、辅助工资、政策补贴、奖金福利支出，学生助学金、奖学金、贷学金，兼职人员工资劳务等）、公用成本（含公务费、业务费、设备购置费、修缮费等）、固定资产成本（含建筑费、各种设备等的折旧费）和后勤服务成本（包括餐饮、水、电、开水、浴池、医疗、汽车、印刷、商店经营所投入的成本）四个方面。在四大成本中，第一类人员和固定资产成本属于相对稳定的营运成本，如各种建筑物、各种设备折旧费，按标准确定的人员工资、奖金、助学金等，均取决于国家规定与当地市场“定价”标准，在一定时期是相对稳定的，刚性较强。第二类是取决于管理成本高低的相对变动成本（公务费、业务费、修缮等）。第三类是取决于经营体制与营运机制的各种后勤营运成本。在高校教育这三类教育成本中，第一类成本刚性强，比较稳定，成本降低的潜力不大；第二类成本柔性较强，成本降低的潜力不小，只要精心管理、加强核算并全面到位，成本降低是可能的；第三类成本如果全面实行后勤社会化，经营完全依靠学校提供的消费市场与各种后勤资源，通过向校内外市场出卖优质服务赚钱来自负盈亏并向学校上交应交的利润，那么不仅可以节省学校投入的全部营运成本，而且可以为学校创造利润。从上述分析可以清楚地看出，高职院第二类，特别是第三类教育成本的高低取决于办学经营管理体制与运作机制。因此，应当大力推进人事管理体制改革与创新、后勤经营管理体制改革与创新，切实把市场机制引进学校管理，让平等竞争、优胜劣汰的机制全面进入人事管理、教育教学管理、行政管理和后勤管理之中，以充分调动广大教师、行政人员和后勤管理人员的积极性与创造性，努力提高学校人、财、物、技术等各种教育资源的利用效率，从而促进教育质量与办学效益的提高。

第二，优化教育资源配置，提高资源利用效率。提高教育教学质量和办学效益，与降低教育成本是一块硬币的正反面，二者关系密切。高校的办学效益不主要表现为经济收益，而是用教育成本大小或资源利用率来度量其效益，即使用一定的教育资源，获取最好的教育质量与最好的教育收益，也即培养数量更多、质量更高的人才。高校教育资源的优化配置，就是把高校所拥有的有限人力、物力、财力、技术等资源用到效益最好、质量最高的领域与环节上去。高校对资源的优化配置，包括三个方面：一是合理分配教育资源；二是减少教育资源的浪费，提高资源使用效率；三是对引进的高新技术等资源进行优化配置，以充分放大其潜在功效。怎样才能实现资源优化配置并实现上述三大目标？其一，改革“铁饭碗”管理体制和“大锅饭”分配机制，构建一种充分运用市场机制的高效率资源配置机制，包括教学与工作同报酬挂钩的人力资源配置与管理机制，社会化的后勤管理机制，节约各种人力、物力、财力等教育资源的有效节约机制，以及标准化、高效能的办事与管事机制等。其二，尽量减少校舍设备的重复建设和重复购置，并严格控制人员编制，尽量降低各种教育资源的闲置与浪费。大量闲置各种用房、仪器、设备及人浮于事的高校，绝不可能提高办学效益与教育质量。其三，精简机构，裁减冗员，提高行政管理人员素质，改革分配制度。各类各级机构应层层建立岗位责任制，实行职酬挂钩、责酬挂钩、劳酬挂钩、绩酬挂钩的岗位管理机制，努力提高行政管理效率，下决心把行政管理成本降下来。其四，不断调整优化高校内教育结构，使之逐步趋于合理。建立合理的专业结构，要大力推行学科专业综合化，克服“小而全”以及“各自为政”单一化的专业设置思想，实行学科交叉，努力实现各学科教育资源共享与优势互补；建立合理的师资结构，包括教师合理的年龄结构、职称结构、学历结构、学科结构等。只有建立了这些合理的结构，才能保证有较高的教育资源配置效率与较好的人才培养质量。目前，高职院一个重要的薄弱环节是，高技能高素质的教师在总体上仍显严重不足，此乃影响高职院长远效益的战略性障碍，应当下大功夫、花大本钱来逐步解决这一问题。

第三，坚持适度规模发展是使教育成本下降、效益上升的重要因素。学校的发展规模是影响高校教育成本与办学效益大小的重要因素。民办高校保持适度规模发展是民办高校追求的规模效益目标与质量效益目标。高校适度规模的实质，就是把教育成本作为学校规模的目标函数来寻求适度规模，若设教育成本为Y，学校规模为X，则 $Y = F(X)$。若高校规模过小，则会造成人力资源、物力资源浪费，使教育成本上升，从而使办学效益下降；如果规模过大，造成教育成本过高，也会使效益下降，出现规模不经济。目前高校在大众化热浪推动下，都在竞相扩大规模，为了控制教育成本上升，保持适度规模是十分必要的，要在反复论证中寻求使规模效益达到最佳或者成本最低的“均衡点”。

第四，把好投资决策关，避免因发生重大决策失误而付出巨大决策成本。高校办学者必须清醒地认识到：一项重大决策失误是重大的损失，是亏掉了大成本，而一项重大决策实施成功又能获得重大效益。“差之毫厘，谬以千里。”决策，尤其是重大决策关系十分重大，甚至关系到一所高校的成败与兴衰，切不可大意。凡是重大决策，应实行民主决策，要广泛地听取广大师生意见，也要充分地尊重专家们的意见，只有建立在民主化与科学化基础之上的决策，才可能成为科学的决策。高校董事会一定要建立有高智商、高素质、有远见卓识和丰富办学经验的教育管理专家组成的高级智囊团，为高校的重大决策进行精心考量与评判，使资源配置优化。

股份制已经成为高职院资源配置的一种重要形式。加强与企业的联系，促进产、学、研合作以“获得双方均增利的”正和博弈效应为原则，共建实验室、研究所，联办研发机构、工程技术中心等，在同一领域进行大联合，形成产、学、研中心，优势互补，提升某一领域的综合水平，对重大科研项目进行联合攻关，在合作过程中研究出一批具有知识产权的创新成果，并迅速转化为生产力，高校、企业以股份、约定等形式获得各自收益。一方面企业可以依托高校成立产品研发中心而专注市场开发和企业管理，充分利用高校长期的科研能力研制技术含量和附加值高的产品，迅速占领、扩大市场，取得收益。另一方面高校可以依托企业开辟学生的实习实践基地，提升学生的实践动手能力和人才培养质量。也可获得企业向高校无偿的捐资、捐物，在高校设立奖学金、助学金等。当然，目前高职院股份制改革刚刚起步，资金总额较小，融资渠道单一，组织形式多为股份合作制的较低形式，多数学校尚未达到社会融资或进入股市融资的规范化市场阶段，导致这种现状的直接原因是股份制机制缺失，根本原因是产权制度不完善。改革高职院产权和股权制度，建立有效信息披露和监督制度，加强中介机构建设，都不失为深化高职院股份制改革的探索方向。

第四节　院长作为知识管理者

一、高校的知识管理及其意义

虽然我们一直在说知识管理,但很多人对知识管理到底是什么依然不是很清楚。最早提出知识管理这个概念的是斯威必博士,他出版于1990年的著作《Kunskapsledning》(瑞典文),是世界上第一本用“知识管理”一词作书名的专著。马勒赫塔认为,该书综合有关学者的观点,指出知识管理是企业面对日益增长的非连续性的环境变化时,针对组织的适应性、组织的生存和竞争能力等重要方面的一种迎合性措施。本质上,它包含了组织的发展进程,并寻求将信息技术所提供的对数据和信息的处理能力以及人的发明创造能力这两方面进行有机的结合。美国的生产力和质量中心认为,知识管理应该是组织一种有意识采取的战略,它保证能够在最需要的时间将最需要的知识传送给最需要的人。这样可以帮助人们共享信息,进而将之通过不同的方式付诸实践,最终达到提高组织业绩的目的。管理大师彼得·德鲁克认为,知识只有透过有目的、有系统、有组织的学习,才会变成力量。因此如何化知识为力量使其产生价值,并透过组织有系统的学习方式,提升员工的附加价值与经验的累积,成为建立企业知识管理的基础。德鲁克虽然并没有给出知识管理的定义,但却比较简明扼要地揭示了知识管理的本质。

通过上述分析,可把知识管理概括为对组织知识的产生(包括知识的获取、合成和创新)、传播和应用的全过程进行管理,以实现知识的创新和共享,促进人、社会和经济的全面、协调、可持续发展。换言之,知识管理是指为了增强组织的绩效而创造、获取和使用知识的过程,包括知识学习、共享和创造等全部过程。知识管理是知识经济发展的重要动力,它既是一种管理理念和管理策略,又是一种可操作的管理方法。

高校作为一个知识集合体,是专门从事高深知识的传播、创造、应用和转化的学术型组织,知识的有效利用和管理对于提升高校的核心竞争力具有重要意义。应当说,知识管理是知识经济时代高校管理模式变革的必然。高校从其产生之时起,便是人类知识传播与创造之地,并且具有了“知识管理”的某些特性,如知识的收集、保存、传播等。时至今日,知识经济和知识社会的来临使高校面临前所未有的巨大挑战,其中之一便是不断增加的市场压力和竞争压力,这要求高校充分发挥自身在知识创新方面的优势,加强学习型组织建设,提升核心竞争力，为知识经济和知识社会的发展做出更大贡献。而与此同时，高校组织科层化的弊端，又在很大程度上限制了知识创新的活力。基于此，借鉴当代知识管理理论，完善自身知识管理体系，成为高校管理模式变革的内在逻辑需要和历史必然。高校知识管理是对行政管理和学术管理的协调和超越①。

从知识管理与行政管理的关系来看，知识管理是弱化行政等级、提高管理效率的需要。事实上，高校的管理并不等同于高校的行政管理，不同于按照企业管理的模式来管理高校。在知识社会中，伴随高校组织形态的日益复杂化，其承担的使命和任务日益繁重，管理者不可缺位；在知识管理，促进高校真正向知识型组织转向，建构良好的知识环境，推动学术人员的知识共享和知识创新等方面，管理者的作为不可或缺。高校行政管理是指对高校行政事务与活动的管理，目的是贯彻上级的工作意图和分派的任务；行政人员的职位按等级排列，按照下级服从上级、首长负责制等原则处理各种管理事务；在具体管理活动中，遵守各种管理规章制度，用具有管理功能的政策法令、规章制度对学校各个层次、各个部门、各个方面和各种力量加以组织、协调。相比较而言，知识管理弱化了行政管理的官僚式等级制度，强调以人为本、调动知识工作者的个体积极性，而不是靠行政命令分配工作。当然，由于高校自身就是知识的集合体，因此行政管理也可以看作是知识管理的一个方面，特别是在组织设计、制度创新、知识协调等方面都可以按照知识管理的模式和要求进行改革，以提高管理效率。

从知识管理与学术管理的关系来看，知识管理是彰显学术权力的需要。高校学术管理是指对高校学术事务和活动的管理，目的在于推动高校的学科发展，提高学术水平。学术管理可以采用多种管理方式，包括行政管理方式和各种非行政管理方式。学术权力和行政权力的关系是高校学术管理的主要矛盾。相比较而言，高校知识管理主要是解决知识共享、知识创新与知识封闭、知识封锁的矛盾，提高高校知识活动的效率。知识管理从某种意义上淡化了对行政权力的崇拜，彰显了学术权力的地位。因为高校主要是一个学术组织，不管是教学、科研还是社会服务都与学术有关，学术水平是衡量高校水平的重要指标。而推进知识管理有利于加强知识交流和共享，推进知识创新，提升高校的学术水平。

高校行政管理与学术管理是一对矛盾，问题的症结在于谁对高校的事务更有发言权，也就是说高校事务是行政权力说了算，还是学术权力说了算。从高校发展史来看，中世纪高校更侧重于学术管理，秉承学术至上的理念。近现代以来，随着高校功能以及与社会关系的变化，高校行政管理的重要性日益凸显，形

① 韩锦标《高校知识管理的意义及机制探析》，《中国高等教育》，2011 年第 8 期。

成二元化的权力结构，而且行政权力日益压制学术权力。然而就高校自身实际而言，二者都有必要性。就高等教育发展规律而言，学术权力和行政权力又各有其局限，比如学术权力往往带有散漫性和保守性，而行政权力则容易走向集权化和官僚化。我国教育思想家严元章曾说过，“政治主行，学术主知”[①]，这个观点很有启示意义。知识管理的价值就在于它既整合了二者的作用，又融合了二者的矛盾，强调知识的交流和共享，注重发挥知识工作者（主要是教师）的作用，提高了知识的利用效率；同时又注重发挥知识组织、知识领导和制度创新的作用，使高校主动适应环境变化，提高管理效率和办学效益。正如克拉克·科尔（C. Kerr）在《大学的功用》中引用的阿文·内文斯那句话所言，对于一个高校来说，“求得发展最大的压力不在于是否能找到教师，而在于是否能找到管理专家”[②]。伯顿·克拉克（B. Clark）说，就像战争意义太重大，不能完全交给将军来决定一样，高等教育也相当重要，不能完全由教授决定。高校的教授是某一方面的专家，但不一定深谙高校管理之道，更何况，学术权力本身由于其权力的主体特性，在某种情况下还会带有保守性，排斥变革[③]。针对这两位著名学者的话，我们不妨这样理解，高校的学术大师已经难得，高校出现管理大师则更加困难。在知识管理的范畴下，这一点显得尤为突出。因此，培养知识管理者成为高校需要面对的问题。

二、院长作为高职院知识管理者的角色使命

现在，对于高校的管理者而言，最大的困难和挑战性在于：既不能完全遵照企业管理的模式来对高校加以改造，又不能照抄官僚管理来对高校管理进行简单化处理。高校的管理者必须根据知识的规律，在没有前人探索的基础上，开辟出一条不同于企业管理和官僚管理的新的管理之路。这条路，应该是日渐兴起的知识管理。其所关注的重心应当是在促进实现组织目标观念指导下，如何对组织知识资产进行挖掘与开发。知识管理的对象，既包括外显的、文档化的知识，也包括内隐的、主观化的知识。知识管理的过程包括知识的识别、共享和创造等。它要求创建和共享知识体系，培养和促进组织学习。成功开展知识管理的组织，一般都乐于将知识作为资产来管理，发展支持知识创造与共享的组织理念与价值观。知识管理的复杂性和特殊性，决定了知识管理工作需要具有较高

---

① 严元章《中国教育思想的源流》第126页，三联书店，1995年。

② 科尔·克拉克《大学的功用》第23页，陈学飞译，江西教育出版社，1993年。

③ [美]约翰·布鲁贝克《高等教育哲学》第32页，王承绪译，浙江教育出版社，2001年。

的技术和专业知识水平的工作者来担任，他们是善于获取知识和应用知识的人。知识管理要求最大限度地把掌握和利用知识作为提高组织竞争力的关键。鉴于知识管理者在高校知识管理中担任重要而多重的角色，以及知识管理工作的复杂性和专业性，我们认为，高校知识管理者的最佳人选是具有管理才能的学术人员，他既要掌握信息科学技术和广泛的专业知识，又要有对知识的处理能力和处理人际关系的技巧。

一方面，高校知识管理者必须是深谙知识的学术专家。专家一般都受过良好教育，具有广泛的专业知识，涉猎广泛，对知识自发地具有敏感性，处在知识发展的前沿，能够把握尖端高科技的发展，能及时地发现和多渠道地获取有用的知识素材，这些专业优势，决定了他们能够胜任知识管理者的工作。与此同时，担任知识管理职责的专家，本身也是知识工作者，身兼两种角色，更容易与知识工作者沟通，更能设身处地为知识工作者着想，知道他们需要什么及如何鼓励他们，有利于调动他们的积极性和创造性。

另一方面，高校知识管理者必须具有管理才能、管理水平。高校知识管理者，其本身已经超越了知识专家的内核，更重要的是，他是管理专家的管理者，因此在通晓知识的基础上，还必须熟练掌握管理的技能。知识管理者的工作，从其本质来说，是一项管理工作，它与普通的管理工作相比，虽有其特殊性，但它们也存在共同的东西，都必须涉及“管什么、怎么管”的问题，这些与学术研究、科学探索并不是同一件事情，单靠学术研究、科学探索难以解决。因此，高校知识管理者必须具有一定的管理知识和技能，懂得如何整合和分配高校的知识资源，在何时何地通过计划、组织、指挥、协调和控制等，实现高校知识资源的最佳配置。

在高校知识管理中，管理者在知识创新过程中也扮演着重要的角色。通常，他们以团队领导或者小组协调人的身份出现，其表现形式包括科研课题组负责人、研究中心主任、实验室主任、学科带头人等。他们处在信息和知识纵横交汇之所，同时，也处在知识创新过程的中心，他们连接着处在高层的高校领导和处在基层的一线教学研究人员，同时连接着组织的内部和外部的力量。此外，他们通常领导知识共同体，通过对知识工作者激励，建立量团队的信任，推动着知识共享。就职责而言，以院长为代表的高职院知识管理者在推进知识管理进程中须要承担以下工作①。

首先，确立知识管理观念。推动高校知识管理有效展开，应该从确立知识管理观念开始。高校知识管理者在自身不断建立、提升和践行知识管理观念的同

① 以下有关内容主要参照汪怿《关于大学知识管理者的若干思考》，《高等工程教育研究》，2005 年第 5 期。

时,还要帮助教学、研究人员树立知识共享、团队合作、共同创新的观念,克服知识的个人垄断,在团队协作的情况下,作出自己最大的努力,从而切实提高高校办学水平和整体实力。高校管理者还要帮助学校的每一成员认识到集体的、共享知识的潜在力量,帮助他们认识到默会知识的范畴及其重要性、转化为外显知识的困难程度,认识到现有知识的差距和消弭这些差距的可能性。让高校的成员意识到“当我们知道我们知道什么、我们不知道什么的时候,我们就知道需要知道什么、我们还可能需要在创造和共享这些知识方面做些什么了”。

其次,规划知识发展远景。一个优秀的清晰的远景规划,被许多研究者确认为会使组织具有可靠的竞争优势。许多有远景规划的组织拥有与思想和行动原则紧密相关的价值,而思想和行动原则又与知识创新紧密相关。为了更好地创新知识,实现高校的使命,高校有必要对建立整个组织未来知识发展方向的远景规划,清楚阐述这种知识发展前景,使之在高校内外传播,让整个高校的成员对未来充满信心,并按照知识远景指明的方向,积极地展开知识创新活动,这是高校高层领导的职责。知识远景规划决定了高校及其知识基础如何长期发展,规定了组织知识创造的领域,为知识创新过程以及所创新的知识指明了方向。尽管知识远景无法确定在未来的发展将创新出哪些具体的知识,但毕竟为高校知识的创新勾画出了应该努力的方向。

再次,搭建知识共享平台。知识网络和知识基础是知识共享的重要平台。

一方面,要建立并使用知识网络。在高校中充满正式与非正式的知识交换。从学校人员的会议到教师的闲谈对话,从研讨会到在职讲习会,高校知识管理者要积极建构和维护知识网络(knowledge networks),以使学术人员的知识交流机制化。应当看到,知识网络不只是数据和信息的沟通,更重要的是关注知识与行动的转化,知识网络通常会辅以科技的支持,但知识网络不单是科技,也是分享、交换、阐述及所采取的行动。简言之,知识网络涉及人文的诸方面因素,如果只强调知识交流的技术层面,而忽略人文方面,则这样的知识管理仅仅处在信息管理的层面。在建立和使用知识网络方面,高校知识管理者的重点工作包括:1)在线专业发展:通过信息网来实施课程和学习方案,有助于高校教学、研究人员在工作岗位上和远方的同事共同合作,以接受继续教育。2)同事的支持和监督体系:在广博的专业活动中,高校教学、研究人员必须拥有寻求协助和指引他人的空间。3)共同合作的课程发展工具:教育人员拥有与其同事共同合作的脑力激荡、研究、设计,以及建构教学材料和活动的分享环境。4)学生信息和数据——安置和布置的体系:以计算机为主的体系可确保隐秘地联结人员重要的行政和评量资料,可以提供分享与此资料有关的决策机会。5)学校、区域及社区网内网络：在一学校或区域内，用计算机来联结精心规划的信息网为主之体系，可以创造学生、教育人员和社区间沟通和共同合作的机会。6）知识交换门户网站：可供整个教育社群利用，信息网站提供了教育人员联结并取得他人的想法，以及想法转化成为工作策略之机会。除了用科技来维持网络外，还需要其他的基本设施，亦即知识网络文化。前述应用能够成功的主因在于：注意到人文的环境，因而这些应用可以发挥作用，并在这种环境中建立新的文化模式，亦即知识网络文化。虽然前述的应用是信息网为主的，但单凭此种科技应用本身是无法创造出价值的。因此，在尝试建立此种社群时，对教育者非常重要的是：应记住单靠科技无法创建所需的文化，必须检讨并改进教育组织的人文层面，才能促成科技为主的知识网络之成功。知识管理的人文层面具体策略如下：使每个人成为知识工作者；创造知识圈；使学校的图书馆、媒体专家成为知识管理者或知识管理主管；用科技来进行实验；评量学校的组织文化。

另一方面要构建知识基础。在快速发展变化的世界中，建立一个强大、有效的知识基础，有利于知识和信息在组织内部的有序化，有利于知识和信息的流动。它不仅为高校的知识使用奠定基础，为知识共享提供空间，同时也为知识创新提供发展动力。知识基础一般需要经历知识基础雏形建立、知识基础内容丰富化和知识基础全面普及三个过程：建立知识基础雏形的目的在于短期内初步建立一种推动高校知识管理活动的工作模型，让高校成员体验知识管理的运作模式，为高校未来组织知识创新奠定良好基石。这一阶段的主要工作是：定义高校核心能力以及专有知识，确定知识管理方式与范畴的方案，选择执行知识管理的专门人员，初步建立供知识获取、存储、使用、共享的电脑操作系统，初步建立高校知识共享过程，以短期内能创造较高价值的知识为突破口，储备知识。在知识基础内容丰富化阶段，要求在知识基础雏形建立的基础框架上，增加知识基础的使用频率，不断改善电脑系统，积极探索将知识基础与高校的日常工作联系起来，不断扩充知识内容，拓展知识范畴，及时调整和改进不合适的地方，以及加入新的观念、新的方法。最后，知识基础全面普及化阶段要求全面推动知识管理工作，宣布成立知识管理的专门机构，将知识管理工作与日常例行工作流程结合，颁布奖励制度，表扬良好绩效，并在组织的各个层面收集和改进不合适的地方，以此促进高校向知识管理的转型。

最后，营造知识创新氛围。阿玛贝尔指出激励创新的组织环境应具有如下特点（按重要性由高到低排列）：相当的思想自由度、良好的创新项目管理、充足的创新资源、良好的激励机制、融洽的合作气氛、对创新观念的认同、进行创新思维的充裕时间、面对市场挑战的意识、实现重要目标的内在动力①。要加强知识环境,高校知识管理者必须提供必要的条件,这包括自主性、创造性骚动、爱心、关怀、信任和信念。

自主性对于激发高校组织成员,特别是教学、研究人员创造新知识十分重要。让高校学术人员具有行动的自主性,也可能是意想不到的知识源泉,允许高校组织成员自主行动,对他们接触和利用成员之间所拥有的知识的机会,也是有益的。这表明,高校知识管理者要维护高校学术人员的自主性,维护学术自由和学术自治,必须确保教学、研究人员在学术活动中的主体地位,让教师与学生在不受法律、各种规定的限制或公众压力不合理的干扰的情况下,能够拥有各自专业领域讲课、学习、探求知识及研究的自由;忽视学术人员在知识创新中的作用,高校将缺乏知识创新的源泉。

知识创新源于组织内部存在的不稳定状态和创造性骚动。不稳定状态的特点是一种一开始很难预测其类型的秩序,但它并非完全等同于无秩序,只是在人们没有充分认识和把握之前,让人们感到不安。不稳定状态的意义在于当它被导入组织时,打破常规、习惯和认识框架的同时,又给人机会去重新认识自己的基本思想和观念,对现有前提的不断质疑和重估,对组织旧有内容的不断忘却,从而孕育着组织的知识创新。创造性骚动意指管理者应该有意地试图在组织成员中唤起危机意识,强化了组织内部的紧张感,使组织成员的注意力集中起来去明确问题的性质,去应对。因此,其对组织的知识创新也有积极意义。根据不稳定状态和创造性骚动的特点,要求高校的知识管理者要保护和培育学者的批判精神,积极鼓励学术人员不安于现状,对现实世界重新审视,勇于突破原有思维禁锢,开展知识创新。同时,高校必须走出“象牙塔”,与不断变化的外部世界进行信息、知识和能量的交换,在与社会互动过程中发现自己的价值,正视自己存在的缺陷和不足,正视自己的危机,并让高校组织内部的每一个成员都意识到危机的存在,从而更好地凝聚每一个组织成员,共同为高校的生存与发展出谋划策,并在自己的领域内更好地开展知识创新工作。

为了使知识(特别是默会知识)能够共享,为了使知识创新过程能够实现,高校知识管理者要创设良好的心理环境,让高校组织成员具备关爱、信任、宽容等对于知识共享、知识创新具有重要意义的品质。为了培养这种关爱、信任和牺牲精神,知识创造者应该高度振奋;献身于目标。他们应该无私,应该助人为乐。

---

① Amabile, T. M. Creativity in context: Update to the social psychology of creativity. Boulder, CO: weatview, 1996.

如果一个管理人员试图垄断组织创造的知识，或者窃取他人之劳以为己功，就破坏了成员间的关爱、信任。知识创造者应该具有积极肯定的精神，不要具有或显示消极否定的思想和情绪。创造性的积极肯定的思维和想象力，付诸行动的决心，是优秀知识创造者的重要品质。

营造宽容的社会氛围。宽容的社会氛围是学术自由实现的重要条件，宽容作为一种社会心理氛围对学术活动具有特别重要的意义。学术活动是探索未知真理的活动，故常常处于已知与未知的边界，每一个真理的求得都是在千百次失败的基础上达成的，若没有社会对失败的宽容，学者勇于开拓的创新精神便会窒息，从而危及学术的发展。在学术的追求上，唯有宽容才能有学术的发展和繁荣。"如果不讲宽容、不能理解和宽容与自己不同的样式，不允许学术自由的实现与现代高校制度的建构有不同的意见和选择，强求一律，人人都想把自己的一套强加于人，那么结果不是使冲突更加激化从而失去和平，便是造成生活样式的简单化和贫乏，犹如强令大地上只开一种颜色的花朵，使之失去繁荣和生机。"①当然，宽容并不等于无原则，不等于不要真理，宽容的功用恰恰是有利于大家共同发现真理、维护真理。

第五节　院长作为专业研究者

一、高校的专业研究及其意义

网上有这样一则关于新任英国剑桥大学校长的新闻②：

一个月前，59 岁的莱谢克·博里塞维奇博士还是英国医学研究理事会的首席执行官；一个月后，他被任命为剑桥大学校长，成为这所有 800 多年历史的世界名校的第 345 任校长。他上任后的首次亚洲之行就选择来到上海，作为演讲嘉宾参加 10 月 31 日举行的上海世博会高峰论坛。

博里塞维奇是欧洲一位著名医学家，他最重要的贡献是带领一支团队开展了对宫颈癌疫苗的研究，并进行了临床试验，这是一项在欧洲史无前例的研究，他本人也因此在 2001 年被英国女王授予"骑士"的封号。

学界的专业人士能否管理好一所有 800 多年历史的百年老校，专家如

① 李德顺《宽容的价值》，《开放时代》，1996 年第 1 期。
② 刘世昕《剑桥新任校长：对待研究者要宽容》，《中国青年报》，2010 年 11 月 1 日。

何转型成为高校的管理者？在接受中国青年报记者采访时，博里塞维奇表示，虽然成为剑桥校长只有30天，但关于如何坐好这把交椅，他已有三个方面的规划。

首先，继续在自己的专业领域有所造诣。作为剑桥这样名校的校长，你必须有自己的专业，而且要成为这个领域的顶级专家，这样你才能赢得学界的尊重。

其次，要让自己成为一名杂家，广泛地了解各个学科最新的进展，这样才有可能倾听高校里其他专业领域研究者的需求，帮助他们实现自己的理想。

最后，也是很关键的，就是如何成为一名优秀的管理者。博里塞维奇说，剑桥大学每年的收入差不多是13亿英镑，所以他将面临的不仅是学术的管理，还有资金的管理，以及其他的行政业务。但博里塞维奇相信自己能掌管好这笔庞大的资金。他说，之前他所就职的英国医学研究理事会，每年也有将近7亿英镑的收入，所以在管理上他是有经验的。

在他看来，剑桥800多年的历史给他的启示就是，对待研究者要宽容、耐心，并给予他们充分的自由，让他们沉浸在所希望研究的领域。

博里塞维奇说，最近一位获得诺贝尔奖的剑桥教授就在他那个领域默默专注了14年。在此之前，那个冷门领域并不被看好，但是剑桥就能容忍他在14年间没有出任何的成果，给了他足够的时间与空间。（记者）

在前节论述“院长作为知识管理者”中，我们曾经提到高职院院长应当既是深谙知识的学术专家，又必须具有管理才能、管理水平。这种思想或观点在这位新任剑桥大学校长身上得到充分体现。“有效学校”研究的过程中，学校要经历一场静悄悄的变革。推进这场变革，院长需要有变革办学的理念和管理行为。从“事务型”院长，到“学习型”院长，到“研究型”院长，到“专家型”院长，其中研究是桥梁，是院长成功的秘诀。做“研究型”院长是院长成功的一条必由之路。

二、院长作为高职院专业研究者的角色使命

1. 院长作为学校研究的设计者

院长是研究的首席和第一责任人。我们平时讲“一位好院长就是一所好学校”，“有什么样的院长就有什么样的班子，有什么样的班子就有什么样的教师”，都是院长在领导班子建设、教师队伍建设、校园文化建设等学校软实力的提升中起着思想引领作用的形象表述。学校实力提升的理念是什么，学校实力

如何提升，通过什么措施提升，分几个步骤提升，全校从干部到职工每人要做什么，等等，都依赖于院长的筹谋，院长是学校实力提升的总设计师。

院长作为学校研究的设计者，既是学校研究的策划者，要寻找学校教育所面临的困惑，部署学校研究的操作策略，明确学校研究的主攻方向，落实学校研究的实施内容，指导学校的发展；又是学校研究氛围的营造者，要搭建好立足于"本校"的培训、教研、科研等平台，为教师创设和谐、宽松、协作的研究环境。

校本研究是学校走向内涵式发展之路的必然选择，学校"没有科研的引领是走不远的"。而学校的科学发展是硬道理，是院长的第一要务。院长作为学校研究的设计者，他必须具有战略意识和设计能力：1）调查和了解学校教育教学研究的现状，包括已有的研究基础和成果、出现的问题和困难、可能具有的潜力和方向；2）判断学校组织的健康程度，包括组织可能存在的问题以及改造的途径、教师科研积极性的激发措施、学生的需要和发展、管理层的问题和解决之路；3）形成学校教育科研规划；4）建立本校教育教学研究的组织机构；5）选择适应本校教育教学研究的评价制度；6）建立本校教育教学研究的保障机制。

2. 院长作为学校研究的践行者

能够成为教育家的人都是从事过教育科学研究的人。如果说现代高等院校的院长的基本角色是学校领导者、教育专家、学术专家，这本身就意味着院长必须是一个研究者，而基础教育新课程的实施则更加突出了院长的这一角色。院长作为研究者的基本特征在于：1）具有积极主动的动机水平；2）具有自我导向、自我调节、自我管理的能力；3）具有拥有获得知识、运用知识和整理知识的策略和方法；4）具有主动积极的反思能力。从课程改革实施的现实来看，不论教育理论方面，还是实践操作方面都会问题丛生，困难重重，只有经过潜心研究才能排除障碍，步步前进。因此，院长必须是学校研究的践行者。

院长坚持科研治校，从某种意义讲，治校、治学实际上就是一个不断发现教育规律、掌握教育规律、严格遵循教育规律的过程。院长作为研究者就是对自己的教育观念抱开放态度，时时刻刻在问："为什么？是什么？怎么会？何时会？何地会？"院长作为研究者，不仅要研究关于学校组织的问题，还要研究学校教师问题、学生问题、学校资源问题；不仅要研究课程问题，还有研究作为研究者的教师；不仅要自己进行课题研究，还要进行学校课题的研究。

院长作为研究者，意味着院长必须进行"田野研究"，扎根学校场域，在实地情境中培育教育实践智慧。院长扮演积极的首席研究者的角色，深入课堂和教师共同研究，共同成长。院长立足于本校实际，深入课堂情境，实施行动研究、反思研究、对话研究、个案研究、叙事研究，发现学校潜在的秘密，领悟学校管理的真谛,提升自身的领导境界。

3. 院长作为学校研究的指导者

学校领导者不再单纯是从事管理和服务,更是学校研究的指导者和垂范者。

研究型院长对政策和上级指令有自己的看法和执行措施,对管理有自己独到的艺术手法,驾轻就熟,对学校管理有专门的研究,不仅有学问,而且具有管理智慧、良好的个性气质和修养,能带领全体教师达到理想的工作目标。

院长应该成为教学专家,其主要任务是引领教学。著名教育家苏霍姆林斯基说:"如果你想成为一个好院长,那你先得努力成为一名好教师。"院长是"师者之师",理应成为教学的领导者。这样,院长就取得了对学校教学的指挥权和发言权,否则院长为指导教学所讲的话只能是空话、套话。

院长成为学校研究的指导者,应帮助教师在实践课程的过程中能够不断检验、完善和发展课程,并加速实现自身的成长与发展;帮助教师学会判断教师行为的合理性和有效性,逐步养成自我反思、设计教育教学行为、从事行动研究的意识和能力,学会在教学研究中体验成功。

4. 院长作为学校研究的保障者

院长要重视建立校本研究的导向机制、激励机制和保障机制。

院长作为学校研究的保障者,是指督建学校研究的内部保障体系,为学校研究开展提供良好的支撑平台,从而使学校得到可持续的发展。学校研究的保障首先体现在校本研究的组织机构健全上。院长必须做到以下三个方面:1)促进学校科研与教研的整合。2)明确学校教研室的职能、工作流程和主要工作任务。3)加强教科室人员的业务培训。

与此同时,院长应该致力于校本研究制度的完善。对于校本研究制度所包含的具体内容,不同的研究者有不同的观点。院长可以结合本校特点,在借鉴他人经验的基础上,创造性地完善校本研究制度。

另外,院长应该孕育校本研究文化,可以从以下方面进行思考:1)团队合作是校本研究文化的灵魂。开展校本研究所需要的是以团队合作、开放民主为特点,以构建学习型组织为核心的文化氛围。2)开放民主是校本研究文化的保障。校本研究文化体现了以人为本的基本理念,体现了民主、平等、开放、宽松、和谐的人文精神。3)构建学习型组织是校本研究文化的核心。构建学习型组织可采取的方式方法有:科研兴校;工作分析活动;论坛;头脑风暴会议;心理上的位置互换;信息发布会;经验交流活动。

第三章

与学校共成长：示范性高职院的教师

第一节　示范性高职院需要什么样的教师

现阶段，我国高等教育正跨过大众化的门槛积极向前推进。伴随着经济快速发展和广大社会成员对接受高等教育的强烈要求，高等教育得到了长足的发展。高等职业教育作为一种新型的高等教育形式，因其与经济和社会发展需要密切相关，人才培养周期相对较短、实用性强，在短短的几年时间里得到了迅猛发展，已经占据了高等教育的“半壁江山”。但由此也带来了严峻的师资问题。

教师是社会所崇尚的一种职业，受到世人的广泛尊重。什么样的人才能做教师？我国曾有两位著名学人用最简要的语言对此作出了精辟的说明。一位是西汉时期的著名学者扬雄，他说：“师者，人之模范也。”另一位是现代著名教育家陶行知，他说：“学高为师，身正为范。”如果我们借此进一步思考：高等职业院校的教师应当何以为“师”、何以为“范”？最简要的回答恐怕只能是：“技高为师，身正为范。”我们认为，示范性高职院校的教师要做到“技高为师，身正为范”，必须在“三有”上做文章，即：有强烈的职业使命，乐于“助人成功”；有精深的业务素质，突显“技高一筹”；有优良的道德品质，躬行“平等合作”。下面分而述之。

一、有强烈的职业使命，乐于“助人成功”

1. 教师的基本职责是教书育人，教书是手段，育人是目的，职业院校的教师也不例外

关于“教书育人”，我们要特别辨识其中的“书”和“育”的含义。这里的“书”，不能一味地理解成“理论书籍”，而忽视“实践知识”。这里的“育”，肯定不是非常机械性地灌输或加工，而是富含生态意味的“孕育”、“化育”、“培育”。

通过教师的教书育人，对职业院校学生的最终发展来说，就是要既“学会做事”，又“学会共处”。尽管高等职业教育在培养人才方面有比较明确的指向性，强调应用性，但要避免陷入实用主义的误区，不要在“特色”和“专门”的强音中淡化了“育人”的根本宗旨。因为不论何种教育，首先是培养受教育者健全的人格，使其成为一个能遵守社会规范、承担社会义务的现代人，而不仅仅是只会做工的人。美国教育家赫钦斯曾指出：现代教育制度以经济增长为目标，重点放在职业上，把人看作简单的生产工具，把学校看成是人力加工厂，按物的生产原则来管理学校，这都是非人性的；从实际效果来看，也是低效甚至无效的。因此，高等职业教育在培养目标的定位上要处理好素质教育与专门教育、高等教育与职业教育、做人教育与做事教育等多方面的关系，要防止片面强调专业知识、技能的训练，把高等职业教育简单化、工具化的倾向，要立足于把接受高等职业教育的学生培养成德、智、体、美等方面全面发展的、具有较高综合素质和工作能力的、适应社会需要和发展的人才。为此，在实现其培养目标的过程中，教师要积极地向学生传递正确的教育信念和职业理想，在各种教育行为中要充分体现以学生为本、热爱职业教育的工作精神，要特别重视培养学生的职业道德与共同生存、自我意识和价值定向，以及创造性与主体性等品质和社会交往与合作能力，使之成为有独立个性、坚定信念和创新精神的人，成为生产、建设、服务第一线的中坚力量。

2. 从社会职业的具体分工来说，高职院校教师负有培养现代高级职业技术人才的使命

高等职业教育培养的人才应当了解现代生产和工作过程，准备并且能够接受社会的改革与变化，具有平等、合作、效益和创新意识，敬业、诚信，守时、惜时，讲求效率，尊重知识，尊重他人，对按劳动成果和按技术取酬积极认同，具有社会责任感。

社会对教育的期望最终要反映在教育培养的人才符合社会发展要求。现阶段，我国经济持续高速增长，高科技成为经济增长的重要因素。但是，我国的总体经济水平还相对落后，自主知识产权所占份额较少，高新科技领域的发展成果有相当部分是通过合资和引进外资实现的。当前，以加入 WTO 为契机，我国正向成为世界制造业中心这一目标迈进，因而迫切需要提升制造业的技术含量以增强国际竞争力，而这必然要依赖于数量庞大的高等技术应用型人才。在这种背景下，我国高等职业教育应运而生、蓬勃发展，而且对培养人才的定位也更加明晰，培养具备现代人意识和较高文化素质，掌握并能熟练运用现代科学技术知识，在各行各业生产一线（基层岗位）工作的高级实用型专门人才成为当务

之急。

3. 从接受教育对象的现实状况来看，高职院校教师负有帮助每个学生走向成功的使命

每个人都希望自己在成长中不断取得成功，但是不可能人人都取得一样的成功。接受职业教育的学生在同龄人的升学竞争中通常扮演的是“失败者”或“低端成功者”的角色，但高等职业学校必须对他们进行成功教育，让学生认同进入高等职业学校同样是成功者，而且是一条成长的“快车道”。毕竟，我国的高等教育的毛入学率才刚刚达到15%，绝大部分的同龄人还无缘迈进大学校门。所以，让高职学生以成功者的心态安心接受高等职业教育是帮助学生成功的第一步，要培养学生用一种“选择”的思想正确看待自己脚下的路，养成学一行、爱一行、钻一行、行行成才的学习意识和行为习惯，取得成功的自信，形成乐观向上的人生态度。

成功是一个动态的过程，要想取得真正的成功并且能不断进步，必须拥有扎实的基础、过硬的业务能力和不懈的学习恒心。一般意义上讲，能力是职业成功的核心，因此“能力本位”应始终作为职业教育的基本思想被强化。但是，从教育的本质上讲，没有良好人性基础的能力发展终究是有限的、片面的，也是缺乏社会意义的。高等职业教育不能暗示学生：进入高等职业学校，我一生的职业就基本定性了。现代高等职业教育是一个实现人生价值和促进职业发展的平台，绝不是一个狭隘的职业通道，高等职业教育是在提升人格的基础上发展人的职业能力，即以职业为载体实现个性的多方面和谐发展。

二、有超拔的业务素质，突显“技高一筹”

教师的素质包括道德素质、业务素质、审美素质等诸多方面。社会对于教师一直就有较高的要求。高职教师的职业特殊性要求表现为：一是既有扎实的专业理论基础知识和科学文化素质，又要具备熟练的职业（专业）技能和相当水平的动手操作能力；二是能够掌握高等职业教育的基础特点与规律，就是不仅“学高”、“德高”，还要“技高”。概括起来说，教师应当品德高尚、行为端正、言行一致；知识广博，精通所教课程的专业知识与教学方法；热爱自己所从事的工作，保持积极的人生态度；既学而不厌，又诲人不倦。下面针对高职教师业务素质的专门要求，从教育理念、教学能力和科研能力三个方面作一些具体分析。

1. 教育理念方面，既要承继古今中外教育思想精华，又要面向未来思考，做到与时俱进

教育理念是教师在对教育进行理性思考和深刻理解的基础上形成的教育观

念,有无明确而先进的教育理念是衡量教师成熟与否的重要标志。当然,教育理念不是一成不变的,一个优秀的教师能够从古今中外丰富的教育思想中不断地吸收营养,面向未来,适时调整教育理念的坐标,继往开来,与时俱进,走在时代发展的前列。

当今职业院校教师应当具有的先进教育理念包括:1）教育要面向全体学生,平等地对待每一个学生,要切实体现教育的公平、公正、民主的原则。2）要关注学生全面和谐的发展,使其身体与心理、智力与非智力协调发展,自我意识和社会认识同步增长,学校学习与社会实践锻炼相互补充,懂得继承传统与开创未来的内在统一以及民族、国家与世界的依存关系等,把每一个学生培养成为有社会责任感、有知识、有能力的劳动者。3）尊重学生的个体差异和自主发展,让学生理解丰富、多元的世界需要具有不同个性的社会成员,人与人的差异是社会不断发展创新的动力源,每个人都要积极地接纳自我,充分地发挥自己的潜能,努力实现自己特有的人生价值。4）构建学生合理的知识结构,奠定扎实的知识基础,激发并养成学生的创新精神,增长学生的实践能力和工作才干,掌握学习与工作的方法,保证学生在学习型的社会里能够自主地、可持续地发展。5）高等职业教育是对传统学历主导的高等教育的补充,它的定位更加务实、明确,根据社会需要合理开发人力资源,为社会提供适宜的人才,同时拓展受教育者的生存和发展空间。

2. 教学能力方面,既能注重知识应用,又能适应职业世界因需而变的特点,做到一专多能

作为一个合格的教师,必须具备宽厚的知识背景,包括广博的文化基础知识、精深的专业知识和有效的教育科学知识,只有这样才有可能适应来自个性各异的学生群体的求知需求,才可能把教育的理念变为现实。对于高职教师来说,由于高职培养目标强调知识的应用性、综合性以及因需而变的适应性,因此要能够做到:1）眼睛要向外,经常跟踪社会需要并及时调整和更新所教知识,开发新课程;2）要能够把系统的学科知识提炼、转化为应用性的知识,并根据学生特点进行设计;3）要能够打破理论与实践的壁垒,把二者融为一体。所有这些都需要教师有“一专多能”的教育教学才能。换言之,“一专多能”要求教师在胜任主要教学任务的前提下,还能担任其他类型的教学工作,实现基础课程、专业课程、实践课程以及教学、管理、科研之间的柔性衔接。“一专多能”的素质要求是高职师资队伍的发展方向。

为了提升整体教学水平,更好地服务于现代社会企业行业的发展,我国现阶段主要针对从事专业课教学的教师推行“双师”素质要求:1）行业职业道德与

素养。“双师型”教师要投身并引领学生进入行业职业领域，首先必须按照行业职业道德办事。2）经济素养。“双师型”教师应具备现代从业人员必须具备的基本经济素养，了解“人力资本”、“智力资本”等经济理论，并善于将经济常识和规律纳入教育教学的过程之中。3）社会活动能力。“双师型”教师由于教学工作的综合性，经常与企业、行业保持联系，还要组织学生开展社会调查、社会实践，指导学生实习、参与各种社会活动等，所以其社交能力和组织协调能力就尤显重要。4）管理能力。“双师型”教师，在具备良好的班级管理、教学管理能力的同时，更须要具备企业、行业管理能力，懂得企业、行业管理规律，并具备指导学生参与企业、行业管理的能力。5）适应能力。科技迅猛发展的今天，行业职业界日新月异，这必然要求“双师型”教师善于接受新信息、新知识、新观念，分析新情况，解决新问题，不断更新自身的知识体系和能力结构，以适应外界环境变化和学生发展的需求。

3. 科研能力方面，面向自身的实际问题，服务于提升教育教学水平，做到以科研促进教学

现代教师具备一定的科研能力是教育教学改革和发展的要求，是现代教师职业素质的重要标志，也是教师提高自身素质的必要途径。作为高职教师，由于其从事的是高等教育，而且又是高等教育中的一项新生事物，对研究的要求更迫切，研究内容也十分丰富，诸如高等职业教育的培养目标研究、课程与教学研究、学生的研究、产学合作教育研究、专业及其建设研究等。广大高等职业教育工作者要勤于研究、善于研究，勇于实践，以科研为手段，实现高等职业教育的良性发展。

高职教师的科研能力主要表现在：1）要有强烈的忧患意识和探究欲望，保持对职业变化的敏感，善于将工作中遇到的问题用科研的方法加以对待，进行系统的理论分析。2）要掌握教育研究和专业研究的基本方法，少走弯路，保证研究的严谨性、准确性。科研是高职教师工作的一部分，要通过科研发展高等职业教育，提高教学质量，推动科技向生产建设的转化。

三、有优良的道德品质，躬行“敬业乐群”

教师承担着人类文明薪火相传的历史使命，在社会道德体系中处于较高层面上，师德的状况能够折射出社会整体道德水平，所以社会始终对教师的职业道德有较高的期望和要求。我们认为，对职业学校教师的道德品质要求也可以用“敬业乐群”四个字来概括。“敬业乐群”一词出自我国（也是世界上）最早的教育学专著《学记》，也是我国现代著名教育家黄炎培领导中华职业教育社创办的

上海中华职业学校的校训。下面尝试从敬业与乐群两个方面进行进一步分析与说明。

1. 敬业方面，忠诚于高等职业教育事业，热爱接受高等职业教育学生是高职院校教师起码的道德要求

有业、敬业到乐业是人生事业发展的三个阶段。有业才能敬业，敬业才能乐业。近代资产阶级改良主义者梁启超先生认为，人类合理的生活不外敬业与乐业。“敬业即是责任心，乐业即是趣味。”这一思想体现于他曾经受邀到上海中华职业学校所作题为《敬业与乐业》的演讲中。他说：“敬字为古圣贤教人做人最简易、直捷的法门，可惜被后来有些人说得太精微，倒变了不适实用了。惟有朱子解得最好。他说：‘主一无适便是敬。’用现在的话讲，凡做一件事，便忠于一件事，将全副精力集中到这事上头，一点不旁骛，便是敬……因自己的才能、境地，做一种劳作做到圆满，便是天地间第一等人……怎样才能把一种劳作做到圆满呢？惟一的秘诀就是忠实，忠实从心理上发出来的便是敬……一个人对于自己的职业不敬，从学理方面说，便是亵渎职业之神圣；从事实方面说，一定把事情做糟了，结果自己害自己。”忠诚于高等职业教育事业是高职院校教师敬业所应当表现出来的“理智与情感”。高等职业教育作为一项新型的教育事业，社会、家长、学生都寄予很大的希望，作为教师必须深刻了解高等职业教育的社会意义和教育价值，不断提高服务高等职业教育的自觉性，从理性的自律逐步达到对高等职业教育的热爱与忠诚，并引以为荣，把自己的聪明才智奉献给我国的高等职业教育事业。当然，教师忠诚于教育事业与热爱学生是一体两面，彼此不可分离的。有人说，教育的要义就是以真爱换取真爱。教师真心地热爱学生，学生会把这种崇高的爱升华为品德、回报给社会，迸发出无穷的力量。因此，受教育者未来的良好发展和健康成长，永远是教师职业成功与幸福所在。

2. 乐群方面，师生之间教学相长，校企人员之间紧密联系与合作是高职院校教师取得成功的应然要求

社会在进步，师德也在发展。古代讲究“师道尊严”，今天“师生平等”成为主旋律。在现代文明社会里，已经形成以“契约—诚信、平等—民主、尊重个人—社会合作”为核心的普遍道德规范与伦理要求。教师对学生的要求自己首先应自觉遵守，要求学生全面发展，教师自己首先应全面发展，并要达到更高的境界，这才是为师之道。教师要喜欢和学生在一起学习、活动，师生在平等的交往中，营造公正、民主的教育气氛，共享共创，教学相长，建立起高尚的师生友情，并成为战胜各种困难的精神支柱。并且，对职业学校来说，不只是师生之间的平等与民主上要体现出乐群，在教师之间及校企人员的互动与协作上也必须体现

出乐群。因为在现代社会，单个人甚至单个组织很难成就大的事业，成功离不开人与人之间、组织与组织之间的合作，这一点在职业院校教师这一特别职业上体现得更加明显，任何一个学生的顺利毕业都是教师集体合作培养的结果，都是学校与企（行）业合作培养的结果。德国的"双元制"职业教育就是世界职业教育成功的典范，其实质就是"校企合作"。高等职业教育的教师要培养学生的合作意识，自己首先要躬行，用教师集体的道德力量和知识力量，造就具有现代道德精神和职业能力的新人。由此，我们可以说，高职院校教师只有在与其他教师、学生及企业人员等合作方面表现出充分的"乐群"，才能找到真正的成功感或成就感，也才能达到梁启超所说的"乐业"的境界。

总之，高职院校的良好发展离不开一支优秀的教师队伍。若问高职院校最需要什么样的教师，回答当然是具有上述品格与能力的优秀教师。而要成为一名优秀的高职教师，从事一项层次较高、对象复杂、内容多变、难度较大的工作，不经过严格的训练、长期专业教学锻炼和一定的社会历练，没有坚定的职业教育信念和对学生成才的强烈责任感，肯定是很难胜任的。

第二节 教师专业成长与示范性高职院建设的关系

教师与示范性高职院建设关系是一种相互促进、共生共存的关系。伴随着学校的每一次发展与跨越，都会带动教师的专业发展；教师持续的专业发展，又日益提升了学校的教育教学质量和办学水平。

一、示范性高职院建设是教师专业成长的孵化器

学校发展对高质量教师的迫切需求是教师专业成长的重要动力。当前，我国职业教育进入了以提升质量为重心的新阶段，职业院校加大了教育教学改革的力度，着力提高人才培养质量。这对教师的教育理念、知识结构、能力结构提出了新的要求，教师只有不断学习与提高，才能胜任职业学校教育教学工作。学校发展与教师专业成长都是一个逐步提高的过程，同时也是多因素共同作用的过程。学校作为社会系统的一个子系统，其发展必然受社会其他各子系统的影响。健康的生态环境是指职业学校在办学实践中，能够获得其他子系统的支持，并与其他子系统之间产生良性的互动循环。对职业学校而言，主要表现在两个方面：一是能否获得政府部门的支持，政府是社会资源的最大拥有者与调配者；二是能否获得企业的支持，职业教育主要是为企业培养人才的，校企合作、工学

结合是职业教育发展的必由之路。宁波职业技术学院的“三三模式”，即办学、育人、就业的三位合一，政府、学校、企业三方有机结合，建立互动合作机制，共同开展人才培养，正是该校办学生态环境的最好总结。政府的支持，不仅体现在对学校建设从土地、资金等物力到人力的支持，更体现在对学校的长远发展、内涵建设给予了支持，为学校发展创造了良好的制度环境、舆论环境、社会环境。如宁波市北仑区政府把区人力资源开发与服务基地、科技创新开发与服务中心等政府机构设到了校园，不仅解决了学校学生的就业、科研开发等工作问题，也为教师提供了更多的发展机会，一些系部领导同时担任这些政府职能部门的领导，一些教师也在其中兼职，教师的专业素质与专业能力得到了极大的提升。企业的支持，不仅解决了学生的实训问题，也为教师开展专业活动提供了场所，促进了“双师型”职教师资的培养。

学校发展方向引领着教师的专业成长。学校发展必然会对教师的数量、结构、质量等提出自己的利益诉求，从而对教师个人的专业发展方向、专业发展水平产生影响，引导教师朝着学校要求的目标努力。学校的办学定位是否准确，发展目标是否科学可行，无论对学校发展还是教师发展都产生着重大影响。如有的高职院校不满足于办专科层次的高职，整天想着如何让学校早日升为本科；不认真研究社会经济发展对人才的需求规律，盲目热衷于扩大办学规模和校园；不踏踏实实进行教育教学研究提高人才培养质量，终日纠缠应付于学校硬件建设。这种状况不仅严重阻碍着学校的健康发展，更给教师带来了极大的困惑与不安，让广大教师无所适从，直接影响着教师的职业生涯规划与专业成长。明确的办学定位与发展方向，意味着学校能立足于现状，根据社会经济发展的需求，把握学校发展的基本规律与趋势，制定出具有科学性与前瞻性的目标，让学校所有资源条件、教育教学活动都围绕这个目标合理规划、科学配置、有效进行。特别是能让教师目标明确，有针对性地开展教学工作，长远规划个人发展。宁波职业技术学院始终坚持区域服务、社会服务理念，坚持服务地方经济的办学方向，扎扎实实沉到社会、地方、企业基层，以社会、企业、学生需求为导向，无论是专业设置、人才培养，都紧密结合当地社会经济发展现状，办出了学校特色，也办出了学校品牌，赢得了当地政府、企业的高度认可，也得到了更多的社会资源支持。这种办学方向，也激发了教师主动关注社会经济发展、产业行业结构、企业生产对人才的需求，激励教师参与校企合作的热情与激情，让教师真心实意地自觉开展教学与课程改革，不仅提高了教学质量，培养出符合社会需求的人才，同时在不断探索改进教育教学工作中，提升了自己的专业水平。

学校发展创造的条件有助于教师专业成长。教师的专业成长不仅有赖于教师自身的努力，也有赖于学校能否为其提供足够的条件，包括学习时间、福利待遇、学习机会、专家指导、制度支持等。这一切都取决于学校的发展水平与发展理念。从一定意义上说，只有学校发展好了，才能更有利于教师的专业成长。教师成长，校长有责，校长是学校的主要决策者，校长的办学思想必须由教师来实现，因此校长能否以教师为本，关系到校长能否关注教师的专业成长，并为教师专业成长创造条件，提供支持，促进教师的专业成长。对教职工的塑造，是宁波职业技术学院执行执行院长苏志刚盘桓于心的一个心结。他常说："学院的成功看学生，学生的成功看教师，教师的成功看院长。"①正是有这样的责任意识与先进理念，学院在筹划整个学校发展道路的同时，始终坚持把教师的培养放在重中之重，有计划、有组织地对不同年龄、不同层次的教师开展不同的培训，为教师创造各种学习机会，使教师发展与学校发展相互促进。因此，在学校发展与教师发展双赢的学校，校长是教师发展的促进者、引领者、践行者。

二、教师专业成长是示范性高职院发展的助推器

教师专业成长是学校发展的核心要素。教师不是取之不竭的宝库，不能只有付出、奉献、牺牲。学校要尊重教师作为人的权利，要给予教师更多的人文关怀，成为教师全面发展的幸福家园。没有教师的发展就没有学校的发展，没有教师的发展也不是真正的学校发展。"我国教师专业发展缺乏关怀，具体表现为：偏重教师理性，忽视实践关怀；注重知识传授，忽视情感关怀；具备强烈的职业意识，缺乏人文关怀。""诺丁斯主张，正如教师不应控制学生一样，教育管理部门也不应控制教师，而应该通过对话倾听教师的心声，注重教师的感情和首创精神，让教师相互分享教学经验。因此，教师专业发展不仅意味着关注教师的专业知识、专业技能，更应关注他们的精神世界，要发动他们的情感，而不只是逻辑理性。"②长期以来，我们对教师专业成长的管理，往往采取的是刚性的管理制度与繁琐的评分细则，"逼得教师或在算计中堕落，或因为中规中矩而渐渐墨守成规"③。教师是有生命、有情感的人，而不是从事教学的工具；教师的专业成长不仅仅是专业知识与技能的数量累计，更是教师专业情感的升华，专业生命质量的提升，唯有如此，教师才能永远保持创新创造的活力，才能在发展中享受到职业

① 解小玉、陈建华《独领风骚——记宁波职业技术学院党委书记、执行院长苏志刚》，《职教论坛》，2007年第4期。

② 王攀峰、张天宝《走向关怀：教师专业发展的新趋向》，《当代教育科学》，2010年第9期。

③ 严伯春《学校品牌建设应以教师专业发展为核心》，《教学与管理》，2004年第11期。

带给他们的幸福与快乐，而这才是教育的价值所在。因此，能够促进学校与教师和谐发展的管理制度，必须兼顾人文关怀与科学有效，在理解教师、尊重教师、关怀教师的前提下，设计科学的考评制度。宁波职业技术学院的经验或许能给我们更多的启示：一是注重情感交流，无论是在平时工作中还是校本培训中，上至院长下至各级中层干部，都注重与教师的对话、交流、沟通，及时了解教师的想法、要求，改变过去管理部门发号施令的做法，代之以诚恳地为教师提供帮助、指导，及时为教师解决专业成长中的各种问题；二是减少管理层级，从一级管理向二级管理发展，给系部与教师更多的自由发展空间；三是实行差异化管理，针对不同特点、不同特长的教师给予不同的政策支持，如有的教师科研能力强，对其工作量考核即以科研为重，这极大地激发了教师的发展潜力。该校的国家名师孙向东教授擅长科技创新与技术攻关，学校允许其长期在企业，为企业提供技术服务，开展科研活动。孙老师不仅自己在专业领域取得多项科技发明成果，使一个处于亏损的企业扭亏为盈，也提升了学校服务社会的能力，扩大了学校的社会影响力，更带动了学校教育教学改革。

大学之大，不在于大楼，而在于大师。“教师是教育的第一资源，是教育的核心要素，是教育事业最根本的依靠力量。办学思想的贯彻，培养模式的转变，教学质量的提高，最终要通过教师来实现。”①学校的发展不仅要有物力、财力的支撑，更需要高素质的教师，没有教师的发展就没有学校的发展。学校的发展理念、发展规划都要落实到教师具体的教育教学活动中，必须由教师来实现，而教师能否承担这样的责任，在于教师的专业成长水平。教师的专业成长水平提升了学校的培养力、服务力、影响力、可持续发展力，提高了学校的人才培养质量、办学水平、社会声誉、办学实力，使学校能吸引更多的生源，获得更多社会资源的支持。

由此可见，学校发展与教师专业成长是互为条件、互为基础、互为路径、互相促进、共同发展的。学校的发展离不开教师的专业成长，同样，教师的专业成长也离不开学校发展的土壤。学校发展不仅对教师专业成长提出了要求，更为教师专业成长提供了条件与动力；教师专业成长的最终价值与意义体现在它是促进学校发展的必要条件。学校的发展水平决定着能否为教师的专业发展提供物质支持与精神动力，学校的每一步发展都需要教师的积极参与与跟进；教师水平的高低决定着学校办学水平与质量的高低，甚至决定着学校的生存与发展，教师的专业成长也离不开学校发展的支持。只有在学校发展中引领教师专业成长，

---

① 鲁昕《师资队伍建设是职业教育又好又快发展的关键》，《中国职业技术教育》，2009 年第 19 期。

在教师专业成长中促进学校发展，才能实现两者的和谐发展，学校与教师个人才能有无限的发展空间。

第三节　示范性高职院教师专业成长的主要特征

教师是构成学校的核心要素。人们常说，一所好的学校离不开高质量的教师队伍，教师的质量决定了学校的办学质量。因此，教师的专业成长水平，决定着学校的发展水平。然而，学校与教师的关系，绝不仅仅体现为学校被动地依赖于高质量的教师，教师的专业成长与发展离不开学校的造就，教师与学校是相互促进、相互影响、相辅相成的。一所好的学校，更应该成为教师专业发展的摇篮，成为培养高质量教师的重要基地。

宁波职业技术学院成立于 1999 年，2006 年被列入全国首批示范性高等职业院校。通过几年的建设，宁波职业技术学院在提高人才培养质量、增强学校办学水平方面形成了鲜明的特色，成功地实现了学校的品牌建设。伴随着学校的发展，宁波职业技术学院始终坚持学校与教师的共同发展，把培养教师放在学校发展的首位，有目的、有组织地引领着教师的成长，探索出一条学校与教师共同成长的发展之路。

一、描绘共同愿景，追求卓越是教师专业成长的持久动力

愿景是对未来发展目标、发展状态的展望。共同愿景是组织中人们共同持有的对未来组织会成为什么样的意象或景象。愿景不是行政命令或自上而下的发展规划，而是组织中的全体成员通过沟通、协商、对话，自觉自愿、自发形成的具有价值判断的共同感受与认识，体现了个人的内心意愿，一旦达成了共同愿景，它就能激发出强劲的凝聚力、内驱力和创造力。正如提出这一概念的圣吉所说，“愿景不是一个想法，而是在人们心中一股令人深受感召的力量。个人愿景的力量源自一个人对愿景的深度关切，而共同愿景的力量源自共同的关切”①。建立学校发展与教师发展的共同愿景，无论是对学校整体发展，还是对每个教师个人的发展都至关重要，它能将教师的专业发展与学校组织的发展结合起来，将广大教师凝聚起来，开展积极有效的合作，使学校真正成为教师发展的手段和场所，并在实现共同愿景中追求个人愿望，让教师发展成为学校发展的坚强动力，

---

① 肖川《教师的幸福人生与专业成长》，《青年教师》，2010 第 4 期。

“有了衷心渴望实现的目标,大家会努力学习,追求卓越,不是因为他们被要求这样做,而是因为衷心想要如此”①。

学校全体成员的共同愿景具体落实在学校的办学定位和发展目标上。学校的办学定位是否准确、发展目标是否科学可行,无论对学校发展还是教师发展都产生着重大影响。为了能共同描绘愿景、理解愿景,并努力实现愿景,从2000年开始,宁波职业技术学院主要在如下两个方面做文章。

一是更新教育理念,把握职教发展规律。对教师进行先进职业教育理念的培训,帮助教师了解职业教育的性质,高职教育现状与发展趋势,职业教育与社会需求、学生需求的关系,国家大力发展职业教育的方针政策,让教师理解服务区域经济、服务社会是职业教育的导向,让教师扎扎实实沉下去研究社会需求、企业需求,从而让教师真正感受到自身职业的价值,增强专业角色意识,主动投入到职教课程、教学改革中。

二是确立核心价值观,增强教师的职业归属感。教师是否具有职业归属感,将直接影响教育工作的好坏。教师的职业归属感,体现在三个方面:对教师这个职业的认同感、对学校这个组织的信任感,及对所在教师群体的归属感。职业归属感是人们努力做好本职工作,达成组织目标的心理基础。教师只有具备了强烈的职业归属感,才能积极、乐观、主动地致力于其专业工作,忠诚于所在的学校组织,不断追求专业工作的创新,追求卓越的职业成就,从而促进自身各方面素质的提升,获得专业成长。为此,宁波职业技术学院执行执行院长苏志刚亲自为教师进行核心价值观教育,帮助教师深刻理解学院的文化和核心价值,提高对学院的忠诚度,树立爱岗敬业、爱校爱生的精神,让教师切身体会职业的幸福感、成就感,享受教师的幸福人生,而“教师幸福人生的营造有助于教师的专业成长”。苏院长深有感触地说:“我们的老师都很阳光。尽管很累,但我们都心情舒畅;不知道疲倦,仿佛有使不完的劲。”②

二、实施特色培训,能力提升是教师专业成长的主要目标

教师的专业成长,是教师在专业知识、专业技能、专业情意等专业素养方面不断重构和提升的过程。“后现代课程观认为:教育不是知识单向度的传授,而是多

---

① 转引自李海艳《学习型组织理论的五项修炼对教师合作的启示》,《淮北煤炭师范学院学报(哲学社会科学版)》,2010年第3期。

② 解小玉、陈建华《独领风骚——记宁波职业技术学院党委书记、执行院长苏志刚》,《职教论坛》,2007年第4期。

向度文化的融合，在这个知识共生场中，教师不是知识传递的工具，他是知识共生'场'中的一个生命，他和学生一样也经历着知识的建构。"①面临着知识经济社会的到来，科学技术的飞速进步，职业教育改革的风起云涌，教师的学习与学生的学习一样显得尤为必要和迫切。虽然国家采取了多项政策，大力提高职业学校教师素质，然而，面对数量庞大的教师队伍，校本培训是根本的选择。校本培训是指由学校发起组织，以学校和教师当前及发展中的问题为出发点，以解决实际问题、提高教师教育教学能力、全面提升教师素质为主要目标，在教师培训机构和教育专家指导下，开展的旨在满足教师个体发展需求、促进学校教育教学质量提升的校内培训活动。校本培训是教师走上专业发展之路最基本的途径。

宁波职业技术学院坚信，高职院校快速提高和持续发展的基础，是教学质量与水平的快速提高和教学观念与模式的持续更新，而教师的教学水平高低又是教学质量的决定因素，学生的能力水平取决于教师的能力水平和训练方法。正如执行执行院长苏志刚所言："作为教师，不仅要有扎实的知识和技能，更要有把知识和技能传授给学生的高超本领。"这就是教师教育教学和专业发展的执行力。为此，宁波职业技术学院在全院开展了一项以先进的职业教育理念改革课程教学模式，提升全体教师的课程教学能力，进而提高课程教学质量，切实培养和提高学生的职业能力，全面提高学院办学水平的系统工程。该工程的核心项目就是"教师职业教育教学能力培训与测评"，其特色体现在三个方面。

一是开展了以教学设计实践为载体的教师能力提升培训。该项目以每位教师完成自己所承担的某一门课程的教学设计（包括总体设计与单元设计）为载体，引导教师在做的过程中树立起职业教育新观念，掌握职业教育的课程设计方法，并在教学实践中验证设计的科学性、准确性和可行性，提高教学能力。

二是创立了"做、学、教"相结合的师资培训方法。在完成课程教学设计过程中，提供案例引导、演示讲解、专题研讨和骨干培训、分层推进、单兵演练等形式和方法，"边做边教"地解决教师在教学中存在的实际问题，让教师"边做边学"地学会课程设计，实现"做、学、教"相结合，使教师在培训过程中学会"做中学、做中教"，在课程教学实际中实践"做中学、做中教"，保证学生在"边做边学"中获得能力的培养和提高。

三是构建了以提升教师能力为目标的评价体系。在测评阶段，不是简单地用标准评价教师课程教学设计的优劣，而是把评价过程作为进一步提升教师课程教学设计能力的重要环节，鼓励教师根据标准，通过预测或咨询等方法，与专

---

① 严伯春《学校品牌建设应以教师专业发展为核心》，《教学与管理》，2004 年第 11 期。

家、评委深入研讨自己的教学设计，不断修改完善，最终完成设计任务。测评不仅要求提交设计文本，还要求每位教师在20分钟内，用说（讲）课的方法，介绍“课程教学设计整体设计”，并用“课程单元设计”完成一次课的讲解，使教学设计真正从文本走向实施，使评价过程成为教师继续学习、再次提高的过程。

三、搭建专业团队，名师引领是教师专业成长的重要举措

高校是知识劳动者密集的地方，也是学习共同体较为容易建立的地方。从博耶尔（Boyer）将高校描述为“有目的的、开放的、合理的、有纪律的、充满关怀的学习共同体”以来，学习共同体在高等教育中引起了越来越多的关注。一些学者尝试给它一个适切的定义。贝克（Baker）认为，高校中的学习共同体是由学生、教师、管理者以及其他有着明确的团队归属感、共同愿景和广泛交流机会的人组成的团队。圣吉指出：在学习共同体中，所有的成员都是学习者，整个团队是作为一个完整的系统进行学习的。萨乔万尼（Ser-giovanni）则认为，学习共同体有赖于各成员的共同思考、成长以及探究，学习在这里既是态度也是活动，既是生活方式也是过程。

建立学习共同体，是促进教师专业发展的重要途径。对教师而言，所谓学习共同体是指由教师们共同组成的，以完成共同的学习任务为载体，以促进成员全面成长为目的，强调在学习过程中以相互作用式的学习观做指导，通过人际沟通、交流和分享各种学习资源而相互影响、相互促进的教师学习集体。随着职业教育的改革与发展，要求教师的工作方式从个体走向合作，在这一过程中学习共同体在教师的专业发展中起着越来越重要的作用。这是因为学习共同体有助于教师群体的专业发展，一方面在学习共同体中，教师可以彼此交流经验，相互启发，共同研究问题和解决问题，在专业上实现共同发展；另一方面在学习共同体中通过教师的集体反思，分析教学中存在的共性及个性的问题，寻找解决问题的办法，在这一过程中提高教师分析问题和解决问题的能力。因此在促进教师的专业发展过程中，要建立各种体现职业教育特色的教师学习共同体。除了一些传统的学习共同体，如专业教研组以外，可以把学习共同体的建立与学校的教研和科研结合起来，围绕所要研究的问题建立多样化的学习共同体，促进教师的群体发展。哈格里夫斯（Hargreaves）把教师文化的形式划分为：个人主义文化（individualism）、派别主义文化（balkanization）、自然合作文化（collaboration）和人为合作文化（contrived collegiality）四种类型①。在实际的学校教学活动中，教师文

① 冯生尧、李子健《教师文化的表现、成因与意义》，《教育导刊》，2002第4期（上半月）。

化往往是封闭的、隔离的，体现着极端的个人主义文化倾向，教师从备课、上课、考试，包括对学生的思想教育等所有教学活动几乎都是一个人的事，“学术文化在同事间所建立的壁垒，甚至比教师与学生间的壁垒更高更厚。虽然都是面对学生进行教学，但是教师的教学几乎总是像独奏一样，永远在同事的眼光以外”。然而，“任何行业的成长都依赖于它的参与者分享经验和进行诚实的对话……同事的共同体中有着丰富的教师成长所需要的资源。由此，教师专业的构建应当在开放的环境中，在与包括同事在内的‘重要他人’进行互动交流的过程中来是实现”①。

“教师职业发展极为重要的是与同事合作，要成长为一个专业人员，教师必须想办法克服课堂上和学校中存在的隔离状态。”②教师专业成长共同体，是一个超越于年级组、专业办公室、学科组、教研室等传统的教师组织的概念，由怀有共同的专业志趣、专业理想、专业目标的教师自发组织，以提高自身专业素养、共同发展为目的，通过彼此切磋学习、支持协作、相互分享的活动来促进专业成长的教师团体。正如托马斯(Thomas)等人所指出的：“当前教师专业发展理念的一个重要转向就是将关注的重心从一种‘个人化的努力’转向一种‘学习者的共同体’，在共同体中，教师通过参与合作性的实践来滋养自己的教学知识和实践智慧。”③专业成长共同体的意义不仅在于教师个人、教师群体的专业发展，还在于它能把学校与教师的共同愿景更有效地传递、表达、理解和实践，促进共同愿景的实现。教师专业成长共同体的构建需要一个良好的学校支持环境，需要一定的认知基础。

职业教育的特性尤其决定着职业学校的教师职业具有开放与合作的特点。首先，职业教育是与社会经济发展联系最密切的教育类型，教师只有走出校园，才能深入了解社会经济发展实践，有效改进自己的教育教学活动；其次，职业学校的课程教学改革越来越依赖于教师之间的合作，特别是项目课程的实施，往往需要不同学科的教师共同合作完成一个项目的教学；再次，随着知识与科学技术的日新月异，职业学校的专业设置、课程内容、教学模式、人才培养规格不断发生改变，教师面临着越来越频繁、越来越复杂的教育变革与挑战，仅仅依靠个人的经验、学习已难以应对，他们渴望同伴或他人的支持，越来越需要互助。因此，职

---

① 潘瑶珍《以专业共同体促进教师专业成长》，《教育发展研究》，2010 年第 8 期。

② Lynda Frelstein & Patricia Phelps《教师新概念——教师教育理论与实践》第 224 页，王建平等译，中国轻工业出版社，2002 年。

③ 转引自潘瑶珍《以专业共同体促进教师专业成长》，《教育发展研究》，2010 年第 8 期。

业学校必须建设开放合作的教师文化，教师在这种文化中，不仅开放自我的心灵，与别人分享自己的成功与失败，而且在与其他教师的交往、对话、合作、共同学习中，共享到更多的经验资源，更快地提高自己的专业能力。此外，在与他人的相互学习与互助中，还能唤醒教师专业发展的自觉性，激发教师专业发展的欲望，增强教师专业发展的责任感，使教师的专业成长更为主动、积极、富有成效。如宁波职业技术学院在三个层面上形成了教师的开放合作文化：一是学校内部专业教学团队的合作；二是校外专家与校内教师的合作；三是学校教师与企业专家的合作。正是这种多层次、多形式、各类人才之间的紧密合作，造就了宁波职业技术学院高质量的师资队伍，教师的专业水平获得了长足的发展，更为学校提高教育教学质量提供了人力支持，实现了教师发展与学校发展的双赢。

教师专业成长共同体的构建需要一个良好的学校支持环境，需要有一定的认知基础。具体来说，有三个方面的要求：首先，有支持性的领导与条件。虽然领导不一定是某个具体共同体的成员，然而领导的支持却是教师专业成长共同体健康运行的关键因素。领导的观念、思想、态度、行为等影响着学校的舆论与政策导向，从而对共同体中的教师产生直接或间接的影响。一个积极肯定、参与共同体建设的领导，尊重教师们的专业劳动，能够带动学校所有有利因素与资源，支持共同体活动，激发教师们的专业发展欲望，使共同体成为学校持续发展、教师专业成长的重要载体。学校的支持条件指为共同体活动提供的政策、资源、人、财、物的支持。其次，有合作平等的成长机制。共同体的学习机制，不同于传统的学徒制、导师制，这里没有权威、领导、上级，所有成员都以平等的身份学习、交流、对话，每个人都有展示自己思想的机会，每个人都应该倾听同伴的表达。这是一个互相学习、共同参与、合作发展的组织。只有这样，才能让共同体中每个人都得到充分的发展。此外，共同体的学习过程是连续的，成员的成长发展是有规划的，能够持久地保持共同体的活力，不断提高共同体中教师的专业发展水平。再次，有共享的资源与智慧生成。共享的资源是维持共同体持续发展的源泉，这就需要共同体成员善于表达、乐于表达自己的专业成长经验，清晰呈现专业成长的困惑、经验、问题、设想、过程、目标，毫无保留地把自己的专业实践与同伴分享，在成员之间形成情感上的相互信任、专业实践中的相互合作、专业成长上的相互支持。教师专业成长的显著特征是智慧的生成，它超越了知识积累、技能提高、能力增强，是人的综合素质的整体提升，它内化于人的思想，又深刻影响着人的行为，决定着教师教育教学实践的品质。智慧的生成是共同体成员专业成长追求的最高境界与不竭动力。

当学校的各项工作走上正轨，从规模发展向内涵建设转型时，宁波职业技术学院又为教师提供了更广阔的舞台，支持教师在更高的平台上展现、提升自己的专业水平，获得持续发展的能力。

一是开展“成功大学”活动。鼓励教师获得成功，创造条件帮助教师获得成功。活动采取自下而上的方法，由基层申报项目、由专家来论证立项。项目不设限制，涵盖教书育人的一切方面。这一活动充分尊重教师的个体差异，鼓励教师各展所长，激励教师发挥潜能，不断追求专业发展的更高境界。

二是搭建平台培养名师。学校充分利用组织的资源，积极主动地为教师创造条件，搭建平台，为教师提供成长的机会与空间。如学校经常选派教师外出进修包括海外进修，让教师开阔眼界，及时吸取别人的先进经验；学校常年聘请名校专家学者来校举办讲座，为教师带来先进的教育理念与方法；学校与企业建立了良好的合作关系，鼓励教师下企业实践锻炼，对下企业实践并做出成绩的给予补贴与奖励；制定政策鼓励专业教师积极参与企业的技术服务、技术革新和工艺改进，为教师创造了参与技术服务的条件，给教师提供融入企业、深入生产现场的机会，使教师不仅帮助企业解决了生产难题和技术问题，而且提高了自身的技术应用和工程实践能力，提高了专业教学的针对性，提升了教学水平；学校为不同特长的教师制定了不同的管理与考核政策，允许教师选择所擅长的领域发展，如出台了《宁波职业技术学院教工专业化发展和激励方案》，设立了教书育人贡献奖、教学改革贡献奖、管理（服务）贡献奖、科技服务贡献奖、产学合作贡献奖等，奖励在教学、科研、产学研合作、学生工作、管理工作等方面做出贡献的教职工，让每一个岗位的职工都有发展目标、发展愿望与发展空间。正是在这种自由宽松而又严谨有序的环境中，教师的专业成长如水到渠成。目前，学校有国家名师 1 名，省级名师 3 名，培养重点建设专业带头人 11 名，骨干教师 34 名，85% 以上的教师成为“双师素质”教师。

四、优化组织环境，内外和谐是教师专业成长的可靠保障

优化学校组织环境，主要包括三个方面。

一是优化学校舆论环境。舆论的力量是无穷的，舆论折射出人们对事物的价值判断，直接影响着人们的社会行为，可以说，人的大部分行为遵从着主流舆论的引导，接受着舆论的监督。积极的、肯定的、健康的舆论能起到引导、激励人们正确行动的作用。职业学校是一个人群密集、与社会联系相对密切的组织，生源素质差异较大，教师来源渠道较广，舆论形成的环境相对复杂。因此，必须重视良好舆论氛围的创造，特别要形成尊师重教的良好舆论氛围，以教师为本，大力彰显教师的主人翁地位，在学校发展规划中切实维护教师的利益，关心教师的

成长，鼓励教师不断学习，在工作中做出成绩。这样才能引导广大师生员工共同关心教师的成长，才能激发教师为学校发展而发展的主动性、积极性与创造性，促成学校发展与教师发展的和谐统一。

二是优化学校制度环境。学校作为一个组织，它的有序运行离不开制度的规范与保障，制度建设是学校的重要工作，其中，教师教育教学工作管理制度、教师队伍建设管理制度是学校制度的主要内容，因此，制度成为影响教师专业发展的重要因素。首先，要设立正确的制度目标。建立制度不是为了惩罚，而是引导大家做好工作，这是制定制度的出发点与归宿。其次，要确保科学的制定过程。制度制定不是单向的自上而下的活动，制度要得到自觉遵守与服从，必须充分反映被涉及者合理的利益诉求，它应该是一个自上而下、自下而上、反复讨论协商的过程，期间会有观念的分歧、利益的冲突、权利的角逐、职权的矛盾，但矛盾展示得越彻底，问题讨论得越充分，管理部门与教师才能在更透明的平台上交流，制定出一个相对合理、取得大多数人认可的、规范的制度，并让制度的后期执行更加顺畅。再次，要确定完善的制度内容。充分尊重教师的专业发展意愿，允许教师的差异化发展，对不同类型、不同专业、不同学科、不同发展阶段的教师都要有相应的管理内容，引导教师把个人的发展与学校发展紧密结合。

三是优化学校生态环境。学校生态环境的优化要从三个方面重点考虑：一方面要营造良好的政治生态环境，加强与政府部门的沟通，争取政府部门相关政策法规的支持，加快促进学校发展、教师专业发展。如示范性高等职业院校建设、中等职业学校教师素质提高计划项目的实施，都来自于政府有关部委对职业教育发展的重视与支持，极大地推动了职业院校建设与职教师资队伍建设。另一方面要开展深度校企合作。职业教育与企业有着天然的联系，没有企业的有效参与，职业教育是没有生命力的。深度校企合作，即在职业院校办学的各个环节都要有校企间的合作与互动，这无论是对提高学校人才培养质量，还是职教教师的培养，尤其是“双师型”职教师资的培养都是必不可少的平台。再一方面，职业院校要与家长建立密切的联系，争取家长的认同、支持与合作，形成学校教育与家庭教育的合力。教师的教育教学工作有了家长的配合，将会更加顺畅有效，学校的发展有了家长的支持，将会更广泛地得到社会的信任，从而获得更广阔的发展空间。

学校发展与教师专业成长都是一个逐步提高的过程，同时也是多因素共同作用的过程。学校作为社会系统的一个子系统，其发展必然受社会其他各子系统的影响。健康和谐的组织生态环境是指职业学校在办学实践中，能够获得其他子系统的支持，并与其他子系统之间产生良性的互动循环。对职业学校而言，主要表现在两个方面：一是能否获得政府部门的支持。政府是社会资源的最大拥有者与调配者。二是能否获得企业的支持。职业教育主要是为企业培养人才的，校企合作、工学结合是职业教育发展的必由之路。

总之，优化学校组织环境，给我们提供了一个重新审视教师专业成长与学校发展关系的视野，即伴随着学校的每一次发展与跨越，都有教师的发展。可以说，两者不仅仅是相互促进的关系，更是一种息息相关、共生共存的关系。学校发展是教师专业成长的条件与孵化器，而教师专业成长又是学校发展的基础与助推器。

第四节　示范性高职院教师专业成长的途径

教师专业化成长是一个连续的过程，并无绝对的界线，而且教师职业生涯也并非总是积极的成长过程，其间也会有停顿、低潮，甚至会出现职业倦怠、不思进取、得过且过、抗拒变革等现象。这表明教师的成长与发展的过程是复杂的、动态的，是教师个体回应各种影响因素的互动过程，依据教师成长的规律及特点，给予教师适时而有力的帮助、教育，促进其自我教育，才能挖掘教师的潜能，促进教师的成长与发展。职业教师专业化过程是教师能够日趋有效地为学生提供教育教学专业化服务的过程，也是教师为提升自己的职业能力不断自我学习与研究反思的过程。我们认为，促进职业学校教师专业成长与发展，就必须在职前、入职、在职三个阶段加以全程重视，不过，各个阶段制度建设的侧重点应当有所不同①。

一、严格师范生的资格选拔，推行“双证书”教育制度

国内外大量研究表明，优秀教师的“先天素质”往往是他们日后卓越表现的先决条件，有不少优秀教师的一些个性品质和特殊能力在进大学之前就已初步具备或基本形成。因而，我们必须严把职业教育师范生的录取关，选择那些有志于从事教师职业，且具备一定教师职业素质潜能的学生。这些“潜质”主要包括如下一些内容：个体主观能动性的职业志趣水平、个体独有的心理结构、带有思维特征和情感色彩的言语水平、在技术问题面前手脑并用的设计与操作能力等。

① 参见刘猛《论职业教育教师的成长与发展》，《教育与职业》，2007 年第 18 期。

从我国优秀教师成长与发展的规律来看,其个性动力系统(需要、理想和信念等)的形成主要在职后(56.9%),其次在大学前(27.3%),大学期间形成的比例最小(15.8%);其与教学相关的七种能力(包括教学内容处理能力、运用教学方法与手段的能力、教学组织和管理能力、语言表达能力、教学科研能力、教育机智和与学生交往的能力等)形成时间主要在职后(65.3%),其次是大学前(22.0%),大学期间的比例最小(12.7%)。可见,在高等职业技术师范学院招生时,必须对考生语言能力和动手能力等方面进行测试,并依据优秀教师的素质结构,创造条件,积极尝试鉴定考生职业素质的新方法,如面谈讨论、写计划、当场表演、性向测试等,以完善高等师范院校的录取制度。

高等职业技术师范学院为了培养合格的职业学校教师,应在入学的师范生中推行"双证书"教育,即学生在毕业时要获得学术性(含师范性)证书和职业技能性证书。学术性与实践性并重是许多发达国家职教师资培养的最主要的经验。如推行"双元制"的德国在培养职业师资时,有着严格的过程质量控制。报考职教师资专业,首先有一个入学资格要求,即除了必须持有文理学校的毕业证书外,还要至少有一年以上的企业实习等工作经历。其次,平时培养的内容由教育科学(含社会科学)、职业科学(专业工作)以及专业科学三部分组成,其比例分别约为30%、50%、20%。再次,为了加强对学生实践性、技能性的培养,德国的高等专业学校、职教所往往建有自己的实践、实训基地,甚至实习工厂。他们通过部分接受实际生产订单来实现实践和理论培训的一体化。最后,学生完成九个学期的大学学习毕业后,要参加两次国家考试:第一次是国家统考,是对学生知识与技能的鉴定;之后经过两年的预备教师期或实习实践后,还要参加第二次国家考试,这是对学生经验与能力的验证。只有通过了两次国家统一考试,才能获得职业教育教师的资格。又如,日本的"职业能力开发大学"是专门培养职教师资的四年制本科大学,其办学宗旨是要求学生不仅学完与普通工科大学相同的课程,而且要学习职业教育类课程,还要进行技能训练,达到二级技能水平。

二、重视老教师的实践智慧,施行"老带新"校本培训

新教师入职初期在角色适应上会遇到一系列的问题,这时由具有丰富教学经验的老教师一对一地加以指导,可以使得新教师更好地解决新角色适应过程中所遇到的问题,这叫做"老带新"或"师徒结对带教"。它是一种新教师进行校本培训的特殊模式,很早就流行于各国,在其他许多行业的教育或培训中也得到了广泛的应用,有着较好的效果。

当然，要使这种传统的模式在信息化时代的今天发挥更好的效用，就必须进一步完善它。如，当今美国教育界就采取了诸如对带教者素质进行研讨、建立带教者支援系统、打造新教师支援的网络平台等行动方案来完善上述模式。美国教育界认为，“老带新”中带教者的素质最为关键。有研究者提出了带教者的六条素质要求：能够帮助新教师找到工作中的成功因素和令人满意之处；能够接受各种类型的新教师，包括业务基础差的、过于自信的、不老练的、戒备心理强烈的等；善于为新教师提供教学方面的支持，通过听课及课后讨论与新教师分享教育观念；善于处理各类人际关系，能用新教师可接受的方式来调节自己的带教指导行为；能够做不断学习、不断提高自我的表率；善于向新教师传递希望和乐观主义精神。另外，美国的带教者支援系统常常挂靠在一些实力雄厚并覆盖全国的专业协会之下，它们通过网络等途径为带教者及带教者培训提供了大量的帮助和免费咨询。而专门开设的新教师支援网络则是 24 小时全天候提供免费或非免费的服务，具体的项目丰富多样，有学科方面的咨询、一般教育教学技能指导、疑难问题解答、老教师成功经验分享、新教师聊天室等。

三、凸显反思力的助益功能，力行“双师型”继续教育

当今，终身教育理念已深入人心，它意味着教师的职前教育只能是为基本合格教师所提供的“基础教育”，而不可能是终结性的教育。要成为成熟教师或优秀教师，职业教育教师还必须在职后的继续教育过程中不断培养自身的终身学习能力、自我发展能力和创新能力。

在继续教育的内容上，应当强调理论与实践的适配。职业教育教师在习惯上常被分为文化课教师、专业理论课教师和实习课教师。这种分类方法容易将理论与实践割裂开来，使专业理论课教师缺乏实践经验或实习课教师缺乏理论知识等不正常情况变得“合理化”，不仅不利于职业教育教学的“一体化”，也不利于“双师型”教师的成长。因此，针对在职教育教师的培训应当根据每个人的具体情况，缺什么就补什么，这样可以为“双师型”教师成长创造条件。

在继续教育的形式上，应当倡导参与，鼓励反思。传统的教师培训大多采用的是以作为培训者的教师为中心的主讲大课形式，而作为培训对象的教师往往处于被动地位。这种讲座式培训往往是基于这样的假设，认为培训对象是需要在上面书写的“白板”，或需要灌输新知识的“空桶”，目的是传递知识，即要求听众接受讲演者的“专家类”的知识。由于这种培训一般仅止于把知识灌输到听众的头脑里（即罗杰斯所说的“颈部以上的教育”），缺少学习者表

现在行动上的积极参与,因此实际效果并不理想。而参与式培训力图使所有在场的人都投入到学习活动中,都有表达和交流的机会,在对话和讨论中产生新的思想和认识,丰富个人体验,参与集体决策,鼓励批判性反思,进而提高自己改变现状的能力和信心。建构主义学习理论认为:人的学习过程不是纯粹的被动接受过程,而更多的是一个在与环境的相互作用下积极主动的自我建构过程。因此,重视一线教师丰富实践经验的参与式培训会有助于教师积极主动的自我建构。

第四章

超越既往：示范性高职院的课程改革

第一节　课程改革概述

在教育研究领域，课程的研究几乎是最为丰富的。一方面因为它触及教育的核心问题，另一方面也因为一切教育变革往往都首先意味着课程的变革。

一、现代课程改革的趋势

课程是教育的核心要素，课程改革也是当今教育改革的中心议题。现代课程改革呈现如下几个趋势。

1. 现代化

当前，世界各国课程改革的重点是要把20世纪以来自然科学方面的新成果吸收到教材中来，使教材反映现代科学技术新成就，符合现代科学的观点，使课程内容现代化。

2. 理论化

在教材中充实现代科学的成果，增加基础理论、基本知识的比重，加强理论知识教学，提高各科的理论水平，使课程内容理论化。

3. 结构化

各门学科都要精选学科的基本结构并教给学生，使学生掌握各门学科中的基本概念、定理和原理，掌握它的基本规律或知识结构。

4. 综合化

由于当前科学综合化趋势的加强，一些传统的概念和范畴正在被综合性的概念和范畴所代替。有些国家已经打破了传统的学科分科体系，开设综合性课程。

5. 多样化

不少国家的学校课程除开设必修课外,都已开设选修课,以拓展学生的知识面,建立合理的知识结构。有的必修课程的教学大纲和教材也分成偏重理论与偏重实用两种类型以适应学生各种不同的兴趣、爱好和需要。

6. 开放化

教学计划不仅包括上课,而且包括课外活动。加强课内外结合,使之有利于学生个性、才能的发展。

7. 国际化

随着经济全球化时代的到来,国际间教育的交流与合作日益频繁,许多国家为了提升自己的教育竞争力,增进各民族和各国人民的相互认识与理解,在课程设置上走国际化的路线。

二、20 世纪 90 年代以来发达国家高职课程改革的特点①

1. 课程目标——由岗位技能训练转向综合职业能力的培养

传统职业教育主要是进行岗位技能训练,课程编制者出于为个体的职业生活做准备考虑,认为职业教育课程的目标是使个体掌握胜任具体岗位的技能。然而,现代社会工作性质的变化对传统职业教育课程的目标提出了质疑:在信息社会中,终身只从事一项工作变得越来越不可能,个体无法预知自己将来从事何种工作,如果只掌握一门针对固定岗位的技艺,个体的生存与发展将受到严重的挑战。实际上,为应对岗位和职业的变换,个体必须具备一些综合性的技能或能力。鉴于此,世纪之交,世界各国纷纷改革其职业教育课程的目标,由原来的岗位技能培训转向注重综合职业能力培养。在西欧、北美等地区发展起来的有别于传统职业教育理念的新职业主义,就是顺应这一趋势的产物。它包括英国的核心能力培训、德国的基础职业能力培训、澳大利亚的关键能力培训等。新职业主义的策略是:打破狭隘的职业训练的壁垒,向学生传授具有通用性的、可迁移的、工具性的技能,而不是传授传统意义上的、高度专门化的、狭义的技能。相应地,为培养这种综合职业能力,各国在进行职业教育课程改革时,都考虑到了课程目标的整合性,把掌握知识和技能、发展能力、培养良好的职业道德和个性心理品质等各类目标有机地结合起来,着眼于提高劳动者的综合职业素质。

随着"终身学习"、"可持续发展"等观念深入人心,个性的全面发展、综合素质的培养已成为一些发达国家和地区职业教育课程开发的总体目标。职业教育

① 本节主要参照王艳玲《90 年代以来发达国家高职课程改革的特点》,《职业技术教育》,2005 年第 16 期。

愈益关注人的个性发展，课程目标也从单纯注重培养学生的专门技能和专业能力向注重培养学生的社会适应能力、综合职业能力、创业能力以及情感、态度、价值观等多种素质相融合的方向发展，越来越倾向于追求工具性价值和发展性价值的统一。这种趋向必然促成各种课程观的有机融合，课程目标逐渐从原先单一的技能型向以综合职业能力为核心的多元整合型发展，呈现出“学科本位→能力本位→人格本位”发展的总趋势。

2. 课程内容——实现职业性与学术性在更高水平上的整合

1991 年，《世界银行关于职业教育和培训的政策文件》重新对普通教育与职业教育的关系进行了明确定位，即二者由原来的“替代”关系变为“互补”关系，要求在扎实的普通教育基础上实施职业教育，高等职业学校的职业教育应以职业基础教育为主，主要任务是为学生奠定宽厚坚实的专业文化基础以及树立全面发展的思想观念。20 世纪 90 年代初，各国在此方面采取的主要策略是加强职业教育课程的基础性。许多国家都注重拓宽职业教育课程，采取推行职业基础教育年的做法，如德国、法国职业学校的学生第一年学习普通文化课和某一职业领域的基本知识、基本技能，第二年、第三年才进行分专业的培训。

在一些国家还出现了一些新的整合学术课程和职业课程的方式，它们与原来我们常说的“职业教育普通化、普通教育职业化”有本质的区别。前者是把两种教育有机地整合为一体，后者只是在职业教育课程中增加普通课程内容，普通教育中增加职业课程内容，但职业教育与普通教育还是分立的。这一变革的意义是重大的：整合两种教育，增强学术教育的职业性，既方便学生进一步的学习和培训，也有利于加强教育与学生未来工作之间的联系，提高学生的学习动机。正是基于这些考虑，主张整合职业课程与学术课程，用与职业相关的主题来组织和促进学术课程的学习已成为一种趋势。

3. 课程结构——彰显模块化课程的开放性、灵活性

模块课程是根据特定的目的、学习者特定的需求，从学习的单元库中选出合适的学习单元组合而成的。每个模块由若干个学习单元组成，一个完整的课程模块还包括该部分内容的培训目标、所需的学习材料、完成该部分材料学习所需的辅导材料，以及考核评估标准等。模块课程的显著特点就是开放性、灵活性。首先，在学习过程中，模块可自由组合，模块的选择与组合取决于所要解决的问题，学生可以根据自己的基础和兴趣选择与组合自己的学习内容。其次，模块课程组合式的学习材料促使教师可随时根据社会经济环境的变化（如职业职能转变，新技术新工艺的出现等）调整教育培训系统的教学内容，使教育系统的产出及时跟上社会经济发展变化的需求。

美国、加拿大、澳大利亚等国家的职业教育模式都是能力本位(Competency-Based Education,简称 CBE)的,职业技术教育课程开发采用的就是模块式。1997 年 4 月,德国联邦政府实施的“职业教育改革方案——灵活的结构,现代的专业”的行动,把职业教育现有专业的现代化与新兴专业的建立列为职业教育发展政策中的首要问题。总之,越来越多的发达国家和地区在职业教育课程体系的构建上,以培养学生的综合能力和终身学习能力为宗旨,采用开放灵活的课程体系,按照课程单元(或模块)实行“单元学分 + 累积学分”制,以适应长期和短期、校内和校外、课堂和在线以及连续和中断等多种形式的学习,其终极目的在于提高学员适应职业变化的能力。

4. 课程实施——从传统“教程”向“学程”转变

为切实培养学生的职业能力,一些国家在职业教育发展上由以学校为本逐渐向以学校为本和以企业为本相结合的方向转移,相应地职业教育课程实施模式也由单一由学校完成向以学校和企业相结合方向转移,采用由企业与学校合作、生产与教学配合进行的“产教结合、双元教学”的职业教育课程实施模式。在课程实施上十分重视实践性,以培养学生精熟的实际操作技能与快速解决实际问题的能力。1996 年至今,德国各州文教部长联席会议颁布、修订并逐步在各州实施《职业学校专业教学框架教学计划编制指南》,这是德国对职业学校课程模式进行的一次重大改革,其基本教学理念是:职业教育应通过职业情境中的典型职业活动,即与专业实践紧密相关的案例学习来实现专业知识的习得与职业实践技能的掌握,从而使得职业教育更加贴近职业实践。其现实意义在于提高“双元制”职业教育体系的有效性,使职业学校教学进一步发挥好配合企业实践教学的功能。加拿大的高等农职教育特别注重生产第一线的行业技能的培养,强调“在做中学会做”(learning to do by doing)、“在工作中学习工作技巧”(learning job skills by doing the job)的培训方式。此外,英国的“32 读计划”、美国的“合作教育”、日本的“产学合作”等也都是这方面的例子。

“教程”向“学程”的转移意味着更多地强调学生所学习和吸收的东西,而不是仅关注教师有意呈现的东西,它必然导致教师作为知识、技能的权威者角色功能的削弱。教师成为学生可以利用的学习资源的一部分,成为学习的促进者和组织者。“学程”强调适应学生的个体差异,不同学习者可有不同的学习内容和进度。在完善的制度支持下,学生所获得的全部学习经验(无论是正式还是非正式的学习)均能得到认可。

5. 课程评价——及时反馈的多元整合评价体系

这种趋势主要体现在近年来英国、加拿大、澳大利亚等国所实施的能力本位职业教育与培训(GBET)体系中。因为在能力观上注重一般能力与具体职业情境的结合,注重胜任职业角色所要求的多方面的能力,所以其能力标准一方面力求简洁明了,另一方面力求具有更大的包容性与灵活性。这样,在对能力的评价上就强调多元整合的评价,贯彻3个原则:第一,为确保评价的有效性及合理性,尽可能地采用多种评价方法(如技能测试、模拟练习、口头与书面问答、直接观察、考察原有学习证据等);第二,针对当前评价的能力单元,采用与之最适合的、最相关的评价方法;第三,每一次评价或测试同时覆盖相关的多种能力单元,而不是针对个别能力单元分别鼓励地进行评价或测试。因此,多元整合评价的取向相对于注重任务技能的评价更突出整体性、灵活性,并且由于评价指标明确、具体,从而更具有科学性、规范性。

为了确保课程学习质量,模块课程一般都采用建立目标体系的方法,来代替传统的只有笼统的综合目标管理的方式。建立目标体系,是指在综合目标(General Objectives)的基础上再确定出各类专项目标(Specific Objectives)。最终目标的达成,是通过分别达到各阶段(模块)的目标来实现的,而各阶段(模块)目标则通过达到各单元目标来实现。课程实施过程中的每一步、每一个阶段都根据目标进行考核和管理,保证每一个教学环节实施后,都能及时得到考核评估,并能及时获得反馈信息:是已经通过可以进行下一步骤、下一阶段学习,还是没有通过,必须再进行现阶段、环节的学习直至通过。及时的评估和信息反馈,使教育培训系统的效率和效益都得到有力的保证。正如英国督学在评价中指出的:在模块方式下,明确的目标和成就感增强了学生的乐趣、兴趣、信心和个人的价值感。对学生而言,模块的优势在于其简洁性,以模块方式组建的课程不再冗长,尤其是在考核上的优越性更为明显,每个学习模块的长度不等,但都可在一个较短的时间内得到检测,因此每个学生都可以获得直接的反馈信息。

三、我国高职课程改革的历程

回顾我国高职课程改革历程,大致可以分为三个阶段。

1. 学科本位阶段(从20世纪80年代至90年代初)

在我国高等职业教育发展的初期,课程设计的理念和方法主要继承了传统的普通本科院校“学科中心”的原则,把学科或知识体系作为课程设置的依据,按照学科知识的逻辑顺序组织教学内容,是学科本位阶段。我们要清楚地认识到,这种传统的学科课程学科知识排序是从概念开始,用概念组织原理、定理,然后是原理、定理的应用,形成的是“基础课＋专业基础课＋专业课”三段式的学科课程群(课程组合)。它便于学生掌握科学概念、基本事实、科学体系,易于进行课程设计和编制。它强调学科知识的全面、系统和纵深,体现出重视学科知识的完整性、理论论述的详尽性、思想观点的统一性、结构体系的严谨性、教材的规范性。这种学科课程在普通高校是知识存储、知识传递的最经济、最简约的普适课程结构,但是,在高职教育中却不适宜。这是由高职教育具有的“职业性”和“类型”特征所决定的,是由高职教育的定位和人才培养目标所决定的。

2. 能力本位阶段(从20世纪90年代初至21世纪初)

从20世纪90年代开始,西方职业教育的课程设计理论开始引进我国。在借鉴国外职业教育课程模式的基础上,我国的高职课程改革进入到能力本位阶段,影响最大的是CBE。CBE是加拿大等北美国家采用DACUM方法,把职业能力培养作为基础,按照实际岗位工作的需要排序,确定核心课程,并强调相关理论知识以“必需”和“够用”为度。其核心是从职业岗位的需要出发,通过职业分析确定岗位所需的综合能力和专项能力,制定能力分析表DACUM(课程开发表),能力标准来自对职业岗位的工作任务分析,对应每一项专项能力开发出一个相应的课程模块,课程具有明显的职业岗位针对性。此外,还有MES、“双元制”等理论。但是,这些职业教育的课程设计都是针对职业培训而言的。MES课程是指向职业培训的,是针对具体技能的。“双元制”模式的思想实际上是校企合作、合作教育的思想,缺少对课程开发的具体方法。澳大利亚的培训包实际上是一个职业资格标准,并非课程。即使是CBE,其前身也是CBT,即“以能力为基础的培训”。它们关注的重点是能否满足岗位要求(职业性目标),对高等职业教育的教育性目标并不关注。

能力本位课程的成功引入,对我国高职教育的课程改革产生了重要的影响,主要表现在学习CBE能力本位课程基础上形成的模块课程改革。目前,多数高职院校都是按照职业岗位(或岗位群)的要求进行知识、能力、素质的分解,以模块来安排课程群(课程组合)。同时,在职教思想上给予我们很多启示:高职教育要以能力为本位,要从职业岗位(或岗位群)的要求出发,要校企合作,这些都已成为我国高职教育所追求的目标。但是,能力本位课程的核心是对职业岗位分析、职业能力点的分析,而能力是抽象的,特别是作为一种心理准备和心理状态的内化能力,脱离了具体工作任务是无法独立分析和培养的。同时,它重在对能力的点的分析,忽视对能力形成过程的分析。这就出现了把学科课程归类于不同的“模块”之中,使得能力本位课程虚有其表,实质还是按照学科的知识体系构建课程。而课程改革的核心问题,如依据什么选择教学内容、所选择的内容按照什么标准和方式进行组合等问题没有得到真正解决。

3. 工作过程本位阶段(从21世纪初到现在)

为了有效地解决理论与实践相结合的问题，人们对理论与实践一体化课程进行了研究和探索，推出了任务驱动型课程、项目课程、工作过程系统化课程等课程模式。它们都是强调工作过程导向的课程改革，把工作过程，即工作实践（工作任务、工作项目）作为课程组织的核心，其核心特征是：理论学习与实践学习相结合；促进学生认知能力发展和建立职业认同感相结合；科学性与实用性相结合；符合职业发展规律与遵循技术、社会规范相结合；学校教育与企业实践相结合。

任务驱动型课程（又称“任务引领型课程”、“任务本位课程”、“任务先导型课程”），是指以工作任务为中心来组织课程内容，按照工作任务的相关性设置课程门类。它强调依据工作任务选择课程内容，认为明确了一个岗位的工作任务，也就明确了它的职业能力，以工作任务为中心组织课程，就可以达到有效培养职业能力的目的。项目课程是在任务驱动型课程基础上进一步发展而形成的课程模式，其参照点是工作任务，是以工作任务为核心来设置课程和选择课程内容。因此，其课程设置和课程内容的知识与技能是完全职业化的，与工作任务高度相关。同时，它是以项目为单位来组织内容，以项目活动为主要学习方式来进行教学，因此，在以项目为载体所设计的综合化情境中学习，能够完成完整的工作过程，并获得相关知识和技能。

工作过程系统化课程（又称“工学结合一体化课程”、“工作过程导向课程”、“基于工作过程的学习领域课程”），是在德国的“学习领域”课程模式基础上进行的后续研究和深入探讨，并且已经成为当今我国高职课程改革的主流观点。该课程模式以校企合作为途径，通过专业所对应的职业的典型工作任务分析，对人才培养方案进行重构，并建立突出职业能力培养的学习领域课程标准，从而实现教学内容和课程体系的全面改革。它有两个关键词：一是“工作过程”，其基础是职业工作过程，基本思路是从与该职业相关的职业行动体系中的全部职业“行动领域”导出相关的“学习领域”，再通过适合教学的“学习情境”使之具体化；二是“系统化”，高职教育课程改革的关键是从单一到系统的变化，是系统化的设计，它包含了课程体系设计的系统化、课程设计方法的系统化、课程载体设计的系统化。

第二节　示范性高职院课程改革的内容

我国高等职业教育历史较短,如果从20世纪80年代的职业高校算起,只有近30年的历史,明确以培养应用型人才为目标的现代高职教育,则是在20世纪90年代初才起步的。但是,高等职业教育发展很快,现已真正成为了中国高等教育的"半壁江山"。由于规模扩张太快,加上大多数高职院校是通过"三改一补"建立起来的,底子薄,质量问题已经突现出来。特别是课程改革的问题已经成为制约高职教育质量的"瓶颈",亟待解决。具体来说,高职院校课程存在两大主要问题:一是教学内容过分强调知识的完整性和系统性;二是教学内容与岗位所要求的能力相脱节。为了进一步大力发展高职教育,教育部和财政部联合出台了关于实施国家级示范性高等职业院校建设计划,加快高等职业教育改革与发展的意见,要求各地要引导示范院校科学合理地调整和设置专业,改革课程体系和教学内容,将职业岗位所需的关键能力培养融入专业教学体系,增强毕业生就业竞争能力。

一、示范性高职院课程改革的目标

近年的研究表明,面向未来社会的职业教育培养目标可以概括为:"培养综合职业能力,发展全面素质。"综合职业能力是指专业能力、方法能力和社会能力,其中后两者在职业生涯中往往起到关键性作用,所以也称为关键能力。德国西门子公司就非常重视员工关键能力的培养,该公司将关键能力归纳为以下五个方面:组织实施工作任务的能力、交流与合作能力、运用学习与工作方法的能力、独立性与责任意识能力、对外界压力的忍耐能力。全面素质是:身体心理素质、思想品德素质、基础文化素质、职业技术素质、创业素质等。

培养目标应当在课程改革与实施中得以实现。课程是教学活动中内容和实施过程的统一,它是我们实现高职培养目标的手段,也是学校教育教学过程的核心。职业技术课程"要按照突出应用性、实践性的原则重组课程结构,更新教学内容"。要达到此目的,高职高专院校就要建立技术型课程体系,通过"精简、融合、重组、增设"等途径,促进课程结构体系整体优化,更新教学内容,以增强学生社会适应性。高职院校与普通高校在人才培养目标上有着培养"应用型人才"和"学术型人才"的区别,因而在课程设置和教学内容上应有各自的特征。高职高专课程体系改革的主要目的是改变传统的"学科本位"的课程观,在采用

“能力本位”课程观的基础上，朝“多元整合型”方向发展，形成一种“多元整合”的课程观。具体改革的目标应是：突出专业课程的职业定向性，以职业岗位能力作为配置课程的基础，使学生获得的知识、技能真正满足职业岗位（群）的需求。注重知识和技能的结合。基础理论以应用为目的，以必需、够用为度，以掌握概念、强化应用为重点；专业知识强调针对性和实用性。培养学生综合运用知识和技能的能力。强化学生职业能力训练，综合开发学生的职业能力。强化学生创新能力的培养，提高学生就业上岗和适应职业变化的能力，实现“多证书”制度。增强课程的灵活性，形成模块化、弹性化的课程体系，适应行业和社会对应用型人才规格多变的需求。研究课程设置的方法，由企业、院校联合调整、选定专业基础和专业课程，走“订单式”培养之路。

课程改革的核心目标是改革最为基本的问题，也是整个课程改革理念的逻辑起点。从上述高职课程改革历程三个阶段中我们可以看出，无论是学科本位，还是能力本位、工作过程本位，高职课程改革的核心目标是要解决围绕什么来教的问题，即围绕理论来进行实践，还是围绕实践来教理论。工作过程本位课程是把工作过程即工作实践（工作任务、工作项目）作为课程组织的核心，围绕实践来教理论，达到提高工作实践能力的高职教育目的。这也正是任务驱动型课程、项目课程、工作过程系统化课程的核心思想，是高职教育的本质特征“工学结合”在课程改革中的具体体现，它将引起高职教育的课程理念、课程目标、课程模式、课程内容和课程开发方法的重大变革。

二、示范性高职院课程改革的结构

进行课程改革，构建新的课程体系，少不了要确定课程结构。课程改革的目标已定位，课程模式也确定下来了，应该说确定课程结构的大的方向也就定了下来，即课程结构应具备两点：其一，建立在“多元整合型”课程模式之上，取各种课程模式之长；其二，能实现课程改革目标的多方面要求。传统的“三段式”课程结构（基础课→专业基础课→专业技术课）是建立在学科中心模式之上的，显然适应不了要求。可喜的是，近年来相继出现了一些新课程结构模式，其中“宽基础、活模块”是一种比较好的结构。其基本特点是：将整个课程结构分为基础部分和专业模块部分，基础部分包括文化课程和专业基础课程，专业基础课程针对一个专业大类来开设，内容涉及一群相关职业所必备的基本知识和基本技能，基础部分强调打下一个“宽”的基础；同一个专业，针对该专业大类的不同职业岗位推出若干专业模块，学生按专业大类招生，首先学习公共的基础部分的课程，在最后一年左右的时间里学生可以根据劳动力市场的需求，并结合自身的兴趣、特长选择特定的专业模块学习，进行分流，专业模块的选择可以因人而异，随市场需求的变化而变化，因而称之为“活”模块。这种结构模式建立在“多元整合型”课程模式之上，能较好地实现课程改革目标的多方面的要求。通过基础部分的学习，可以奠定一个较为宽厚的基础，增强学生的发展后劲，使学生能适应广泛就业的需要，同时在基础阶段可以培养学生多方面的素质、能力；通过学习专业模块，可以有针对性地培养就业上岗能力，满足当前就业的需要，并且有利于组织个性化的学习，灵活地适应劳动力市场的需求。因此，目前要构建新的课程体系，“宽基础、活模块”这种结构模式不失为一种较好的选择。

教学内容要体现就业导向、能力本位的思想，要突出基础理论知识的应用和实践能力的培养，基础理论教学要以应用为目的，以“必需、够用”为度，强调基本概念、基本方法。专业核心课程教学要加强知识的针对性、实用性和综合性，强调满足职业岗位能力的需要，以讲清要领、强化应用为教学重点。改革高职课程内容的做法包括：一是高职课程改革既要重视课程体系结构的设置研讨，又要开发出具有本校专业特色的本土课程。二是既要重视传统课程内容的改革，又要重视新课程的设计和开发。三是加强实践教学环节，建立相对独立的实践教学体系，与企业生产实际密切结合，走产学相结合的道路，推行导向性的实践方向，实施灵活、多样、开放式的实践教学模式。

三、示范性高职院课程改革的重点

一是以专业岗位工作职责和典型工作任务分析为依据进行教学内容改革。为了保证高职院校毕业生毕业后马上能够走向工作岗位，同时能够胜任自己的工作，对教学内容尤其是核心课程教学内容的改革显得至关重要，它直接影响到学生对自己岗位的适应性。为了做好课改工作，就必须与相关企业进行合作，对本专业所涉及的岗位种类、岗位工作过程、岗位工作职责进行认真调研、分析、总结与归纳，使专业教学内容与岗位工作所需要的实践能力全面接轨，其中理论教学内容要包括专业岗位工作过程所要求的理论知识，够用即可，实践教学内容要包括岗位工作过程所要求的技能操作要求。只有这样做，才能使学生毕业时具备职业岗位所需的专业素质和快速上岗能力，实现真正意义上的“零距离”培养。

二是以实施工学结合为手段开展实践性教学。要培养高技能人才，就必须实施工学结合的人才培养模式，就必须强化学生的职业能力尤其是核心能力的培养和训练。一些高职院校在工学结合方面作了许多探索和尝试，逐步形成了以工学结合为手段的人才培养模式，建立校内实践性教学和校外实践性操作训练相结合的教学模式。在校内实践性教学中，课堂训练主要是根据本课程所要培养的核心能力的具体要求，实行教室与实训室一体化的模式，将理论教学与实践教学融为一体，做到边学边练、精讲多练；综合训练主要是集本专业岗位群所需要的各种核心能力于一体的综合性训练，通过实行与企业"零距离"接触的仿真模拟训练，学生能基本掌握各项工作的流程、各环节的运作，熟练进行各种业务的操作。在校外实践性教学体系中，让学生跟随师傅工作，进行业务操作流程的学习训练，培养学生的实际动手能力，提高学生的职业技能；学生到自主联系的单位或学校指派的单位作为企业员工进行有薪顶岗实习，进一步强化学生的职业素质，提高学生的业务技能，锻炼学生独立工作的能力。

四、示范性高职院课程改革的保障

要保障示范性高职院课程改革取得成效，就必须从师资队伍、学校管理、政策制度等方面加以改进与优化。

1. *教师层面*

高职课程改革是对传统教育观念和课程模式的变革，也是对教师知识、能力的挑战。首先，要组织教师加强高职教育理论学习，更新教师的教育观念，从思想上保证高职院校的课程改革。要充分调动广大教师的积极性，因为教师自身的态度是课程改革成败的关键，只有广大教师的积极性充分调动起来，才能实现真正意义上的课程改革，获得课程改革的成效。要突破传统普通高等教育的思维定势，充分认识高职教育的"类型"特征和"职业性"特征。要更加关注工作过程的研究，关注课程教学设计与课程内容更好地与工作过程、项目过程有机结合起来。其次，切实加强"双师结构"的教师队伍建设，通过引进具有实际工作经历的高技能专业师资，聘请企业一线专家能手担任兼职教师，安排教师下企业参加工作实践和专项技能训练等途径，提高教师的职业行动能力，丰富他们的实际工作经验。只有这样，才能为推进工作过程系统化课程的实施提供师资保障。再次，要提高教师的能力，打造一支适应工作过程系统化课程开发和实施的教师队伍。只有提高了教师的课程开发设计能力和实施能力，才能使他们中的优秀者成为课程开发的专家，能够和企业一线专家一起共同开发课程。

2. *学校层面*

要打破习惯思维，推进工作过程系统化课程模式下的教学管理模式改革，制定全方位的课程优化调整方案。首先，要建立现代高职课程体系，包含课程理念、课程目标、课程模式、课程开发、课程实施、课程管理和课程评价等环节。学校要加强对课程改革的指导，出台关于建立和健全现代高职课程体系的指导性文件,特别要在课程管理和课程评价环节上下功夫。在课程管理上,加强对课程的计划管理、组织管理和控制管理,完善管理规章制度,发挥教学工作指导委员会的作用,建立起保障教学质量的长效机制。在课程评价上,要检查工作任务分析、教学分析以及课程开发、设计、管理和实施是否实现了预定目标,实现的程度如何,并以此为依据调整课程方案、修订课程文件等。其次,通过加大资金投入,按照课程教学的要求,加强校内实践教学设施建设,并通过校企合作,建立校内生产性实训基地和校外实习实训基地,扩展工作过程系统化课程的教学空间。再次,要加大教师引进力度,同时要采取有效措施,建立健全激励机制,在业绩考核、工作量计算、津贴分配等方面对课程改革进行倾斜,充分调动教师参与课程改革的积极性。

3. 政策制度层面

我国应该在制度、政策层面上保证高职教育的课程改革顺利推进。要健全机构,充实研究队伍,保证工作过程系统化课程的开发和实施;要充分发挥高职院校教学指导委员会的作用,在课程改革上多做一些事情;要加大课程改革的经费投入,设置课程改革专项资金,由高职院校教师和专门的高职教育研究专家共同进行课程改革项目的研究,把理论指导和实践结合起来,提高课程改革的质量,从而推动我国高等职业教育的健康、持续、快速发展。

第三节 示范性高职院课程改革的取向与模式

课程作为文化知识的一种呈现形式,必然受到意识形态以及社会价值体系的制约,因此,课程变革如何取向是非常基本的问题。所谓课程取向,实际上是课程学者和实践者对课程基本问题(如教什么和学什么最重要)的根本见解,这些见解对课程变革的整个过程有着深远的影响,可以说是课程变革的主导思想。

一、示范性高职院课程改革的取向

1. 课程改革取向的分类

国外有众多学者对课程取向问题进行了深入的研究,下面介绍三种具有代表性的观点。

(1) 艾斯纳的课程取向分类

艾斯纳(E. W. Eisner)在其专著《教育想象力》(Educational Imagination)中,提出了课程的五种基本取向:认知过程的发展、学术理性主义、个人相关(personal relevance）、社会适应与社会重建、课程作为技术。

认知过程发展取向可以追溯到19世纪的颅相学（phrenology）以及进步主义时期的能力心理学。这种取向鉴于知识爆炸等现实，学校的主要任务不是给学生传送信息，而是让他们形成足够的解决问题的能力，因为这种能力从长远来看是他们在今后的生活中所必需的。学习的主要目的就是为了促进学生更好地发生学习迁移。所谓迁移，就是把在一个过程中所学到的东西运用到其他过程中去。概括来说，这种取向认为课程和教学策略应该能够提升学生认知过程的发展，应该是以问题为中心的，要让学生学会学习。

学术理性主义取向是古老的教育思想之一。这种思想认为，很多能力都可以从校外的机构中获得，何必需要学校花费宝贵的时间呢？学校应该把人类所面对的基本的概念、事物和问题提供给学生，学校的基本功能应该是通过最值得学习的科目促进学生的文化成长。这里一个关键问题是如何确定哪些科目或者知识最有价值。大多数学者认为科学和艺术最为主要，因为它们展示了人类对世界理解的基本方式，有助于人类理性的成长，学习这些学科对于学生发现自己的兴趣和专长很有帮助。在这些学科之内，应该把最好的内容、最有文化意义的思想提供给学生。

"个人相关"取向强调个人意义的重要性，学校的作用在于发展出使个人意义得以形成的课程。持这种课程取向的学者认为，除非学生直接参与其中，不然让学生在学习中获得经验或者意义根本就是不可能的。课程应该是师生共同创造的过程，而不是由外界强加给学生的东西。发展学生的兴趣和智力十分重要，必须通过交往的过程发现学生的兴趣和性向，并艺术性地创造教育环境，提高这些兴趣和性向。师生之间亲密的、共享的关系在这种取向的课程中十分重要，教师的角色也从传递者变为协作者和导引者，评价也对学生学习的过程给予了更多的关注。

社会适应与社会重建取向认为学校是服务于社会需求的主要机构，其中比较保守的学者认为学校的作用在于保持现状，让学生适应社会的价值与发展。这个方向强调教育为社会提供合适人力资源、保持现存价值、维护社会秩序等三个方面的作用。这个方向实际上暗含着这样一个假定：现存的社会是合理的社会。然而，有些学者并不同意这种假定，因为社会确实还存在着许多问题。从现实问题出发，他们认为课程应该培养学生对现实的批判和改造的精神，提高他们这方面的能力。因此，课程应该提供给学生更多的有争议性的事务，诸如宗教价值、性问题、政治腐败、种族歧视等，让他们能够认识到问题所在，并有所行动。让学生获得解放的能力是这种取向课程的核心问题。

技术取向实际上是把课程与教学看作是一个技术性的问题，认为课程的作用在于寻找有效的手段，用以实现事先确定的目标。这个课程取向所关注的中心问题是通过可观察的行为或者对目标进行操作性处理。手段—结果（means-ends）课程计划模式是一个有价值的系统化的教育设计模式，持这种取向的学者采取的立场好像是价值中立的。事实上，通过所谓的科学模式往往对学校教育的形式、内容和目的产生重要的影响。比如，在课程设计的形式上，大多采取"行为矫正"取向；在课程内容上，一些特定的、便于测量和控制的知识获得了优先的地位；在目的方面，行为的改变成为主要的特征，而内在的体验往往被忽略。

（2）麦克内尔的课程取向分类

在麦克内尔看来，课程概念（或取向）可以归为四个主要的类别：人文的、社会重建主义的、技术的和学术的，每一个概念的支持者都对课程的几个主要问题即"应该教什么？""教谁？""什么时间？""怎样教？"有着不同的看法。

人文的课程取向和艾斯纳"个人相关"取向表达了类似的课程思想。这两者都强调对内在意义的追寻，认为教育的目标在于和个人的成长、整合和自治相关联的动态的个体化过程，而自我实现则是课程的中心。和艾斯纳不同的是，麦克内尔不仅强调自我实现等个体意义和经验的获得，还关注到超越性体验在课程中的运用。如"顶峰体验"（peak experience）、"神驰"（flow）、"感觉中的复杂性"（complexity in the consciousness）等神秘的、引导个体走向更深刻的内在体验的概念，也被作为人文主义取向的一个重要方面。

社会重建主义取向和艾斯纳的"社会适应和社会重建"取向的后一部分表达的是同样的课程思想，不过，麦克内尔比较明确地指出了社会重建主义者可分为乐观派和悲观派。前者认为教育可以影响社会的变革，后者则对课程改变现有社会结构的能力表示怀疑，但期望课程可以作为一个提升社会不满的载体，也希望学生能够认识到课程是如何被用来巩固权力和界定社会的。

和艾斯纳一样，麦克内尔认为技术取向和技术主义者的效率理想有着紧密的联系，这个理想使技术取向超越了方法与工具的意义，对课程目标的设置、内容的选择与组织、学习活动的组织、评价的标准与方法有着决定性的作用。和艾斯纳不同的是，在麦克内尔眼里，技术从两个方面影响课程：一个方面是在课程中技术的运用，另一个方面则是技术性的思维为课程理论确立法则。事实上，随着近年来计算机与互联网的普及和应用，教育技术正在成为课程变革的一个重要研究和实践领域。

麦克内尔的学术科目取向和艾斯纳的学术理性取向一样，其目的在于培养学生理性的头脑，强调学科的重要性。不同的是，艾斯纳的取向重视传统的、永恒价值的传承，在方法上也以传递为主。可是，在麦克内尔看来，要达到理想的目标有很多途径，有的人从知识世界的复杂性出发，认为应该让学生了解在这个世界中发现自己的方式，并学会从人的经验中获得意义，从而形成自己独特的思考方式；另一些人则强调通过特定的科目发展学生的探究能力，从而使他们成为思考的人；还有的人认为西方世界的伟大著作、文化遗产应该作为课程的主要内容，从而发展学生适应社会的能力。可见，在麦克内尔的观点中，融入了更多属于经验主义者的东西，强调在真实场景中的体验和探究。

（3）米勒和塞勒的课程后设取向分类

在米勒和塞勒合著的《课程：观点和实践》一书中，他们指出在教育发展中，教育者通常坚持两个或者三个课程取向所构成的共同体，就是课程的后设取向或者主要立场（major position）。一般可为三种立场：传递立场（transmission position）、互易立场（transaction position）、转化立场（transformation position）。

传递立场强调教育的作用在于向学生传递事实、技巧和价值。这种立场包括了三个课程取向：强调通过传统的教学方法，特别是通过对教科书的学习而掌握传统学校科目的学科取向；认为学生应获得基本的技能和一定的文化价值以及其他在生活中需要的东西的文化传递取向；还有能力为本的学习取向，这种取向把人类行为的机械观运用到课程计划中去，让学生通过特定的教学策略发展能力。这种立场往往认为知识等的传递是单向的。学习者在这种立场中处于一个被动的角色，他们往往只是对已经形成的学习环境作出自己的反应，而教师的作用则更为直接。在评价方面，这种立场大多强调以传统的测验了解学生对特定知识的掌握情况，而在掌握学习中，形成性评价起着十分重要的作用。

互易立场认为个体是理性的、有能力的智力问题的解决者，教育是学生和课程之间的对话，学生通过这个对话过程建构知识。这种立场可以看作是由以下几个方向构成的：强调促进问题解决课程策略的认知发展取向；强调在民主的环境下以及一般社会环境中运用问题解决策略的公民取向；强调在学术科目的范围内发展学生的认知技能的学科取向。这种取向注重学生和环境之间的相互作用，注重科学方法在课程中的运用，探究和问题解决技能被看做是教学的重点。因此，课程与学生之间的关系是双向互动的，教师的作用则在于促进学生发展探究的技巧，因此，他们必须对学生如何思考和解决问题感兴趣，善于听取他们的解释与思考过程。

转化立场是米勒和塞勒所竭力推崇的课程立场。这种立场关注个人和社会的变化，这些变化发生在以下三个具体的领域：教给学生提升个人和社会转化的能力（人文的和社会变革的取向）；社会取向与环境更加融洽而不是加强控制方向变革的观点,从而领悟环境的精神层面并从中引发对生态系统的尊重(超越个人取向)。可见,这种立场强调内在与外在、人与环境紧密的精神联系,强调对原子主义的超越。在这种立场看来,课程和学生不再是独立的系统,而是在全观状态下互相渗透的。在这种立场下,课程不再被视作独立的学科,而是注重彼此之间的联系;学习也不仅仅局限于认知层面,而是强调身体、认知、情感、精神层面的交互作用;教师对自身的探索得到了提倡,他们必须视生活为存在和发展的过程,必须接触自己的内在生活,同时接触学生的内心世界,建立与社会的联系并帮助学生与社会建立联系。

2. 课程改革取向的依据和理论基础

课程取向作为一种课程思想,每一位学者在对它进行分类的时候都需要有一定的依据和理论基础。对这些依据和理论基础的探究,可以让我们更清楚地认识为什么有这样的课程变革取向,每一个取向都有什么利弊。

(1) 课程变革取向分类的依据

从上述三种代表性的课程变革取向分类,我们不难看出学者们对课程取向进行分类的依据并不相同,有一致性依据,也有非一致性依据。一般来讲,对某种事物进行分类的时候,都要求有一定的判断标准和依据,这些标准和依据应该适用于所有的类别,对所有的类别而言标准和依据都是唯一的、相同的,这种依据就叫作一致性依据。根据一致性依据所产生的类别之间一般是不相交叉的。前述分类中,唯一运用一致性依据的是米勒和塞勒,他们提出三个课程的后设立场——传递立场、互易立场和转化立场,都是依据教育目的和学习的本质两个重要标准来进行分类的,三种课程立场所暗含的教育目的与学习本质之间并无很大的交叉。但是,教育现象本身的复杂性以及学术思想本身所具有的继承性,使学者们往往很难找到一致性依据,而且有的课程学者也乐于列举已有的主要课程取向,而不多作评判。

尽管不同作者所用的依据不同造成了课程取向的多样性,但是在不同的课程取向分类之间可以看到一些共同之处和共同关注的问题。艾斯纳并未明确提出自己课程取向分类的依据是什么,但他认为课程取向问题起源于现实中学校课程内容与目的的冲突。对课程取向的描述有助于人们思考课程的目的与内容、教师的角色、评价的标准等。这些说法多多少少暗示了他的分类主要是以对课程的内容和目的的看法为依据的。认知发展过程这一取向的一个中心问题可以这样概括:如何选择合适的内容来促进学生智能的发展?这一问题揭示了课程的最终目的是提高学生发现问题和处理问题的能力,因此应该选择有利于这些能力培养的内容。学术理性主义主要关注课程的内容,其核心问题是哪些科目或者知识最有价值。这一问题实际上也暗含了这样一种教育目的：培养具有知识和文化修养的人。个人相关取向对个体的成长十分关怀，其核心问题——如何创造机会使学生形成自己的经验和意义——明显是目的取向，但也暗示了那些能够激发学生兴趣和动机的内容的重要性。社会适应和社会重建取向也是目的性很强的取向，它的核心问题有两个：如何培养学生成为适应社会发展的人，以及如何提高学生对社会问题的敏感度和重建社会的能力？前一个问题暗示了社会规则、伦理道德等应作为课程的重要内容，而后一个问题则强调了有冲突的社会问题以及不公平的教育现象的教育价值。最为不同的是技术取向，因为这一取向的中心问题是：如何设计课程使之发挥最大的效率？正如艾斯纳指出的，这个取向表面上只关心技术问题，但深入思考就会发现它暗含着对教育目的和内容的诉求。在教育目的上，注重学生行为的改变，注重对优势价值的复制。在课程内容上，则更强调便于测量和控制的知识。对照来看，麦克内尔也把教育目的和课程内容作为分析课程取向的主要出发点。

米勒和塞勒却在《课程：观点和实践》中引入了所谓的柏莱克两难（Berlak Dilemmas）作为判定或者描述课程立场的依据。柏莱克双氏（Berlak and Berlak）通过对教育实践和它所依据的哲学、心理学以及社会的假设之间的关系的审视，提出了教师和学校所必须面对的 16 种两难，米勒和塞勒选用了其中的九种：完整的儿童与儿童作为学生；教师和儿童的控制者；个人知识和公共知识；知识作为内容和知识作为过程；外在的和内在的动机；学习是全观的和学习是分化的（molecular）；每一个儿童都是独特的和儿童具有共同特征；学习是社会化的和学习是个人性的；儿童作为人和儿童作为顾客。这九个两难所阐述的核心也在于教育目的和学习的本质。

由上可见，辨析课程取向的标准，都少不了要关注三个主要方面的问题：教育目的、课程内容及学习的本质。对这三者作出什么样的回答，决定着课程变革者的根本立场。

（2）课程变革取向的理论基础

当分析出课程取向的主要依据之后，另一个问题就出来了：为什么某一课程取向的支持者持有某一特定的教育目的、教育内容和对学习的看法而不是其他的？因为其背后还有其不同学科或流派支撑的理论基础。这当然值得我们进一步加以分析。如艾斯纳的取向分析包含了心理学（如能力心理学和人本心理学）、哲学（如永恒主义、实用主义）、社会学；而米勒和塞勒的分析更为详尽，他们提出每个课程立场都处于特定的哲学、心理学、经济和社会的境遇之下。具体来说，艾斯纳对认知过程取向的探讨就主要运用了能力心理学和过程取向心理学的理论;学术理性主义则运用了理性人文主义、永恒主义的哲学思想;个人相关取向则运用人本主义心理学和进步主义教育思潮;社会适应和社会重建则明显地采用了功能主义和社会冲突等社会学理论;技术取向则取材于时间—动作研究(time-motion study)。米勒和塞勒则除了实用主义哲学属于教育哲学的范畴外,更多地运用了诸如原子主义、逻辑实证主义、永恒主义等哲学思想。

面对着诸多差异和矛盾,如何分析课程取向的思想基础呢?一般来说,教育目的受哲学思想影响最大,但是,某种教育目的在某个历史时期、某个地区之所以占优势地位,与当时、当地的政治、经济、文化等有着密切的关系,我们并不能抛开社会学和历史的根基来片面依赖哲学。比如,从美国的课程变革历史可以看到,当社会发展受到外来威胁,如苏联的科学或者日本经济迅猛发展的时候,科学主义的教育目的就会抬头;如果社会发展蒸蒸日上,经济繁荣昌盛,则人文主义的教育思想就大行其道;如果社会问题重重,则社会重建主义就有所抬头。此外,对学习过程的心理学研究也决定了某种教育目的实现的可能性。有相当多的学者如塔巴那样,对学习的理解主要是通过行为心理学的学习理论,但是20世纪后半叶以来,人们通过认知人类学(cognitive anthropology)和社会心理学对学习的研究,使学习理论逐渐"教育化"或者"社会化"了。总之,哲学、心理学和历史等基础性因素在课程变革中是互相影响、互相渗透的,也可以说充满了博弈,它们最终共同决定了课程变革的样态。

二、示范性高职院课程改革的模式

在课程变革的取向确定以后,应该进行课程变革方案的研发和推行工作,这样就涉及课程变革的模式问题。模式代表的不仅是一套理论范型,也是一套工作程序。现有的课程变革模式大体上可以分为两类,一类是自上而下的模式,一类是自下而上的模式。

1. 自上而下的模式

自上而下的课程变革模式主要有两种:行政模式和研发推广模式。

(1) 行政模式

在我国近十多年所进行的课程变革中,行政模式是运用最多的一种,这与我国建国后逐步形成的"大政府,小社会"的政治形态有关。课程变革的行政模式,通常是由于教育行政部门受到各种改革力量的影响,自觉有推行课程变革的必要。通常的做法是首先成立各种委员会,比如"课程改革指导委员会"。这个委员会的职能在于根据教育哲学确定课程变革的取向,并选择教育目标,把上述内容交给其他委员会之后,对改革中出现的问题会进一步作出决策。从历次课程变革的情况来看，这样的委员会中一般是教育主管部门的领导担任主任或主要职务，而聘用一些教育专家和学科专家作为委员会的成员。“课程改革规划委员会”也是经常在课程变革中出现的一个组织，一般也是由主管领导挂帅，但主要起作用的是教育专家和学科专家等学术或者专业人员。规划委员会的主要作用是在课程取向或者课程目标的指引下，编写课程纲要、各种课程标准等，因此，委员会内部通常会有很多专门小组，比如编撰改革纲要的核心小组、各科标准起草小组等。在过去的课程改革中，规划委员会的工作结束以后，还有各科教科书编辑委员会，主要职责当然是进行教科书的编写。

在行政模式中有一个重要的假定，就是课程变革的方案必须得到一丝不苟的实施，课程改革才算是成功的。为了保证这种假定实现，教育行政部门常常会采取一些策略进行课程推行，其中的一个重要策略就是所谓的教育督导。在课程变革的命令颁布后，各级教育行政部门都会向下级部门或者学校派出督导人员，对课程实施工作的过程和结果进行督导，甚至把课程实施的情况作为考核政绩的重要一项。

课程变革的行政模式，通常是靠行政权威来推动的，虽然在这个过程中会邀请一些专家学者或者专业人士参与，但是，在很多时候，专家学者往往并不具有最后的决策权，很多东西被政治运作所影响。另一个方面，很多专家学者的主张也不一定符合实际或者能够为学校和教师所理解和接纳。

一般来说，行政模式的优点在于：可以运用行政的力量，汇聚全国或者某个地方的教育智力，共同推进课程变革；可以很好地动员社会资源参与课程变革过程；可以保证变革得到大范围的推行，并在制度上给予一定的保证。而其缺点是：主要推动力量是行政命令，而大多数教育行政人员，对教育本身缺乏深刻的了解，指导不力；划一性和强制性的行政命令，难以顾及各个学校的实际状况，易使学校出现表面上敷衍的现象；对比行政命令，作为专业人员的教师更加认可有影响力的相关专家学者的意见，这导致教师对课程变革的认同感低，落实变革也会大打折扣；督导容易流于形式；等等。

正因为行政模式有其优点和缺陷，我们对待行政模式的态度，不应该是一概否定或者一概接纳，而是要在适合选用这个模式的时候勇于采用，发挥其优点，并避免其缺陷，这样才能保证课程变革得以顺利进行。

(2) 研发推广模式

研发推广模式在某些方面类似于行政模式，都运用外在于学校的力量，把课程作为一种产品开发出来，然后交付学校实施，是一种“自上而下”的模式。但是，本模式最为特殊之处，就是把课程变革作为研究工作来处理，不仅可以运用研究的已有成果，而且可以在课程变革过程中从事研究，以解决课程变革所出现的问题，提升课程变革的质量。正因为如此，该模式对专家学者的作用极为强调，其专家学者群体应包括课程、心理、评价等学者和学科专家，而且往往是由学科专家所领导的。因此，这样的模式比较容易产生高水准的课程方案，也可以避免教师自己设计课程时水平不齐的情况发生。

但是这种模式并不是没有缺陷。首先，和行政模式一样，这种模式也存在着教师对变革抗拒和课程实施换汤不换药的问题；其次，研究经费的多少，比较严重地影响着相关人员参与变革的深度和广度，因而影响变革的质量；再次，采取本模式的课程变革，一般情况下会历时数年，在新课程完成之际其是否适应已经发展的教育情境，也是难以预料的。

2. 自下而上的模式

自下而上就意味着要充分关注处于基层一线的学校、教师和学生在课程变革中的作用，以他们最为关心的问题作为课程变革的起点，然后再推至整体的课程变革。这种模式主要指一线实际问题的解决，因而又称问题解决模式。

主张问题解决模式的学者们认为，自上而下的课程发展模式，忽略了学校和教师的真正需求，而且在学校和教师的观念并没有真正发生转变的情况下，课程变革是不可能真正为他们所接受并投入实施的。而问题解决模式则是学校教师创始的，运用民主的决策方式，在教育系统的最前线解决学校和教师的课程问题，可以很好地和教师的需要相配合，达成课程变革的真正效果。

问题解决模式积极关注在学校和教室中所发生的课程问题，着眼于本地区发展和教师的需要，以教师作为课程变革的主体，由本地区或者教师的课程变革开始，逐渐推广至整个课程体系的变革。具体来说，其基本程序如下：一是教师在日常的工作实践中发现种种课程问题，而且需要用新的思想武器和实际策略才能解决这些课程问题。这个时候便有了课程变革的需要。二是教师对问题的感知是比较感性的、片面的，需要对问题本身进行反省和思考，以对问题的本质进行诊断，确定真正的问题所在。有时，也需要咨询学校外部的专业人士或者专门机构，寻找可能有助于解决问题的外部资源，包括物质资源和智力资源等。三是获得一些资源的支持之后，学校和教师要及时从外部的各种问题中抽身出来，恢复到对课程变革本身的关怀上来。四是通过对课程问题、资源现状等的探索和理解，学校和教师就可以提出解决问题的办法。五是把提出的解决办法应用到日常的工作实践中。六是在应用的过程中，学校和教师难免发现新的课程问题，同样，需要对这些问题进行诊断，然后找出解决问题的办法，这样就开始了新的一轮循环。七是一旦这种课程变革变得比较完善，并在实践中获得了相当的成功，就可以在本地区乃至全国进行推广。

在问题解决模式中，教师除了要善于运用学校以及社区内容易取得的资源外，更应该设法获取学校和社区之外的课程资源。而这些资源是否为教师所顺利接受，关键在于提供各项援助者的角色是咨询的、合作的，而非指导的、规定的。如果这个关系没有理顺的话，教师很容易变成外来智力或者行政资源的附庸，整个课程变革过程也就成为变形的自上而下的模式。

问题解决模式的最大优势就在于它积极面对课程现实，解决实践中出现的难题。因而它很容易为教师所接受，并且在自己的实践中提高教师的专业能力，也最有可能长期坚持下去。但是，问题解决模式也有其困难。首先在于教师自身。由于工作压力和长期的思维习惯，很多教师在从事课程变革的时间、能力和意愿上可能严重不足，这种情况导致他们即使感觉到现实中存在的种种问题，也依旧逆来顺受，除了抱怨之外再无所行动。其次在于行政人员与专业人士观念上的转变。在过去的课程变革过程中，一般情况下都是行政人员和专家学者作为主导，他们并不相信教师有主导课程变革的能力，也不愿赋予学校及教师改变自己课程的权力，因此，他们可能难以以合作的态度来帮助教师实现课程变革，反而会进行打击或阻挠，这些都为教师参与课程变革制造了人为的障碍。

要解决上述问题，很重要的一点就是在课程变革方面相信教师是对教育现实最为清楚的人，也是对如何进行课程变革最有发言权的人，并在此基础上给教师赋权，并以积极的态度帮助教师作出改变。

第四节 示范性高职院课程改革的推行及其策略

无论何种课程变革模式，在其方案研发之后，都有一个推行的问题。课程变革的历史也告诉我们，很多课程方案品质很高，但是却遭到教师普遍抵制，从而无法或者很少在教育实践中得到真正的实施，因而导致课程变革的失败。因此，对课程变革推行问题的关注，是课程变革不可缺少的一环。

一、示范性高职院课程改革推行的基本问题

课程变革的推行是课程变革方案研发完成之后的焦点问题。从某种意义上来说，课程变革推行的重要性并不亚于课程变革方案的研发，同样是课程变革的一个关键环节，却很少得到我国的教育实践者和学者的重视。究其原因，可能与我国在课程变革中过多地运用了行政模式有关，因为在这种模式中，课程变革的

推行好像并不比其他教育行政命令的推行复杂多少。不过,随着社会的发展,课程变革越来越复杂,不是简单的行政命令就可以完成推行过程的,因此,对课程变革的推行过程进行研究就有很大的必要性。本节所要讨论的,就是课程变革推行的一些基本问题。

1. 课程变革推行的目的

推行,顾名思义就是推广、实行。课程变革的推行,就是课程变革者有计划地把课程变革方案在更大范围内进行推广,并积极推动教师等课程使用者在教育实践中实行课程变革。通过这一过程,课程推行者把课程变革的方案和课程变革的使用者联系起来,课程变革方案由此进入使用者的视野,正式成为课程实践关注的对象。

任何课程变革多多少少都有些自然传播的现象存在,由小范围的变革推广到稍微大一些的范围;由单学科的变革影响到其他学科。然而,如果对此过程放任不管,那么课程变革的传播就会是一个随意的、凌乱的过程,传播的速度和效果也难以尽如人意。而课程变革推行的目的,就在于改变这种状况,对课程变革方案进行有计划的传播和推广。一方面,积极开拓信息渠道,以更广阔的范围、更快捷的传播速度,将课程变革的理念、策略及意义传递给课程使用者,使他们对课程变革的理解更加深刻,对课程变革更感兴趣,从而确立积极接纳的态度;另一方面,也可以通过有组织的课程推行系统,尽量减少课程变革的信息在传递过程中衰减,提高课程变革的品质。提高课程变革推广的速度和品质,是课程变革推行的主要目的所在。

2. 课程变革推行过程中的人际互动

人们对课程变革的接受程度如何,既与课程方案本身的品质相关,也与人员之间的互动有着密切的联系。一方面,即使课程方案本身品质再高,如果使用者并不了解,那只是镜中花水中月,没有任何意义;另一方面,即使变革使用者知道了课程变革方案本身的价值,但人是感情动物,是容易受群体影响的动物,其是否接受课程变革方案,还要看他们的态度。因此,课程变革推行过程中的人际互动,是一个非常重要的话题。

课程变革的推广主要涉及两类人群:课程变革的推行者和课程变革的使用者。课程变革的推行者首先是课程变革方案的研发者,他们必须向课程变革的使用者以及有关部门推销他们的产品,在有些情况下,教育行政部门也会变成课程变革推行者的主体部分。此外,由于课程变革方案一般和教科书、教学材料联系在一起,因此很多时候,出版商也可以成为课程变革的主要推行者。课程研发者和出版商,往往都要受到教育主管部门的监督,他们之间的权力也并不是平等的。

虽然从根本上说课程变革最重要的使用者应该是学生，但由于学生（及家长）在整个教育体系中的地位较低，很少有是否接纳某个课程的决策权。因此，课程变革的主要使用者首先是教师，这既是客观现实，也的确有其必要性，因为不管怎么说，教师都是专业人士，他们应该知道，也有权力判断哪些东西对学生的成长更有帮助。可惜的是，对于是否应该采用某个课程变革，现实中教师并没有发言权。不过，我们也必须看到，教师虽然没有是否采用的决定权，却具有最终的是否使用的裁判权，因为只有他们才在教室里决定是否按照课程变革的要求去做。在这个意义上，任何忽略教师在课程变革推广过程中的作用的做法，都会注定导致课程变革的最终失败。除了教师之外，学校课程领导者是一个非常关键的角色，他们的作用在于使学校有一个更加良好的氛围来接纳和实施课程变革。但很多时候，他们和教师一样，不具备是否采用一个大型课程变革的权力。那么，究竟是什么人具有采用课程变革的最终决定权呢？很奇怪的是，扮演这个角色的却是一个不具有完全意义上的课程使用者——地方教育行政部门。

当然，除了课程变革的推广者和使用者之外，还有一些第三者对课程变革的推广过程发挥重要的影响作用，其中特别重要的是两个：一是没有参与课程变革推行的教育行政部门，二是学校所在的社区。前者可能不参与课程变革的推行，但却是一个重要的课程变革的监督者，一般情况下，只有通过它审查的课程变革项目，才允许在学校正式推广；虽然不是一个完全的课程变革的使用者，也并不具备足够的专业素养，但在很多时候，地方教育行政部门却具有采用某个课程变革的决定权，尤其是教科书的使用。后者从表面上看来似乎并不关心学校的课程变革，但很多研究发现，课程变革是否得到良好的实施，与社区文化有很大关系。社区是否支持学校，对学校的诸如校本课程开发等方面有很大的影响。

课程变革的推行者和使用者之间是如何互动的呢？这要看二者之间的权力关系。按照商业运作的原则，课程变革的推行者向课程变革的使用者推销课程变革方案，应该把后者作为评判自己商品的上帝，做精心的说服和推销工作。但是，这种情况很少发生。课程研发者作为一个学者专家构成的团体，和一般的学校和教师相比较，在学术上具有相当的权威性，因此，他们很难俯下身子和学校、教师进行沟通，更不用说对学生和家长；教育行政部门在行政上具有绝对的权威，在它作为课程变革的推行者的时候，一方面很难有能力做细致的说服和推销工作，另一方面也确实不屑于这么做。至于教材出版商，本来应该做一些细致的工作，但是，他们很清楚真正决定教材使用权的是地方教育行政部门，那才是他们公关的对象，至于一般的学校和教师，对他们而言不具有什么价值。由于课程变革推行者和使用者之间的权力并不平等，课程变革的推行者并未完全尽到自己应尽的义务。因此，学校和教师、学生和家长在很大程度上处于一种被动的信息接收状态，双方很少发生实质性的信息交流。正因为如此，课程变革的方案在很多情况下被盲目采用，而在实施环节中，则冒出很多问题。这其中的原因，的确值得我们深思。

3. 课程变革推行的要素

从课程变革推行的目的来看，课程变革的推行者必须使课程变革的使用者愿意并且有能力参与、使用课程变革。要达到此目的，美国学者 Rudduck 和 Kelly 认为课程变革推行在内涵上要包含四个基本要素：人员与资源的配置（translocation）、沟通（communication）、激励（animation）、再教育（re-education）。

所谓人员与资源的配置，是指将课程改革所需的人力、物力进行重新配置，使它们和完成课程变革所需要的相关人力、物力的配置和布局相适应。

所谓沟通，是指将课程变革的相关信息从课程研发者或课程研发部门传递到课程变革使用者及有关部门的过程。沟通会采取多种形式，包括书面材料，如政府文件、学者解读等；也包括正式和非正式的会议、角色互动等。通过这些形式，使课程变革使用者对课程变革的理念和新的教学策略等方面信息有比较透彻的了解。

所谓激励，主要是唤起课程变革使用者参与课程变革的动机和信心。这个过程，可以通过物质的或心理的诱因来完成。此外，营造适当的有利于改革的环境也是一个重要的途径。

课程变革的推行，需要教师和其他有关人员熟悉新课程方案的目标、内容、方法、实施和评价等，也需要在专业能力上提高自己，增长知能，这就需要一个再教育的过程。

这四个要素在课程变革推行过程中是相互作用，缺一不可的。人员与资源的配置奠定了课程变革推行的物质基础，也是其他三个因素得以实现的保证；沟通是使信息由课程变革研发者流向课程变革使用者的一个过程，没有这个过程，课程变革方案就无法进入使用者的视野；激励是课程使用者获得实施课程变革动力的过程，缺少了这个环节，课程使用者就难以真正自愿地走入课程变革的过程；再教育这个环节使课程使用者具备了实行课程变革的能力，不经过这个过程，即使课程变革方案再好，给使用者带来的可能只是望洋兴叹或者挫折。

以此对照我国高职院校课程变革的推行过程，对这四个要素的考虑往往并不全面，大多只会考虑到人员资源的配置和表面宣传的过程，而沟通、激励做得很不深入，再教育也非常粗糙，没有关注到课程变革使用者对改革方案的需求、信心和能力等问题，这种状况很值得反思。当然，这与前面所讨论的课程变革的使用者在权力上的地位有很大的关系。

4．课程变革推行的历程

从使用者的角度出发，课程变革推行大致分为接纳、采用和实施三个阶段。

在接纳阶段，课程变革的使用者对课程变革方案在认识的基础上有所认同，有了愿意接纳课程变革的心理准备。没有这个心理准备，则容易对后面的过程产生抗拒心理，也容易在课程采用和实施过程中陷入手忙脚乱的境地。从这个意义上来说，接纳阶段是课程变革推行的基础，虽然在现有的实践中常常被忽略。

在采用阶段，课程变革使用者接受课程变革的想法和做法，如果有新教材配套的课程变革，则以订购并研习新的教材为主要标志；如果没有配套教材，最显著的特征是课程变革使用者着手采取一些实行课程变革的措施。这个过程，主要是一个作决定的过程，应该是前一个阶段的自然过渡，但在现实实践中可能没有经过上一个阶段就直接进入了这个阶段，这样会造成反抗和不适。

在实施阶段，课程变革使用者把课程变革放到实际的教学环境中并持续执行。当然，这是一个漫长的过程，需要教师等课程变革者对课程变革进行再认识和再接纳，毕竟听到的和自己实际做的会有相当大的差距，只有这个过程完善之后，课程变革推行的过程才算完成。

上述三个阶段是一个思想碰撞的过程，在这个过程中，新旧课程思想相互竞争、对话和融入，最终形成能够为大多数课程变革使用者所接受和实践的课程思想；这个过程也是一个人际间互动的过程，权力、利益在其中得到较量和交换，人际间的沟通和交流也非常重要。一般情况下，这个比较缓慢的过程所得到的成果，往往呈现类似S形的曲线。也就是说，推行活动在初期一般进展缓慢，之后才会出现快速和大规模的推行，然后推行的速度再次趋于平缓。这个过程并不奇怪：最初的接纳过程是人们思想和价值观转变的过程，自然是非常缓慢的；一旦人们的思想转变过来，就可能一下子决定采用新课程，成果很快就出现了；然而进入到实施阶段，课程变革和现实的教育情境进入一个磨合期，速度自然要减慢下来。对于这个自然的过程，课程变革推行者不能气馁，反而要更加努力，相信努力总会有成果的。

二、示范性高职院课程变革的推行策略[①]

1. 诉诸理性策略

此策略特别强调对人类的理性给予充分的信任,相信只要课程使用者或教师有足够的机会、能力和资源来理解课程变革方案,他们会以理性的态度来面对改革。一旦他们认定,新课程比现行的课程在改变教育实践现状方面更有力量,能够为学生的发展带来更多的好处,他们就会毫不犹豫地接纳课程变革。

基于这种假定,这种策略相信,要使教师真正接受课程变革方案,变革推行者必须做到三点:首先,使变革使用者或教师充分了解和相信,课程变革方案是在相关研究数据基础上,经由一大批富有资历的学科专家、课程学者、资深教师及其他专业人士长时间协调工作才构建出来的,也是通过实践验证可行的。其次,使教师或其他变革使用者充分理解新课程在解决现有课程、提高课程实践效能、促进学生发展等方面有着原有课程体系不可比拟的优越性。再次,使教师和其他变革使用者充分理解,参与课程变革的实施所能带来的其他价值和利益。比如可以让教师在专业上获得更多的成长,可以给学校和教师带来更多的教育资源等。

为了达到上述目的,采用这种推行策略的课程变革一般会有以下主要的行动策略:一是精心组织课程变革方案的研发队伍,研制出高品质的课程变革方案。二是广泛举办研讨会、示范说明会及制作课程教材等相关宣传资料,通过这些活动和资料阐明课程变革的价值、课程方案的特征和优势等。三是进行调查研究,发现课程变革实施中的问题,提出课程问题的解决方案或者进一步修改课程变革方案。

这种推行策略的优点就在于,课程变革的使用者一旦理解并相信课程变革可以给他们带来价值和利益,就会积极地投入到课程变革过程中,因此,导致较高的改革成功机会。更为重要的是,这种诉诸理性的策略,和其他变革推行策略相比,对课程变革本身的教育价值有着更真切的关注,因此,更符合教育的本质,为教育本身的发展带来效益。当然,这种策略也有其缺陷。一般来说,由于强调课程变革方案的优质和课程变革使用者对变革的充分理解,它花的时间比较长,需要的成本也比较高。

2. 影响说服策略

诉诸理性策略对理性的过度信任在有些时候也会落空,因为人虽然是理性

---

① 本节主要参照于泽元《课程变革与学校课程领导》第 73 – 80 页,重庆大学出版社,2006 年。

的动物，但是在人性中也有很多非理性的成分，比如人对一个事物为什么具有一定的态度和情感，有些时候很难说出原因，有些时候则会发现是受团体中的集体无意识的规范引导所致。尤其是后者力量巨大，已经引起人们对课程使用者所处的组织文化、组织规范的广泛关注。正因为如此，人们发现在推行课程变革时，可以运用影响说服策略。这种策略强化人们对变革价值或意义的认知，通过对课程使用者所处的社会网络施加有效的影响，并把课程使用者卷入到课程变革的研发和理解的过程中来，以达到使课程使用者个人的价值观和态度发生积极的转变。

这种课程变革推行策略强调，要使教师等课程变革使用者更好地接纳变革，课程推行者必须采取有效措施：一方面，提高课程推行者对课程变革使用者所处的社会网络的影响，从而改变这个社会网络中明显的或潜在的有关课程理论和实践的规范，促使这个社会网络对新的观念更加开放。另一方面，使课程研发者和课程使用者之间有更多的交流机会，使课程使用者在不知不觉中卷入到课程变革的过程中来，以课程变革为荣，以不同于过去的观点和视野来看待课程和教学问题。

为了达到上述两个目的，课程变革推行者主要会采取三种行动策略：一是卷入关键人物策略。把变革使用者所处网络中的关键人物纳入课程变革方案研发的队伍中来，因为他们态度和价值观的改变，对整个社会网络态度和价值观的改变具有重要作用。二是再教育策略。对教师采取再教育的方式，通过提升个人自我知觉的各种团体活动与团体动力技巧如团体决定、工作坊、训练团体等，来鼓励教师采取与过去不同的行为和观点。在这个过程中，不仅要注重知识、信息和技能的改变，还要注意态度和关系的转变。三是层层推进策略。课程方案研究者完成第一层的推行任务，之后由使用者逐层承担推行者的角色。这个策略的好处就是避免了课程方案研发中心任务负担过重的问题，同时，也把下一层的关键人物卷入到课程变革的推行过程中来，避免了研发中心人员由于和课程使用者之间距离较远而影响稀释，使“关系”在层层推行中得到比较充分的运用。

这种模式从教师等课程变革使用者的态度和价值观的改变入手进行课程变革的推行，容易受到课程变革使用者的欢迎。一般情况下，他们对课程变革的投入程度较高，改革成功的可能性也较大。此外，由于教师等课程变革使用者态度和价值观的改变也是基于教育的目的，因而也符合教育的本质。但是，这种策略的不足往往在于：首先，价值观和态度改变并不容易，需要较长的时间，也需要相当好的物质基础；其次，这种策略强调通过团体活动的方式进行再教育，但是团体活动组织不易，需要很高的技能，因此，给推行机构提出了一定的难题；再次，由于使用者所处的社会网络有着不同的特征，所以同样的影响说服策略效果并不相同，导致改革的结果差异较大。

3. 权力强制策略

上述两类策略，从实质上来讲都是说服策略：说服课程变革使用者，让他们接受变革，实施变革。但是，说服的工作有些时候并没有效果，因为还是有不少人，不管你怎么说，他都不服从，不管诉诸理性还是诉诸非理性，都软硬不吃。所以，有些时候课程变革的推行者会采取权力强制策略，就是依靠政治、法律、行政和经济的权力与资源，来推动课程变革。这不但是一种强力的“自上而下”的课程变革方式，也是我国课程改革历史上最常用、最传统的课程变革推行策略。

这种课程变革推行策略对权力的作用给予了充分的信任，假定权力是保证课程变革得以推行的根本手段。采取这种策略的课程推行者首先必须做到政令畅通，即使教师等课程变革的使用者获得明确的关于课程变革必须得以实施的信息；必须对课程变革的过程进行有效的监控；必须有一定的操控课程变革实施程度的手段。

为达到上述目的，一般采取的行动策略有以下几个方面：一是建立层层控制的教育管理体制，课程变革通过这样的体制强令推行，而不是采取协商的方式。二是建立有效的信息反馈和评价机制，如督导制度、检查制度等，把教师等课程变革使用者对课程变革方案的使用情况纳入有效的监督之下。三是建立有效的奖惩系统，包括奖惩标准、奖惩方法等，奖励有效的课程变革实施行为，对一些抗拒行为进行惩罚。

一般情况下，一个国家或地区有着比较完善的层层控制的教育管理体制，这种课程变革推行策略成本较低，而且推行速度非常迅捷。这种优势使得这种策略在大规模的课程变革中大行其道，成为许多国家和地区最为常用的策略。但是，这种策略的缺陷也是非常明显的，那就是它不可能要求教师的价值观和态度发生实质性的改变，因此，对于这样的课程变革，教师等课程使用者的投入程度往往比较低，也容易产生抗拒现象，其所谓的课程改革成果也是值得怀疑的。

4. 中心转移策略

上述三类课程变革推行策略都是在制定好课程变革方案之后才进行的，都是在有计划的课程变革中出现的。但事实上，并不是所有的课程变革都是事先计划好的，推行者和使用者也不都是泾渭分明的，这时就出现了所谓的中心转移策略。

在前三类的课程变革推行策略中，一般都有课程变革的研发中心和推行中心，也有比较明确的推行途径。可是在中心转移策略中，我们难以知道明确规定的推行结构，没有特定的推行中心，也没有明确的推行信息，只看到课程变革的焦点在不同人员或不同的团体中转移，然后课程变革的过程不断地扩大。在这个过程中，我们并没有规律可循，但中心转移却经常发生在教师日常的课程变革中。我们前面所提到的课程变革的问题解决模式，也很容易看到这种中心转移的现象。学校的教师会发现一些课程问题，提出一些思考，引起一些专家学者的注意，然后经过研究提供一些解决策略；对于这些策略，专家学者也可能没有时间或资源进行推行，但是通过出版物却让一些有类似问题的学校知晓，这些学校或教师就在自己的教学中实践这些策略。

法无定法，课程变革的推行策略也是如此。所有上述的课程变革推行策略，从不同方面揭示了课程变革推行过程的真相，可供我们在课程变革的推行过程中进行选择，千万不可拘泥于某种策略。

第五节　示范性高职院课程改革的实施与评价

一、示范性高职院课程改革的实施

1. 课程实施的涵义

不管多好的课程方案，如果得不到学校教师的真正接纳和实施，都难以对教育现实产生什么影响，也难以体现出课程变革本来的价值。对课程实施的理解，可以帮助我们更深入地理解课程变革本身的演化过程。概括来讲，学者们关于课程实施的见解主要有三种：一是把课程实施看作一个课程或者大纲的真实使用情况，或者是课程革新在实践中发生的一切。著名学者富兰（M. Fullan）就认为，实施和改革的采用并不相同，采用是指决定使用新的东西，而实施则强调现实中真正发生变化的程度以及那些影响变化程度的因素。对那些重视个人的或者经验的课程的人来说，可能会否定课程被实施这样一个思想，他们更感兴趣的是课程在特定的场景中如何被参与者（如教师和学生）所实践和所经验的过程。二是把课程实施看作是减少现存实践与课程改革所建议的实践之间的差距的过程。三是把课程实施看作教学过程，教学是课程计划的实施。

上述三种见解在某种程度上都有一定的道理，但是，第二种见解一个明显的问题就在于它假定了课程改革的方案是正确的，出现问题的只是课程实施者的领悟和操作，这显然是不合常理的。另外，这个假定也把课程设计和课程实施截然分开。同时，课程设计者在知识上占有绝对优势的地位。事实上，有不少学者都相信课程发展是一个持续不断的过程，课程实施也是一个课程不断修正和完善的过程。在课程权力下放的情况下，教师作为研究者和课程发展者不断地要求参与,这意味着教师不仅仅是课程实施者,也同时是课程的发展者,对于教师而言,已有的课程方案或者教材只是一种课程资源而已,可以随着课程和教学的实践进行改造。此外,很多学者也认为变革是一个复杂的系统,我们很难预测变革究竟如何变化,那种掌控变化过程的企图只是现代主义的神话。因此,作为课程研究者,我们很难忽略变革发展的过程,直接去评判结果。比起第二种见解,第三种见解更是差强人意。虽然我们承认,教学是课程实施的一个重要环节,但是二者之间有很多不相同的地方。比如说,教学往往只关注教师和学生之间的互动,而课程实施可能会扩大到整个社区的政治运作。因此,把课程实施看作教学,有难以全面的危险。相比而言,第一种见解较为合理而全面。

2. 课程实施的取向和观点

较早对课程实施取向进行研究的是富兰和庞弗雷特(A. Pomfret),他们通过对15项有代表性的课程实施的研究,发现了两个主要的课程实施研究取向:忠实取向(fidelity orientation)和相互调试取向(mutual adaptation orientation)。后来,辛德(Snyder,J.)等人在上述研究的基础上,通过对9项课程实施的研究,又归纳出第三个取向:课程缔造取向(curriculum enactment orientation)。

忠实取向假定,课程实施就是忠实地执行课程变革计划的过程,对于课程实施的评价就在于确定课程变革所预期的结果是否真的达到。概言之,忠实观是把课程当作可预测的文件或者产品,而课程实施只是一项技术性的工作。采用这个取向的研究者总是试图去测量课程变革在实际中的实施程度,并确定促进或阻碍课程实施达到预定目的的因素。出于这样的研究思路,这个取向的研究一般采用量化的方法,通常将文件中所规定的课程计划进行定义和分类,尽量将其分成可以测量的部分,然后用现成的量表或者自行设计的量表来测量其在实际中的实施情况。

所谓相互调适取向就是说课程设计者和课程实施者共同对课程计划进行调适,双方都在一个动态的连续过程中对课程计划进行不断的反思和修正。也就是说,一方面,方案的目标和方法为适应实际条件的需要和参与者的兴趣而调整,另一方面,参与者也为适应方案的需要而改变。因此,学校等课程实施的实际情境变得非常重要,研究者不能再忽视"人们在实际中做了什么和没有做什么"这个关键的变量。相互调适取向的研究重点在于理解课程实施过程中,课程方案和特定情境之间是如何相互适应的。它主要有两种研究的类型:一是描述性研究,就是借用一些社会学的新的研究方法和理论,对课程实施进行详尽的描述;二是规范性的研究,重点在于确定促进和阻碍课程实施的因素,尤其是各种组织变量,研究的目的在于提高课程计划和课程实施相互作用的效果。在这两类研究中，又可以发现两种倾向：实用性倾向和批判性倾向。前者主要关注实施程度、影响因素以及方法论等问题，类似于忠实取向，但是，承认相互调适的合理性；后者则更加注重相互调适的过程和情境脉络的影响，注重描述变革涉及人员的观念以及行为的意义。持这种研究取向的人认为量化的方法是不足够、不深入的，因此，要在更为宽广的方法论基础上进行，有不少研究都是运用质化和量化相结合的方法，问卷调查、文献分析、个案研究、参与式观察、访谈等都是有效的研究手段。

课程缔造取向比相互调适取向更向前推进了一步。持这种取向的研究者甚至不满意“实施”这个词汇，认为它本身就暗示着一种忠实的观点，远远不能概括变革过程中的情感、态度和价值的涵义。这种取向认为，真正的课程是教师与学生联合缔造的教育经验过程，课程实施在本质上是在具体的教育情境中缔造新的教育经验的过程，而课程计划和教学策略只是可供这个经验缔造过程所选择的工具而已。因此，研究的重点不再是课程实施和计划的符合程度，而是经验缔造的过程、影响经验缔造的因素以及经验缔造的影响；关注的是教师和学生对课程和教学的理解和创生，他们的知识基础和思想变化成为课程实施研究的重点。而这些研究则以质化的方法取胜，如个案研究、行动研究以及深度访谈。

课程实施的研究取向是研究者在研究的时候所采取的一种立场，与此相类似的是豪斯（E. R. House）所提出的理解课程实施的三种观点：技术的（technical）、政治的（political）、文化的（cultural）。三种不同的观点在课程改革的不同历史时期分别起着重要的作用，也为研究者理解课程实施过程提供了一个比较规范的视野。

技术的观点在20世纪60年代的课程改革运动中十分风行。这种观点是将课程实施看作是一种技术，这种技术用来执行预定的计划，而课程实施的效果则以目标的达成程度作为衡量标准。这种观点假定人们在变革中拥有共同的价值体系和变革目标，问题只在于如何更好地达到这一目标。这种取向类似于“目的—手段”的范式，主张通过系统和理性的分析来处理变革中出现的课程问题，强调通过对教材和教学方法的改变或者通过引进新的技术来提高教学质量和实施成效。在这种观点看来，实施的关键在于把变革方案转化为实用的知识和技术，由教师贯彻执行，课程实施就好像是一个生产过程，成果和效率是值得关注的。

政治的观点假定我们所处的社会并不是一个充满和谐的社会，相反，这个社会依旧存在着很多问题和冲突。群体之间的利益往往是不一致的，对立派别之间为了达到各自的目的必须讨价还价、相互妥协，课程实施过程因此就是一个协商的过程。课程的政治观关注权威、权力的运用，一些人会利用自己的政治优势,通过法律或者行政手段迫使无权势的一方顺从,因此,也会受到显性或隐性的抵抗。尽管如此,这种观点认为学校成员通过协商依旧可以达成共识。因此,这种观点坚持课程实施要注重学校的具体情境,因时因地地做出调整,以维持系统的合法性。

文化的观点同样注重群体的声音。这种观点假定群体内部有很多价值共识,但是群体之间则缺乏一致性,很难采取共同行动。在课程变革中,外部课程设计者和课程实施者之间有着研究文化和专业文化的冲突,二者的遭遇涉及沟通、诠释、包容(accommodation)以及文化适应活动。因此,文化观将实施看作是一种文化重建(reculturing)的过程,其目的在于促使学校成员重新思考课程、教学以及教育的本质和目的等问题,"演化"(evaluation)比实施更符合变革的核心意义。从文化的观点来看,课程实施需要共同体的建立作为保障,在实施的过程中,应该关注教师的情绪、理解、价值观等因素,通过为他们提供更多的专业发展机会和额外的规划时间,使他们形成共同体意识。

豪斯的三个观点与上述富兰和辛德等人对课程取向的分析表面上看来有所不同,但实质上是一致的,忠实取向与技术观点、相互调适取向与政治观点、课程缔造取向与文化观点之间有不少相同的地方,尤其在基本假设、研究重点、研究方法等方面有很多相似之处。

二、示范性高职院中的课程改革评价

简单来说,评价是决定某一事物价值的活动,因此,课程变革评价就是研究课程变革价值的过程。任何一项评价都会涉及评价者、评价对象及评价依据(或标准)三个方面。评价者的不同、评价对象的差异及评价依据的选择都会深刻地影响评价的目的和价值。如从课程设计者、课程使用者、公众及其代表者三类不同的评价者来说,设计者必须一方面进行内部评价,对课程方案进行自我检查,其目的在于通过批评发现自己所设计的课程变革方案有什么不足之处,有哪些可以改进的地方;另一方面邀请外部的评价专家对课程变革方案进行评价。目的既是为了促使课程方案的改进,又是寻求更多权威性意见的支持,以对课程变革方案合法化进行确认。课程使用者包括教师、学生及家长等,他们对于课程变革评价的要求并不一样。教师的课程评价,就包括了对学生学习状况的判断和甄别、对课程变革本身的价值判断、对教育者生命意义的提升等方面的目的和功能;而学生以及家长的课程变革评价在这里所体现出来的目的和功能包括:为学生提供发展的信息,为学生提供成长的力量,为学生监督课程变革和为教师实施本身提供帮助等。另外,作为纳税人的公众及其代表者有权知道利用自己所缴纳的税款所展开的课程变革究竟是怎么一回事，这样的变革如何被设计，如何被施行，其所得到的效果是什么。知道这些信息的目的就在于他们确保自己所缴纳的税款没有被浪费掉，如果浪费就质疑课程变革进行的合法性，并进一步加以问责。

课程评价是课程改革实施中一个重大的难题，直接制约着学校在课程变革中的步伐。因此，示范性高职院中的课程评价需要一些可供操作的策略。

1. 兼听则明，寻找内外评价的结合点

斯科利文（Scriven，M.）给内部评价和外部评价以如下的定义：内部评价是那些由项目参与人员展开的评论，即他们是特殊的评价人员——也就是说，这些人员在项目的产生、编写和服务部门之内。而一个外部评价者至少不是一个项目的参与人员。黄政杰认为，课程的形成性评价，由内部人员执行比较合适；总结性评价最好由外部人员担任。内伏对学校层级中内外部评价问题作了比较系统的研究，他认为内外部评价二者之间可以相互得益。对内部评价来说，外部评价可以引发内部评价、扩展内部评价的领域、使内部评价的效度合法化。对外部评价来说，内部评价可以拓宽外部评价的范围、提高对外部评价的解释、提升外部评价的应用性。二者究竟如何在学校评价中有效地发挥其作用呢？内伏从三个方面谈论这个问题：在概念的层面上，评价应该被看作一种理解的方法而不是判断的方法；当评价被认为是一种专业的艺术时，评价应该是适度的，应该承认它的局限性；提供建议应该是评价责任的一部分。从方法论层面上来看，评价应该是一个实践的过程而不是一次性的行为；内外部评价者之间的反应是一个在双向学习中的信息互流（two-way flow）；评价应该聚焦于相关的事务与直接关联的数据上。在交流的层面上，要达到真正的对话需要确立三个信念：在不同的团体之间需要相互尊重和信任；在数年之间，评价对对话中的参与者都是公平的；每一个团体都必须承担开展评价序列的责任。

从上述论述中不难看出，在学校课程评价中，内外部评价各有自己的优劣，因此，我们必须寻求内外部评价之间的结合点。为建立这种结合点，我们应该积极寻找内外部评价之间共同的思想与知识基础，实现优势互补，共同促进学校课程评价的发展。

2. 赋权增能，让教师成为自主行动者

教师在课程改革中的关键作用，人们已有深刻认识，因此教师专业发展才会如此受到关注。不过，在强调教师增能的时候，似乎对教师赋权强调得还不够。事实上，教师赋权增能为一整合概念，“权”与“能”缺一不可。

追溯历史，可以很清楚地发现，教师赋权增能这个概念与组织学中参与管理的观念是密切联系在一起的。受到等级严明、分工明确的现代科层管理体制的影响，很多组织的工作在经过一段时间的发展之后日益分化，结果陷入了过度专门化的泥沼而难以自拔。组织中的雇员被视为“没有思考的机器”，工作动机极弱。针对这种状况，管理界于20世纪80年代开始认识到让雇员参与与其工作相关事务的决策，会提高工作质量和生产率，从而强调雇员的赋权增能。

在教育领域，教师赋权增能与西方学校重建运动中所宣扬的分权化精神一脉相承。在美国，从20世纪80年代开始的第二波教育改革浪潮，对前次教育改革失败的教训进行了总结，发现60年代开始的有关学校教育革新受到了各种力量的阻碍而停滞不前以致失败，原因主要在于这些革新方案从规划到执行层面，都是采用自上而下的运作方式，忽略了教师、学校及地方这些改革的真正主角，这些主角因不受重视而冷漠应付教育改革。

于是，人们认识到，教师应是教育改革的主导者、行动者，而不应被视为学校教育改革的对象。到了90年代，“教师赋权增能”已经与“教学专业化”成为当时最响亮的两句口号，教育领导者被要求交出一些权力与教师共享，而非将权力加诸教师身上。当教师感到他们在工作和生活中拥有或能够创造机会，认识到那些政策中蕴含的东西能让他们自由地作出充分的决定，在此基础上付诸行动并承担行为后果的责任时，他们就“赋权增能”了。而从这个意义上来看，教师赋权增能不仅是“一种动力的专业发展历程”，而且是“一种专业权力的结果”。作为过程，是指学校教师具有专业自主的能力，能自我成长，解决自我问题；作为结果，指教师具有充分的专业知识与教学能力，拥有专业自主性与地位，能实施专业判断，担负专业责任，能参与校务决策，并借此以提升专业素质，增进学生学习，促进学校进步，发挥教育功能。

有关研究显示，教师参与决策过程可能带来四种积极的后果。

首先，教师因工作的关系而成为距离学生最近的人，而且他们是拥有处理教与学问题丰富知识的专业人士，因此，让教师参与决策更有可能产生出面向学校整体发展的、更加合理也更加有效的学校政策。

其次，通过共同决策，教师专业性将得到提升。这是因为教师通过参加共同决策活动，获得了一种主人翁意识，进而又促使教师更加投入有关决策活动。在这种良性循环过程中，教师能够掌控自己的工作实践，充分体现专业人士的风范。

再次，由于共同决策与教师的工作满意度存在正相关，教师士气及教师对于学校组织的热情可以保持在一个较高的水平。相对于那些教师参与决策机会很少的学校来说，实施校本管理学校的教师参与决策的程度更深，对政策的影响更大，其工作满意度也更高。

最后，学校将因为实施共同决策方式，让不同的声音能够在决策过程中呈现出来，从而获得社会的高度认同。从其本质来说，共同决策是评价学校工作流程民主化的重要指标。同时，教师要在一个以学生学习为本、共同协作的学术机构内从事教学工作，他们也必须有能力影响与教学目标有关的政策。此外，为回应学生的需要，教师更需要有权去判断学生学习的需要，以及设计应付这些需要的策略。可见，让教师参与决策是学校发展的必要之举。

教师赋权增能最终还是对教学活动产生了影响。毫不夸张地说，赋权是教学的灵魂和心脏，它不可能由软弱无力之人去实现，就像消极被动的教师绝不可能培养出积极主动的学生，反应迟钝的老师绝不可能教导出思维敏捷的学生，漠不关心的老师绝不可能培育出充满爱心的学生。那么我们需要赋权教师吗？答案是只要我们想要杰出学生不断从学校中涌现出来，我们就需要有赋权的老师。

3. 回归校本，建立学校常设评价机制

尽管高职院校和校外专业人员合作开展探究是学校课程评价所必需的，但是，有着专业人员参与的学校课程评价在某种程度上削弱了学校课程发展的本义。学校课程评价的最终目的是建立学校自身的常设评价机制，形成一种自我反思与自我改进的力量。

在当前的课程改革中，一个很不好的倾向就是把学校课程发展看作一种时髦来赶，很多学校都没有一个长久的课程发展思路和规划。学校课程发展的种种优势不可能在这种短命的学校课程发展中实现。同样，学校课程评价最根本的目的就是要建立一个常驻学校的评价机制，这个机制使学校可以时刻检验自己在学校课程发展中走了多远，做得怎么样，针对性地调整课程发展战略。因此，在学校课程评价发动起来之后，必须考虑在学校中建立这种常驻机制。

要建立这种常驻机制，有两个问题需要得到很好的处理：一是学校教师评价技能的发展，一是校外专业人员的角色问题。

当今学校教师评价技能的有效发展，要在两方面做文章：一是要在教师群体中成立一个学习型组织，通过这一组织，教师可以不断反思、学习和相互理解、共同进步。二是要在学校中形成一种讨论、协同合作的文化。有学者指出，“如果能够提供教师经常性、持续性、切中要点地谈论他们教学实务的机会，教师便可以从自己的经验中学习”。但毋庸置疑的是，形成这样的学校文化需要一个相当长时间的持续努力。

在学校课程评价中，校外专业评价人员往往具有研究者和顾问的双重角色。这种双重角色的优势在于：容易成为学校“批判的朋友”，能够为学校提供良好的计划和方法，刺激学校人员反省，并在评价过程中提供帮助。同时，由于他们参与评价的过程，其研究结果也容易为学校所接受，对教师有很好的价值回馈。

但是,研究者与顾问的双重角色容易产生两个基本问题:一是学校过于依赖顾问,并没有建立起自己的评价功能;二是研究者通过顾问角色,可能会影响评价过程中学校所发生的事,使其朝着自己所希望的方向发展,使学校既有的正常运作失真。为寻求双重角色之间的平衡,有学者提出了这种双重角色的适当转换。在学校课程评价开始时,研究者作为顾问要占据优势的、控制性的地位,指导学校课程评价的发动与展开。但是,当学校本位评价开始后,研究者就应该以研究的姿态,为学校提供关于评价方案的意见,但是并不干涉学校课程评价过程的运作,而是做更多冷静的观察。这两种角色转换的时间表,应尽可能让参与者知道。更重要的是,研究者要自觉地淡出评价过程。当学校有了一定的评价经验之后,研究者更应该摆脱学校对自己的依赖,帮助学校建立常驻的学校评价机制。这时候,不仅评价方案,连一些远景的规划,都要由学校自己来完成。

第六节　案　　例

超越既往——管窥宁波职业技术学院电子技术专业的课程改革①

周　亚

课程是包括高等职业技术学院在内的各级各类学校实现其教育教学目标的重要手段和基本途径。工作过程导向课程突出学习内容中工作过程知识和经验知识的重要性,强调工作过程和学习过程的结合,符合高等职业院校培养高素质技能型人才的要求。此种理念一经提出,即得到我国高等职业教育研究者和实践者的重视,并纷纷将之落到实处。宁波职业技术学院是较早实践这种课程,且积累了一定经验的学校,本文就是对这种经验的初步总结。

一、高职工作过程导向课程体系构建的理念

所谓工作过程是“在企业里为完成一件工作任务并获得工作成果而进行的一个完整的工作程序,是一个综合的、时刻处于运动状态但结构相对固定的系统”。而“一个职业之所以能够成为一个职业,是因为它具有特殊的工作过程,即在工作的方式、内容、方法、组织以及工具的历史发展方面有它自身的独到之

① 载《职教论坛》,2011 年第 18 期。

处”①。“工作过程导向课程的实质，在于课程的内容和结构追求的不是学科架构的系统化，而是工作过程的系统化。”②

高职教育肩负着培养面向生产、建设、服务和管理第一线需要的高技能人才的使命。高职教育的定位决定了其课程体系的构建必须体现以下理念：一是课程目标的确定应以培养学生综合职业能力为宗旨，在发展学生专业能力的同时，促进学生方法能力、社会能力的提高。二是课程内容的选择应以专业培养目标所设定的学生未来可能从事的技术领域、职业岗位（岗位群）的要求以及相关的职业资格标准为依据。三是课程教学的模式应考虑实际工作的真实场景与“情境”，通过学生“边学边做”以及“做中学”等行动导向的学习方式，实现“工学结合”。四是课程评价应根据学生关键能力的形成和综合素质的养成，建立形成性评价和总结性评价、过程评价和结果评价、学校评价和社会评价等相结合的多元评价体系。因此，工作过程导向课程不同于以文化知识传授为目的的普通基础教育课程和以学科知识为主体的普通高等教育课程，它将工作结构转化为适宜于学生学习的课程结构，将工作任务转化为学生学习的载体，是一种培养学生职业岗位能力及其迁移能力的课程。

二、高职工作过程导向课程体系构建的路径与内容

课程体系是各课程之间既相互独立、又相互联系的有机整体。工作过程导向课程体系的构建是个复杂的系统工程，要以职业能力分析为前提，以工作任务为基础，以工作结构为课程逻辑结构，以工作任务或项目为载体。以下结合宁波职业技术学院应用电子技术专业工作过程导向课程体系构建的实际，探讨高职工作过程导向课程体系构建的路径与内容。

1. 开展专业人才需求调研，明确专业定位

专业人才需求调研是专业课程体系开发的一项基础性工作。调研的目的是要从宏观上把握行业、企业的人才需求趋势，在此基础上，根据本校的实际情况，确定专业的具体培养目标及专门化方向，对学生未来的职业岗位进行定位。专业人才需求调研的内容包括相应行业的人才结构现状、专业发展趋势、人才需求状况，岗位对知识能力的要求、相应的职业资格、学生就业去向等。

通过对我院应用电子技术专业的人才需求与培养规格调研，我们了解并确

---

① 姜大源《当代德国职业教育主流教学思想研究——理论、实践与创新》第12、190、96页，清华大学出版社，2007年。

② 姜大源《关于工作过程系统化课程结构的理论基础》，《职教通讯》，2006年第1期。

定了该专业学生的职业岗位定位主要在社会和客户需求调研、电子产品开发、元器件及设备采购、生产设备操作与维护、电子产品的生产管理、产品的质量检验、销售和售后服务共七个岗位，并最终形成了《应用电子技术专业人才需求和专业改革调研报告》。

2. 根据职业岗位工作内容，建立工作任务分析表

学生未来的职业岗位定位明确后，要对本专业所对应的职业或职业群中需要完成的任务进行分解与归纳。其要求是把本专业所涉及的职业活动（包括专门化方向）分解成若干相对独立的任务领域，再对任务领域进行分析，获得每个任务领域的具体工作任务，并对完成任务应掌握的职业能力作出较为详细的描述。

以应用电子技术专业为例，通过邀请13名一线的行业企业技术主管和车间主任，对电子产业所有的岗位工作领域、工作任务及职业能力进行了详细的分析和研讨，从分析出的13个岗位工作领域中，归纳合并得出了8个典型的工作任务领域及其工作任务和所需要的岗位能力（见表4-1）。

表4-1　应用电子技术专业工作任务与职业能力分析

任务领域	工作任务	职业能力
元器件采购	询价	● 知道采购渠道 ● 了解元器件供应商牌子、标志 ● 了解各地区行业特色 ● 会熟练操作电脑
	议价	● 了解各类元器件的性能、指标、封装形式、检验标准、替代标准 ● 了解市场行情和供求情况 ● 收集新材料信息 ● 能与供应商沟通
	下单	● 能识别假货 ● 能根据行情正确报价和确定购买数量
	来料送检入库	● 知道入库的标准 ● 确认来料的数量
	上报财务报表	● 掌握票据管理知识 ● 知道相关的法律法规

续表 1

任务领域	工作任务	职业能力
电子产品设计	电路的功能、性能分析	● 掌握常用模块的功能 ● 了解重要器件的性能
	设计方案制定	● 能选用模块实现整体功能并进行可行性分析 ● 能选用所应用到的重要器件及软件 ● 能编制方案
	原理图设计与分析	● 熟悉所应用到电路中的各个元器件特性、功能、性能，完成原理图设计 ● 能进行可行性再次分析 ● 会使用相关软件
	PCB 设计与可行性分析	● 会使用 Protel 或 Powerpcb 软件进行元器件布局、布线 ● 熟悉 EMC 线路的测试要求
	软件设计	● 会使用汇编或 C 语言编写各个模块应实现的功能 ● 能采取软件抗干扰措施 ● 熟练所要应用的工具及软件编译环境，如仿真器、编程器等
	单元电路功能、性能调试	● 能分模块结合硬件和软件进行调试
	整机调试、老化	● 能整合各个单元进行整机调试 ● 能分析整体性能，分析每个模块匹配性 ● 能进行整机调试并完成整机个别试验老化和小批量老化
	设计文件编制	● 会图纸收集及图号管理，并编制部/配号 ● 会文件号管理 ● 会型号管理 ● 能绘制图纸 ● 会进行设计文件的标准化 ● 掌握文件编制的成套性要求
电子产品组装与检验	来料检验	● 熟悉元器件的性能 ● 知道常用元件检验方法 ● 会正确使用检验工具
	原材料分类发放	● 能对物料进行精确核算 ● 熟悉元件型号，能对领出物料型号进行核对、确认 ● 熟悉元件分类、保存方法

续表 2

任务领域	工作任务	职业能力
电子产品组装与检验	按照工艺文件组装产品	● 知道生产工艺流程 ● 能熟练使用各类工具 ● 能根据操作指导书要求进行操作 ● 知道不同规格、不同型号的元器件 ● 组装完毕,能进行自检、清洗
	生产部件检验	● 知道工艺规定,会看工艺流程图 ● 能正确设置电子检验设备的参数 ● 会正确使用电子检验设备 ● 能判定电子检验设备的好坏 ● 会使用统计方面的工具
	半成品检验	● 知道工艺规定,会看工艺流程图 ● 能正确设置检验设备的参数 ● 会正确使用检验设备 ● 能判定检验设备的好坏 ● 会使用统计方面的工具
	产品送检	● 调试完毕,能进行产品老化送检
	成品检验	● 知道工艺规定,会看工艺流程图 ● 能正确设置检验设备的参数 ● 会正确使用检验设备 ● 能判定检验设备的好坏 ● 会使用统计方面的工具
电子产品调试、测试	测试方法与参数的确定	● 熟悉产品适用的国家标准和行业规范 ● 熟悉产品性能 ● 会编制测试工艺卡 ● 掌握电路、模电、数电等相关专业知识
	测试设备的选择	● 熟练掌握各种测试设备的使用方法 ● 掌握常用的测试方法和手段
	调试	● 能熟练使用各类调试仪器 ● 熟悉产品的工作原理、调试方法 ● 根据调试文件,对产品各项技术指标进行调试 ● 能排除产品调试过程中各类故障
	电子产品性能测试	● 了解相关的行业标准 ● 正确运用相关的测试方法 ● 能正确地获得数据 ● 具有相关的数据分析处理能力

续表3

任务领域	工作任务	职业能力
电子产品调试、测试	实验数据的整理与分析	● 掌握相关数据分析知识和统计方法 ● 具备认真细致的科学态度
	测试设备的日常维护	● 具备一定的专业英语水平，能读懂设备的使用说明书 ● 具备相关设备维护常识
电子产品生产管理	生产线现场管理	● 具备一定的专业技术能力 ● 懂一般的企业管理模式 ● 与各部门协调沟通 ● 有一定的管理技巧
	产品生产过程控制	● 生产线人员管理 ● 对物料的收发与控制
	计划产量控制	● 按照计划单安排生产 ● 生产产量跟踪
	生产工具管理	● 生产工具分类 ● 生产工具标识 ● 生产工具存放
	工艺文件编制	● 会工艺图纸收集及序号管理 ● 会工艺文件标准化 ● 会生产流程编制 ● 会编制工艺卡 ● 会材料清单编制 ● 掌握文件编制的成套性要求
	检验文件编制	● 能确认检验标准 ● 会编制检验卡 ● 会试验方法编写 ● 会检验文件标准化 ● 掌握文件编制的成套性要求
电子产品销售与售后服务	市场信息收集	● 收集同行信息，确定技术部门开发产品的价位、周期和卖点 ● 会熟练使用电脑
	产品报价	● 能比较本公司产品与同类产品的优劣 ● 会初步核算产品成本
	用户回访	● 善于社会交际，熟悉交际套路 ● 会进行产品的简单维修保养

续表 4

任务领域	工作任务	职业能力
电子产品销售与售后服务	产品技术支持	● 熟悉各种电子产品的工作原理和运用场合 ● 能比较本公司产品与同类产品的优劣
	产品使用指导	● 熟悉产品的性能、使用方法及注意事项
	定期质量调访	● 熟悉产品的质量要求 ● 能与用户沟通
	产品故障修复	● 会使用常用电子设备仪器、工具、仪表 ● 通过仪器、仪表测量的数据能判断产品故障 ● 能分析故障原因并尽快修复
	建立售后档案	● 能对数据进行分析 ● 能进行文件归纳
	与用户沟通	● 知道国家的三包规定及厂家相关的服务承诺 ● 能与客户良好沟通
	产品质量信息反馈	● 能与客户良好沟通
电子设备操作与维护	设备参数设置、调整	● 会看懂设备说明书 ● 熟悉设备操作方法 ● 明确设备各参数作用、含义 ● 明确设备安全操作规定
	设备良好率确认	● 熟悉设备各状态下外观、参数以及各指示灯 ● 仪表显示情况
	生产过程中设备运行状态控制	● 明确设备不同状态下对产品的影响 ● 熟悉相对应产品所需设备运行状态 ● 能根据环境、材料变化确定设备状态 ● 能对设备进行应急处理 ● 具有吃苦耐劳的工作作风
	设备维护保养	● 了解设备维护保养步骤 ● 熟知设备维护过程所需材料 ● 熟知设备各个需维护部分结构 ● 了解设备停止、保存时所需状态 ● 会编制设备管理卡片 ● 掌握设备精度的调整方法

续表 5

任务领域	工作任务	职业能力
电子设备操作与维护	设备运行情况记录	● 了解设备运行记录方式 ● 熟悉设备各仪表显示的模式及数据 ● 熟悉设备各仪表所对应的记录参数
	设备故障诊断	● 熟悉设备结构 ● 熟悉设备工作原理 ● 能辨识机械结构图纸及电路原理图 ● 熟悉设备各个部分所控制设备运行状态
	设备故障维修	● 能熟练使用各种维修相关工具 ● 了解各故障情况下设备维修方法 ● 明确设备安全操作规范
	维修结果记录、认证	● 熟悉设备维修记录格式 ● 了解设备正常运行时各状态及部分参数
产品包装	数量确认	● 对数字敏感 ● 工作认真仔细，反应快
	型号确认	● 认识产品的型号
	客户代码粘贴	● 能规范、工整地粘贴代码 ● 能区分客户代码
	捆包方式选择	● 根据作业指导书，按要求选择捆包方式
	产品储存	● 会对产品进行归类 ● 能标识产品 ● 根据产品要求控制温、湿度等

在进行完初次工作任务与职业能力分析并得出初步结果后，各个专业仍需利用各种机会请企业专家反复对分析结果进行论证。

3. 运用教学分析法，将工作任务体系转为课程体系

课程体系构建的关键是立足工作任务分析表，将工作任务模块转换成课程体系。课程设置时应把握几个原则：一是以工作任务为边界划分课程门类；二是以工作过程的逻辑顺序为依据编排课程顺序；三是以工作任务的频度和难度为依据分配课程学时；四是以工作过程系统化的开发理念，系统设置学习情境。

将工作任务模块转换成课程体系时，要把握关键的几步。第一，排除几乎不需要的专业知识和特别训练的部分。第二，对适合独立设置课程的一级模块，知

识容量又恰当的可直接转成一门课程。第三,对知识容量过大的一级模块可分解成若干课程,按照相关性将工作任务模块分解成课程,另外,课程容量太大则不易组织教学。第四,容量较小的模块可合成一门课程。第五,以工作过程的逻辑顺序对课程进行排序,兼顾教学规律,从而形成课程体系。

4. 分析职业行动中的关联任务,归纳专业的行动领域

工作过程导向课程本质上是"行动化"的课程,因此,课程内容选择应以系列行动化学习项目为载体,建立职业岗位系列工作项目与课程内容系列行动化学习项目间的依存关系。选择课程内容时,应对专业职业岗位的工作任务和职业行为能力进行再分析,将未来职业岗位中有意义的行动情境中相互关联的任务集合起来,形成专业的行动领域,通过分析各行动领域的功能和各个行动领域中相对应的职业活动所需要的能力和知识,对行动领域进行合理排序。

5. 构建学习领域课程,形成专业教学计划

学习领域是一个由学习目标表述并通过行动导向的学习情境使其具体化的主题学习单元。一个学习领域课程由能力描述的学习目标、任务陈述的学习内容和总量给定的学习时间三部分构成。专业学习领域确立的依据是专业的行动领域,将完成典型工作任务所具备的职业能力有机组合,对行动领域进行教学化归纳。将归纳出的职业能力转化为学习领域课程,构成基于工作过程的专业教学计划——学习领域课程。具体的做法是:通过对实际工作岗位的职业能力分析,确定专业学生应掌握的知识、技能、应具备的职业能力以及为达到培养目标所要进行的教学过程、教学原则、教学方法、教学手段、教学的组织形式和教学效果评价等,并根据本地区企业发展现状,结合自身教学、实训条件,将职业能力所包含的知识点合理重组与细化,从而实现知识的解构与重构。在进行专业教学进程表设计时,必须十分注重各学习领域之间教学内容和知识点的合理序化与衔接,以保证教学的科学性和可操作性。

应用电子技术专业课程体系共分成五大类,即基础素质课程、研发岗位课程、生产管理岗位课程、个性化的课程和综合实践课程。实施课程分类的目的是便于将不同类的课程采用不同的实施模式。整个课程体系贯穿两条教学主线:第一条主线是职业岗位能力培养主线,由职业发展与就业指导、研发岗位课程、生产岗位课程和综合课程等组成。研发岗位课程主要采用项目教学方法,主要在实验实训室内实施;生产岗位课程,主要涉及生产工艺、产品生产管理控制、产品检测与调试等方面的内容,主要在生产性实训基地和通过校外顶岗实习来实施;生产与管理岗位职业能力培养通过在生产性实训基地完成5门生产管理岗位课程的学习,为第五学期下半学期开始安排去校外企业进行顶岗实习及预就

业过渡打基础。第二条主线是学生个性化培养主线，渗透在各个基础素质课程及各专业课程中，并通过各个课外兴趣小组的教学过程，使每一个学生从一年级开始每学期必须参与一项兴趣小组活动，通过专业导师带领学生参与兴趣小组的活动，把专业教学活动从课内延伸到课外，将学生的共性培养转变为个性化培养。由此来培养学生积极的学习心态、良好的学习习惯、较强的自主学习的能力，使学生具备接受新知识的能力和创新创造的能力（见图4-1）。

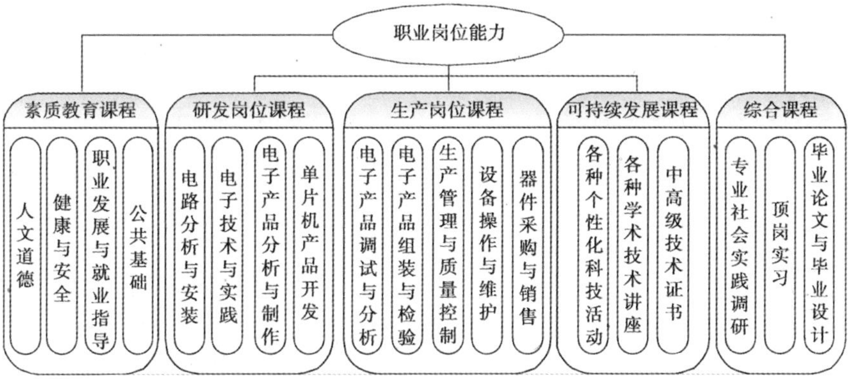

图4-1　应用电子技术专业项目课程设置体系

6. 进行教学开发，设计教学项目和学习情境

学习领域课程教学的典型表现形式是项目化教学。我院在进行课程体系改革之前的2005年即在全院开展了“职业教育教学能力的培训和测评”系统工程。这项工作从“新职教观念”的系列讲座开始，然后由参评教师从所承担的课程中自选一门课程和其中的一次课进行一次课的单元教学设计和整门课程的整体教学设计。通过专家（骨干）辅导、面对面的指导、示范演示、专业（教研室）集体研讨等方式，每位教师能按照新职教观念的要求实施课程教学设计。通过以点带面、分层推进，分期分批实施测评。与此同时，按照上述观念和教学设计要求，教学、人事、督导等部门修改课程教学评价标准、教师培训上岗要求、教师业务能力评定和考核标准等相应的制度，完善考核机制，重新构建以能力为中心的教学质量评价体系。职业教育教学能力培训的关键就是对课程的项目化设计以及对项目实施过程的情境化设计。这项工作的开展使得宁波职业技术学院学习领域课程的教学开发工作格外顺利，绝大部分教师能够在学习领域课程的教学开发中把项目化教学的课程设计理念融入学习领域课程的教学项目和学习情境设计之中，并在课程教学中得到实践。以应用电子技术专业“电路分析和安装”课程的教学开发为例。

(1) 课程内容设计

该课程在岗位工作任务分析基础上对原有课程内容以基于工作过程为主线进行整合和序化(见图4-2)。

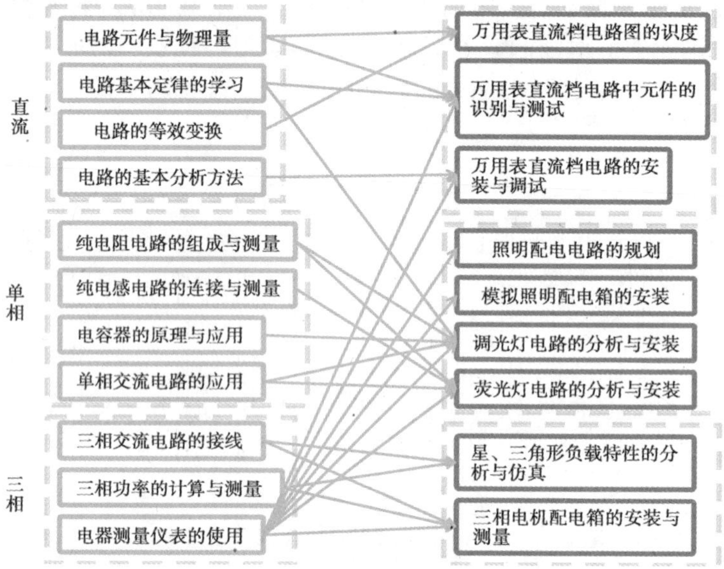

图4-2 "电路分析和安装"课程内容整合图

(2) 课程目标设计

该课程在岗位工作任务分析基础上确定课程能力目标、知识目标和素质目标(见表4-2)。

表4-2 "电路分析和安装"课程教学目标

能力目标	① 能进行安全用电,实施触电急救; ② 能识别常用电路元件(电阻、电容、电感),并判断其好坏; ③ 能选择并使用常用电工测量仪表(万用表、电压表、电流表、功率表、电能表、频率表)进行基本电量的测量; ④ 能读懂简单的电路原理图,能绘制电气测量仪表接线图; ⑤ 能正确使用常用电工工具进行电路的搭接、测量仪表的安装、元器件的焊接; ⑥ 能进行简单配电线路的参数计算、元件选择与电路规划; ⑦ 能使用 EWB 软件模拟仿真电路特性; ⑧ 能进行实际电路的测试、故障判断和排故; ⑨ 能进行数据整理、估算、计算和报告撰写。

续表

知识目标	① 了解企业供电常识和安全用电常识； ② 熟悉典型的电路元器件及其在电路中的功能； ③ 理解电路的基本概念和基本定律，掌握直流电路的典型分析方法； ④ 熟悉单相/三相正弦交流电路及其分析方法； ⑤ 掌握常用电工测量仪表的功能与使用方法； ⑥ 掌握常用电工工具使用方法。
素质目标	① 养成良好的安全用电和自我防范意识，能够自觉按规章操作： ——能在工作前检查工具、测量仪表和防护用具是否良好； ——在停电作业时，能先用电笔检查是否有电，方可进行工作； ——在设备安装或修理完毕时，能在送电前进行严格检查； ——在工作时能戴安全帽、穿长袖衣服、戴绝缘手套、使用绝缘工具，并站在绝缘物上进行操作； ——在拆除电气设备和线路后，能对可能供电的线头立即用绝缘布包好； ——能做到在动力配电盘、配电箱附近不堆放易燃、易爆、潮湿的物体； ——当电气设备发生火灾时能立即切断电源，然后使用 1211 灭火器或 CO_2 灭火器，不使用水或泡沫灭火器。 ② 养成文明施工意识，能够自觉保持工作环境的整洁： ——能珍惜爱护设备、工具和原材料； ——能保持工作现场整洁干净，工具摆放有序。 ③ 养成良好的团结协作精神，主动适应团队工作要求： ——能根据工作任务进行合理的分工； ——能服从组长的统一安排。 ④ 培养良好的语言表达能力： ——能描述任务内容及要求； ——能描述制定好的工作计划； ——能用 PPT 演示进行工作总结发言； ——能与各小组交流本组项目实施过程中的问题解决经验。 ⑤ 培养良好的查阅、整理技术资料的能力： ——能在任务实施之前查阅相关电路原理、电路分析方法； ——在进行电路安装、故障排除之后能对所进行的工作任务进行资料收集、整理、存档。

（3）课程项目设计与实施

根据能力目标设计要求，将整个课程设计为一个大项目“学校模具工程中心照明与动力配电电路的规划与实施”，由几个关系紧密的子项目组成。课后则以项目“我的家庭配电电路的规划”作为终结性考核内容。此外，第二课堂通过班级建设项目及专业兴趣小组的形式作为对第一课堂的补充（见图 4-3、图 4-4）。

项目＼周次		5～6	7	8～10	10～12	12～13	13～15	15～16	17	18～19
学校模具工程中心照明与动力配电电路的规划与实施	子项目	万用表直流挡电路的分析与安装			照明配电电路的规划与安装				动力配电箱的安装与测量	
	任务	万用表直流挡电路图的识读	万用表直流挡电路中元件的识别与测试	万用表直流挡电路的安装与调试	照明配电电路的规划	模拟照明配电箱的安装	调光灯电路的分析与安装	荧光灯电路的分析与安装	基于三相电机的星三角负载特性分析与仿真	三相电机配电箱的安装与测试
第二课堂					万用表电阻挡和交流电压挡电路的分析与安装		实验室废旧万用表的维修或校园供配电维护小分队（二选一）			
形成性考核	平时成绩	考勤、平时作业、课堂提问、学习态度10%								
	学习任务成绩	2%	6%	8%	6%	6%	6%	6%	2%	8%
终结性考核		期末笔试30%								
					课后项目：家庭配电电路的规划10%					
第二课堂考核					7%			8%		
								8%		

图4-3　“电路分析和安装”课程项目进度

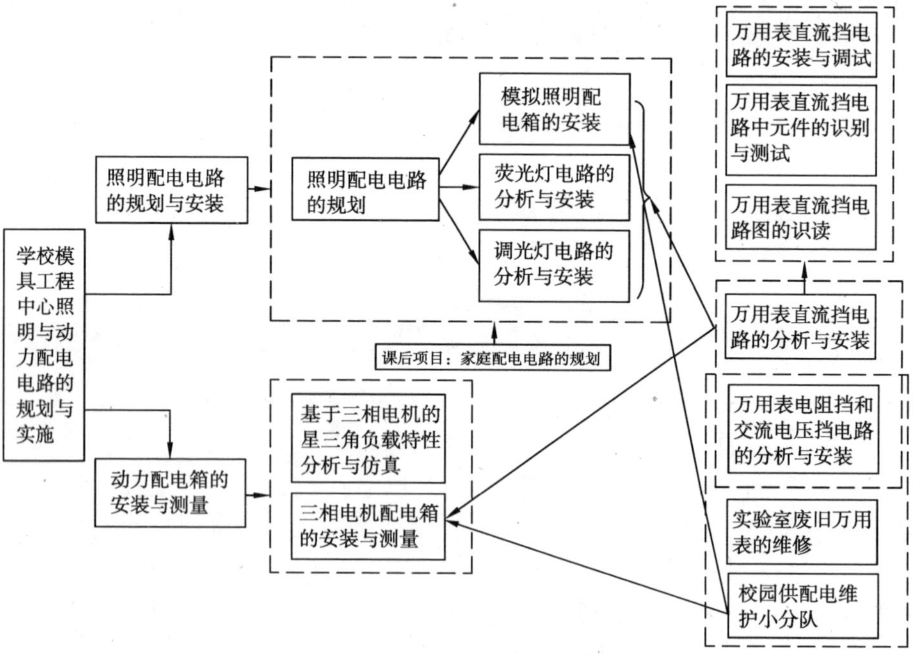

图4-4　“电路分析和安装”课程实施流程

(4) 学习情境和学习任务设计

根据所设计的课程教学项目，项目的实施须要根据真实工作岗位的工作情境来设计项目任务引入的学习情境，根据这个学习情境来导出一组学习任务，一个学习任务又可以划分为几个学习情境，而这种在任务完成过程中可能出现的各种情境可以是正常情境，也可以是出错、意外、紧急、违规情境等。例如"电路分析和安装"部分课程情境任务图(见图4-5)。

<table>
<tr><td>情境</td><td colspan="6">重新改造宁职院模具工程中心动力配电电路是因为有一路线曾经发生过烧断的情况，甲方要求在1个半月内完成宁职院模具工程中心动力配电电路的规划与安装。</td></tr>
<tr><td>子项目3</td><td colspan="6">动力配电箱的安装、调试与测量</td></tr>
<tr><td>情境</td><td colspan="6">情境1：调查模具工程中心三相负荷情况，1.1 调查过程中发现中线上安装了开关设备。这会出现什么问题，又该怎么解决？(出错)</td></tr>
<tr><td>任务</td><td colspan="3">任务1：三相电路特性分析</td><td colspan="3">任务2：三相电机配电箱的安装、调试与测量</td></tr>
<tr><td>正常
紧急
出错
意外
违规
情境</td><td colspan="2">1.1 甲方要求模具工程中心所有机床电动机能降压启动，全压运行，机床绕组该如何连接？(正常)</td><td>1.2 三相电路A相上的单相电动机出现转速变慢的情况，这是怎么回事？(出错)</td><td>1.3 甲方要求工程中测量仪表安装要符合电气安装工程规范标准，怎么做才能达到甲方的要求？(正常)</td><td>1.4 甲方要求工程中接线要求符合电气安装工程规范标准，怎么做才能达到甲方的要求？(正常)</td><td>1.5 验收标准中提到必须要提供电路功能检测证明，我们该怎么做？(正常)</td></tr>
<tr><td>子任务</td><td>1.1 电动机星形绕组连接</td><td>1.2 电动机三角形绕组连接</td><td>1.3 排除A相线路上的故障，拆除中线上开关设备</td><td>2.1 元件和仪表的安装</td><td>2.2 导线的连接</td><td>2.3 动力配电箱的调试</td></tr>
</table>

图4-5 "电路分析和安装"部分课程情境任务

第五章

追求优效:示范性高职院的教学创新

第一节　有效教学是示范性高职院的核心

一、当前我国高职院校教学存在的主要问题

教学质量是学校办学的生命线。教学质量的提升涉及教学目标、教学内容、教学方式和师生现有的能力状况等多个方面。从总体来说,随着我国高等教育大众化,在高职教育的规模得到了迅速扩大的同时,教育教学质量却一时难以得到提升,有些院校甚至出现下降的趋势,这不能不令人担忧。总的来说,目前我国高职院校教学方面存在的主要问题包括如下几个方面。

一是教学目标制定缺乏一定的科学性,过程监控也不力。正如有论者指出的那样,当前我国一些职业技术院校的教学质量不高的原因是多方面的,但其中最重要的原因是教学目标制定得不合理,科学性、系统性和连贯性不足,与社会职业岗位对职业人才的培养要求相脱节,既缺乏现实针对性,又缺乏未来适应性。一些学校课程的教学目标常常不是过于抽象,难以具体落实,就是过于具体到知识和技能,而很大程度上忽视了情意和人格方面的培养。当然,围绕教学目标的过程监控也做得不够到位。一方面未通过对社会人才需求调查、就业上岗调查和毕业生追踪调查等,不了解用人单位对学院培养人才的要求,无法建立明确的、能随时校正和调控的学生应知应会的标准;另一方面未能对实现专业培养目标的专业核心课程进行课程教学目标实现的认定。

二是教学内容仍习惯以学科体系为主,行动体系未凸显。仍然受传统的普通教育教学观念的影响,重视书本知识的学习,轻视动手能力的培养,以综合能力为本位的教学观念还未能在职业教育领域中得到充分的实践。仍有很多职业技术学校还停留在"在黑板上种地、开汽车",实验、实习、实训条件跟不上学生增长的速度。

三是教学方式仍是授—受式学习为主，实践教学走过场。在不少职业院校里，以教师为中心、知识传输型教学形式仍占据绝对优势，通过被动的视听和模仿，通过封闭的推导和演算，学生充其量获得一些事实性知识和理念概念，但是这些距离职业岗位所要求的从业素质和实际操作能力还是非常遥远的。

四是师生关系的观念调整容易极端化，教师作用遭忽视。随着时代发展，特别是“以人为本”的理念渐渐被人们所接受，传统的“以教师为本”教学观逐渐让位于“学生为主体”的教学观。但就这种新型的教学观应当如何正确解读，却有不同的看法，有些看法为教师不作为的“放羊式”教学找到了借口。其实，从学生的角度来说，把教学过程从以“教”为主变为以“学”为主，需要学生较强的学习主动性和学习目的性。职业学校的学生大部分是分流生，一方面，他们学习习惯比较差，平常学习往往只是为了逃避教师和家长的责备，缺乏内在的动力；另一方面，由于他们的学习基础比较差，因而在不同程度上有厌学的情绪，不用说学习复杂的内容，就是学习简单的内容，如果不能感受到乐趣也都不乐意学习。所以在这种情形下，完全把教学过程交给学生，靠学生的学习兴趣、学习目标来主导整个教学过程，应当说是一种不负责任的态度。

二、有效教学是示范性高职院的第一示范

离开教学质量谈高职院的示范性，等于是舍本逐末。熟悉学校教育的人都知道，学校的中心工作是教学，其他诸如行政、后勤等工作都必须围绕教学工作来进行。教学是学校培养人才的基本途径，是教师工作任务的基本内容，是学生获得发展的基本保障，高职院也不例外。

从教育组织行为学的视野来看，示范性高职院毫无疑问应当是有效学校，而有效学校的核心则是有效教学。所谓有效学校即高性能学校，是不断改进的学校，是指各方面均有良好绩效的学校。它强调学校的内涵发展，渗透着教育服务的理论。有效学校的特征是什么？教育学术界有不同的看法，其中最有代表的看法来自于美国教育学者 S. C. 普尔奇和 M. S. 史密斯，他们坚持二十多年研究有效学校的特点，试图找出它们与低效学校的不同。研究结果表明，那些有效学校或是颇有成效的学校，都是依据五个基本假定进行组织和运作的：一是不论学校能够做什么，应该做什么，其中心任务就是教学；衡量成功的标准是学生在知识、技能和思考能力方面所取得的进步。二是学校应负责提供教与学的一切环境。三是学校必须被作为整体来看待：为满足某些学生的需要而损害教学计划的统一性的一些做法可能会遭遇失败。四是学校最重要的特点是教师和其他员工的态度和行为，而不是诸如图书馆规模、校舍的多少等物质条件。五或许是最

重要的一点,学校要为学生学业成绩的好与坏承担责任:人们坚持认为,不论种族地位、性别、家庭和文化背景、家庭收入有何不同,学生都能够学习①。粗看一下,我们就不难看出这五条的每一条都与教学有着十分密切的关系。据此,可以说没有有效教学,有效学校也就无从谈起。如果把"有效"换成"示范",把"学校"换成"高职院",这个命题应当同样成立。如果我们细研这五条内容,或许可以发现:这五条中的第一条关于学校中心任务就是教学,衡量成功的标准是学生的进步,应当说这是最明确、最根本或最核心的,其他四条可以说是围绕这一条而进一步展开的具体的条件,分别涉及教学环境(第二条)、教学公平(第三条)、教员素质(第四条)、责任主体或评价归因(第五条)。

由于教育的类型及培养人才的规格不同,职业院校是否为有效学校,或其教学是否为有效教学,应当有着不同于普通院校有效学校或教学的具体内容。教育部为了进一步落实《国务院关于大力发展职业教育的决定》精神,于 2006 年年底提出《关于全面提高高等职业教育教学质量的若干意见》,文件第一次确定了高等职业教育作为高等教育中的一个类型,并深刻指出高等职业教育全面提高教学质量的重要性和紧迫性,提出要切实把工作重点放在提高教育质量上,要改进教学方法和手段,融"教、学、做"为一体,强化学生学习能力的培养。同时指出,人才培养模式改革的重点是教学过程的实践性、开放性和职业性,实验、实训和实习是三个关键环节,须要加强实训、实习基地的建设,须要探索工学交替、任务驱动、项目导向、顶岗实习等有利于增强学生能力的教学模式。此外,还提出了加强教学评估,完善教学质量保障体系建构的意见和建议。从这份文件中,我们可以看出,高职院校的有效教学问题已经是到了刻不容缓须要解决的程度。不抓住这个核心问题,学校的有效性必然大打折扣,示范性更是无从谈起。

第二节　示范性高职院有效教学模式

"模式"一词是英文 model 的汉译名词(model 还译为"模型"、"范式"、"典型"等),一般指被研究对象在理论上的逻辑框架,是经验与理论之间的一种可操作性的知识系统,是再现现实的一种理论性的简化结构。将模式一词最先引入教学领域,并加以系统研究的人,当推美国的乔伊斯(B. Joyce)和韦尔(M. Weil),他们在《教学模式》一书中认为:"教学模式是构成课程和作业、选择

---

① 罗伯特·G. 欧文斯《教育组织行为学》第 139 页,窦卫霖、温建平译,中国人民大学出版社,2007 年。

教材、提示教师活动的一种范式或计划。”实际教学模式并不是一种计划，因为计划往往显得太具体，太具操作性，从而失去了理论色彩。将“模式”一词引入教学理论中，是想以此来说明在一定的教学思想或教学理论指导下建立起来的各种类型的教学活动的基本结构或框架，表现教学过程的程序性的策略体系。因此教学模式可以定义为：在一定教学思想或教学理论指导下建立起来的较为稳定的教学活动结构框架和活动程序。作为结构框架，突出了教学模式从宏观上把握教学活动整体及各要素之间内部的关系和功能；作为活动程序则突出了教学模式的有序性和可操作性。

一、国际职业教育有效教学模式举隅

世界职业教育在二战后得到了迅猛的发展，不少发达国家（包括世界劳工组织）为了适应科技发展及企业对人才素质的要求，结合所在国的社会文化、教育制度等条件，创造了一些既适合于本国职业教育发展，又对他国有一定借鉴意义的、行之有效的教育教学模式。这里主要介绍德国、加拿大、英国、澳大利亚及世界劳工组织提出的职业教育教学模式。

1. 德国“双元制”教学模式

德国以企业培训为主的“双元制”职业教育，不仅为其战后的崛起起到了强大的推动作用，而且构成了德国民族文化的一个重要方面。它是针对在教学中反复出现的“知识与能力”的协调以及相关问题而制定的方案描述。相对于学校制职业教育，“双元制”职业教育更注重实践技能的培养并使之得到确切的保证。同我国现行的偏重系统理论传授的职业教育教学内容相比，以岗位要求为培训目标的双元制职业教育更受企业的欢迎。

德国“双元制”中所谓“双元”，是指职业培训要求参加培训的人员必须经过两个场所的培训，一元是指职业学校，其主要职能是传授与职业有关的专业知识；另一元是企业（或公共事业单位等校外实训场所），其主要职能是让学生在企业里接受职业技能方面的专业培训。所以“双元制”的核心是“知识”和“技能”，是“理论”和“实践”。至于两个学习地点（职业学校与企业）、双重培训身份（学生与学徒）、两种指导文件（《理论教学大纲》与《职业培训条例》）、两种考试评价（专业知识考试与实训技能考试）、两种经费保障（国家与企业）等都是基于或者服务于“理论”和“实践”教学的。

“双元制”教学模式的核心是能将理论与实践、知识与能力融入一个共同体中，成为教学中彼此协调的整体。因此，“双元制”教学模式不是单指职业教育，而是能够适应各类各级学校教学的理论与实践、知识与能力协调的两个“元”的教育模式。有人形象地说,天文学上两颗质量极其接近的星体,由于所受对方的引力接近,所以彼此吸引对方,互相绕着对方旋转不分离,成为双子星。其实理论与实践、知识与能力之间同样是这种关系。

2. 加拿大 CBE 教学模式

加拿大的社区学院普遍实行 CBE(Competency-Based Education)教学模式,CBE 模式实际上是一种以职业综合能力为基础,以胜任岗位要求为出发点的教学体系,是近年来国际上相当流行的一种教育思想,有布鲁姆、卡罗尔、凯勒等教育家的理论作为背景,它的个性化的教育方法,体现了西方的文化价值观。CBE 中的能力是指综合的职业能力,包括四个方面:知识(Knowledge)指与本职相关的知识领域;态度(Attitude)指动机、情感领域;经验(Experience)指活动领域;反馈(Feedback)指评价、评估领域。因此 CBE 的能力与心理学上的"能力"(Ability)不同,也不是我们常用的"操作能力、动手能力"。

CBE 的主要特征:一是以职业能力作为教育的基础,作为培养目标和评价标准,以通过职业分析确定的综合能力作为学习的科目,以职业分析表所列的专项能力从易到难地安排教学和学习计划。二是以学生个人能力为基础开展教学,学生原有能力,经考核给予承认,可缩短学习时间。三是强调学生的自学和自评,老师是学习过程的管理者,帮助学生制定个性化的学习计划,学生对自己的学习负责,教师对学生起示范作用,对学生的自学自评进行考核评定。四是教学上灵活多样,管理上严格科学。

CBE 强调岗位需求和学生在学习过程的主体作用,课程可以长短不一,学生程度可以不同,学习方式全日、半日、业余等可以由学生决定,毕业时间也不要求一致,易于做到小批量、多品种、高质量。因此要有一套严格科学的管理,才能满足教学需要,发挥教育资源的作用。从教学评估或评价来说,前面所说的综合职业能力的四方面要求都能达到就构成了一种专项能力,以一个学习模块的形式表现出来,6～8 项专项能力构成一种综合能力,8～12 项综合能力构成一种职业能力。为保证能力分析的客观性和实用性,这种职业分析工作,综合能力和专项能力的确定是由企业的专家和专门的课程设计专家组成的顾问委员会完成的,学院的教学人员一般不参加。

3. 英国 BTEC 教学模式

BTEC 可简单概括为国际认可学历、国际标准资格、统一标准课程,它适用于世界各国。BTEC 又是英国商业与技术教育委员会(Business & Technology Education Council)的简称,它成立于 1986 年,由英国两大职业评估机构商业教育委员会(BEC)与技术教育委员会(TEC)合并而成,是英国的资格开发和颁证机构。1996 年，BTEC 与有百年历史的伦敦大学考试与评估委员会合并，成为英国最大的职业和学历资格授予机构——Edexcel Foundation。全世界共有 100 多个国家、5700 多个中心在实施 Edexcel Foundation 的课程。作为成功的教学模式，人们将其简称为“BTEC”或“London Examinations（伦敦考试）”。

BTEC 在中等、高等职业教育和人才培训方面具有世界领先水平，在关键技能教育的拓展方面有着卓越的表现和权威性。在英国，有超过 300 万学生接受过 BTEC 的职业教育。目前，该机构在全世界有 40 万在册学生。BTEC 标准课程的要求适用于各个国家，学生在完成了 BTEC 的课程后得到的是具有国际标准的、被普遍承认的资格。英国的大多数大学和高等教育机构都采纳了这些资格课程。通过 BTEC 课程学习，可获得英国高等学术教育和职业教育相融合的高等教育证书，它的课程涵盖众多实用领域，如设计、商业、护理、电脑、工程、酒店和餐饮、休闲与旅游等。在全世界范围内，有 130 多个国家承认和使用这种文凭，获得该文凭既具备了职业资格，又等同于完成了英国大学同类专业的一至两年课程，学生可以选择就业或者升入英国大学二年级或三年级攻读学位。

BTEC 作为一种新的教学模式，具有鲜明的特点：全英语授课；强调学术和职业专业两方面的平衡；特别重视个性的发展，鼓励个人潜能的开发；倡导以学生为主体的教育思想，使学生能够学会如何学习，成为学习的主人；课程以单元模块为单位，既有统一要求，又可适应个体需要；整个教学不是以最后的考试为唯一考核依据，平时的课业等也是衡量学生是否达到教学目的的主要标准。

采用 BTEC 教学模式，学生可掌握国际上通用的新技术，熟悉国际惯例，提高外语水平，培养多种能力，有利于成为外向型人才。而且，通过 BTEC 课程的学习，学生既可获得国际上认可的证书，又能取得国家承认的大专学历证书。

BTEC 虽有如此之多的优点，但开设 BTEC 证书课程也要具备一定条件。首先，学生英语要达到中级水平，高中或中专毕业。教育机构要能够保证 BTEC 课程正常运行，有适合开设专业课程包括实习和工作的设备与场地，并保证这些设备的正常运转与更新，所有授课教师要具有用英语讲授专业课的能力，学校要有良好的生源。

4. 澳大利亚 TAFE 教学模式

TAFE 即技术与继续教育（Technical and Further Education）的英文缩写，是澳大利亚职业教育与培训体系 VET（Vocational Education and Training）的教育实施系统。澳大利亚各州的 TAFE 体系各不相同，但文凭是全国通用的。每年有近 70% 的高中毕业生，即超过 100 万的学生在遍布全国的大约 300 所 TAFE 里读书。TAFE 在澳洲教育界的定位相当于美国之社区学院（Community and Junior

College)、英国的综合技术学校(Polytechnic System),或者我国的高等职业教育。TAFE 是一种在国家框架体系下以产业为推动力量,以客户为中心,办学形式灵活多样,与中学和大学有效衔接的高质量的教育培训体系。TAFE 逐步被澳大利亚联邦政府及各州政府当作促进经济与社会发展的主要工具。

TAFE 教学模式最显著的特点就是以国家职业教育与培训体系提供的整套培训计划、大纲为目标,设计教学程序,并注重课程和训练的实践性,完全以市场需求为导向,以工业部门、行业协会和雇主对专业人才的需要为依据。TAFE 对教师的要求非常严格,除学历要求外,还必须有 3 至 5 年职业工作经历。实训是澳大利亚 TAFE 的主要内容,TAFE 学院的教学主体是实践教学,如贺姆斯格兰学院开设的有些课程,实践操作和理论教学的比例为 7∶3。

5. 国际劳工组织 MES 教学模式

MES 教学模式即"模块培训(教学)法"。MES(Modules of Employable Skills,模块式技能培训),是 20 世纪 70 年代初由国际劳工组织研究开发出来的以现场教学为主,以技能培训为核心的一种教学模式。它是以岗位任务为依据确定模块,以从事某种职业的实际岗位工作的完成程序为主线,可称之为"任务模块"。

从 MES 的推广实施情况看,它较传统的职教模式具有以下几方面的优势:一是缩短了培训与就业的距离。MES 突破了传统的以学科为系统的培训模式,建立起了以职业岗位需求为体系的培训新模式,这就使培训更加贴近生产、贴近实际,缩短了培训与就业的距离。二是有助于提高学习效率。MES 有利于学生在学习动机最强烈的时候,选修最感兴趣和最为需要的内容。而有关学习理论和经验都证明,学生的学习动机越强烈,学习兴趣越浓,学习的效果就越好。三是有利于保持学习热情。MES 中的每个模块都比较短小,又有明确的目标,所以,有助于学生看到成功的希望,并在较短的时间内为获得成功而满怀热情地奋斗。另外,由于模块短小,即使学习失败,损失也较小,容易及时调整。四是具有开放性和适应性。MES 是一种积木组合式的培训模式,不同的模块或相同模块的不同组合,便可形成不同的培训内容。因此,它可以通过增删模块或单元来摒弃陈旧的内容和增添新的内容,从而保证了培训内容总体上的时代性和先进性。

二、我国示范性高职院有效教学模式探索

上述国外职业教育教学模式先后介绍到我国,在本土化借鉴与国际化合作过程中,这些独特教学模式的运用与改造为我国职业教育的发展做出了相当大的贡献。虽然到目前为止我国职业教育还未能向世界贡献出自己的有影响的教

学模式，但包括研究者和实践者在内的职业教育工作者研究探索教学模式的热情却越来越高，产生了一些有一定实践价值的教学模式。

1. “互动式”教学模式

基于对高职教育定位的把握，立足高职人才培养的核心，“互动式”教学模式，就是把教育活动看作是师生进行一种生命与生命的交往、沟通，把教学过程看作是一个动态发展着的教与学统一的交互影响和交互活动过程，在这个过程中，通过优化“教学互动”的方式，即通过调节师生关系及其相互作用，形成和谐的师生互动、生生互动、学习个体与教学中介互动，强化人与环境的交互影响，以产生教学共振或教学相长，达到提高教学效果的目的。有研究者认为，这一模式所需要的教学条件：一是要有一支高水平的“双师型”教师队伍。二是高职学生要具备自主学习的素质和能力。三是师生必须明确就业或创业方向，并就职业的知识体系、技能体系达成共识。四是建立师生平等的教学关系。五是建立科学的评价考核体系。这一模式的实施方法：一是把实训室作为“主战场”。二是理论教学的互动是必要环节。三是实习环节的互动是检验教学效果的重要环节①。

2. “情境—达标”式教学模式

“情境—达标”式职业教育教学模式是以提高学生的就业能力和促进学生的全面发展为目标追求，以创设职业情境和实行达标教学为突出特征的，有关职业技术院校教学目标如何制定，教学活动如何组织，教学内容如何设计，教学过程如何调控，教学评价如何进行的操作程序与策略体系。“目标”与“情境”是影响教学质量的两个重要变量。当前我国许多职业技术院校教学质量持续走低的原因固然是多方面的，但其中最主要的原因是教学目标制定得不合理，缺乏科学性、系统性和连贯性，与学校的培养目标和社会对职业人才的需求相脱离；教学情境选择得不适当，缺乏针对性、直观性和有效性，与教学目标和教学内容的要求不匹配，与学生的接受水平和未来工作不相容。“情境—达标”式职业教育教学模式就是以“目标”和“情境”（学生未来工作的职业情境）为切入点，对职业技术院校教学工作进行的全方位改革。其目的在于通过建立科学、合理的教学目标体系和选择正确、适宜的教学情境，引导和带动整个教学活动优质、高效地进行②。

3. 基于实践导向的教学模式

在职业教育教学中，教师通常面临的挑战是：学生如何才能有效掌握教学内

---

① 杨京楼、张金华、陈新《浅议高等职业教育的“互动式”教学》，《教育与职业》，2006 年第 24 期。

② 吴晓义、颜景信《“情境—达标”式职业教育教学模式研究》，《教育与职业》，2006 年第 14 期。

容,并将学校所学职业知识、职业技能及职业和社会规范灵活有效地迁移到职业工作情境中,创造性地解决实际职业问题？学生如何才能成为具有自我调节能力、问题解决能力和社会适应能力的合格职业人才？这一模式与“情境—达标”式教学模式在强调工作情境方面是一致的,它主要从学习心理学的视野来分析,认为我国职业教育教学观应从技能操练的任务分析到行动学习环境的创设。传统的基于行为主义技能导向的能力本位教育认为,只要在简化的情境中教给学生概括化的知识原理和熟练化的操作技能,就可以在遇到的工作情境中进行广泛的迁移,然而事实并没有这么简单,去情境化知识原理和技能的惰性问题的阴影挥之不去。而基于实践导向的教学取向认为,学习是在社会文化和情境中的有意识的行动和反思过程,即在情境中行动,在行动中建构。基于实践导向学习观的教学力图为学生提供一种有助于行动学习的情境,使学生参与职业工作实践,进行合作学习和探究学习,并支持其确立作为一名有价值的社会成员的积极身份。创设实践环境的方式有很多,如认知学徒制、支架式教学、项目教学、基于问题的学习、工作本位学习、小组讨论与合作学习等方式,让学生参与具体领域的活动,亲身经历接受任务、制订计划、实施计划、开展合作、展示成果、总结和交流经验等完整工作活动流程,而不只是简单地听取他人的经验介绍。创设情境激发学习者的探究兴趣和迁移动机,鼓励学生自己去发现、探究复杂问题的解决方案,为学习者提供各种资源的支持以及营造研究的氛围,等等①。

4. 体验训练教学模式

体验训练教学模式是利用职业学校与企业联合为学生创设的技术教育平台或网络模拟创设的技术教育平台,对学生进行职业选择和技术教育的一种教学范型。它以建构主义为理论基础,学习过程建立在学生的体验上。体验训练教学模式由“体验”和“训练”两部分组成。“体验”有利于学习意义的建立和认知过程中问题的转化,它包括感官体验、理性体验和行为体验三个环节,三者之间不存在绝对的界限。而“训练”即实践操作环节,它是在前一阶段体验的基础上,将学习者的学习动机转化为学习行动,激励学习者主动参与到实践活动中去,自主自发地进行该职业相关技能的训练,以达到该职业所需的理论与技术要求,形成工作意识和技能。体验训练教学模式是建立在现代教学手段、学习条件下的职业教育教学模式,强调学生在真实情境中的体验和训练,使教学过程中的问题产生于实际情境中,通过引导学生提出高质量的问题,使学生认知能力和操作技能获得提升,凸显学生的主体地位,真正体现“做中学”、“做中教”的职业教

---

① 王泽荣、赵清梅《学习心理视野下的职业教育教学》,《中国职业技术教育》,2006 年第 11 期。

育教学特征。注重学生的探究和理性思考，训练专业化技能，既重视学生的理论学习，更强调学生带着自己发现的问题在教师指导下探索解决的途径，寻求理论支撑，将理论付诸实践，转化学习过程中出现的各种冲突和矛盾，为学生探究能力的培养提供空间和机会。关注学生的职业选择和职业道德培养，为学生创造真实的工作体验机会，便于学生了解职业要求和岗位职责，能依据个人的兴趣爱好和特点选择自身发展方向。该模式遵循人的心理发展规律和职业形成规律，可以看作是职业学校教育从“教化”（“要我学，大家都必须学”）向“学化”（“体验过，我喜欢，我要学”）转变的双边动力教学系统①。

5. 一体化教学模式

一体化教学是促进学生理论联系实际，切实提高学生动手能力的一种有效教学模式。职业教育逐渐改变过去的传统教育模式，采取一体化教学的原因是多方面的，比如学生素质的下滑，理论不能完全指导实践，等等。在各种原因和大环境的作用下，一体化教学以学生为主体，改变了原来的学生在下面昏昏欲睡或“填鸭式”课堂模式，改变学生被动听讲的局面，让学生“动”起来，在技能训练中掌握理论，在理论学习中提升操作技能。多给学生自己动手操作的机会，使同学们从枯燥乏味的理论中解脱出来，获取他们需要的就业技能。一体化教学是一项系统工程，需要各方面的配套措施，具体包括五个“一体化”：一是师资一体化。严把教师入口关，要建立一体化教学教师队伍，就要改变唯学历的观念，大量引进“能工巧匠”，把真正既有“才”又有“能”的人吸引到教学岗位上来，进而带动一批教师、一个专业的成长。在把好教师入口关的同时，对现有教师进行强化培训。鼓励基础课教师参加专业实践活动，学一些专业课知识，充分了解专业课对基础课的知识要求。专业课教师要进行生产实践锻炼，如利用假期或业余时间到工厂、企业、实训室进行实际操作，切实提高动手能力。实习指导教师要加强理论学习，通过听课、讲课、备课等提高自己的理论水平。激励教师向一体化发展，一体化教学不同于一般的课堂说教，教师在教学过程中往往边干边教，对教师要求很高。每上一堂课，教师都要做大量的准备工作，还要在教学中不断学习、提高，付出的劳动量很大。因此，要提高一体化教学教师的待遇，体现多劳多得的原则，充分调动教师积极性。二是教学场地一体化。教室、实验室、实训基地、资料室、电教室一体化。三是教学计划一体化。缩短理论讲授时间，增加实践教学时数；增加每个教学环节的授课时间；专业课不再分考试、考查课，也没有集中考试时间，随时考、练中考、考中练，教学计划中不再单独列专业考试周。

① 杨风义《职业教育体验训练教学模式探析》，《职业技术教育》，2009 年第 32 期。

四是教学内容一体化。实施一体化教学后，每次课的课时有所延长，而且内容也相对集中(因为要准备器材)，要求对教材内容和形式作相应的调整，可设立若干个相对完整的独立课题，教材编排适宜采用模块形式。五是教学过程一体化。教学过程中以实物为基础，充分利用现有实物、投影仪、模型进行现场教学，采用灵活多样的教学方式，学生参与实验的设计，采用“理论+实践”的一体化考试方法①。

第三节　示范性高职院有效“跨界”教学设计

教学设计是根据教学对象和教学目标，确定合适的教学起点与终点，将教学诸要素有序、优化地安排，形成教学方案的过程。它是一门运用系统方法科学解决教学问题的学问，它以教学效果最优化为目的，以解决教学问题为宗旨。职业教育要培养与社会主义现代化建设要求相适应，德智体美等全面发展，具有综合职业能力，在生产、服务、技术和管理第一线工作的高素质劳动者和专门人才。职业教育专家姜大源先生认为，职业教育是一种“跨界的教育”，即学生一方面以受教育者身份，根据专业教学要求在学校接受以知识和技能为主的教育，另一方面在校内实训工厂及企业以“准职业人”的身份参加与专业相关的实践性工作。作为教学与实践的媒介——教学设计，它反映着教师的教育理念和教学策略，映射着教师的教学思路和轨迹，决定着课程的教学目标和实施效果。因此，职业学校的教学设计也应实现“跨界”。

一、教学设计“跨界”的基本理念

职业教育要遵循职业发展的规律，跨界的职业教育必须有跨界的思考，即“跳出教育看教育，跳出学校看学校，跳出知识看知识，跳出技能看技能”，以逐步形成校企“合作办学求发展、合作育人促就业”的良性互动机制。职业教育的教学设计同样需要有“跨界”的转变，源于以下四方面的基本理念②。

1. 能力本位的教育观

能力本位所强调的能力，是个体的一种生存状态，即能在动态的社会、职业和生活中勇于承担责任的行动。因此，能力本位的教育观注重学生职业能力的

---

① 王奎英《职业教育一体化教学探索》，《职业技术教育》，2009 年第 5 期。

② 以下有关内容主要参照姜大源《职业教育学研究新论》第 5 -20 页，教育科学出版社，2007 年。

培养，培养学生具备从事某种职业所必需的能力，通过行动实现能力的内化与运用，把一个“生物人”变成一个社会所需要的“职业人”。当劳动组织发生变化或者当职业发生变更的时候，学生可以重新获得新知识或新技能，为此职业教育的能力培养发挥着至关重要的作用。能力本位教育观下的教学设计必须以学生的生存和发展为出发点和落脚点。

2. 多元智能的人才观

多元智能理论认为，每个人的智能是多元的，并有自己独特的智能组合。因此教师应树立多元智能的人才观，即发现人的价值，发掘人的潜能，发展人的个性，让不同智能上各有所长的学生，获得自我的肯定和他人的认同。树立多元智能的人才观，将有利于教师面对有差异的学生，实施有差异的教育，实现学生有差异的发展。职业院校学生形象思维能力较强，他们能较快地获取经验性和策略性的知识，而对陈述性的理论知识却相对排斥。因此，职业院校的教学设计也应从学生的智能类型出发，科学合理地设计。

3. 生命发展的基础观

职业教育一方面要为社会需求培养合格的“职业人”，另一方面也要为满足个性发展塑造合格的“社会人”。职业教育的“基础观”强调职业教育要为学生的生存与发展夯实基础，这也是职业教育发展的重要思想基础。基础的形成是一个发展和动态的过程，职业教育的基础是基于行动体系的基础观，其本质体现为“活学”和“活用”，即在行动中学，学以致用，学得越活，基础就越好。因此，职业教育的教学，是以学生的发现和体验为主，学生期望通过学习最大可能地习得其一生所需要的基础本领——行动能力。因此，基于生命发展基础观的教学设计要以知识的掌握作为建构基础的核心，以职业行动能力的培养为重心，即指向“怎样做”和“怎样做得更好”。

4. 工作过程的课程观

长期以来，职业教育采用的学科体系课程结构，使陈述性知识与过程性知识分割，理论知识与实践知识分割。因此职业教育应建立行动体系的课程结构，推行工作过程的课程观，针对工作过程环节来传授相关的课程内容。专业课程是从具体的“工作领域”转化而来的用于学习的“学习领域”，即来源于工作实际，理论与实践一体化的综合性学习任务。课程的核心是让学生在尽量真实的职业情境中学习“如何工作”，实现实践技能与理论知识的整合。这一课程观下的教学设计要按照工作过程来序化知识，将陈述性知识与过程性知识整合，理论知识与生产实践相结合。

二、教学设计"跨界"的主要特色

1. 主体性

在传统的教学观中,教师往往对学生的主体意识认识不足,教学的主动权握在老师的手里,从而造成学生被动学习。建构主义认为:知识不是通过教师传授得到,而是学习者在一定的情境下,借助其他人(包括教师和学习伙伴)的帮助,利用必要的学习资料,通过意义建构的方式而获得。因此,教学设计必须以学习者为中心,即在学习过程中充分发挥学习者的主动性,让学习者有多种机会在不同情境下去应用所学知识,让学习者能根据自身行动的反馈信息形成对客观事物的认识和解决实际问题的能力。

2. 生成性

传统的教学设计过分强调预设与控制,是一个倾向于"静态"的计划性设计,这种设计难以适应动态生成的教学过程。而基于生成性理念的现代教学设计是动态和发展的,主要体现在:教学目标的表述,由确定走向弹性;教学过程的设计,由复制走向理解;教学策略的制定,由独白走向对话;教学评价的实施,由单一走向多元。

3. 操作性

传统教学设计是以教师为主体,教师在教学过程中注重教而不注重学,结果是教师教得筋疲力尽,学生学得苦不堪言。"跨界"的教学设计就要突出"教学做合一",突出教学设计的可操作性,即教师通过实例引导学生如何做。学生能做了,就表明会了、懂了。这种基于工作过程的教学设计,老师教得轻松,学生学得积极,真正实现有效教学。

三、教学设计"跨界"的具体要求①

高等职业教育面向企业与社会培养高素质高技能型专门人才。因此,职业教育课程应当是工作过程导向的,将职业活动中的各个元素渗透到教学的整个过程,以实际应用经验和策略的习得为目标,以职业素质与能力的养成为主线,着眼于蕴含在行动体系中隐性实践知识的生成与构建,培养企业及社会真正需要的人才。职业教育课程教学设计须要遵循以"学习目标能力化、学习任务项目化、学习情境职场化、学习资源立体化、学习评价过程化"为内容的"五化"原则,在课程建设中凸显"项目驱动"、"任务引领"、"行动导向"、"教学做一体"等

① 本节主要参照王国庆《职业教育课程教学设计的"五化"原则》,《教育与职业》,2011年第30期。

特点，以促进学生岗位适应能力、技术实践能力及应用创新能力的有效提升。

1. 学习目标能力化

学习目标明确了课程的出发点及归宿；学习目标越明确、越切合实际情况，学习者课程学习中的每一次努力越能够获得成功。一方面，学习目标的设计应该能够体现课程主题本身的内在逻辑体系特征；另一方面，学习目标的设计与学习者的特征分析密切相关，也就是我们常说的“因材施教”。学习者的特征分析一般涉及智力因素和非智力因素两方面，与智力因素有关的特征包括知识基础、认知能力和认知结构变量等，与非智力因素有关的特征包括兴趣、动机、情感、意志和性格等。学习目标的设计应能体现出学习主体的多样性、差异性和复杂性。

职业教育课程的学习目标设计应该突出职业能力培养主线，体现职业教育职业性、实践性的特点，即学习目标能力化。个体的职业能力通常是专业能力、方法能力和社会能力三要素的整合。专业能力指具备从事职业活动所需要的专门技能及专业知识，如会计专业记账查账的能力、编制现金流量表的能力，导游管理专业设计旅行方案、开展景区景点讲解的能力，软件技术专业阅读程序模型、编写程序代码的能力等。方法能力指具备从事职业活动所需要的工作方法及学习方法，注重学会学习、学会工作，以养成科学的思维习惯，如解决问题能力、分析判断能力、逻辑思维能力、创新能力等。社会能力指具备从事职业活动所需要的行为规范及价值观念，注重学会共处、学会做人，以确立积极的人生态度，如沟通能力、组织能力、协调能力、合作能力等。

学习目标设计应特别注重目标的可测量性。学习目标应该是外显的，明确、具体、可测量、可展示，不能停留在知道、理解、熟悉知识的层面上，而是注重将知识内化为能力。如物流管理专业“生产运作管理”课程的学习目标是：使学生能运用生产系统内设施布置的原则与方法，合理布置生产系统的地理位置；能运用定量工具编制各类生产计划，合理调节生产能力与实际需求的矛盾；能运用生产运作管理的现场管理方法，有效控制生产系统正常运作中的质量、进度和成本；能运用运作管理的新思想与新方法，建立评价指标体系对系统状态进行合理分析，并采取相应措施进行生产系统的改进与完善。采用“能做什么”的方式直接描述学习目标，学习目标具备明确的可测量性、可展示性，对于课程教学的实施与评价也非常有利。

2. 学习任务项目化

学习任务是学习目标的载体，因此，学习任务的设计是课程教学设计的重要环节。学习任务设计包括：学习任务与学习目标之间的依托与支撑、学习任务之间的逻辑结构、学习任务与学习情境的有机结合、学习任务与学习者的调整与适应等。职业教育课程的学习任务设计应该是工作过程导向的，以专业就业岗位典型工作过程的分析为起点，依据并围绕职业活动中工作过程（为完成一项工作任务并获得工作成果而进行的一个完整的工作程序）选择课程内容，并以之为参照系对知识内容实施序化，着眼于蕴含在行动体系中的隐性实践知识的生成与构建，筑造课程内容结构。

职业教育课程的学习任务设计，选用适于教学的工作项目为载体，将专业教学各知识点按工作过程及工作任务重新整合设计，凸显工作学习一体、理论实践一体、教学做一体的特点，即学习任务项目化。工作项目可以是一件产品的设计与制作，一项服务的提供或一个故障的排除等，如国际贸易实务专业为某公司填制货物报关单，软件技术专业为某客户编写 WEB 应用程序，导游管理专业接待一个大学生旅行团。以通过对岗位工作过程系统化分析所获得的工作项目为单元组织课程教学内容，将职业活动中的各元素渗透到课程教学的整个过程，使学生可以在有目标的环境下变被动学习为主动学习，在行动化的学习过程中促进知识与经验的建构，促进实践技能的提升，帮助学生实现从经验层面向策略层面的能力拓展。

工作项目应具有真实性、典型性、综合性、完整性等特征。真实性指项目的选取立足于职业实践或社会生活中的真实问题，项目结果具有实际利用价值，是可使用的产品或可落实的行动方案。典型性指项目的选取立足于体现岗位工作过程的突出特点，符合学生能力水平和教学规律。综合性指项目的选取应具有一定的规模和一定的复杂度，须要运用多种领域知识和多方面能力、借助于多种可能的资源才可以完成。完整性指项目的选取立足于解决岗位工作过程中的某一完整问题，而不是一个问题的某一部分，学生可以经历并体验完整的行动过程，包括咨询—计划—决策—实施—监控—评价，在解决问题的全过程中，获得完整的职业体验，培养并锻炼独立完成工作的能力。

3. 学习情境职场化

学习情境是服务于学习的微环境，是“学习被刺激和支持的地方”。学习情境作为课程教学系统的重要组成部分，不仅是物理的、现实的（如社会环境、自然环境），也是心理的、人工的（如情感环境、认知环境）。从空间布局来看，传统的教室（包括实验室、实训室）布局多以教学为目的进行设置，更多考虑如何有利于教师对于学生学习活动的掌控与指导以及学习过程中学生之间的交流和合作，对实现岗位工作场景的模拟以及岗位工作过程的再现考虑较少。在这样的学习情境中，学生不能有效感知外界环境对未来职业生涯所起的作用，也无法在心理环境中将“所学”与未来工作中“所用”之间建立起必然的联系。在强调“以服务为宗旨、以就业为导向”“校企合作、工学结合”的高职院校中，职业教育课程学习情境的改革也非常重要。

职业教育课程的学习情境设计，必须紧紧围绕学习目标和学习任务，努力创建与真实职业场景直接相关的学习环境，即学习情境职场化。如为会计专业“会计实务操作”课程创建模拟财务大厅的学习场景，为连锁经营管理专业“商品采购管理”、“物流管理”课程创建模拟连锁超市采购部、物流中心的学习场景，为软件技术专业“J2ME 程序设计”课程创建模拟软件公司研发部的学习场景。在模拟职场的学习情境中，学生的主体意识被充分唤醒，工作性行为取代了单纯的学习性行为，经验和策略的获取具有更加明确的指向性，“在工作中学习，在工作中锻炼”，知识和技能的获得在工作过程中动态实现。

在教育实践中，职业院校作为教育机构不可能也不必要在规模及数量上对真实职业场景进行一比一复制，“学习情境职场化”必须走校企结合之路。校企合作可以是多层次、多方位、多形式的，一般的合作可以由企业投入设备、资金帮助学校建立校内实训基地，或是学校利用企业设备、场地建立校外实训基地；深层次的合作可以是人才的订单培养或定向培养，企业除提供必要的学习设备与场地外，还向学校提供培养模式、师资、技术等，参与人才培养全过程；更深一层的合作则有可能是企业向高职学院注入股份，直接参与办学过程，与高职学院分担决策、计划、组织、协调等管理职能，同时也分享办学效益。教育资源的合理配置，成为职业院校科学发展、可持续发展过程中亟待解决的核心问题。

4. 学习资源立体化

从基本的教育功能和作用出发，学习资源是包括传统教材在内的一切有利于学生增长知识或发展技能的教学材料的总和，以不同的承载媒体、多样化的形式出现，基于不同的使用主体。传统的学习资源有教材、讲义、习题册、补充练习、学习指导书、实训指导书、活动手册、辅导材料、复印材料、期刊、杂志等，伴随着信息技术的普及与应用，网站、论坛、留言板、知识库、专家系统、学习软件、文本文件、视频文件、音频文件、幻灯片、电子表格、照片等一大批基于现代信息技术的学习资源被广泛采用。此外，还有一些课程教学实施中使用的学习资源，如授课计划、教案、学习任务书、项目说明书、引导文、练习册、工作页等。

职业教育课程是整合了职业实践与专业知识的工作过程的集合体，那么，与课程密切相关的学习资源，也应该能够覆盖课程全过程的每一阶段，整合职业实践与专业知识两个方面，也就是学习资源立体化。如软件技术专业“J2ME 程序设计”课程基于软件公司研发部的学习情境，学习资源除通常的教材、学习任务书、多媒体课件、教学网站之外，还包括软件公司的各项规章制度——项目管理制度、员工考核制度、员工培训制度等，开发标准——游戏策划文档模板、游戏设计文档模板、J2ME 手机游戏开发编程规范等，技术资源——参考手册、示范项目电子文档和源代码等，工作资源——开发平台、测试平台、测试软件等，人力资源——客户、产品经理、项目经理、技术总监、部门经理等，其中人力资源角色可以由教师或学生分别扮演。为更好地服务于体现“校企合作、工学结合”特色的职业教育课程，学习资源不断深化内涵、拓展外延，由封闭走向开放，立体化建设是必由之路。

5. 学习评价过程化

姜大源在《职业教育学基本问题的思考》①中提出了基于科学发展观的评价观，也就是以人为本的整体性评价观，并认为：职业教育的评价将由功利性向人本性范式转变。传统教学评价以终结性评价、结果性评价为主导，评价主体、评价内容、评价方式都比较简单；还有就是，传统教学评价片面强调关于学习者对知识与经验最终掌握水平的评价，忽视对与学生终身发展密切相关的非智力因素的评价。职业教育课程教学设计的“学习评价过程化”，与以人为本的整体性评价观相适应，强调对与课程学习相关的职业能力发展、渐进全过程的评价，对这一过程产生影响的各种因素都将成为评价的目标。在实施操作层面，评价方案应注意以下几个问题：一是评价主体。不应只是单一的由教师完成的“权威性”评价，而应该是双边的、多边的行动，学生参与，企业参与，社会参与……强调多边互动。二是评价内容。既要有体现学习任务完成质量的知识课程和技能课程的成绩单，也要有体现个人素质及情商、心商、交际商、适应商的评价表。事实证明，在个人获取成功的过程中，情感、意志、兴趣、性格、需要、动机、目标、抱负、信念等非智力因素的贡献率大大高于智力因素的贡献率。三是评价方式。既要有以考核动作技能为主的操作考试，又要有以测试认知水平为主的知识考试；既要在模拟的职业环境中考试，又要在真实的职业活动中考试。

以维果斯基为典型代表的教育哲学家们提出：“学习是主动建构心理表征的过程，学习者以已有的经验为基础，通过外界的作用来建构新的理解。”也就是说，学习不是教师向学生传递知识的过程，而是学生主动建构知识与经验的过程；这种建构通过学生自身新旧经验的相互作用实现，不能由他人代替。学习过程的建构性使得学习活动具备了主动性、情境性和社会性特征。为此，教学设计的核心问题不是如何将信息或知识呈现给学习者，而是如何激发学习者原有的经验，促进其新、旧经验的相互作用，使新知识在原有经验基础上顺利地“生长”

① 姜大源《职业教育学基本问题的思考》，《职业技术教育》，2006 年第 1 期。

及"建构"。以学生为主体，包括教师在内的各种教学因素作为广义的学习环境对学习过程提供全程支持；以项目或任务为载体，创设典型的、真实的学习情境，诱发问题的发生以刺激学习活动的有序完成；以解决问题为核心，提供立体化的学习资源，促进知识与经验的合理建构；等等。以上是进行职业教育课程教学设计时的基本工作思路。

第四节　示范性高职院有效教学过程

一、教学过程必须以工作过程为导向

任何职业劳动和职业教育，都是以职业的形式进行的，这是职业教育的职业属性的最本质表述。这种职业属性，即专业与职业的紧密关系，主要体现在四个方面：一是专业划分的基础与相关职业在职业资格（包括专业知识、专业技能及工作态度）方面所具有的一致性；二是专业培养目标制定的依据与相关职业在职业功能方面所具有的一致性；三是专业教学过程的实施与相关职业在劳动过程、工作环境和活动空间（职业情境）方面所具有的一致性；四是专业的社会认同与相关职业在社会上的地位及其社会价值判断方面所具有的一致性。这意味着，职业的内涵既规范了职业劳动（实际的社会职业或劳动岗位）的维度，又规范了职业教育的标准。职业教育的这一职业属性反映在教学中，集中体现为职业教育的教学过程与相关职业领域的行动过程，即与职业的工作过程具有一致性。

所谓工作过程是在企业里为完成一件工作任务并获得工作成果（既包括具体的产品，也包括提供的服务）而进行的一个完整的工作程序。对于多数实践性职业来说，工作过程是由劳动组织方式、不同的工作内容、工具以及主观工作能力来决定的①。工作过程是由工作人员、工具、产品和工作行动四个要素组构成。每个职业都有其特殊的工作过程，在工作方式、内容、方法、组织以及工具的历史发展方面有自己的独到之处。

在职业教育中，工作过程是分析复杂工作系统的一个结构化工具。以职业的工作过程为参照系的职业教育教学过程，强调的是通过对工作过程的"学"的过程。职业教育教学过程就是以工作过程中所包含的行动过程和学习领域展开的，教学主要围绕有关生产设备、工具、工艺流程、加工方法的知识和操作技能等

---

① 赵志群《职业教育与培训：学习新概念》第 97 - 98 页，科学出版社，2003 年。

生产技术方面的学习和训练而展开。

二、教学过程必须贯彻职业性等原则

示范性高职院有效教学过程必须贯彻职业性、实践性、情境性、开放性等原则。

1. 职业性原则

职业的内涵既规范了职业劳动的维度，又规范了职业教育的标准。就教学活动来说，职业性原则包括两方面的涵义：一是指职业学校教学活动的展开应该以职业岗位需求为依据，即以就业为导向；二是指在职业学校的教学过程中，要注意将学生思想品德的培养与学生职业意识和责任意识的养成相结合。

职业性原则是根据职业学校的培养目标和教学永远具有教育性的规律而提出来的。职业教育是在普通教育的基础上，以某一个专业为基本教育单位，为与该专业相对应的职业岗位培养专业技能人才的。从职业教育的本质属性看，其终极目标主要是培养一个合格的职业人。

贯彻职业性原则的基本要求如下。

首先，教师要了解职业岗位需求。教师不仅要熟练掌握所教专业的学生应具备的知识、能力结构及其范围，以及该领域中科学技术发展的新成果，还要了解他们未来所从事的职业的业务范围、工作环境、技术要求、生产经营特点和劳动组织形式等。这就要求职业学校的教师应具备一定的实际工作经验，这样，教师就能够根据各专业所对应的职业岗位的变化而对专业教学内容、教学方法进行相应的改革，以提高职业教育教学的有效性和针对性。

其次，教学过程的展开以职业岗位需求为依据。职业教育的最终目标是使学生具备从业能力。因此，无论是教学目标的制定、教学内容的组织，还是教学方法的选择、教学评价等各个环节都应该尽可能地体现职业岗位的属性与需求，寻求教学过程与工作过程相一致。一方面，教学内容（尤其是专业理论课的教学内容）都应以职业岗位所需的知识、技能和素质结构为选择的依据和组织的标准，教师应有针对性地帮助学生选择学习资源，编写教学参考资料或技术文件；另一方面，教学方法的选择不仅应符合教学目标、内容要求和学生认知特点，而且也要尽量适宜于培养学生的动手操作能力。当然，还要注意的是，教学评价和学生评价也要以职业岗位能力标准为基准。职业教育教学过程重视与未来工作相衔接，增强学生运用所学理论解决实际问题的能力，使学生顺利地适应未来工作需要，从而提升学生的岗位竞争力。

再次，教书与育人相结合。在职业学校的教学过程中，不仅让学生获得职业岗位知识、技能，同时通过直接参加岗位实践活动培养他们的职业道德、服务意识、质量意识、合作意识以及社会责任感等。为此，教师在教学活动中应将教书与育人结合起来。由于教书与育人各有其固有的逻辑，二者互为基础、相互制约，因此在教学过程中就不能把二者简单等同起来，应当遵循各自的规律，否则教学的教育性作用就会流于自发。这就要求，在职业学校教学过程中应该防止两种倾向：一是单纯注重知识的传授、技能的训练，忽视思想品德教育和职业意识教育，因而不注重挖掘教学过程的思想性因素；二是脱离知识、脱离教学过程的规律进行空洞说教，若如此，不仅起不到教育的作用，相反会引起学生的反感，进而影响学生对知识的接受。正确的态度应该是在教书过程中育人，以育人促进教学过程的发展。

2．实践性原则

实践性原则是指在教学过程中教师要引导学生从理论与实际的结合中理解知识，并运用知识去分析解决实际问题，做到学懂会用、学用结合、学以致用，其旨在培养学生以知识为中介分析问题和解决问题的实践能力。

实践性原则是教学过程中间接经验与直接经验相互作用规律的反映，也是职业教育培养目标的内在要求。实践性是职业教育有别于基础教育和高等教育的一个特点。基础教育和高等教育的教学是以学习普通文化科学知识和专业理论知识为主，教学的基本形式是课堂教学。虽然在教学活动中也坚持理论和实际的结合，但其目的是通过各种形式的实践活动使学生深刻理解和掌握文化科学和理论知识，并掌握一定的实践技能。而职业教育不仅要使学生掌握文化科学理论知识，更重要的是要培养学生的实际操作技能和能力，即重在培养学生的职业实践能力。因而，在职业教育教学过程中要突出理论与实践的结合，联系学生实际，联系专业实际。理论教学要根据学生未来的职业岗位需求有序进行，而实践教学要在理论教学的基础上进行，达到学用结合的目的。只有通过实践教学，才能让学生熟悉工作环境，掌握岗位工作程序，了解岗位工作中的困难和问题，寻找完成工作任务、创造新的岗位业绩的途径。学生在实际工作岗位上亲身接触到经营管理、人际关系、法律规则、劳动纪律等，这些都会对他们产生潜移默化的作用，为他们形成职业习惯、获得职业经验提供机会。

贯彻实践性原则的基本要求如下。

首先，教学活动以培养学生的实践能力为追求目标。职业教育的教学要以职业实践为出发点和落脚点。在教学设计上，要在系统、全面分析学生未来职业岗位需求的前提下，优先保证对学生实践能力的系统培养，这就要求在职业教育教学活动中做到理论联系实际。联系实际首先要从学生的知识基础、思想基础出发，根据学科的特点和教材内容的性质来决定，教师和学生都必须自觉地完成理论与实践的联系过程。理论教学必须以实践教学的需要为依据，实践教学要在理论教学的指导下有效地展开，两者要统一在具体的培养目标上。

其次，加强教学实践活动。教学实践活动是加深学生对知识的理解，运用知识于实际和形成技能技巧的重要途径。职业教育教学实践活动既包括教学练习、见习、实习、参观等，也包括职业岗位实践活动、社会实践活动、科技试验活动等。在教学中，应根据教学内容的要求，组织学生参与各种教学实践活动，促进理论学习和知识运用的结合，使学生受到更多的实际锻炼，增加更多的直接经验，促进对理论知识的掌握。在组织学生进行教学实践活动时，要有明确的目的、详细的计划，不能为了实践而实践，使教学活动流于形式。

再次，充分发挥实践教学场地的作用。不仅要充分发挥校内实践教学场地（如实习车间、实验室、演示室等）的作用，同时还要充分利用校外企事业单位的生产、营业和办公现场，对学生进行具有针对性的、与现实生产或工作相一致的培训，尽量让学生亲自动手实践，使学生不仅具备在模拟环境下的工作经验，同时具备一定的实际工作能力和工作经验。

3. 情境性原则

情境性原则是指在教学中，通过创设某种实践情境，如活动的场景、事件、情节及氛围，并规定操作内容，进行角色设置，让学生参与、感受，引导学生感知事物的清晰表象，使学生获得生动鲜明的感性认识，为学生掌握理论知识，形成一定的职业实践能力创造条件。

情境性原则处理的是理论知识的抽象性与学生认识的具体形象性之间的关系，是根据学生的认识规律提出来的，反映了学生思维发展的特点。通过教学情境，学生的多种感官都参与到认知活动中来，有利于学生由形象思维向抽象思维过渡，使其所学知识形象化、具体化，既激发他们的学习兴趣和学习积极性，又减少掌握抽象概念的困难，为他们形成科学概念、理解巩固知识、发展认识能力准备条件。

职业学校人才培养质量的优劣，最终要通过学生从事实际工作的职业能力来衡量。职业能力也即综合运用知识解决职业岗位实际问题的能力。从心理学的角度看，能力是在一定实践活动情境中逐渐形成的。同理，职业能力也只有在相应的职业实践情境中才得以养成。所以，职业教育教学过程要以该专业所对应的典型的职业活动的工作情境为导向。这就要求职业教育教学应在真实或模拟的职业实践情境中展开，这样，既有利于学生对理论知识的理解和掌握，也有助于学生体验知识的系统性，还可切实提高他们运用知识和解决问题的能力。

大量的实践表明，只有通过相应的职业情境，才能有效提高学生职业能力。对职业教育而言，实施“订单培养”，就必然要求在真实或模拟的工作环境中开展职业教育教学活动，在学生独立自主尝试解决真实性问题的过程中，才能形成符合企业需要的职业能力和素质。

教学情境一般包括两种类型：一是实际活动情境。实际情境可以是现实生活中的真实的工作环境，也可以是运用现代教育技术创设的虚拟的逼真的模拟情境等。创设实际的教学情境，把学生带入一定的情境之中，使他们产生一定的内心体验。因此，在教学中可采取参观、交流的方式，将学生带入真实的工作环境之中。二是问题情境。像职业学校结合专业课的特点所运用的案例教学，其本质上就是创设问题情境。

贯彻情境性原则的基本要求如下。

首先，根据不同的教学目标、教学内容创设不同的情境。一个好的教学情境是为一定的教学目标服务的。教学目标可以从知识、技能、态度价值观三个维度划分。例如，若以激发学生学习动机、活跃学生思维为创设情境的目标时，可以根据学生感兴趣的生活热点创设问题情境，引发积极思维；或者是创设课堂游戏情境，如头脑风暴，引发创造性思维。若要考查学生运用知识的能力，可以创设操作、动手、表演等情境；还可以通过语言、音乐、图画等创设情境。只有根据教学目标的需要，创设最恰当、最合理的情境，才能发挥情境教学的优势与效用。

其次，激发学生的职业兴趣和职业情感。对职业学校学生来说，其所面对的专业还是一个完全陌生的领域。因此，必须首先让学生找到自身和专业的“关系”，使学生由对职业的好奇转变为对职业的兴趣，为今后的学习打好基础。职业情境的创设缩短了学生与工作环境的距离。通过创设一个使学生置身于其中的具体情境，可以迅速地让学生进入状态，了解工作环境、工作流程、岗位设置等，从而认识到自身和专业的“关系”，进而切身感受自己将要投身的领域及其重要性，培养职业的自豪感。对于职业学校学生而言，如何在学习期间培养职业的情感，对将来所从事行业有自豪感、幸福感、成就感，如何在敬业的同时，培养学生爱业、乐业的精神，是学习成功至关重要的因素。创设真实的教学情境或引入真实的工作环境，既为学生提供了学有所用、亲自动手的实践机会，又可以使学生尽快适应职业角色，养成职业习惯，这种教学方式带给学生的感悟，有助于其职业情感的形成。

4．开放性原则

开放性原则是指教学（尤其专业课教学）过程必须走出封闭的模式，把原来教学所习惯了的五个固定（固定时间、固定空间、固定内容、固定对象及固定评价方法)加以调整,尽量给学生更大更广的活动和思考空间,允许学生从不同角度提出问题,不强求解决方法和途径的唯一性,以适合学生主动发展、积极发展的要求。

开放性是现代职业教育的重要特征。现代职业教育的开放性是由现代社会经济全球化决定的。经济全球化的主要特点是生产的全球化,即全球生产一体化,跨国公司将资本、技术、交易和管理合为一体,推广到世界各地,形成全球性的生产、交换、分配和消费。生产跨国化使许多国家成为全球商品生产的一环。随着信息技术及高新技术的发展,导致了各学科的高度分化和高度综合、知识的迅速更新和改组、职业技术岗位的消失和产生、劳动职能的流动与更替、工作内容的创新和提高,要求一般劳动者和专业技术人员都需要不断地学习。上岗—学习—再上岗—再学习,将成为规律。因此,不论把职业教育放置于社会大系统之中,或放置于社会各行业、各部门的平行位置上,都会发现无时无刻不在与其"外部环境"发生着明显的物质、能量和信息的交换,所以说它是开放型的教育。与此相适应,教学内容老化、教学方法陈旧落后、理论与实际脱节的传统职教必须向开放性的现代职教发展,真正做到"把知识转化为智慧,把理论转化为方法,把精神塑造为人格"。

贯彻开放性原则的基本要求如下。

首先,开放师生关系,使教学气氛民主化。开放的师生关系以民主平等为基本原则,它尊重学生的人格和权利,解放学生的主体性和创造性。这种开放的师生关系主要包括两层含义:一是以"师生对话"为基础,旨在表明教师与学生之间不是简单给予的关系,教师也不再是对学生发号施令的权威,而是一种互相尊重、互相影响、互相促进的平等、民主的交往关系和"伙伴"关系。二是师生之间的"顾问"与"主人"关系,即教师积极参与、指导学生的学习活动,为学生的学习活动和发展活动指明方向,起到应有的主导作用和"顾问"作用;而学生则是通过自主的学习活动,在与外部世界相互作用的过程中能动地生成、构建自身的知识体系与能力体系,成为学习的主人。

其次,开放探索空间,让学生在探索的过程中形成分析问题和解决问题的能力。开放式教学不能仅仅局限于课堂教学,还应开放学习空间,让学生走出教室、走向社会,深入企业行业一线,参加丰富多彩的课外活动与实践活动,开阔他们的视野,在感受新知的过程,根据已有的知识,去发现,去思考,去探索,从而解决问题。

再次,开放教学评价,调动学生创新的积极性。一方面,突出评价的主体性。开放式教学评价不能仅仅评"教",更应该评"学",即开放式教学评价应突出学生这一评价主体。评“学”的目的，就在于促进主体积极参与到学习过程中来，不断进行自我调节并逐步向学习目标迈进，促进学生的个性发展，开发学生的创造潜能。另一方面，注意评价的整体性与动态性。开放式教学评价应掌握统一的评价标准，着眼于一节课的整体评价，着眼于学生整体素质提高的评价，并且不应只是用总结性评价，对开放式教学进行判断，或是给出一个等级，而应把教学评价与改进课堂教学、提高教学质量紧密结合起来，注重过程性评价。

第五节 案 例

追求优效——对宁波职业技术学院教学模式创新的考察①

郑卫东

我们赋予高等职业学校的职能之一是培养高技能型人才，我们也设想了高技能型人才应该具备什么样的素质，比如一定数量的专业知识、比较熟练的专业技能和一定的职业道德，为此我们也花费了大量的人力物力开发了与这些素质相对应的教材。但所有这一些都必须通过具体的教学过程才有可能实现。因为高技能型人才不会因为目标的完美无缺和课程的周到细致而自动产生，也即理想的教学内容只有通过某种教学方式才能变成学生自身素质的一部分。所以与教学有关的研究其重要性一点也不能低估，宁波职业技术学院的教师们深知个中三昧，早早就开始了为实现培养高技能人才目标、适合本校特点的教学模式的创新，以此促进学院优质高效地发展。

一、所谓教学模式

1. 教学模式的概念

虽然教学模式的思想很早已存在，但其定义在20世纪70年代初才被乔伊斯和韦尔等人提出，认为“教学模式是一种可以用来设置课程、设计教材、指导课堂或其他场合教学的计划或范型”②。但是不同学者对教学模式的理解也不尽相同，先后有多位学者如叶澜、朱小蔓、李晓文、王莹等同志给教学模式下过定

---

① 载《职教论坛》，2011年第18期。

② Bruce Joyce，Marsha Well，Emily Calhoun《教学模式》第15页，荆建华等译，中国轻工业出版社，2004年。

义。余胜泉、马宁二位研究者①在综合这些学者所提出定义的基础上，提炼出了一个综合性的定义，认为教学模式是开展教学活动的一套计划或模型，是基于一定教学理论而建立起来的较稳定的教学活动的框架和程序，也就是各种教学活动有机地连接在一起从而组成的具有动态性的过程。从微观的教学活动的角度看，它具有变化性，但从宏观过程的角度看，它又具有比较稳定的过程形式。

构成教学模式的要件一般包含五个方面：1）理论基础。指教学模式所依据的教学理论或教学思想。2）教学目的。每一种教学模式都是针对特定目的而设计的，有别于教学目标，反映了设计者的教学思想。3）操作程序。指教学活动的环节步骤以及每个步骤的具体操作方法。4）实现条件（手段和策略）。为了发挥教学模式的效力，教师对各种教学条件进行了优化组合，在遵循一定原则的情况下，采用了一定的技巧和方法。5）评价。由于每种模式都有自己适用的条件和教学目标，因此每种教学模式的评价标准和方法也不相同。

2. 教学模式的类型

自赫尔巴特提出“四段论”教学模式以来，经过其学生的实践和发展，逐渐以“传统教学模式”的名称成为20世纪上半叶教学模式的主导。之后，杜威打着反传统的旗号，提出了“实用主义教学模式”。杜威提出的实用主义教学模式占主导地位。当然，实用主义教学模式也有其缺陷，它把教学过程和科学研究过程等同起来，贬低了教师在教学过程中的指导作用，片面强调直接经验的重要性，忽视知识系统性的学习，影响了教学质量，因此在20世纪50年代受到了社会的强烈批评。20世纪50年代以来一直在“传统”与“反传统”之间来回摆动。之后，新的教学思想层出不穷，时至今日，教学模式呈现多样化。国外著名的有赞可夫的“一般发展”模式、奥苏伯尔的“有意义接受”模式、布鲁姆的“接受”模式等。国内著名的有卢仲衡的“数学自学辅导”、育才中学的“八字”（读读、议议、讲讲、练练）、顾泠沅的“尝试回授—反馈调节”教学模式等。乔伊斯和韦尔等人提出的教学模式主要归纳为四种类型，分别为信息加工型、社会型、个人型、行为系统型②，并给出了十几种教学模式示例。

二、多样化教学模式

随着教育过程不断呈现出新的特点，也给“教”与“学”带来了难以想象的变

---

① 余胜泉、马宁《论教学结构——答邱崇光先生》，《电化教育研究》，2003年第6期。

② Bruce Joyce，Marsha Well，Emily Calhoun《教学模式》（第七版）第16页，荆建华、宋富钢、花清亮译，中国轻工业出版社，2011年。

化，教学模式被不断地修正和淘汰，新的、更接近教育规律的教学模式不断涌现，再加上科学技术使教学产生了很大变化，教学模式呈现了“百花齐放、百家争鸣”的繁荣局面。据乔伊斯和韦尔 1980 年的统计，教学模式有 23 种之多，其中我国提出的教学模式就有十多种。

评价一种教学模式的优劣，不仅看它是否达到了具体的教学目标（如自尊、社会技能、信息、思想及创造力的获得），关键要看它是否能够提高学生的学习能力，教师只有掌握更高效的教的方法，才能帮助学生更高效地学，正如叶圣陶所说的“教就是为了不需要教”。促进学生自主学习，提高职业能力，增强就业竞争力，从教师的“教”为主向学生的“学”为主转变，为学生的成长成才营造良好的发展环境。随着后工业时代对人才规格的要求不断提升，对教学任务、教学内容的复杂性和多样性均提出了更高的要求，加上教师、学生的各种不同特点，这些都决定了教学模式不可能是单一的。没有哪种教学模式能够同时适用于一切教学活动和所有学生，否则它就违背了教学模式自身的特点和作用，优秀的教学往往是由一系列的教学模式组合而成的。宁波职业技术学院正是在这样的教学理念的指导下，秉承教育部《关于全面提高高等职业教育教学质量的若干意见》中提出的，高等职业院校要“积极推行订单培养，探索工学交替、任务驱动、项目导向、顶岗实习等有利于增强学生能力的教学模式”①，以教学模式创新作为其提高人才培养质量的重要环节。

三、多样化教学模式的融合在宁波职业技术学院教学中的运用

宁波职业技术学院在教学设计中，先到企业调研相应岗位对知识和能力的需要，按照岗位要求确定教学内容，在此基础上再进行教学环节的改革。通过顶岗实习、工学交替、任务驱动、校企合作、项目导向等有效措施，以学生能力培养为核心，学做结合。如在顶岗实习方面，学院出台了顶岗实习管理办法，制定了《顶岗实习教学大纲》，加强顶岗实习管理，保证顶岗实习质量，取得了明显成效。学院所有专业的学生在第 5 学期能够全部落实顶岗实习单位，学校专业教师和企业技术人员共同担任学生顶岗实习指导教师，保证每一位学生都各有一名校内与一名校外指导教师。另外，根据不同专业的特殊性，形成了多样化的教学模式，真正提高学生在生产中的适应性，保证毕业生能够很快适应企业生产的需要，提高了人才的培养质量。

---

① 中华人民共和国教育部《关于全面提高高等职业教育教学质量的若干意见》，教高〔2006〕16 号。

1. 计算机应用技术专业:工学交替

(1) 组建数字科技园。为了培养 IT 行业的技术应用人才,2008 年 4 月,以宁波职业技术学院为载体,组建了宁波开发区数字科技园,为计算机应用技术专业的人才培养搭建了一个政府引导、企业参与的实践平台。该专业依托数字科技园,抽调、配置专门的人员、场地、经费,设立创新学习园。安排专门的教师和企业技术人员进行指导,制定管理办法和实施细则,鼓励并组织学生成立科技兴趣小组、竞赛队、工作室或虚拟公司,支持学生创办公司、自主创业。目前已有兴趣小组 27 个、竞赛队 5 个、工作室 9 个、学生创业公司 7 个。

(2) 建设三位一体的实训基地。新建和改扩建了 7 个专业实训室、21 个园区内企业实训基地、17 个校外实训基地,制定了实习实训指导教师工作职责、顶岗实习管理办法、校企合作工作指导手册等规章制度和管理文件。目前具体实训基地的建设达到以下规模:1) 专业实训室总数达 11 个,承担了实训课时的 42%,开设课程实训项目 39 项,服务 21 个兴趣小组。2) 数字科技园区内的企业实训基地提供了 122 个实践工位,承担了实训课时的 34%,接纳学生顶岗实习 66 人次,学生在基地企业就业的有 17 人。3) 校外实训基地总数达 26 个,承担实训课时的 24%,接纳学生顶岗实习 133 人次,学生在基地企业就业的有 88 人(见图 5-1)。

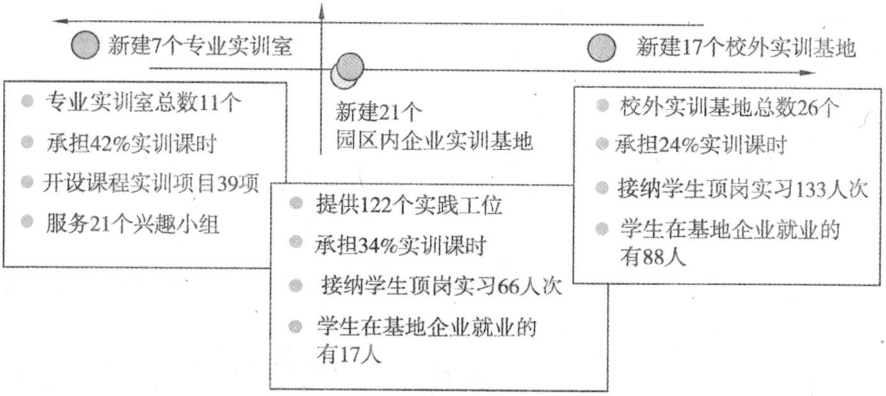

图 5-1 三位一体的实训基地建设

(3) 校企全程协作。计算机应用技术专业还利用园区内企业提供的实践工位,积极探索校企全程协作,学生边实践边学习的培养模式。学生一进校便被选拔进公司,直到顶岗实习阶段。除上课外,学生都要在公司上班,公司则根据专业教学进程,安排学生在公司的培训计划和工作任务。公司承诺学生顶岗实习结束后，部分学生留用，未留用的学生公司负责推荐就业。目前计算机应用技术专业已与园区内的宁波三维网络公司、宁波数科公司等19家企业开展合作，在培学生已达136人。

2. 模具设计与制造专业：产学训一体化

"产学训一体化"是指学校搭建管理平台，引进企业设备、产品和技术，并借鉴企业的管理方法、制度和经营理念，给学生提供一个真实的模具生产情境，让其完成理论学习和实际操作。模具设计与制造专业通过在真实的生产岗位上用真实产品进行训练，在真实的生产训练情境中学习实用的知识，从而实现车间与课堂、员工与学生以及师傅与教师相互融合的"产训合一，学做一体"的教学方式，以真实典型的模具产品制造为载体，设计和开发教学项目，形成项目教学方案。如注塑机操作、模具CAD/CAM技术应用教程等项目，明确项目的教学目标，通过项目学习知识和技能，并依托项目进行实施效果的评价和考核。在项目的设置上，选择产品、真实情境、虚拟环境等项目，做到与课程目标相一致，培养学生真实的实践能力、创新能力和自我发展能力。

"产学训一体化"教学模式，改革了传统的课堂教学方式，提高了学生的专业学习兴趣，实现了培养高素质技能型专门人才的目标。在2008年11月举办的宁波市"华盛杯"高校数控加工技能比赛中，以模具专业学生为主的宁波职业技术学院二队、一队分获综合团体一、二等奖，模具设计与制造专业专业学生还获数控车、数控铣、工艺设计三个单项一等奖。

3. 会计专业：实训以项目化课程为导向

针对会计专业学生在真实会计岗位实训难的问题，学院大胆改革，将学院财务处的工作场所转化为实习实训场地，将财务处的财务会计业务转化成项目化课程，将学院的专职会计师转化为技能教师，实行财务处与管理系会计专业两部门合作育人。

(1) 人员。将两部门打通、人员合二为一，互任职务，即财务处长兼任管理系副主任，管理系主任兼任财务处副处长；两部门共同管理会计实训中心，财务处的会计人员既是会计工作人员，又是管理系的兼职教师，具有双重身份，工作考核按7(财务)：3(教师)进行。

(2) 项目实训。将学院财务处、宁波华业公司等十几家企业和行政的出纳、会计业务作为学生的实训内容，每期轮岗实训2个月。出纳岗位，重点进行出纳交接、费用的收付处理、银行业务。记账岗位，进行会计交接、审核、凭证处理、登账训练。报表岗位，进行账簿审核、报表编制(手工、电脑)训练。财务稽核岗位，重点开展财务分析、综合性报告的训练。

利用校内的会计资源作为学生的实训内容，突破了传统的校内模拟实训的模式，在一定程度上化解了专业生产性实训难的瓶颈。以班级为单位的集体实训，在校内实训中心进行岗位轮训，解决了会计专业整班制集体实训难的问题，为高职院校的会计专业实践教学提供了新模式。

4. 物流管理专业：课程中体现任务驱动

物流管理专业根据高职物流人才培养目标定位，参照《物流师国家职业标准》的助理物流师职业资格标准，将考试模块融入专业核心课程。依据物流员→助理物流师→物流师职业成长的三阶段，开发了人文素质和健康安全课程 + 职业核心能力课程 + 专业核心课程 + 区域特色职业方向课程体系，形成点—线—面—体的职业能力训练体系。“点”是单项岗位技能训练，“线”是专业岗位能力和素质训练，“面”是综合职业能力和素质训练，“体”是职业心态、职业素养、职业道德、职业能力、职业技能以及可持续发展的能力训练。

依托真实职场情境的龙星物流实训基地和迅达仓储实训基地，学校专任教师和企业兼职教师共同开发了岗位轮训课程，以班级为单位，分小组岗位轮训；专业和企业共同设计岗位轮训课程，共同设计教学内容，共同组织教学，共同依据真实设备、真实业务、真实客户开发教学项目，共同完成职业能力评价，培养学生仓储服务提供与组织、运输服务提供与组织、货运代理服务与组织、集装箱堆场管理、配送服务提供与组织、物流市场调研、业务洽谈客户服务、物流信息技术操作、商务公文起草等综合职业能力和职业素养，使学生的岗位竞争力和企业满意度大大提高。

5. 国际商务专业：全过程商学交替

国际商务专业深化教学内容、教学方法改革，推行全过程商学交替，加强对学生实践能力的培养。

(1) 开设沟通技巧、演讲技巧、团队管理、谈判技巧、会议管理等“软能力”课程。同时增加学生在教师或企业兼职教师指导下的创新教育，培养学生的创新精神和创新能力。

(2) 改革课堂教学方法。从传统的演讲式、单向式，向多样化、双向式转化，采用国际通用的亲验式、项目化教学，在教师的引导下，从项目逐步引出学习内容，从“是什么”的知识性学习转化到“做什么”的能力型学习，使学生明白为什么学、怎样做。在讲授国际贸易运输课程时，带学生到码头港口参观，让学生看到真正的海轮、集装箱、集装箱堆场、运输包装、运输标志等实物、实景，实地了解货物运输过程。讲授报检、报关时，带学生到商检局、海关了解进出口报检、报关的各个环节，掌握进出口报检、报关的实际业务技能。讲授合同磋商与履行时，带学生到外贸公司了解商品进出口的各个环节。通过现场的真实情境，增加学生的感性认识，使专业知识在学生的脑海中变得更立体。

（3）对实践教学过程进行系统设计。按照商贸企业对国际商务人才的能力要求与企业共同建设国际商务岗位实训室、国际商务综合实训室、商务英语实训中心和国际商务谈判实训室。在现有斐戈集团、宁波永贸、宁波国际会展中心等实习基地的基础上，又建设了40家校企合作企业，使课堂与实习地点一体化，校内教师与企业兼职教师一体化。强化商务应用能力培养，对基本能力—专业能力—综合能力的培养，分别在实训室—校内实训基地—校外实训基地予以实施。把“岗位认知、专项技能训练、岗位综合实训、校外企业顶岗实习”四个实践环节融入完整的项目化教学中，通过“文化基础知识—商贸企业认知、专业基础知识—项目化教学、专项职业能力学习—岗位专项模拟实训、综合职业能力学习—岗位综合技能实训和商贸校外企业顶岗实习”的“全过程商学交替”的教学模式，提高了学生的应用能力。2008年—2009年，国际商务专业毕业生签约率达到了98%，80%毕业生的月薪资水平在4000元以上。

6. 建筑工程专业：理实一体化

由于建筑工程项目开工时间、建设地点不确定，使专业教学计划无法与工程项目进度相协调。为了解决人才培养过程中的困难，在教学过程中，采用了以下方法：一是根据已确定人才培养目标的岗位工作过程，在校内实训基地选取源于真实项目的“教学项目”，打破原有知识体系，将完成项目所需知识作为支撑知识融于完成“教学项目”当中，由专任教师和企业兼职教师共同指导学生完成教学项目，教师在讲授完成项目的方法中传授知识，实现理论实践一体化。二是与世纪华丰控股有限公司等35家企业签订了合作协议，学生在企业参加顶岗实习期间，由校、企双方指导教师共同解决学生在完成岗位任务中所需的知识和能力，做到“寓学于做”，实现教、学、做的一体化。如华丰公司在项目施工现场给学生建造了教学教室和宿舍，企业兼职教师给学生进行现场指导，提高了教学效率、教学效果和人才培养质量。

回过头去看，宁波职业技术学院是一个涵盖多种不同类型专业的教育组织，而不同的专业其教学内容不同，学习者既有的知识基础和将要搭建的知识、能力结构也不同，学习者未来的去向和将要从事的职业可能也不同。这就要求教师的教学在遵循学校教学的普遍规律、借鉴已有教学模式优点的基础上，进行创造性改造，多样化教学模式的融合恰恰就是这种创造的体现。

第六章

社会资本：示范性高职院建设的重要元素

第一节　什么是社会资本

办好一所职业学校不仅依靠物质资本（设施）、金融资本（财政）和人力资本（师资），还要依靠社会资本（信任、规则及关系网络）。

一、社会资本概念的兴起

美国管理学学者詹姆斯·库泽斯和巴里·波斯纳在2008年出版了他们的著作《领导力》第四版，其中特别提到了社会资本，他们写道："我们早些时候写的文章中提到过，知识已经替代了土地和金融资本成为新经济的资源。我们说，增加知识就是增加新的价值，无论是商品还是服务。然而，猜猜现在怎么样了？知识资本不再是最重要的了，但教育程度高的人收入真的比较高，并且拥有更多的机会，一个组织的竞争力的确取决于它的劳动力的精神面貌。即便如此，在这个链条中有了一种新的资本占据了最重要的位置，这就是社会资本。社会资本是指人们相互认识，愿意为彼此做点事的集体价值。它是人际关系网，是做事的网而不是计算机的网络。能做出卓越成就的领导者是位于关系网正中的人。9·11事件的悲剧在全球范围内强化了这一切。我们的确相互联系在一起，我们彼此相互依赖。社会资本的积累要经过多年的投资。现金流能衡量工作的财政状况，社会资本衡量的是我们利用现金的能力。你怎样才能让领导者们了解，让这个世界运转起来的不仅是头脑，还有心。"①

尽管社会资本作为资本家族的一员已经得到了较为广泛的认可，但是有关社会资本的争议却不绝于耳。正如林南所说："要理解社会资本，必须首先澄清

---

①　詹姆斯·库泽斯、巴里·波斯纳《领导力》第8页，李丽林等译，电子工业出版社，2009年。

资本的概念。”①

1. 资本理论的发展

资本是经济学理论中常谈常新的一个概念，到目前为止，学术界还没有形成一个准确的、被共同认可的资本定义。最早的资本理论产生于古典经济学创造人威廉·配第（W. Petty）与洛克（Locke）的著作中。在纯交换经济的分析框架中，资本总是与纯金融交易（借与贷）相关联，资本与利率之间的关系很自然地被看成可贷资金及其价格之间的关系。自此以后，经济学家对资本的解释可谓见仁见智，莫衷一是。重农学派和古典经济学家都把资本描述为生产资料的储存。亚当·斯密用“stock”和“capital”两个词表示资本的概念，有时把资本定义为提供收入的积蓄，有时又把资本定义为用来继续生产的积蓄，并区别于“生产性资本”和“非生产性消费”②。其后，萨伊、马尔萨斯、李嘉图及马克思对资本进行了初步定义。其中萨伊认为资本包括使用的工具、劳动者所拥有的生活必需品与原料等。古典经济学中的资本理论历来以无意涉及金融领域的投资为特征。而在马克思《资本论》的分析中，资本是资本家或者资产阶级获得的剩余价值的一部分，资本家控制着生产与消费过程之间商品与货币流通中的生产资料。用马克思政治经济学的经典表述即：“资本不是物，而是能够带来剩余价值的价值，是一种社会关系的反映。”③的确，在揭示资本主义生产关系运动的历史规律性这一目的之下，马克思的资本观表现出对资本范畴理解的深刻性。新古典经济学家马歇尔把资本看成是“一个人从他的资产中期望获得的收入的那一部分”，“包括为营业（利）目的所持有的一切东西在内”④；当代经济学家——新古典综合派的主要代表人物萨缪尔森认为，资本通常被用来表示一般的资本品；而舒尔茨（T. W. Schultz）指出“将资本仅仅局限于建筑物、生产设备和存货量实在太狭隘了”，“由于不能明确地将人力资源视为一种资本形式、一种产品的生产手段和一种投资产品，从而助长了人们对劳动力的古典概念的固守，将之视为几乎不需要任何知识和技能的体力劳动能力，所有的劳动者都同样地拥有这样的能力”⑤。正是在看到了古典资本理论对解释现实问题存在着缺陷的前提下，20世纪60年代，舒尔茨和加里·贝克尔把人也视为资本，提出了人力资本的概念。他们把人力资本引入经济学分析之中，认为社会拥有的受过教育和训练的健康

---

① Nan Lin, Social Capital: A Theory of Social Structure and Action, Cambridge University Press, 4.

② 亚当·斯密《国民财富的性质和原因研究》（上）第43、310页，郭大力、王亚南译，商务印书馆，1972年。

③ 马克思、恩格斯《马克思恩格斯全集》（第六卷）第487－489页，中央编译局编译，人民出版社，1961年。

④ 马歇尔《经济学原理》（上）第97－98页，朱志泰、陈良璧译，商务印书馆，1981年。

⑤ W. 舒尔茨《论人力资本投资》第2－8页，吴珠华等译，北京经济学院出版社，1990年。

工人决定了古典生产要素的利用率。工人投资于技术和教育以提高其劳动技能，可以创造价值，提高收入。企业通过对职工的培训和人力资源的开发，也获取了更多的价值。人力资本的提出使得“资本”的概念摆脱了具体的物质形态而向广义的、抽象的层次扩展，成为可以带来价值增值的所有资源的代名词。20世纪70年代以皮埃尔·布迪厄(P. Bourdieu)为代表的社会学家又提出了新的资本概念——文化资本(culture capital)，他认为文化资本由一系列价值(values)和符号(symbols)所构成，通过文化投资(教育投资)可以让人们接受某种价值和符号，使之将统治阶级(dominant class)的观念内化为自己的价值，从而实现了统治阶级文化特征的再生产①。

无论是物质资本还是人力资本，都只是一种经济性的资本，单纯地使用这些经济资本还不能完全解释世界经济的发展历史或经济增长的原因，这恰恰也是经济学解释力受到质疑的主要原因。因此，为了解决单纯用经济资本(物质资本、人力资本)所不能阐释的诸多经济与社会问题，社会学家提出了“社会资本”来弥补这一缺憾。其基本的观点是：除了物质资本和人力资本之外，经济活动者所拥有的社会资源(信任、网络以及规范等)也可以作为一种生产要素进入生产领域，从而对经济起作用；社会成员之间的信任、价值规范和关系网络也是价值、可利用的资源，对这些资源进行投资有利于产生新的经济利润。科尔曼、普特南、福山(Fukuyama)与林南等学者在这个概念的提出及其发展过程中起到关键的作用。他们认为，如果把社会资源对经济体系的意义完全描绘出来，那么实现资本概念由唯物质阶段和人本化阶段向社会化阶段的飞跃即将成为可能，从而最终促使“资本”的隐喻不断地泛化和扩展。

我国著名经济学家汪丁丁也把“资本”这一概念的各种论述进行了很好的归纳，主要体现在下列三个维度的论述：物的维度、社会关系的维度、精神生活的维度。他认为，这三个不同维度的资本共同组成一个开放式的三维资本空间，立体式地共同与外界的经济社会发生作用，从而协调地去解决一些复杂的社会问题。他认为，资本在物的维度内具有门格尔(C. Menger)曾详加定义的“财货性”(goodness)的四重性质：1) desire，满足某种欲望，以该物品为所欲对象；2) effect，满足该欲望的因果链条，使该物品成为该因果链条的一环节；3) knowledge，关于该欲望及满足欲望的因果链条的知识被欲望主体知晓；4) availability，对欲望主体而言，满足该欲望的因果链条诸环节所必需的那些手

① 布迪厄的文化资本概念，追索其根源可以发现主要是来自他关于社会实践以及符号和意义的社会再生产的思想。

段是经努力可以获得并支配的。在社会关系的维度内，通过把自身转化为资本在某一时空点的净收益，总是反映着当时当地社会成员之间的利益关系。作为社会关系的资本，与物的维度内的资本相似，也具有双重性质：一方面，资本所承载的累积效应可能强化社会成员之间的合作；另一方面，资本所承载累积效应可能强化既得利益格局，导致权力结构的两极化甚至社会秩序的崩溃。由于资本的上述双重性质，社会秩序或它的狭义形式——规则也具有双重性质：一方面，这些规则可能支持大规模的社会成员之间的合作；另一方面，这些规则可能压抑社会成员的自由。由此可见，资本在关系维度（也可以直接称为社会资本）内既有积极的功能又有消极的影响，必须要全面地把握和理解。在精神生活维度内，他认为，资本的首要特征是基于它所承载的累积效应，它能够把对利润（净利益）的追求转化为“意识形态”——对净收益或利润的崇拜。在任一社会中，只要有资本的人格化，资本在精神生活的维度内就倾向于把“人格”异化为“物格”——人被物化为追求净收益最大化的机器。事情当然也不一定就是这样发展的，因为由于资本的累积效应的存在使得资本人格在精神生活维度内具有某种自我调节机制，从而资本人格可能摆脱利润崇拜的奴役，升华到自我实现的境界①。

2. 从隐喻到概念

“社会资本”从语法上来讲属于偏正结构，中心在“资本”，“社会”仅仅是用来修饰“资本”的。对社会资本感兴趣的人并非是对“社会”而是对“资本”这一概念感兴趣，因为他们想知道为什么信任、价值规范、关系网络可以被称为“资本”？它是如何具有经济意义上的资本属性的？它有什么样的经济含义？

当前的社会资本的概念来自于布迪厄。1980 年，其在一本叫作《社会科学研究》的杂志上发表了名为《社会资本随笔》的短文，正式提出了“社会资本”这个概念，并随后把它定义为：（社会资本是）真实或虚拟资源的总和，对于个人和团体来说，由于要拥有的持久网络是或多或少被制度化了的相互默认和认可的关系，因而它是自然积累而形成的。在他眼里，世界由许多不同的资本形式所组成：经济资本、文化资本、语言资本、学术资本和社会资本，不同的资本形式对应着不同的资源集合，发挥着不同的经济、文化、政治等功能。经济资本、文化资本和社会资本是其中最主要的三种资本形式，它们彼此间相互关联并且可以相互转化。遗憾的是，尽管布迪厄最先提出了社会资本这个概念，但对于它本身的经济属性或者说是资本属性并没有进行系统的阐述，以至于产生了像迈耶这样的

① 汪丁丁《资本概念的三个基本维度：及资本人格的个性化演变路径》，《哲学研究》，2006 年第 10 期。

经济学家提出的许多疑问：社会资本具备“资本”的特性吗？社会资本是何种类型的存量呢？它对总生产函数分解过程中的余值具有实证意义上的重要贡献吗？社会资本积累的操作指南存在吗？怎么才能向社会资本投资呢？谁应该提供社会资本？[①]把迈耶的这一系列的问题归结为一个即社会资本到底是不是资本？如果它是资本，那么这一连串的问题都会得到相应的答案。

众所周知，传统意义上用于经济分析和社会统计的资本概念仅仅是关于物质资本的，描述的是用于未来生产的特定时间上物品的存量。不仅机器、工厂这些生产品，而且消费品的存量也都包含在这一概念之中。通过类比，人力资本通常认为是有利于未来生产的个人技术和知识的存量。那么，同样的类比似乎也可以用于社会资本，“社会关系有助于促进合作”，这可以被视为是某一特定时间所拥有的资源存量，这有益于在长期内增加社会产品。我们从人力资本概念的提出到最终为大家所接受的艰难历程就能预测，社会资本这一概念的“合法性”地位的确立必定也会遭到大量的批评和责难，它的历程也必定十分的艰难。这种艰难体现在以下两点：首先，我们对“资本”概念的理解，尤其是对广义上的资本概念认识得还不够深入。通常资本作为严格经济学意义上的词汇具有以下属性：价值可以度量，价值可以加减和比较，投入和产出之间存在直接的关联，价值的变化可以用货币去衡量[②]。而社会资本作为社会关系层面的资本形态却很难进行度量、比较和用货币去衡量，以至于社会资本的投资和回报都无法计算。因此，尽管社会资本也叫资本，但是它难以体现出严格经济学意义上的资本特性。其次，这种艰难体现在现实的实践中，有助于促进合作的“社会关系”有时候难以识别、理解并且很难用精确的语言来表述其共识，这与物质资本和人力资本之间存在很大的区别，物质资本可以通过其市场价值直接理解和认识，人力资本也可以通过工人们（或其他类型的劳动者）不同的技术水平和受教育程度对应着不同的工资水平而得以理解[③]。正是由于难辨别、难理解和难度量这些瓶颈的存在，使得社会资本作为资本的隐喻引起了广泛的争议。

社会资本这个概念最先激起了两位诺贝尔经济学奖获得者阿罗和索洛的反对。索洛首先站出来反对把那些研究冠上社会资本这个头衔。他说：“为什么要叫社会资本？我认为，这是试图从糟糕的类比中得出确定的结论。”他主张把

---

① 杰拉尔德・迈耶、约瑟夫・斯蒂格利茨《发展经济学前沿：未来展望》第21页，本书翻译组译，中国财政经济出版社，2003年。

② Field John(2004), Social capital, Routledge, 12.

③ Yujiro Hayami(2006), "Social Capital, Human Capital and the Community Mechanism: Toward a Conceptual Framework for Economists", Discussion Paper Series on International Development Strategies.

那些人们称之为社会资本的内容统称为行为模式,“行为模式一词比较枯燥,却可能是正确的字眼,虽然我乐意接受某种更为有趣的东西”①。阿罗紧跟着索洛的反对之声,也在其文章中批评了大肆乱用资本的隐喻。他指出,“资本”这个词有三个方面的含义:1)时间上的延续性;2)为了未来的收益有意地作出当前的牺牲;3)可让渡性②。阿罗认为,对于社会资本而言,上述第一个方面的含义还可以勉强成立,但是,对于社会资本的可让渡性,他认为一个人不可能将其社会资本转移给别人。资本作为一种生产要素应该可以在市场中进行交易,而社会资本是一种嵌入的结果,它并不是个人的财产,它只能存在于与人相互交往的网络之中,它可以依据自己的便利将自己的社会资本给别人借用(如通过自己的关系网为朋友找到一份好工作),但它不具有让渡性。和阿罗一样,索洛十分看重资本的另外两个重要属性:当前的资本存量都是过去逐渐投资的累积、为了未来的收益有意地作出当前的牺牲。他提出的疑问是以社会关系作为重要形式的社会资本,它们的建立并非出于对参与者而言的经济价值的原因,这与经济学家格兰诺维特的观点相一致:经济行为嵌入在社会关系和社会结构之中,而社会关系和社会结构的创建并非出于经济的目的。然而,是不是不以经济价值为直接目的就不具备称为资本的资格呢?当然不是。因为如网络、规范和信任这些社会资本并非是有目的地为获取经济效益而创造的,但是它们确实有同样的经济作用,发挥着与其他形式的资本相同的功效。

正如人力资本有时作为副产品得到发展一样,社会资本在大部分时候也是作为其他活动的副产品而被创造出来的。打个比方,假如你是一个篮球爱好者并经常游走于球场之上,这时你就会因为长期在一个球场打球而结识许多球友,当然,你们并非只是在球场上进行一些十分默契的技术交流,在球场下也许会进一步对其他问题进行沟通,像谈论 NBA、股市、爱情,甚至邀请对方参加自己的生日 Party 等,这样由于多次的交流、互动而加深了彼此的交情,成了无所不谈的好朋友。并且,在你需要的时候他通过他爸爸(某公司老总)而帮你找到了一份工作。此时的社会关系就体现出了它的经济价值,但是你当初对这些社会关系的投资却并非具有经济目的(除非一开始就知道他爸爸是公司老总而有目的性地和他交往),这种社会资本以及由此而产生的经济效益只是作为一种打球的

---

① 罗伯特·索洛《论经济运行与行为模式》,载曹荣湘选编《走出囚徒困境:社会资本与制度分析》第229-230,上海三联书店,2003年。

② 肯尼思·阿罗《放弃“社会资本”》,载曹荣湘选编《走出囚徒困境:社会资本与制度分析》第227页,上海三联书店,2003年。

副产品所生产出来的。在这一点上它与自觉决定的物质资本的投资有所不同，但是它会产生同物质资本和人力资本相当的经济效应，这一点是不能忽视的。

针对“为了未来的收益有意地作出当前的牺牲”这一资本属性，在人力资本案例中的“干中学”就不用牺牲当前的利益而为未来积累资本。教育也是反驳这一观点最好的例子。众所周知，教育具有双重属性：消费和投资。许多人尤其是贫困地区的人们都有这样一种观念：教育是一种浪费甚至是一种牺牲，因为他们往往考虑的只是直接的经济利益问题，而且大多考虑的都是眼前的利益。他们喜欢去计算如学费这些直接的成本和去上学不能去工作的机会成本，而不去考虑孩子们在学校学习知识所获得的巨大的精神上和智力上的满足、和同学建立的强的社会关系（社会资本）以及增强在未来获得更高收益的能力（人力资本）。不过，他们这样考虑也有其理由，因为人力资本和社会资本大部分情况下都是间接地对经济产出产生影响的，并不能体现出直接的经济目的和经济效益，甚至在短期内也难见成效。但是，从长期来看他们所获得的社会产品和经济产品的收益将会远远大于其成本，这是毋庸置疑的。

所以说，阿罗用资本的以上两个属性来排斥社会资本这一隐喻也并非明智之举。在社会资本入围资本家族的“战斗”中，似乎欢迎其加入的呼声更大一些。大多数学者更加愿意承认社会资本是资本，认为应该把它作为资本来对待。科尔曼在其巨著《社会理论的基础》一书中就系统地阐述了自己的观点。在他看来，每个自然人从一出生就拥有了以下三种资本：其一是由遗传天赋形成的人力资本；其二是由物质性先天条件，如土地、货币等构成的物质资本；其三是自然人所处的社会环境所构成的社会资本。所谓社会资本，就是个人拥有的、表现为社会结构资源的资本财产①。诺贝尔经济学奖获得者斯蒂格利茨（J. Stiglitz）认为：“社会资本是隐含的知识，是产生凝聚力的社会胶合剂，同时也包含着一系列的认知能力和素质。这些隐含的知识之所以是资本，因为它需要时间和努力来生产，它不仅仅具有一定的机会成本，同时也是一种生产工具。”韦恩·贝克（Wayne Baker）说：“社会资本能推进信息的交流、知识的共享、相互间合作、问题的解决、创造力的发挥、效率和生产力的提高……如同金融资本、人力资本一样，社会资本是一种生产性的资本，一个人或者公司可以对社会资本进行投资，然后它就会产生回报。”②

① 詹姆斯·S. 科尔曼《社会理论的基础》第55页，邓方译，社会科学文献出版社，1999年。

② 韦恩·贝克《新型社会资本及其投资》，载曹荣湘主编《走出囚徒困境：社会资本与制度分析》第15页，上海三联书店，2003年。

二、社会资本的定义

1. 社会资本定义的概述

学术界对社会资本的定义五花八门，但归结起来主要有两种研究思路。一种思路是把社会资本看成是有利于当事人行动的资源，这种资源存在于把当事人与其他人联系起来的社会网络中。也就是说，社会资本像物质资本和人力资本一样，是属于个人的，一个拥有更多社会资本的人就比一个拥有更少社会资本的人更容易获得成功和好处。因此，广结朋友就会增加个人的社会资本。但是，结交朋友和建立关系网，是要花费时间和金钱的，这就是投入，也就是所谓的社会资本投资，投资得越多，朋友也就越多，关系就越广，办事就会越方便，获得的利益就越多。但是，一个人的时间和金钱总是有限的，用经济学术语说，他要受到预算的限制。这样，如何把有限的资源在物质资本、人力资本和社会资本之间达到最优配置就成为经济学研究的主题，经济学的研究方法也就可以用来分析社会资本的投资。这种把社会资本作为个人的一种资源的观点，被称为是以自我为中心（ego-centric）的网络分析，有的学者也把它称为个人的社会资本，或者微观的社会资本，这种研究思路在社会学中常常被使用。

另一种研究思路是把社会资本看成是描述集体结构的内部联系的一个特征，它把人看成是团体、组织、社区、地区或国家等集体中的一员，而不是独立的个体。集体内部的凝聚力能够为集体中每个人产生利益。这种观点反映在以社会为中心（social-centric）的网络社会学的分析中。有的学者把这种分析称为集体的社会资本，或者叫宏观的社会资本，这种研究思路在政治学和发展经济学中常常被使用。集体社会资本的分析方法与个体社会资本的分析方法是有区别的，传统的经济学分析方法在这里不再适用，它不是建立在利己主义的道德基础上，而是建立在集体主义的道德基础上。一个人要获得集体的社会资本，他就必须参加一个或多个组织或协会，成为集体中的一员，与其他成员一起为了共同的目标而进行合作，否则他一味地追求个人利益，而不管甚至损害其他成员的利益，就有被驱逐和抛弃的危险，他就不可能获得集体的社会资本。因此，集体的社会资本的利益产生于集体成员的合作和团结。对这种社会资本的投资主要是时间，产生的利益由集体成员共同分享。例如，一个协会是由全体成员组成的集体，在这个集体中，每个成员必须合作和团结，才能达到共同的目标，争取的利益由全体成员共享。一个集体越是团结和合作，集体中每个成员获得的利益就越大。因此，对集体社会资本的投资就是如何增强集体内部的团结和合作精神。

除了以上的研究思路外,亦有学者将这些五花八门的定义归纳为五种类型①。一是资源说:社会资本是一种通过"体制化关系网络"的占有而获取的实际的或潜在的资源集合体,是从社会网络中动员了的社会资源。二是能力说:社会资本是行动主体与社会的联系以及通过这种联系摄取稀缺资源的能力。三是功能说:社会资本是能为人的行动带来便利的社会资源。四是网络说:社会资本从形式上看就是社会关系网络。五是文化规范说:社会资本的本质是信任、互惠等文化规范。

2. 来自不同学科的界定

(1) 社会学和政治学对社会资本的阐释

社会资本范畴是由社会学家和政治学家而不是由经济学家最先提出并开展研究的,这是其他学科主动与经济学融合的一种反映。社会资本是不同于物质资本和人力资本的特殊资本,既然是一种资本,便属于经济范畴。社会学家和政治学家敢于提出并大胆研究社会资本,一方面表明他们对经济理论的向往,另一方面则表明以他们学科特有的视角看到了原有经济学的缺陷和弥补这种缺陷的新路径。

一般认为,最早将"社会资本"这一概念引入社会学研究领域的是法国社会学家皮埃尔·布迪厄,他在继承马克思"人的本质是社会关系的总和"的命题的基础上,提出和发展了自己的社会资本理论。他把社会资本定义为"实际的或潜在的资源集合,那些资源是同对某种持久的网络的占有密不可分的。这一网络是大家共同熟悉的,得到公认的,而且是一种体制化的关系网络,换句话说,这一网络是同某团体的会员制相联系的,它从集体性拥有资本的角度为每个会员提供支持,提供为他们赢得声望的'凭证'……这些资本也许会通过运用一个共同的名字(如家庭的、班级的、部落的或学校的、党派的名字等)在社会中得以体制化并得到保障,这些资本也可以通过一整套的体制性行为得到保障"②。从布迪厄的社会资本概念可以看出,社会资本具有两个基本特征:第一,它是一种与群体成员资格和社会网络联系在一起的资源;第二,它是以相互认识和认知为基础的。他在以后的社会资本研究中还强调,某一主体拥有的社会资本量取决于他能有效动员的关系网络的规模;群体成员关系、社会网络和社会关系有利于提高不同领域中行动者的地位。

詹姆斯·科尔曼作为社会资本概念和社会资本理论的集大成者,从社会结

① 参见卜长莉《社会资本与社会和谐》第74页,社会科学文献出版社,2005年。

② 包亚明主编《布迪厄访谈录:文化资本与社会炼金术》第202页,上海人民出版社,1997年。

构的意义上论述了社会资本的概念。他认为,“社会资本就是作为个人拥有的资本财产的社会结构资源……它的定义由其功能而来,它不是一个单一实体,而是一些不同实体共有的两种特征:一是它们都包括社会结构的某些方面,而且有利于同一结构内部中的个人的某些行动;二是和其他形式的资本一样,社会资本也是生产性的,使某些目的的实现成为可能,而在缺少它的时候,这些目的不会实现。与物质资本和人力资本一样,社会资本也不是某些活动的完全替代物,而只是与某些活动具体联系在一起。有些具体的社会资本形式在促进某些活动的同时可能无用甚至有害于其他活动”①。通过对科尔曼定义的分析,我们可以发现他的功能性定义可分为三种形式:首先是义务与期望,它们取决于社会环境的信任水平;其次是为行动提供基础的信息在社会结构中流动的能力;再次是得到有效认同的规范状况。

科尔曼对当前社会资本概念的贡献是不容置疑的,普特南认为是科尔曼的工作奠定了社会资本理论的分析框架。虽然在普特南之前某些著作中就已经出现了“社会资本”这个概念的蛛丝马迹②,但是只有在普特南的社会资本概念提出以及对社会资本进行系统研究后才真正引起社会的广泛关注,成为学术讨论的焦点。普特南和他的合作者在意大利南部对社会资本问题进行了长达二十年调研,于 1993 年完成《让民主政治运转起来》一书,该书指出社会资本是“指社会组织(共同体)的特征,诸如信任、规范、网络,它们能够通过推动协调的行动来提高社会的效率”。从定义中可以清晰地看到普特南是从社会组织的角度给出社会资本的具体含义的。在此书之后,他运用社会资本理论的研究主要集中在自愿社会团体、公民参与、公民心等方面。他认为,几十年来,由于极端个人主义的影响,美国人与其社区的联系减弱了,主要表现在公民参与比托克维尔时代明显地下降了③。

弗朗西斯·福山从信任的角度对社会资本进行了很好的阐释。他在其名著《信任:社会美德与创造经济繁荣》中把社会资本定义为:“(社会资本)是一种有助于两个或更多个体之间相互合作、可用事例说明的非正式规范。这种规范可以是两个朋友之间的互惠性规范,也可以是像基督教或儒教之类的复杂而精巧的教条等等。互惠性规范镶嵌在某人与其他人交往的网络之中,但只是在他与

① 詹姆斯·S.科尔曼《社会理论的基础》第 354 页,邓方译,社会科学文献出版社,1999 年。

② Woolcock 认为,L. J. Hanifan 和 J. Jacobs 最早提出了社会资本的现代意义上的概念。

③ 当然,他的那些关于美国公共生活和政治参与的一系列研究文章,比如《独自打保龄球:美国下降的社会资本》《繁荣的社群:社会资本与公共生活》等引起了广泛的争论,许多学者认为普特南用如此少的理论来概括美国的公民生活是没有说服力的。

其他人交往时才成为现实。”① 从该定义来看，信任、网络、公民社会以及诸如此类的事物虽同社会资本相关联，但全都属于附带现象，即它们是社会资本的结果，而不是社会资本本身。福山也从经济的发展和社会的繁荣方面研究了社会资本概念，他的研究集中蕴含着这样一种思想，即经济学家在分析时除了应该考虑传统的资本和资源之外，也须要考虑相对的社会资本实力。社会团体中人们之间的彼此信任，蕴含着比物质资本和人力资本更大而且更明显的价值，在高信任度的社会中组织创新的可能性更大。正如福山论述的：“社会中存在高度信任感，能够促进大规模企业的产生，如果大科层组织能够透过现代化信息技术，使小一点的公司慢慢转型并加入他们的网络，这时候拥有高度信任感就如虎添翼了。”

（2）社会资本概念的经济学回归

从社会资本思想的起源到社会资本概念的提出，直至科尔曼完成社会资本研究框架，研究社会资本理论的学者主要来自于社会学领域，但是自普特南运用社会资本理论解释意大利南部与北部的经济发展差异之后，特别是自世界银行开展一系列社会资本研究项目之后，社会资本理论日益受到经济学家的青睐，并且已经进入到经济学的许多分支学科，尤其是在发展经济学和制度经济学等领域受到特别的重视。一时间，以经济学的方法和理论解释社会资本以及运用社会资本解释经济现象的文献大量涌现。

早在 1977 年，经济学家洛瑞（Loury）就在其著作中使用了社会资本这一概念。尽管他当时没有对社会资本的概念展开系统论述，但很多学者都承认他是提出现代社会资本概念的第一人。他从经济学的角度提出了这个概念，是为了去论证社会资源对发展人力资本的重要影响。他批判新古典经济理论在对待种族间收入不平等时过于个人主义：只重视人力资本的作用，认为只要采取政策反对雇主的种族偏好和强化机会平等，种族间的收入不平等就会降低。在洛瑞看来，种族间的收入不平等永远不会消失，因为贫穷的黑人父亲无法使他们的子女得到丰富的物质资源和教育机会，因为年轻的黑人工人和劳动力市场缺乏联系，他们缺乏有关工作机会的信息。他认为，社会资本是诸种资源之一，它存在于家庭关系与社区的社会组织之中，对儿童或青年的心理发育、社会化以及人力资源发展至关重要。在 1992 年，他给出了社会资本的定义：（社会资本）是指人们间自然形成的社会关系网络，它促进或有助于获取市场中有价值的技能和特征，它与会计中财务遗赠一样重要，用以保持社会的不公平。

---

① 弗朗西斯·福山《信任：社会美德与创造经济繁荣》第 30 页，彭志华译，海南出版社，2001 年。

经济学家伍考克(Woolcock)最先高度肯定了社会资本的经济学意义。他在回顾了生产手段的发展历程后指出，古典经济学家发现了土地、劳动和物质的资本这三个实际增长的要素，20世纪60年代的新古典经济学家(舒尔茨和贝克尔)则引入了人力资本的概念，认为受过教育和经过培训的健康工人的社会天赋决定了古典生产要素的利用率。而社会资本理论则进一步发现，当各方都以一种信任、合作与承诺的精神来把其特有的技能和财力结合起来时，就能得到更多的报酬，也能提高生产率。美国著名政治经济学家埃莉诺·奥斯特罗姆认为，人类创造的资本包括四种有着某些相似性的类型，即物质资本、人力资本、社会资本和自然资本。其中社会资本是其他三种类型资本的必要补充。她把社会资本定义为：社会资本是关于互动模式的共享知识、理解、规范、规则和期望，个人组成的群体利用这种模式来完成经常性的活动。在她看来，把社会资本当作一种重要资本去理解，是因为社会资本概念是理解个体如何实现合作、如何克服集体行动问题以达到更高程度的经济绩效的关键所在①。著名发展经济学家迈耶(G. Meier)认为，在相继强调物质资本、人力资本、知识资本之后，一些经济学家现在又把"社会资本"加到增长的源泉中；这是因为当社会相互交往产生外部效应和促进为获取市场之外的共同利益而集体行动的时候，社会资本就会产生经济效益；而所谓社会资本，实际就是信任、互惠、人际网络、合作和协调，即可以被看成是调节人们的交往和外部性的"民间社会资本"②。日本著名经济学家速水佑次郎认为：把国家、市场和社区作为经济发展制度中三个组织的有机结合，这里的社区组织就是社会资本。由社区内人们的相互影响产生的相互信任，构成了只有社区成员才可利用的社会资本。他认为，市场是在价格参数变化的信号下协调竞争中追逐利润的个人的组织，国家是通过政府命令强制人们调整他们的资源配置的组织，社区是在加强人际关系和相互信任基础上引导社区成员自愿合作的组织，它相对于市场和国家在地方公共物品的供给上具有比较优势，因为社区联系在阻止"搭便车"方面是有效的。简言之，竞争、命令和合作是构成一个社会经济系统有效运行不可或缺的三大机制，被传统经济学忽视的社区组织(社会资本)将发挥越来越重要的作用。

虽然社会资本迅速地成为科学中的热门词汇，但是学术界至今依旧没有获

---

① Ostrom, Elinor(1999), "Social Capital: A Fad or a Fundamental Concept?", in Social Capital: A Multifaceted Perspective, ed. Partha Dasgupta and Ismail Seraeldin, Washington, DC: The World Bank.

② 杰拉尔德·迈耶、约瑟夫·斯蒂格利茨《发展经济学前沿：未来展望》第21页，本书翻译组译，中国财政经济出版社，2003页。

得一个大家普遍认可和接受的定义，似乎不同学科背景的学者给社会资本下了完全不同的定义。但是只要用心辨识，它们之间其实还是具有很大的相似性，这些定义大多数包含信任、网络、集体成员和一系列的合作规范等概念。已有文献资料分析表明，普特南的定义最常被引用到，该定义强调了信任、规范和网络，当然这些概念在大多数其他学者的定义中也都出现过。因此，虽然每个人都有他自己赞成的社会资本定义，但是他们中大多数人不可能会强烈反对那些包含有信任、网络以及合作规范这些子概念的定义。

三、社会资本的属性及其效果

学术界最先对社会资本与其他资本进行较为系统比较并指出它们之间区别的是美国著名政治学家埃莉诺·奥斯特罗姆。她认为，人类创造的资本包括四种有着某些相似性的类型，即物质资本、人力资本、社会资本和自然资本，其中社会资本是其他三种类型资本的必要补充。所有资本都是社会发展所不可缺少的，单独一种资本是不够的。社会资本同其他资本有所不同，这种差异主要表现在四个方面：1）社会资本不会因为使用但会因为不使用而枯竭；2）社会资本不容易观察和测量；3）社会资本难以通过外部干预建立；4）全国性和区域性政府机构对个人用来追求长期发展努力的社会资本类型和水平有重要影响。她认为，人类创造的所有资本都涉及创造新的机遇、实施限制、投资可能失败的风险，以及资本运用产生危害而非收益的可能性，而这些属性也是社会资本所具有的。国内研究社会资本的学者如杨雪冬认为，社会资本与物质资本、人力资本具有共同的特点：通过积累而成的，有规模效应，须要不断地更新，具有生产性，这些都是作为社会资本的资本属性而展现出来①。程民选把社会资本具有资本的属性归结为以下几点：1）社会资本是致力于构建人际合作关系模式的人们在有意无意中建立起来的一类资源；2）社会资本具有如下主要形式：关于互动模式的共享知识、人际网络、信誉和信任、合作的规范等；3）社会资本的获得和积累须要耗费一定资源（也包括时间和精力），因而具有一定的机会成本；4）社会资本的获得和积累可以产生一定的收益，收益既可以是市场效益，也可以是非市场效益；5）社会资本投资同样具有外部性，而且与社会资本有关的外部性也有外部经济与外部不经济之分②。

归纳诸家研究，社会资本还具有以下几种特征。

---

①　李慧斌、杨雪冬《社会资本与社会发展》第37页，社会科学出版社，2000年。

②　程民选等《信誉与产权制度》第16－23页，西南财经大学出版社，2006年。

（1）无形性。科尔曼指出，"社会资本基本上是无形的，它表现为人与人之间的关系"①。社会资本不像表现为厂房、机器、生产设备、原材料的物资资本，也不像存在于劳动者的体力和脑力之中，表现为劳动者的经验、受教育程度、知识和技能的人力资本，社会资本存在于人际关系网络之中，看不见摸不着，是一种无形的资产。

（2）准公共性。物质资本既可以是公共物品也可以是私人物品（道路、桥梁、机场等属于公共物品，而自己买的小汽车、手机等属于私人物品），人力资本是私人物品（知识、技能不能公共所有和使用）。社会资本属于"准公共物品"，它根植于人际关系中，是关系人共有的一种社会结构资源；但是它对于关系网络之外的成员来说，又具有一定的排他性。

（3）社会性。社会资本存在于人与人的交往或人与人的关系之中。"社会资本之所以具有社会性是因为它涉及的人们的行为具有社会性。经济学家对社会资本的另一层潜在的含义更感兴趣：社会资本的社会性源自行为人之间的非市场相互作用所具有的经济效应。而这个经济效应并没有通过每个行为人在市场上面临的价格而内生于行为人的决策行为中。"人与人之间的互动形成人际关系，这是人赖以生存的社会基础，也是社会资本形成的基础。虽然人与人之间的互动或相互作用是非市场的或非经济性的，但具备影响经济的作用或效应，这就是社会资本的社会性。

（4）外部性。社会资本具有外部性或"外部效应"。由于社会资本属于"准公共物品"，那么它的获取和使用就有一个界定范围，组织成员内部社会资本具有公共品的性质，而对于"圈外人"则具有排他性和竞争性。它的外部性有积极的和消极的两种：积极的外部性可以促进社会普遍信任的产生、加强彼此联系等；消极的外部性体现在排斥圈外人、限制个人自由等。

（5）投入和产出之间的不平衡性。社会资本投资也须要花费一定的时间、精力、体力，包括物质花费与情感付出，等等。这种投入不一定会立即得到回报，但从长远来看，社会资本产生的社会效益往往可以大大超过其投入的成本。而且，一种社会资本一旦形成，包括和谐的人际关系以及较高的文化道德水准，就可以重复地发挥其效用并在使用中不断增值。这种"社会账本"与经济的交换有两个不同的地方：一方面，欠债者不一定要用相同的"货币"来"还债"，它可以是非具体的媒介如"效忠"、"尊敬"；另一方面，没有约定的还债期限和还债人。施予者的回报不一定直接来自于受惠人，而是可能来自于整个群体，如地位、荣

---

① 詹姆斯·S. 科尔曼《社会理论的基础》第356页，邓方译，社会科学文献出版社，1999年。

耀、认可等。

（6）投资的长期性和连续性。如同在经济活动中一样，交换在社会关系网络的形成中起着关键性的作用。社会资本不是自然形成的，是一种投资策略的产物，这种投资策略的主要目的是要稳固关系，使其成为可靠的资源。这种策略首先确定那些在短期内或长期内直接用的、能保证提供物质利润和象征利润的社会关系，然后将这本来看起来是“偶然”的关系（如邻居、同事甚至某些亲戚关系等）通过“象征性的建构”，转变为一种双方都从主观上愿意长期维持其存在的、在体制上得到保障的持久稳定的关系。这种转变的关键就是“象征性的建构”，它利用一些现存的社会体制，通过各种物质或非物质的交换，使社会资本得以确立，并不断地进行自我再生产，这就决定了对社会资本的投资必然是长期的和连续的。

第二节　示范性高职院的社会资本

一、学校社会资本与职业学校社会资本

办好一所职业学校靠什么？人们自然容易想到设施、财政和教师，会关心这所学校的教学设施是否先进和完备，财政状况能否足够开支以保证其正常运转，教师队伍是否数量足够和质量上乘。借用“资本”的话语来说，与此对应的就是一所学校所拥有的物质资本、金融资本和人力资本状况常常对一所职业学校的发展起着至关重要的作用。诚然，这三种资本对任何一所学校都是必要的。但仅仅依赖这三种资本肯定是不够的，如果没有社会资本作为必要的补充，则物质资本、金融资本及人力资本很难发挥最大的作用，甚至在学校的物质资本、金融资本及人力资本方面存在某些不足的情况下，常常可以通过建构丰富的社会资本来加以弥补。

最早将社会资本研究引入教育领域并较有影响的是科尔曼与帕特南。1）科尔曼曾从结构和关系的角度来看待教育中的社会资本。美国的天主教学校在资金来源、社会支持以及生源上都略逊于公立学校及其他私立学校，却取得了令人瞩目的教育成就。在科尔曼看来，其原因在于天主教学校与学生分享了高水平的社会资本。天主教学校的校长、行政人员、教师、学生、家长及社会人士组成了一个共同体，共同体成员联系密切，创造了一个具有连续性的、能够起主导作用的价值体系，这些社会关系不仅包括代际之间的关系，而且包括孩子父母之间的以及其他共同体成员之间的关系。2）帕特南在1995发表的《独自打保

龄球：美国下降的社会资本》中，持续了对社会资本的研究，并以此为视角探讨了教育问题。帕特南认为，近年来，美国的教育质量已引起人们的关注，公立学校处于危机之中，这正是社会资本下降的结果。“共同体的参与对学校的成功具有决定性的影响。研究发现，学生的学习不仅受学校和家庭的影响，而且受更大范围的共同体的社会网络、规则和信任的影响。”“当教师、家长、校长之间具有一种高度信任的关系时，将极大地促进学校的发展。”“家长和共同体的合作在推进学校教育改革中发挥着中心作用。”而在我国学界，尤其是教育学界，较早运用社会资本理论系统研究与分析教育问题的主要有庄西真、盛冰等人。庄西真在2004年发表的《学校社会资本论》一文中认为，“学校不是孤立的行动个体，而是与教育领域的各个方面有种种关联的学校网络上的节点。能够通过这些关联获取学校发展所需要的资源是学校的一种能力，这种能力就是学校的社会资本”①。盛冰则在《构建社会资本：当今学校改革的必由之路》中提出：“学校社会资本是看不见、摸不着的，是一种无形的资源。正因为如此，它往往被人们所忽视。”②

上述学者关于社会资本和学校社会资本的看法，有助于我们进一步说明什么是职业院校的社会资本。不过，为了避免“生搬硬套”之嫌，我们以为，若再借用黄炎培早在20世纪20年代就已提出的大职业教育主义思想，可能有助于对此作出更为清晰的说明。1926年，黄炎培在《提出大职业教育主义征求同志意见》一文中写到：“（一）只从职业学校做功夫，不能发达职业教育；（二）只从教育界做功夫，不能发达职业教育；（三）只从农、工、商职业界做功夫，不能发达职业教育。”因为“要是此方认为我是职业学校，与一般教育无关系，彼方认为我非职业学校，与职业教育无关系，范围越划越小，界限越分越严，不互助，不合作，就不讲别的，单讲职业教育，还希望发达吗？所以第一层只从职业学校做功夫是不行的”。“怎样才使学生有出路呢？说几句联络职业界的空话是不够的……最好使得职业界认做为我们而设的学校，是我们自家的学校，那就打成一片了。所以只从教育界做功夫也是不行的。”“国家政治清明，社会组织完备，经济制度稳固，犹之人身元气浑然，脉络贯通，百体从令，什么事业会好。反是，什么事业都不会好。所以提倡职业教育而单从农、工、商职业界做功夫，还是不行的。”“办职业学校的，须同时和一切教育界、职业界努力的沟通和联络，提倡职业教育的，同时须分一部分精神，参加全社会的运动……对外还须有最高的热诚，参与一

① 庄西真《学校社会资本论》，《教育研究与实验》，2004年第3期。

② 盛冰《建构社会资本：当今学校改革的必由之路》，《中小学管理》，2008年第7期。

切，有最大的度量，容纳一切。"① 这应当是作为兴办职业学校的实践家黄炎培用宏大的视野对如何兴旺职业学校形成的独特认识。联系上面关于社会资本及学校社会资本的看法，从中我们不难认识到职业院校的"社会资本"之重要性。可以说，黄炎培的这篇文章是关于职业院校社会资本论的宣言书，它明示了办好职业院校最充足的功夫应当下在社会资本的建构或积聚上：与一般教育的平等相融，与职业界的互利合作，与整个社会运动相参与的热诚。换句话说，这些就是职业院校的社会资本，或职业院校的积极正面、有助于办学水平上升的社会资本。

以黄炎培早在八十多年之前的认识对照前面所引我国两位学者关于学校社会资本的看法，不难得出两点结论：一是认识职业院校的社会资本仍需要更加开阔的视野，如它不应仅限于"与教育领域的各个方面有种种关联"，而应扩展到与职业界及整个社会之间的"种种关联"；二是职业院校的社会资本虽然"是看不见、摸不着的，是一种无形的资源"，但它并不因此就应为职业院校的"办学者所忽视"，因为职业教育的社会性早已成为人们的共识。

二、社会资本各要素在职业院校办学中的作用

与物质资本、金融资本、人力资本不同，社会资本是把微观层次的个人选择与宏观层次的集体和社会选择结合在一起的资本形式，以社会网络为载体，以信任、合作、规范和文化认同为核心，具有社会结构资源的性质，有助于参与者更加有效地共同行动以追求共同的目标。社会资本主要包含相互依赖、相互作用的四个方面的内容，即社会网络以及蕴含其中的规范、信任、合作，它们在职业院校的发展中发挥着重要作用。

1. 规范作用

规范是指一个共同体内一系列成文或不成文的准则与规定，它们用来具体指明哪一种行为或结果是要求的、禁止的或者允许的，以及如果这些准则没有被遵循的话而采取的那些制裁措施。规范对职业院校发展的影响是不容忽视的。首先，行政性规范为职业院校发展提供制度保障。行政性规范是以国家的强制力量作为保证，由国家或政府制定的一系列调节人与人、人与组织、组织与组织之间行为与关系的规则，包括法律、法规和各种规章制度。其次，契约性规范为区域经济发展提供了规则。契约性规范是人们在相互交往过程中所达成的、相

① 黄炎培《提出大职业教育主义征求同志意见》，《黄炎培教育文集（第二卷）》第 431－433 页，中国文史出版社，1994 年。

互之间都同意的一系列规则，人们在交往过程中按照这种协议好的规则进行互动。再次，道德性规范为职业院校发展创造了良好的氛围。道德性规范是依靠社会舆论、人们的内心信念和风俗习惯调节人与人、人与组织、组织与组织之间关系的行为原则和规范的总和。在宁波职业技术学院，领导率先垂范，教师爱岗敬业，学生尊师好学，这种良好的氛围使人感到了道德性规范的力量。

2. 信任作用

"所谓信任，是在一个社团中的成员对彼此常态、诚实、合作行为的期待，基础是社团成员共同拥有的规范以及个体在社团的角色。"可以说，"信用是整个社会的最大资本，如果一家企业、一个国家没有人与人之间的信用关系，也就没有人和人之间的相互信任，社会资本也不可能形成，企业的效率和竞争力都不可能提高"。多年来，宁波职业技术学院一直着力培养学生的公民信用意识、信用需求和信用观念。"思源基金"是宁波职业技术学院效仿美国哈佛大学的助学模式，在北仑企业家管理协会、清华大学 EMBA 宁波学员俱乐部等四十多家企事业单位、协会的资助下，于 2007 年 6 月创立的，实行的是借贷原则，凡是在校学生，家境贫困且表现良好都有权申请。而至于学生借的钱，什么时候还，全靠学生自觉。诚信是唯一的担保！借款的额度也没有上限，学生可根据自己的需求向"思源基金"提出申请。如果学生在规定时间内没找着工作，或者经济紧张，可以和学校商量后另行制订还款计划。在当前大学生贷款诚信问题屡亮黄灯的情况下，没有法律约束力和硬性规定的思源基金却持续飘红。目前，已有一百五十多人次以反哺的形式回馈基金五十余万元。此外，受助学生的反哺还引发了社会与在校师生的关注，并掀起了大规模捐赠奖助学金的壮举，到 2009 年年底，基金捐款额累计达六百余万元，先后资助贫困学生 547 人。

3. 合作作用

合作是指不同的社会行动者为了达到共同的目的而在行动上相互配合的过程，是一种既有利于自己又有益于他人的目标得以实现的行为或意向。职业教育主要是为企业培养人才的，校企合作、工学结合是职业教育发展的必由之路，人们对此早有认识。不过，宁波职业技术学院在这方面更进一步，近年来他们总结出来的办学"三三模式"，即办学、育人、就业的三位合一，政府、学校、企业三方有机结合，建立互动合作机制，共同开展人才培养，正是合作的最好体现。从 2006 年开始，宁波职业技术学院每年专门请来企业部门的负责人，为他们颁发该校的"校企合作年度奖"。获得"校企合作年度奖"的，是从送设备、设奖学金以及为学生提供顶岗实习机会的企业中选拔出来的。"年度奖"的奖金并不多，只有 2000 元，但礼轻情义重，用这种方式向大力支持职教事业的企业表示最诚挚的谢意。而企业代表认为，社会急需各种高技能人才，企业出钱出力支持职业学校建设，正是回报社会的一种途径。

4. 社会网络的作用

社会网络是指由共享某些相似特征的人（如共同地域、共同职业、共同兴趣爱好等）联结在一起的网络。社会网络可以通过一种非正式的协调机制，降低交易成本。社会参与网络对职业院校发展的价值主要体现为相互协作，优势互补。早在2003年，经浙江省教育厅批准，由宁波职业技术学院牵头，并联合乐清市职业中等专业学校、宁波兴港职业高级中学、敏孚机械有限公司等16所中等职业技术（技工）学校和相关企业组建而成的浙江省综合性职业教育集团——浙江大港职业教育集团就宣告成立。按有关协议，集团的各成员学校可以共享实验设备、相关课程师资等教育资源，成员学校的学生报考宁波职业技术学院在同等条件下优先录取，企业单位则具有优先挑选成员学校优秀毕业生的权利。与此同时，企业单位则应积极为集团成员提供实习、实训基地，并负责消化集团成员学校的相关毕业生。

第三节　示范性高职院社会资本的积聚

职业院校社会资本的建构应该通过对学校内外社会网络的一系列的管理活动，使各种资源的投入与产出比最大化，从而达到组织所期待的目标。具体说来，学校社会资本的建构就是在各相关的显在和潜在行动者之间建立可重复的持续性的交换关系，同时，它依靠学校社会资本而不是组织的权威来促进行动者的合作和解决交换过程的冲突从而节约交易成本，在创造或者增加学校绩效的同时，再次使学校社会资本实现增值①。

一、确立共同愿景，积聚职业院校的认知社会资本

现实中，我们不难发现有不少职业院校的发展是盲目的，这种盲目体现在校长办学理念模糊，教师、家长、学生对学校办学理念缺乏理解与认同。而要真正使相关利益各方能够理解与认同，这就需要校长在认真反思学校现有发展状况和未来发展格局的基础上，与所有成员共同制定学校的愿景。这应当是建构职业院校认知社会资本的重要内容。学习型组织理论告诉我们，建立共同愿景是

① 陈建华《社会资本与职业院校的发展——以宁波职业技术学院为例》，《职教论坛》，2011年第21期。

一项基础性的、至关重要的修炼。彼得·圣吉认为，共同愿景是一个组织中各个成员发自内心的共同目标，是蕴藏在人们心中一股令人深受感召的力量。共同愿景是告诉单位的每一名员工“我们将成为什么”的前景，它与“只是告诉成员什么时间能达成什么具体目标”的战略目标相比，更有利于增强单位的凝聚力和向心力，激发员工的热情、干劲，调节员工之间的关系，使之形成风雨同舟、和衷共济、勠力同心的坚强集体。一个有效的愿景，应该是对组织成员的一种宏伟的承诺，使人们想念实现目标后的收益。它具备以下特征：能够让人们激情澎湃，觉得须要超越且又愿意为之而奋斗，觉得遥远却又被折服。共同愿景是一种文化理念，也是一个单位创建的灵魂，它能唤起人们的希望。职业院校构建共同愿景要与校企文化有机结合，并形成一定的体系框架，如服务理念、奋斗目标等，这些理念的提炼和形成，将单位及个人的发展目标完美、有机地结合，将会极大地调动广大职工的积极性，有利于学校各项事业的发展。

为了确立共同愿景，从2000年开始，宁波职业技术学院就开始对教师进行先进职业教育理念的培训，帮助教师了解职业教育的性质，高职教育现状与发展趋势，职业教育与社会需求、学生需求的关系，国家大力发展职业教育的方针政策，让教师理解服务区域经济、服务社会是职业教育的导向，让教师扎扎实实沉下去研究社会需求、企业需求，从而真正感受到自身职业的价值，增强教师的专业角色意识，主动投入到职教课程、教学改革中。与此同时，学校领导积极帮助教师深刻理解学院的文化和核心价值，提高对学院的忠诚度，树立爱岗敬业、爱校爱生的精神，让教师切身体会职业的幸福感、成就感，享受教师的幸福人生。许多教师对学院执行院长苏志刚都有共同的看法，就是“跟着他工作很辛苦，但是不痛苦”。这种认同感无疑是职业院校发展的重要认知社会资本。

二、学会借脑谋势，积聚职业院校的关系社会资本

职业院校的关系社会资本是指其与家庭（家长、学生）、企（行）业、政府、社会（区）之间形成的社会关系网络，以及学校中人与人之间形成的以信任、合作、互惠为特征的各种资源。“诚信办学，合作育人”，“校务公开，管理民主”等措施或手段都有助于积累学校的关系社会资本。如果说人力资本强调的是“个体”，把管理过程看作线性的过程，有多少“输入”就有多少“产出”；那么，社会资本则是从“关系”的视角来看待人，认为学校的管理过程是非线性的，有多少“输入”并不一定就有多少“产出”。仅就关系社会资本而言，一个校长的社会关系网络（包括其接触到的人，联系的程度、范围等）在一定程度上决定了该校可以利用的社会资源。就一所学校而言，包括学校与政府、企业、家庭、社区以及其他组织

形成的关系网络。具体的人与人之间的关系不仅指日常生活中的相互联系,还指通过创造关系或者由关系手段获得的资本,包括信任与可信度、规范与惩罚、义务与期望、互惠与合作等,体现的是社会联系的人格化方面,其中信任是最重要的社会资本。在一所学校中,共同体成员之间是否形成了一种良好的人际关系,是否表现为信任、合作、互惠的特征,标志着关系社会资本的强弱。

对宁波职业技术学院来说,作为全国重点建设的三十多所高职院校中最年轻的之一,近年来之所以获得了超常规的发展,与其主动地“借脑谋势”,并迅速地积累了较为雄厚的关系社会资本密切相关。当有人问及执行院长苏志刚的治校理念时,苏院长明确地回答:“八个字,专家治校,借脑谋势——让最先进的办学理念迅速成为学校办学的主导意识,在此基础上谋划学院发展大计。”1999 年 5 月,在转制升格的关键阶段,宁波职业技术学院与上海市教育科学研究院职业教育与成人教育研究所建立了合作关系,由上海市教科院职成教研究所为学院提供高职理论和教学方面的指导,促进学院教职工观念的转变及教学方法的转变,使专家的指导贯穿于学院发展的所有阶段。宁波籍中科院院士贺贤土应邀出任学院院长。贺贤土院士自担任宁波职业技术学院院长以来,一直热心学院的发展,关爱学生的成长。贺院长每次来校,不仅亲自为学院的师生们开设讲座,还邀请他的院士朋友们为师生带来前沿的、丰富的科学知识。教育部职业教育与成人教育司原司长杨金土、中国教育学会原会长潘懋元也欣然同意担任学院顾问。同时,学院邀请其他海内外专家、学者到学校开讲座、搞科研。另外,学院还于 2002 年 12 月 28 日在上海挂牌成立了从事高等职业教育研究、评估、咨询和教育科研成果转化的研究机构——大港高等职业教育研究与发展中心。华东师范大学职成教所、上海教科院职成教所、厦门大学高教所等以技术入股形式参与中心的运作,共同承揽课题,进行科研开发,实现资源、利益共享,风险共担。学院之所以在上海设立高职研发中心,就是想充分利用上海国际大都市拥有的资讯资源,获得第一手信息,通过研发中心这个平台,促进学院同上海高校、研究机构、相关业务主管部门的联系和合作,凝聚一批高职教育的专家,为学院的发展服务。同时,通过课题研究、咨询服务、成果推广,提高研发中心的造血功能,扩大学院的影响。

三、改善组织结构,积聚职业院校的制度社会资本

组织结构的“改变”有两种方式,一种是彻底的变革,另一种是在原有结构的基础上进行“改善”,学校是通过前者还是通过后者来解决所面临的问题,有时是一种困难的抉择。一方面,高职院校期望通过不断的组织变革,以期能改变

自己的处境和面临的冲突；另一方面，变革活动的日益频繁，也使得组织中的个体感到变数的不断增加，人们对变革的反应有愈加冷淡和抗拒的倾向，同时变革成本的巨大及对组织大面积的震荡所带来的负面影响，又是决策层所不想看到的。因而寻求通过一种“改善”的方式，通过在组织运行过程中，对组织结构进行持续不断的修正和改进，使其适应社会要求，符合高职院校办学特性和环境变化要求。

社会资本是一种结构的资源，当今的科层制组织结构在一定程度上阻碍了学校发展。要促进学校发展，使教职工在目标方面保持一致，就必须改变学校的治理结构，发掘这种“结构”的社会资本。职业院校的组织结构的改善应当做到减少层级过多而带来的信息失真，减少官僚化色彩，更有效地利用组织结构资源。早在2003年，宁波职业技术学院就从改善组织结构入手，全力推进学院的制度规范建设。具体做法表现在三个方面：一是着力构建“小行政、大教学”的管理运行机制，精简院级行政机构，组建了行政、教学、党群三大办公室。学院现有行政人员二十余人，不到全院教职工的10%，这样有助于促进学院从科层组织向扁平化组织转变。二是实行全员聘任制，公开岗位，竞争上岗，加强岗位意识，明确职责，实行合约管理，强调依法办事。三是打破福利型分配制度，承认差别，强化多劳多得、责权利统一的分配观念。在分配政策的制定上向教学科研第一线、高层次人才和工作业绩突出的人才倾斜，尤其注重对某一领域有突出成果人员的奖励。经过共同努力，宁波职业技术学院已构建起了规范管理的框架，一些基础性的工作，前几年无暇顾及的管理细节，都得到了加强。这样做不只是淡化了“官本位”色彩很浓的身份管理制度，树立岗位管理的新观念，而更重要的是以建立了一个公正、竞争、开放的用人制度和最大限度地提高人员素质、最充分地发挥人的作用为目标的全面的人事管理制度。

总之，社会资本作为继物质资本、金融资本和人力资本之后的另一种资本范畴，不是一所职业院校天然拥有的资源，而是经过历史沉淀逐步形成的。在社会资本形成之后，它便成为这所学校发展的支撑力量，同时也是这所学校有别于其他学校的基本特征。

第七章

学校文化:示范性高职院建设的灵魂

第一节　什么是示范性高职院文化

学校是社会设定的专门育人场所,而一切育人,说到底都是文化育人。教育与文化,水乳交融。教育缺了文化,就是寡味“白开水”;文化少了教育,难保不成“霉乳酪”。文化是教育的灵魂,教育是文化的身体;文化是教育活力的源头,教育是文化创新的温床;文化丰富教育的内涵,教育传承文化的血脉;文化引领教育的提升,教育催生文化的多元。二者统一的过程,就是教育使人日趋文化化(由自然之人变为文化之人)的过程,就是文化促人不断成人化(由现实之人成为理想之人)的过程。作为现代教育体系的重要组成部分之高等职业教育与文化关系亦不例外。从我国高等职业教育发展的现实看,1999 年以来,以大力发展高等职业教育为主要内容和手段的我国高等教育大众化打破了精英教育的纯粹性,高等职业教育规模的急剧扩张不能不引发人们对质量与文化等深层次的忧思。2004 年,教育部颁发的《以就业为导向,深化高等职业教育改革的若干意见》标志着高等职业教育的发展逐步转向更加注重质量提高与内涵发展的道路。2006 年国家启动示范性高职院校建设计划之后,文化建设与质量提高、制度创新一道已经成为我国高职教育发展的三大主旋律。文化建设所产生的“文化软实力”,可以为高职院校办学提供持久而强劲的深层动力。

一、高职院校文化

学者刘国珍在《关于高等职业教育文化的界定》① 一文中提出,高等职业教育文化具有双重属性:一方面,高等职业教育的教育层次决定了高等职业教育文

① 刘国珍《关于高等职业教育文化的界定》,《继续教育研究》,2010 年第 6 期。

化应该是一种大学文化，是大学文化内涵的丰富；另一方面，高等职业教育的教育类型则决定了高等职业教育文化应该是一种职业文化，是职业教育文化层次的提升。二者之间相互融合，相辅相成，有机统一，就构成了高等职业教育文化共有的质的规定性。换言之，所谓高等职业教育文化，既可以说是具有大学文化精神和品位的职业教育文化，又可以说是具有职业文化内涵和特征的大学文化。

建设具有大学文化品位的高等职业教育文化，主要包括两层含义：其一是要在文化层次上超越传统的初等和高等职业教育文化。高等职业教育文化是关于大学的文化，要立足大学文化的层次要求来诠释和建设高等职业教育文化，其所有的文化符号、价值、规范都必须建立在大学的文化层次之上，体现出大学的教育水平、精神境界和人文关怀。这是职业教育进入高等教育层次的必然要求，更是高等职业教育培养高素质技能性人才、提高教学质量和社会服务水平、推进高等教育大众化的需要。其二是高等职业教育的文化内核要体现大学文化的基本精神。高等职业教育文化建设一定要把作为大学文化精神的基本要素，诸如追求理想、崇尚真理、关心社会、热爱人民、严谨求是、敬业笃学、勇于创新等熔铸成自身的群体价值观念。在此基础之上，进而结合高等职业教育的特点，围绕中国特色社会主义现代化建设和推进高等教育大众化、服务人的全面发展的需要，进一步丰富高等职业教育的文化内涵，创新和提升高等职业教育文化理念和基本精神。

建设具有职业文化内涵和特征的高等职业教育文化，同样具有两层含义：其一是高等职业教育文化在内涵上要有别于普通高等教育文化。高等职业教育是以培养技能性人才为主的教育类型，培养目标、课程设置、教学内容、培养方式、教学手段和就业面向等方面，都有别于以学术性和工程性人才培养为主的普通高等教育。因此，高等职业教育文化必须要强化适应技能性人才培养的精神理念和文化氛围建设，体现出职业教育文化的特征。其二是高等职业教育文化的内涵要融入职业文化的要素。高等职业教育的人才培养目标和就业面向，决定了高等职业院校与行业企业一线的必然联系。高等职业教育在文化建设上，必须加强院校与行业企业的相互渗透与融合，借助校企合作的平台，接受行业企业文化理念和价值观的辐射，在大学文化层面上，融入职业文化符号、价值、规范，积淀和熔铸大学文化与行业企业文化有机融合的文化内涵，营造和强化适应高素质技能性人才培养的文化氛围。

从文化的意义和建设实践来看，高等职业教育文化具有广义和狭义两层含义。广义的高职教育文化，是指产生于高职教育这一教育类型的文化，是高职教育和文化的结合，这一文化是建立在高职教育这一类型主体之上的，并反映和影响着高职教育的整个领域,显示着高职教育的共性。狭义的高职教育文化则是指具体的高等职业院校文化,专指一所高等职业院校的文化,是高等职业教育文化个性化的一面。广义的高等职业教育文化是高等职业教育文化建设的根本,每一所高职院校的文化建设都必须围绕和体现这一文化主旨。同时,每一所高等职业院校又要有自己的特色和个性,在高等职业教育类型中,形成具有自身特色的文化符号、价值、规范,即狭义的高等职业教育文化。培育狭义的高等职业教育文化是高等职业教育文化的生存基础和发展保证。在实际的文化建设中,广义的高等职业教育文化作为一种教育类型的专门文化,更多的是一种文化的规定性,是所有高等职业院校文化建设都必须遵循和体现的规定性,是硬性的要求。狭义的高等职业教育文化作为一种院校文化,更多的是一种文化的创新性,是每一所高等职业院校个性化的体现。其文化内涵包括院校精神、专业设置等,是具有院校特色的精神和物质成果总和,是高等职业院校内涵建设的集中体现。从高等教育到职业教育,从大学文化到职业文化,从广义的高职教育文化再到狭义高职教育文化,这样的分析便于人们对高等职业教育文化的理解,以确立高等职业教育文化建设的支点。具体到一所高等职业院校,其文化的建构还必须要依附于具体的办学实践,并且通过生活于院校之中的特定人群的行为活动、院校与外部社会环境的交流不断进化、积淀、聚集而形成。其文化内涵既要反映高等职业教育的本质和规律,有利于促进高等职业教育服务面向和教育功用的有效实现;又要体现具体高等职业院校的办学特色,有利于高等职业院校的生存和发展。从这个意义上讲,高等职业教育文化应该是体现社会发展和国家现代化建设赋予高等职业教育特有的社会地位和教育服务功用,由高等职业院校这一特定群体在长期的办学实践中,通过自身的努力和与外部环境的交流,逐步形成的一种体现大学文化品位和高等职业教育类型规定,反映高等职业教育规律,服务于高素质技能性人才培养需要,推进高等职业教育科学发展,具有院校独特风格并为社会公众普遍认同的物质文化、精神文化、制度行为文化和环境文化的总和。

二、示范性高职院文化

示范性高职院文化价值核心就是要围绕"高等职业教育培养什么样的人"和"高等职业教育怎样培养人"这两大基本问题进行科学的理论诠释和实践创造。教育学者袁贵仁曾说过:"所谓教书育人、管理育人、服务育人、环境育人,说到底,都是文化育人。"① 同样,我们也可以说,示范性高职院作为改革的示

---

① 袁贵仁《加强大学文化　推进大学文化建设》,《中国大学教学》,2002 年第 11 期。

范、发展的示范、管理的示范，说到底，都是文化育人的示范。只有提升具有较强引领力的高职院文化品质，示范性建设的目标才能更好更快地达到，并产生广泛而持久的效果。从这种意义上说，文化引领才是示范性高职院建设最根本和实质的指针。关键是以什么样的文化去引领？近些年来，示范建设实践过程中形成的育人为本、开放办学、校企合作、工学结合的高职文化，应该成为引领中国高职发展的示范性文化。开放办学，应该是高等职业院校办学的一个总特征，坚持以育人为中心，贯彻服务为宗旨、实践就业为导向，谋求外部支持，善于整合资源，这就是高职的第一文化；校企合作，是指高职教育必须坚持学校与行业、企业的双重互动，深度融合，以主动换互动，以合作谋共赢，这应是全体高职人共同的办学理念，应为高职的重要文化；工学结合，是指高职办学过程中必须坚持工作与学习的结合，无论是教师还是学生，抑或是学校管理工作者，均必须有企业工作经历或阅历。育人为本，应该是前述三大文化理念的出发点和归宿。办学模式怎样创新，人才培养模式怎样探索，师资队伍和实训基地怎样建设，最后必须回归本位，那就是更好地育人，育更好的人，育更多的人。"如果以育人为本为出发点的开放办学、校企合作、工学结合能够成为高职文化，并影响辐射全国的高职院校，示范性建设也就成功了。"① 由此可见，所谓示范性高职院文化就是具有引领性的精神品质与物质成果的总和。

第二节 示范性高职院文化的结构、类型及功能

一、示范性高职院文化的体系结构

结构标志着系统的组织化、有序性的程度。文化结构是文化学的术语之一。根据文化学家的研究，它是指文化的总体架构，体现不同的文化元素或文化丛之间具有一定秩序的关系。著名的文化人类学家马林诺夫斯基将文化结构分解为三个部分，提出了著名的"文化三因子"说。该学说将文化划分为物质、社会组织、精神生活三个层次。著名历史学家钱穆将文化结构分为三个阶层：物质的，面对的是物世界；社会的，面对的是人世界；精神的，面对的是心世界。此外，还有文化"物质—制度—精神"三维结构说：物质文化是满足人类生活和生存需要所创造的物质产品及其所表现的文化，具有物质性与基础性；制度文化反映个人与他人或个体与群体之间的关系，具有强制性与相对独立性；精神文化是人类在

① 周建松《国家示范性高职院校建设的真谛：机制创新与文化引领》，《中国高教研究》，2002 年第 11 期。

社会实践和意识活动中长期育化出来的价值观念，包括思维方式、道德情操、审美趣味、宗教感情、民族性格等，是人类文化心态在观念形态上的反映，具有内在性与多样性。

研究学校文化的体系结构时，许多学者往往采用“物质—行为—制度—精神”四维结构来说明问题。借用过来，我们可以对示范性高职院文化的体系结构有一个基本的了解。高职院校文化不仅含有普通院校文化的一般属性，也包括高职院校与普通院校不同的文化特征，如企业文化在高职院校内的渗透和体现，职业教育方向的文化理念，等等。

1. 表层：物质文化

学校的物质文化是由学校师生员工在教育实践过程中创造的各种物质标志、物质环境、物质设施、着装服饰和人力资源。它是学校精神文化的物质基础，也是学校综合实力的重要标志，并通过一定的程序化的组织活动将学校精神显现于各种标记物中。高职院的物质文化既具备这些物质文化的特性，也处处显示着自身独有的特性，如学校的建筑会有类似企业的实习工厂、实习车间、实训基地等特征，学校雕塑会有行业、企业的模范人物，学校的环境设施会有企业的标志性造型和特点等，这样就从物质的方面将教育方向指向多种行业的职业世界。

2. 浅层：行为文化

学校的行为（活动）文化是指学校师生员工在教育实践过程中产生的活动文化，是学校作风、精神面貌、人际关系的动态体现。它涵盖学校内的一切活动，如教学活动、科技活动、纪念活动、社团活动等，内容丰富、方式灵活，是学校文化中沟通各个层次的关键环节。高职院的教育目的是培养生产一线的高素质技能型人才，为实现学生“零距离”上岗的目的，会在培养模式、教学过程中融入许多企业元素，如订单培养、工学结合、工学交替等，学生的实践活动更是带有明显的职业性。这些行为将自然而然地在高职院的行为文化方面留下企业的烙印，使学校的活动处处体现出职业教育的特性。

3. 中层：制度文化

学校制度文化是指学校在教育实践中设置的组织结构和建立的管理制度，是学校师生员工进行文化活动的准则，在学校教育和管理中发挥着“以规育人”的作用。它包括各种规章制度、道德规范、行为规范、工作守则等。制度文化是学校文化的重要组成部分，它对规范学校内的各项活动、规范师生的言行起到必要的导向和约束作用，是维持学校正常教学、生活、工作秩序，进而健康稳定发展的保证。高职院的制度文化因为与企业融通，在“以规育人”时会把行业的要求、企业的规章、工艺的流程、操作规范等作为对学生职业训练的要求，会把行业企业的管理方式融进学校的管理之中，让学生在学校内就熟悉和遵循行业企业的规定。

4. 深层：精神文化

学校精神文化是学校文化的深层或核心层表现形式，是指学校在长期的教育实践中，受一定的社会文化背景、意识形态影响而形成的为全体教职员工所认同和遵循的精神成果与文化观念，是学校整体精神面貌的集中体现。具体说它包括学校价值观、学校精神、学校校风等几个方面的内容。高职院的定位决定了其是以"就业为导向"的教育，学校整体的价值观是使学生成为高等技术应用型人才。这种教育目标和价值观会在精神文化中集中体现出来，教师职业教育观念的确定、学生职业意识的确立和就业质量的高低，都会影响学校的发展。因此，从校训、校风到价值观念都将体现出培养学生职业能力的特点。

二、示范性高职院文化的特征

学校文化作为亚文化，不可能有独立于社会主文化之外的另一文化渊源。学校文化赖以生存的物质文化、制度文化正是社会主文化的重要构件，而在观念、知识、意识、信仰、习俗等精神文化领域，学校文化的创造者与承载体（包括全体学校人）则在跨入学校之前和之后都无时不在经受着社会主文化的熏染与渗透，由此决定了学校文化与社会主文化具有共同的文化之根。强调学校文化与社会主文化之间的密切联系，并非要否定学校文化自身所具有的独特性。有研究者在论及高职院文化特征时指出，由于在人才培养方向、专业定位、生源层次等方面的特殊性，决定了其除具有一般学校文化的共性外，还具有如下个性特征：

1. 应用性

这是由高职院的人才培养目标所决定的，也是它的主要特征。

2. 职业选定性

高职教育是职业性教育，学生一进校就选定了就业的方向，学生要根据所选职业的岗位要求，确立自己的职业理想、职业规划、职业道德并掌握足够的专业技能。

3. 特色性

高职院要立足就要办出特色，要注重突出自己的特色专业、优势专业。在学校文化的建设过程中，要注重这些专业知识的渗透，使学校文化具有鲜明的特色。

4．行业指向性

高职院要依托行业办学，其文化也要随着社会、行业文化的发展而不断变化，这也是高职院文化始终保持先进性的必然要求。

5．文化地域性

高职院基本上都是在本地招生，生源地相对集中，学生大多具有相同或相近的文化背景，这也使得他们在文化交流上较为畅通，地域性文化风格明显①。

另有研究者在论及高职院文化时认为，高职院的学校文化与其他类型的高校学校文化的区别就在于融入了企业文化，因而必须通过校企互动才能使得企业文化深深地植入于学校文化②。

三、示范性高职院文化的类型

高等职业院校文化是一个多方面、多层次的复杂大系统。依据不同的标准，院校文化可以分有不同的类别。如从构成的主体来看，可分为教师文化、学生文化和管理者文化；从构成的形态来看，可分为物质文化、制度文化、精神文化及行为文化；从构成的时间来看，可分为传统文化、现代文化及后现代文化；从构成的状态来看，可分为显性文化和隐性文化；从构成的层次来看，可分为精英文化和大众文化。前面谈及文化体系结构时曾介绍了物质文化、制度文化、行为文化和精神文化，这里再介绍以文化构成主体分类的高职院文化类型。

1．教师文化

教师是学校中专门从事教育教学活动的一种特定角色。高等职业学校教师在从事教育教学活动时，他们所持专业技能、信念，对学校目标或愿景的理解，在同事之间、师生之间、教师与行政管理人员之间及教师与学校内外环境之间，经由正式和非正式组织交往及互动产生一种教师本身的行为规范与行为模式，此种教师群体所共享的规范、行为方式及价值观念，就是教师文化。人们常把教师文化看成是学校文化的“代表”，它从根本上规定着学校的价值系统，形塑着学校的历史传统。

2．学生文化

学生文化是指学生入学后，在学生与学生、学生与教师、学生与学校组织相互适应的过程中产生的为学生特有的文化。由于学生是身心各方面尚未发育成熟的个体，他们的言行及支配言行的价值观首先会以满足自己个体发展为目标。

---

① 张晓拔等《试论高职院校的校园文化建设》。http://www.studa.net/gaodeng/080601/15160474.html。

② 朱巧芳《试析高职校园文化》，《清华大学教育研究》，2005年第3期。

因此，如果说教师的文化体现更多的是“规范性”，那么学生的文化体现较多的就是“需求性（或发展性）”，并且这两者之间常有抵触的情形发生。

3. 学校管理者文化

相对于学校其他主体（尤其是教师）及其行为等而言，学校管理者文化是管理者行为中体现出的价值取向和行为风格。作为学校管理文化的一部分和显性表征，学校管理者文化是学校管理水平中显性的活的文化，其中管理的产生和退出、管理者的权利及制约、管理者的培养与选拔、管理者的思维习惯与作风等具有重要地位。具体来说，校长和专职管理者的职业化程度、管理背景、心理背景（个性）以及学术背景都直接影响其思维习惯和行事方式。

四、示范性高职院文化的功能

哲学家张世英在其新著《境界与文化——成人之道》中，集中思考了个人的人生境界与一个民族的文化的关系问题。他认为：“从一方面来看，一个民族的文化是由它所属的个人境界构成的，离开了个人的精神境界，所谓民族文化不过是空洞的名词。但更值得我们深思的是另一方面：个人的精神境界是在他所属的民族文化环境中形成的，人不能离开文化的大背景而有个人的境界，而文化总是有社会性的。”① 每个人的精神境界之形成，不只受自然条件的制约（如个人的遗传因素、出生的地理环境等），更受文化环境的熏染和影响。国外有学者在论及文化的作用和地位时说：“文化可以使一个人因某些食物被打上了不洁净的烙印而饿死，尽管该食物的营养是有效的。文化可以使一个人为了扫除污点而剖腹或枪杀自己。文化的力量大于生死。”② 这表明了文化对一个人的生活导向和最高追求所起的巨大的、决定性的作用，人所生死以之的理想，是在某种社会文化背景下形成的。正因为如此，作为一个“小社会”的高等职业院校所具有的院校文化对学生的成长、成人、成才无疑具有非常重要的作用与意义，对学校成员的心理、行为、意识等发挥着不可忽视的作用。我们将示范性高职院文化的功能概括为三个方面。

1. 教化功能

表现在它的潜移默化、耳濡目染、暗示性和渗透性。不同于某些课堂上会出现的教师单向地向学生灌输，生活在学校中的人，会不知不觉地接受学校文化的影响，并内化成风尚、习惯、规范，从而带上学校文化的烙印。常言道，“近朱者

---

① 张世英《境界与文化——成人之道》第1页，人民出版社，2007年。

② The New Encyclopedia Britannica, By Encyclopedia Britannica, Inc. Chicago, 1993, volume16, p. 876.

赤，近墨者黑”，这也是对学校文化之教育内化功能的形象说明。细分起来，优良健康、积极向上的学校文化所具有的教育功能表现为：陶冶人、凝聚人、引导人、表现人。

陶冶人，犹如“无声润物三春雨，有心护花二月风”，学校新成员一旦跨进校门，就会被一种气氛所笼罩，自然而然受到影响，接受学校文化的濡化，从而逐步形成与学校精神合拍的道德风尚、行为习惯和人格风度。

凝聚人，体现在学校文化所具有的内核——学校精神与学校价值体系——会激发每一位成员的向心力，让其产生“校兴我荣”或“今天我以学校为荣，明天学校以我为荣”的真切感受或“共生愿景”。这种“愿景”起着心灵黏合剂的作用，它把各个方面、各个层次的人都聚合到一起，使师生员工对学校产生一种使命感、自豪感、归宿感，形成强烈的内聚力和群体意识。

引导人，学校文化本身所蕴含的价值体系为个体行为提供了参考，指导个人正确认识和处理个人与学校组织的关系，把个人行为引导到学校组织目标上来，使他们向着社会期望的方向发展。社会上发生、传递的种种文化现象或文化信息，当然也包括一些“文化垃圾”或“文化糟粕”，学校文化在面对社会大文化进行整合并创生的过程中，会引导学生进行辨别和筛选，以免盲目“从众”，甚至误入歧途。

表现人，好似“海阔任鱼跃，天高任鸟飞”，青少年精力旺盛，富有朝气，喜欢自我表现，而学校文化就可为他们提供一个培养创造力、释放潜能的广阔天地。它像一种无形的模具，引导着人才的塑造。它给每一位学生提供各种机会补充和锻炼自己，不失时机地展现出自己的潜能和风采。

2. 社会功能

一所学校的文化环境绝不是孤立封闭的，而是开放复杂的，连通着社会的每一根神经。与其他类型学校的文化一样，一方面，高职院文化以其特有的精神环境和文化氛围，使生活在学校之中的个体有意无意地完成精神、心灵、性格的塑造，达到社会化的目的；另一方面，经社会化了的学校成员通过与社会的接触和交流，以其良好的思想文化素质和文明行为去影响他人。因此，学校文化相应地就具有同化和辐射两方面的社会性功能。

“同化”原为生理学概念，指食物在体内的消化过程。文化社会学借用此概念，指不同文化单位融合成一个同质文化单位的渐进或缓慢的过程。具体可表现为一个人自愿地接受他人的观点、信念、态度和行为，使自己的态度与行为等与之相接近。学校文化的社会同化功能，其实就是学校成员（尤其是学生）的个体社会化的过程。个体社会化贯穿人的整个一生，现代学校教育把促进个体社会化作为其主要目标。而这种个体社会化的内容和要求，与学校文化的“教化”目标是一脉相承的，因为学校文化的深入发展可以促进学校个体与社会环境之间达成平衡和协调，从而达到社会化的目的。

“辐射”原是物理学上的概念，指一种物体温度高出环境温度时，就要向外扩散。这里所指辐射，是当学校的文化态势高于社区乃至社会的总体文化态势时，就要对其产生影响。作为保存、传递、加工与创新文化的现代教育机构的学校，其文化的层次、“品位”、“精致程度”及“活力”等较周围地区相对要高，它对周围社会文化场所的辐射影响，既有广度又有深度，而且具有无法比拟的功能优势。

3. 情感功能

学校文化生动活泼的感性表现很容易激发人们的情感诉求，进而达到情感的满足与升华，这就是学校文化的情感功能，具体又细分为激励、娱乐、审美这三项功能。

所谓“激励”就是激发和鼓励，就是通过某种刺激因素，促使某种思想、愿望和行为得以产生的心理过程。在高等职业院校，学生受到文化情感的激发是一种普遍现象，学生每天都要接受各种文化信息，在心理和精神上出现众多的需要，这些需要的不断“膨胀”，就成了一种刺激因素，促使学生产生各种情感体验。

所谓娱乐，亦可称为消遣，是学校成员的精神生活的调节剂。罗马古典主义理论家贺拉斯曾有“教诲与娱乐携手并进”一说，意同于人们熟知的“寓教于乐”。在高等职业院校，过多的专业课程学习难免让人感到紧张、单调、乏味，而此时若有诸如文学、书法、音乐、舞蹈、演讲、集邮、棋类、摄影、竞赛等丰富多彩的院校文化活动，那么学生因过多或单调的专业学习而滋生的不良情绪就会得到较好的调节、舒解或宣泄，从而使其体力和脑力得到及时的恢复。种种令人愉悦的学校文化活动不仅有助于丰富学校成员的精神文化生活，也为其专业兴趣的提高和能力的发展注入更多的激情与活力。

审美功能又称美化功能，它是推动人类自身发展的内在动力之一。学校文化的审美功能是看不见摸不着的，它融化在学校成员的情感体验之中。学校是到处充满情感的学校，学校文化的丰富，充实了人们的精神境界，同时也提高和美化了人们的精神境界。倘若没有情感的熏陶、审美的内化，学生的精神世界将会贫乏、平淡、单调，在学校中的生活也就不会有光彩和美感。马克思说：“人是按照美的规律来创造的。”因而，要使学校成员的心灵美丽、充实、多姿，就必须重视学校文化的审美功能，通过情感和美感的力量使他们茁壮成长。

第三节 示范性高职院文化的自我诊断

高职院管理自我诊断中,院长为代表的学校管理者要调查出自己主观认识的管理状态与客观现实的管理状态的不同,并对二者的差异及形成原因进行分析。客观现实的管理状态有显性的,也有隐性的,其中隐性的管理状态尤其需要诊断。隐性的管理状态是什么?那就是作为一种组织文化的学校文化。组织文化的改造是教师行为改变的重要前提。可是,由于组织文化的根本是内隐规矩和内隐概念,即组织文化是内隐的,因此它需要诊断,诊断是改造的基础。也就是说,组织文化的诊断和改造是教师行为转变的关键。一提组织文化,人们常误认为这是领导的事,其实,它也是所有组织成员共同的事;而提学校文化就不会产生这样的误解。另外,学校文化的核心就是组织文化。只有这样理解,才是对学校文化本质的认识。

一、示范性高职院文化自我诊断的主要特征

学校文化的特征决定着学校文化诊断与改造的特征,那学校文化的主要特征是什么呢?

1. 行为依附性

文化是依附在行为中的,是通过行为体现的,因此,文化是可以分析、诊断和研究的,文化研究可以也必须借助对行为的研究来进行。正如克利福德·格尔兹(Clifford Geertz)所强调的:"必须关注行为,而且要有某些精确性,因为文化形态正是在行为之流——或更精确地说是社会行动——中得到描述。当然,它们同样也在各种人造物和各种思想状态中得到表达;但它们的意义来自它们在现行生活模式中扮演的角色(维特根斯坦会说是它们的'用处'),而不是来自它们互相之间的任何内在联系。"① 可以说,文化的分析过程就是行为的分析过程。于是,我们将教师行为作为学校文化的切入点。例如"教师备课行为与学校文化"、"教师评课行为与学校文化"、"教师人际交往方式与学校文化"、"教师学习行为与学校文化"等。

但是,又必须清晰地界定,文化的分析过程不同于一般的行为分析过程。正如罗伯特·G. 欧文斯(Robert G. Owens)提醒的:"尽管人类学家和社会学家认为,文

① 克利福德·格尔兹《文化的解释》第20页,纳日碧力戈等译.上海人民出版社,1999年。

化，不管是一个较大社会的还是一个组织的，都可以从人们的行为的观察中推知，但这不是真正地在研究那一行为。”① 一般行为研究的对象是行为和行为者，研究的目的是诊断和改进行为以及评估和提升行为者，例如，一般地研究备课行为是为了提高备课质量和老师的备课水平，而文化研究的对象是行为者所在的组织，研究的目的是诊断和改造学校组织文化，即研究教学管理对教师备课行为的影响以及教学管理后面的因素。因此，文化研究不能仅仅停留在浅层次的行为分析上，而必须进行深入的分析。深到什么地步呢？深到对行为比较精确、符实、可靠、充分的描述以保证一定的科学性，即文化学家所说的深描；深到组织，深到组织文化，找到行为的组织原因，即文化学家所说的文化是行为的原因。

2. 一致性

在组织行为学中，斯蒂芬·P. 罗宾斯说道：“谈到组织文化（Organizational Culture），我们所指的具体意义是什么呢？我们用这一术语来指共同的价值体系。像部落文化中拥有支配每个成员对待同部落人及外来人的图腾和戒律一样，组织拥有支配其成员行为的文化。在每个组织中，都存在着随时间演变的价值观信条、仪式、神话及实践的体系或模式，这些共有的价值观在很大程度上决定了雇员的看法及对周围世界的反应。当遇到问题时，组织文化通过提供正确的途径来约束雇员行为（‘这就是我们做事的方式’），并对问题进行概念化、定义、分析和解决。”② 克利福德·格尔兹是“文化”研究领域公认的专家。他在界定文化时强调：“文化是公共的，意义是公共的。”③ 看来，无论是组织行为学家还是文化学家，都将公共性或者共同性、一致性作为组织文化的主要特征。我们采用“一致性”，是因为它更加明确，同时它还有另外一个含义。

一致性首先是指公共性，即文化往往是一个组织或社群共有的，因此，我们可以依照在组织中人们在同一件事情中行为（可以是集体有意识的行为，更多的可能是集体无意识的行为）的一致性（组织中一定数量的人的行为的相似性）来判断该组织的文化；其次，一致性体现在克莱德·克拉克洪（Clyde Kluckhohn）所说的人们“对多发问题的一套标准化适应方式”④，类似于托尔曼（Edward C. Tolman）的“认知地图”和彼得·圣吉（Peter Senge）的“心智模式”。一致性实际上是文化诊断的可信度的基本依据，关键是，如何确定一致性？

---

① 罗伯特·G. 欧文斯《教育组织行为学》第 194 页，窦卫霖等译，华东师范大学出版社，2001 年。
② 斯蒂芬·P. 罗宾斯《管理学》第 59 页，黄卫伟等译，中国人民大学出版社，1997 年。
③ 克利福德·格尔兹《文化的解释》第 14 页，纳日碧力戈等译，上海人民出版社，1999 年。
④ 转引自克利福德·格尔兹《文化的解释》第 4 页，纳日碧力戈等译，上海人民出版社，1999 年。

我们也许可以引进三角分析法。三角分析是从不同的角度,让不同的人去分析评价同一现象、问题或方案,然后将从不同角度收集的证据进行相互比较和对照,以检验其一致性。这种方法最初用于测量学和军事学,即要测定某一个点的位置和距离,不能只从一个点去观测,而至少从两个点去观测才能够确定。20世纪70年代以后,这种方法被引入到行动研究中。卡尔·罗杰斯(Carl Rogers)在1963年提出的认识人的行为的三种方法也类似于三角分析法。他认为成熟的行为科学认可三种了解方式的结合:主观了解、客观了解和人际了解。"主观了解"是指研究者自己对行为的了解;"客观了解"是指那些被认为有资格的人对行为的了解;"人际了解"是根据其他观察人员的结论来验证自己的假设。例如,对评课行为的一致性分析可以这样展开:研究者通过直接观察和询问得到对评课行为的了解,教师、学生、教科员等被认为有资格的人对评课行为进行分析,其他观察者对评课行为作出分析,将三方面的观点进行对照和比较。

3. 象征性

任何一种文化都有其独特的象征,或标志如建筑、雕塑、旗帜、服装、室内的摆设甚至到信纸、色彩等;或仪式如升旗、口号、会议或者其他做事的程序、交往的礼节,甚至到说话、行走的方式等;或传说如组织中名人、恶人以及他们的故事,甚至到人们经常爱议论、喜欢、害怕的事和人,文化就是在这些象征中传递着。

发现、分析和理解这些象征可以帮助我们有效地诊断组织文化。发现、深描这些象征,就是文化的展开和被理解的过程。因为我们认为,文化首先不是一种力量,也不是造成社会事件、行动、制度或过程的原因,它首先是一种社会现象,在其中可以得到清晰描述的即深描和理解的脉络。例如,在评课行为的诊断中我们发现,当校长请来区里的教科员参加评课活动的时候,老师们与平时自己评课表现出很大不同,那是为什么?在班干部选举中,采用的是民主选举方式,可为什么班干部总是集中在几个同学身上?对这些现象的深描过程必然是这所学校的文化的展开和被理解的过程。

有的校长说,改造组织和组织文化的第一步是制定新的规章制度。其实,这不见得是最有效的方式。直接制定规章制度使文化改造成了校长或管理者单方面的事情,教职工成了被动的被改造者,这样并不能实现有效改造。我们建议从诊断中发现的"象征"性问题、现象入手,发动教职工进行讨论,之后再形成制度,效果会好很多。校长们可能会说,哪有那么多的时间!意见不统一怎么办!有一句老话:欲速则不达。如果我们希望真正实现学校文化改造,深层次推动学校发展,就需要有一个过程。

4. 弥漫性

文化的传递与知识的传递、技能的传递都不同，知识和技能是可以直接教的，文化却是耳濡目染的。一提到文化，校长和老师们就会想到知识。“文化知识”，文化与知识往往是连在一起的，二者似乎是同义语。其实不然。刺绣是一种知识和技术，也是一种文化，苏绣、杭绣或粤绣在知识和技术上是相通的，作为知识和技术是可以复制的，但在文化上却完全不同。苏绣、杭绣清秀淡雅，粤绣却雍容华贵。记得在粤绣展上见过一幅“戴安娜”的作品，戴安娜脸色红润，穿着一件红毛衣，丰满艳丽，真个是“广东戴安娜”。粤绣的卖点就是她的粤文化，而苏绣的卖点也正是她的苏文化。文化和知识的区别在于，知识是普适的、通用的，可以被复制的，而文化则是地方性的、本土化的，不可以被简单复制的。中国进入 WTO 以后，有一个词很时髦，这就是“接轨”。各种服务设施，如机场、餐厅、厕所都在接轨，人们的消费需求也在接轨。任何一座大城市的商业中心大街上的名牌几乎相同，甚至走过来走过去的俊男靓女们，感觉他们怎么都那么相似，一样的离子烫、一样的眉形，听说还有皮肤漂白技术……这些接轨有时会让人迷糊自己到底是在什么地方。在这种迷糊中产生出一种困惑：人类的多样性会不会在接轨中逐渐消失？我们在尽力地保护物种的多样性，是否也应该保护人类的多样性？那么，什么是不能被简单复制的呢？是文化。看来，文化在人类发展中确实具有重要的意义。应该看到，现时的学校传递的主要是知识而很少是文化。由于学校没有重视本土化的文化传承，而主要进行的是普适性的知识传授，学习中，普适性的知识在不断地增长但本土化的文化却逐渐地疏远了，学生远离了自己的土地。同时，生活中，知识在受到人们日益重视的同时文化却遭到了忽视，有些本土文化处于濒临灭绝的地步。教育是拯救文化，拯救年轻人的基本途径。看来，学校不仅要传授知识，还要传递文化。

虽然“传递文化知识”与“学校组织文化”中的两个文化属于不同的范畴，但它们之间有着密切的关系：首先，这两个文化在本质上是一致的，都会具有文化的本质属性；其次，也是更值得关注的是，学校组织文化就是学校向学生传递文化的一种重要的也是非常有效的途径。在实际工作中，学校文化对学生的熏陶作用已经普遍地受到了校长们的重视。

文化既不是直接教出来的，也不是模仿出来的，而是慢慢被影响和理解出来的。改变、创设一种新的环境或让老师们到一种新的环境中去感受，在感受中拓宽视野，在感受中学习（不同于知识的学习），在学习中建构自己的理解，并在群体中形成共识……这可能是文化改造需要的过程。

总之，学校文化自我诊断的最终目的不是仅改变个别教师的行为，而是改变学校教师们共同的行为方式，改变组织和组织文化。但是，由于组织改变的根本是组织中的人的改变，是组织学习的改变，又由于我们认为最有效的组织是“自主选择中的组织”，因此，这时候的组织不是仅仅自上而下的，而是自下而上的，不再仅仅是行政性的，而是服务性的，不再仅仅是管理者的组织，而是大家的组织，不再是封闭的组织，而是开放的组织。

组织变革就是变革原来的实际运行的组织，变革原来文本规定中的组织，变革管理者主观理解中的组织；同时，组织变革就是发现和构建大家理想的组织，构建大家自主选择的组织，构建新的实际运行的组织。需要特别注意的是，整个学校文化的诊断和改造过程表面上是某种行为的诊断和改造，实际上却始终是组织文化的诊断和改造过程。

二、示范性高职院文化自我诊断的切入点、原则、方法和步骤

1. 学校文化自我诊断的切入点

首先，诊断要从司空见惯的工作行为现象入手。只有行为现象才是教师内隐概念的体现，只有对行为现象进行具体分析才能把握内隐规矩，只有通过行为现象才能找到组织和组织文化。如教师怎样备课、授课怎样进行、课后教师如何反思总结……这些与学校在教学方面的制度、管理有什么内在联系；如教师对待评课的态度、评课的方式、评课的重点话题、评课的具体过程、评课追求的标准……这些与学校评课要求、具体措施有什么内在联系；如班主任与学生的关系、班委会的产生、班中问题的处理、与家长的关系、班主任与任课教师的联系、班中主题教育活动……这些与学校德育尤其是班主任队伍建设有什么内在联系；如教师学习进修与学校发展关系的处理、与学生成长需求关系的处理、学习进修方式、学习进修标准……这些与学校教师发展特别是校本培训管理有什么内在联系；如学校中干群关系、教师之间关系、干部与教师关系……这些与学校的个人与组织的关系有什么内在联系……为什么不说以问题、困惑或者成功作为切入点？因为前面已经分析了，学校文化诊断必须从行为入手，遇到问题、困惑或者成功，还必须静下心来分析行为才行，仅仅停留在问题、困惑或者成功的感觉上是不够的。

学校工作中，每日每时涌现着大量的现象，由于我们处在同一个组织文化的背景下往往是见怪不怪，很难引起深入思考，即使感觉到了问题，也就是就事论事地纠正教师某种行为方法，似乎教师的行为是教师个人因素的结果，看不到这种行为背后的组织文化制约。这种纠正可以暂时改变某个人的某种行为，但改变不了教育过程的真正效果，因为这种纠正未能对现象进行深入剖析。不是这

个问题无深入思考的余地，而是没能突破自己原有的内隐规矩和内隐概念。能够让校长等学校管理者进行行为分析的情况有以下几种。

一是与他校比较。无论是外出考察，或是兄弟学校之间交流，或教师反映他校某种工作，或看到他校的某些资料……都会在校长头脑中闪现出本校与他校的比较。其实抓住比较的方面，进行教师教育教学行为与本校相关制度的分析，就进入了组织文化的自我诊断状态。这种切入点是通过"同类工作的不同组织文化背景比较"而确定的。

二是解决工作困难。工作困难是普遍存在的，尽管困难的性质不同，但解决困难的过程，必定反映着自身组织文化的特征。对产生困难的组织因素分析、对困难解决标准分析、对提出解决困难的方法分析、对解决困难的过程分析等无不体现着组织文化积淀。只要将面对困难的态度和行为自觉地与导致其态度和行为的内在因素联系起来进行分析，就进入了组织文化的自我诊断状态。这种切入点是通过"解决面临的新问题的过程"而确定的。

三是总结成功。一项工作结束，一个学期、一个学年工作后，我们有常规性的总结要求。然而往往却停留在某种做法的得失上，尤其是将成功的做法简单地"挂向"教育思想和工作态度，致使个体行为的内在背景被忽视，而恰恰这种内在背景，揭示了教师在组织文化的渗透中，所感悟到的认识问题的方法、分析问题的思路、解决问题的价值取向。如果我们能在总结成功中研究个体的行为，就进入了组织文化的自我诊断状态。这种切入点是通过"认识成功"而确定的。

总之，选择切入点的方式多种多样，其根本特点是根据自己工作当前关注的重点方面进行个性化的选择。

2. 学校文化自我诊断的基本原则

搞好学校文化自我诊断一般应遵循以下七项原则。

一是共同主体性原则，即诊断者与诊断过程中被诊断者同是自我诊断的主体。学校文化自我诊断的基本逻辑是，通过教师的教育行为表现了解教师行为的内隐规矩和内隐观念，通过对内隐规矩和内隐观念的分析，判断学校组织文化的状况。也就是说，教师教育行为并不能直接说明组织文化，而教师为什么要采用这样的行为的内心思考，才反映出组织文化对人的作用。显然，将教师及其行为作为一种客体去分析，只会停留在表面现象上，很难弄清教师行为的这种内隐规矩是在什么条件下，因为什么样的学校管理制度，经过教师自己什么样的认识、思考形成的。只有教师的内心过程才能展现组织文化的作用过程，只有教师进入自觉的反思、研究状态，才能深度揭示组织文化与教师自我行为的内在联系。因此，应当明确，在诊断过程中，教师不是诊断客体，而是诊断的主体，实际上是教师通过反思自己的行为来帮助管理者进行学校文化诊断。同时,只有管理者尤其是校长能够真正积极地、反思性地分析自己主观理解中的组织、实际运行中的组织、被管理者主观愿望中的组织等,真正投入诊断过程中,诊断才能取得效果。因此,虽然组织和组织的管理者是诊断的主要对象,但管理者自己和被管理者又必须是诊断的主体。

二是行为一致性原则,即团队中多数人的行为方式或思维特点相似,表现出大家对某一现象赞同与支持的态度。前面分析提到一致性是文化、学校文化及其诊断的一个重要特征。对一个教师的某方面教育行为调查后,就判定是学校文化的特点,是不足为凭的。要诊断某方面的组织文化,就必须综合运用观察、座谈、访谈等多种形式,对多数人进行,否则就会失真、失准。

三是研究质化性原则,即重在事物变化过程和变化因素的考察。由于文化附着在行为中,文化诊断需要对行为进行深入的了解和分析,而仅仅靠调查问卷以及其他定量分析方法往往做不到深入的了解,学校文化自我诊断应采用访谈、行为观察等质的研究方法,以质的研究方法为主,定量方法嵌入其中。

四是发展同步性原则,即诊断者与被诊断者乃至组织在诊断过程中共同获得提高。改变、发展是学校文化自我诊断的目的和目标。同步发展是指两个方面的改变,一方面指被诊断者在诊断过程中,通过对问题研讨和对组织改造的意愿的交流,内隐规矩和内隐概念得到调整和完善;另一方面是在诊断中诊断者与被诊断者共同对学校组织建设进行科学性、理想性的探讨。这样的调查,使教师内隐概念浮出水面,在挖掘、感受、体会和研讨内隐概念中,使运行中的组织进入理性思考,在理性思考中,产生了新的认识层面的组织,为新的运行层面的组织形成提供了内容和思路,由此,组织得到不断修正和完善。

五是尊重事实性原则,即教师教育行为及导致行为的内隐概念有它的必然性和合理性,原因主要不在教师,而在导致内隐概念的组织文化。只有正视这种必然性和合理性,才能发现组织文化的状况,达到自我诊断的目的。诊断过程应该对本校、对诊断对象起促进发展作用。诊断的目的在于组织改造,通过组织改造为教职员工提供提高发展的内部环境。因此,调查过程中任何不利于被诊断者心理,不利于学校成员间和谐的做法,都有悖于自我诊断的目的。

六是全员组织性原则。诊断不仅是校长个人的事情,而同时应是全体组织成员的事情。组织改造不是组织中个别成员的改变,而是组织成员群体在共识基础上的集体行为的改变。学校文化自我诊断的每一步,是诊断者在客观了解和人际了解过程中,组织引导诊断对象共同进入学校组织状态的研究。在研究过程中,大家进行着认识层面组织的调整、运行层面组织的剖析、文本层面组织的反思、理想层面组织的构想，组织改造悄然地在多层面发生着，从而使自我诊断不仅仅停留在认识上，而是进入了实践的调整过程。“自我诊断”的我，不是仅指校长个人，而是学校这个组织，只有组织性地进入诊断活动，组织改造才会同步生成。因此，进行学校文化自我诊断，需要校长科学而又艺术性地组织和动员相关人员有步骤地进行操作，在操作过程中，使被调查对象的主体作用得到充分发挥和展示，共同进入组织改造的认识与实践中。

七是过程渐进性原则，即诊断和改造不是一次就能完成的，可能须要经过一个漫长的过程。诊断不是目的，改造才是诊断的目的。一次诊断可以发现学校文化存在的问题，但一次改造却不能完成学校文化改造的任务，因而学校文化存在的问题便不可能一次就消失，须要不断诊断。我们的实践也证实，学校文化诊断和改造过程是不可能通过一次诊断和改造就可以完成的，它是须要经过许多事件、许多诊断、许多改造的一个漫长的过程。因此，进行学校文化诊断，须要有一定的思想准备，要充分估计其复杂性和艰巨性，不要期望一次解决问题，否则可能会造成诊断和改造的武断与冒进。

3. 学校文化自我诊断的基本方法

自我诊断的基本方法应当为集资料法、座谈法、访谈法、观察法等于一体的综合调查法，其中任何单一方法都难以承担对组织文化状况的准确判断。

资料法是对诊断内容的相关制度和管理文献进行分析，以判断组织在相关内容方面的价值追求及对教师行为产生的作用。同时，资料法也包括对教师个人情况记录的查阅，以发现教师某种教育行为方式的沿革过程，从中体会学校制度和管理的内在机制。

座谈法是以随机方式请一部分老师对调查的内容畅谈各自的看法，以此发现教师群体在某方面共有的行为方式或一致性的思想认识。座谈实际也是一种人际了解，即分析人们对同一行为看法的相似性。没有人际了解，难以判断一致性的特点。

访谈法是对个人进行深入了解。它与座谈法相比，重在具体和深入上。在访谈中由于被访对象之间“背对背”，便于了解不同的人对同一问题的看法是否一致。因此，要注意访谈对象的抽样。

4. 学校文化自我诊断的步骤

选准切入点后进行自我诊断，一般按照如下四个步骤实施。

首先，设计自我诊断方案。方案具体内容包括：准确表述诊断题目；明确诊断目的、内容、对象；设计诊断步骤的具体操作；设计诊断方法和要求（客观资料的要求、人际关系资料的要求、文本资料的要求、主观资料的要求）；提出诊断时间及过程;完成诊断报告的时间。

其次,实施自我诊断方案,即实施诊断六步法。针对我们的备课、评课、学习、交往、班级管理……第一步要问我们是怎样进行的?第二步要问我们为什么会这样进行?第三步要问这样进行,我们的感觉是什么?第四步要问我们还可以怎样进行?第五步要问我们可以从什么地方开始改?第六步要问要变革它,我们需要组织给予什么支持?这“六步法”不是简单的六问六答,它是调查的过程中调查者与被调查者从教育现象一步步地共同进入现象背后的组织文化,直至组织改造的过程。

再次,不断整理和分析资料。在诊断过程中不断筛选观察过程中体现组织文化作用的“深描”性文字材料,提炼访谈、座谈中多数人无意识中流露的语言和行为方式,从中归纳出他们共同的观念和行为。

最后,撰写学校文化自我诊断报告。学校文化自我诊断报告的主要内容如下:诊断题目即诊断的主要行为现象;我即管理者对行为现象的观察和描述;对教师或学生或家长或管理人员进行访谈或座谈;了解文本中关于这方面的规定;将管理者主观理解中的组织、学校文本规定中的组织、实际运行中的组织以及被管理者主观愿望中的组织“悬挂”起来,找出它们之间的差异,对行为的原因及其组织文化做出分析;在此基础上提出组织变革的切入点和具体管理安排。

当然,上述步骤只是一次诊断的基本步骤,在实际操作过程中,常常需要进一步细化和有针对性调整。

第四节　示范性高职院文化的策划

一、示范性高职院文化策划的内涵

在教育竞争不断加剧的态势下,学校发展仅依靠自发的、经验层次的运作已无法适应和满足日益扩大的教育个性倾向和特色学校发展的客观需要。因此,文化立校意识加强,学校文化策划的自觉意识也随之不断增强。

所谓策划,就是对某件事、某个项目、某种活动进行酝酿、统筹、计划、安排,再采取具体谋划、策略综合实施运行,使之达到预期效果的过程。文化策划是指策划人通过对文化环境的全面调查和系统分析,利用已经掌握的有关文化资料及手段,科学地、合理地、有效地推动文化活动的进程,并且提前判断文化活动开展的顺利程度及其效果,具有一定功利性质的策划活动。

当今社会,人们越来越意识到,文化策划是文化创新的催化剂。创新性是策划活动的主要特征，是策划的灵魂和核心。一个策划的过程就是一个创新的过程，没有创新就谈不上策划，从某种意义上说创新就是策划的代名词。策划是以人类智能创造为动力，智能创造力越丰富，策划的水平就越高。模仿、抄袭别人固有的模式都不能算是真正的策划。从策划的目标看，也离不开创新。策划主体的最终追求是要达到预期的社会效益和经济效益，而效益的取得必须通过新颖别致、出奇制胜的创意才能在竞争中脱颖而出，文化项目尤其是这样。如果文化策划没有新招，没有创意，照搬老套是不会被人接受的。文化事业是以满足人们日益增长的文化需求和日益提高的精神追求为目标的，随着社会的发展，人们的审美需求、欣赏品位、生活方式、思想观念、心理状态都在发生着变化，文化活动必须与时俱进，不断创新，以新内容、新形式、新理念、新思想来适应社会的变化和群众的需求，实现人民群众的文化权利。文化事业的发展壮大，必须要高举创新的大旗，而任何文化活动、文化项目的创新都离不开策划，尤其是进入信息化时代，创意策划已成为文化创新非常有效的催化剂。

高等职业教育作为一项特别的文化事业要做到“以科学的理论武装人，以正确的舆论引导人，以高尚的精神塑造人，以优秀的作品鼓舞人”，必须加强文化策划的功能。因此，我们认为，所谓示范性高职院文化策划，就是由学校或者专门机构进行的，为了提升学校文化的内涵、促进学校教育质量的提高和师生的健康发展，遵循教育规律和学校文化发展规律，科学而灵活地运用策划理论，有机整合机遇与资源（历史资源与现实资源），创造性地设计学校教育及其文化的实践活动。或者说是策划人通过对学校文化环境的全面调查和系统分析，利用已经掌握的有关文化资料及手段，科学地、合理地、有效地推动文化活动的进程，并且提前判断文化活动开展的顺利程度及其效果，具有一定教育意义的活动。

二、示范性高职院文化策划的内容和原则

1. 示范性高职院文化策划的基本内容

参照前面对学校文化体系结构的概括，学校文化可分为学校物质文化、学校制度文化、学校精神文化和学校行为文化。因此示范性高职院文化策划的内容相应地就包括四个方面。

（1）学校物质文化的策划

学校物质文化策划主要包括四个方面：一是校园建筑。校园建筑是学校文化最直观、最引人注目的载体。由于学校文化定位和价值追求的不同，不同学校具有不同的建筑风格和建筑文化。二是学校规划、布局。学校内部规划、布局是一项系统工程，既要反映学校的整体风貌，又要考虑到教学生活的便利；既要有

利于学校的统一管理，又要使各个部分相互协调，发挥其最大效用，并能体现出“环境育人”的宗旨。三是校园绿化、净化。学校要根据自己的实际，绿化、美化校园。四是学校人文景观。学校既要利用好已有的人文景观，挖掘其独特的教育意蕴，又要根据学校整体风格塑造需求，大胆创设和添加人文景观，赋予其深刻的教育意义。

（2）学校制度文化的策划

学校制度文化策划主要包括两个方面：一是制定各项制度。优质的学校制度应该具有三方面的特质，即充分完善、合理合法与运行良好。二是生成制度精神。制度文化建设的关键不是求取制度的形式，而是催生内在的制度精神，所以制度的精神重于制度的形式。学校制度精神是一个动态生成的过程，只有院校共同体成员都能自觉维护和遵守制度，才能尽可能减小制度运行成本，并达到“制度育人”的目的。

（3）学校精神文化的策划

学校精神文化的策划主要包括三个方面：一是办学理念。办学理念指向管理理念、执教理念、办学特色等，体现了学校办学者的教育观、管理观、教师观、学生观等。办学理念是教育思想的集中反映，是学校的精神内核，从某种意义上说，它就是学校生存理由、生存动力、生存期望的有机构成，堪称一校之“魂”。提出办学理念时，切忌以办学特色代替办学理念，以偏概全；切忌一任校长一种理念，弃离理念本源；切忌一个学校一个理念，泛滥为“贴牌”；切忌追求时髦口号，缺乏实质引领；切忌急功近利，抛弃教育初始功能。二是办学目标。办学目标是在办学理念指导下一定阶段内学校发展的理想预期状态、关键或重要领域的努力方向，是办学理念的理想追求在学校发展中的体现。从策划学的角度，学校设定办学目标时应突出以下几个方面：办学目标应该是在深刻总结学校成果，挖掘学校发展潜力的基础上的理性思考，应对学校发展进行整体、深刻的定位，勾勒总体形象，并且这个形象应该是有个性和实力，具有巨大的冲击力，能在公众心目中留下深刻印象的；目标设计应有较好的区分度，针对不同的主体和工作内容，在不同阶段有不同程度的目标，而且目标应能形成一个系列；目标标准应该清晰、明确，既体现学校主要工作的变化情况，也便于工作的开展和检测；突出学校的优势和特色；表述要科学、严谨。三是校训。校训是指在学校办学核心理念指导下，用简明扼要的词句表述的、学校师生应共同遵守的训导性的规范。对学校发展产生积极作用的校训具有训导性、概括性、精神性、长期性（战略性）、渗透性、相对稳定性、独特性等特征。制定校训时，应当注意：要系统地总结、研究学校的历史与独特文化；要全面、科学地分析学校目前和将来的环境与条件；

要在学校办学核心理念的指导下制定校训；要认真研究、借鉴其他社会组织的校训、园训、企业训辞等；要请学校文化研究、学校管理研究的单位或专家给予必要的指导；要用深刻、简明、直白的语言科学地表述；要自下而上与自上而下相结合，广泛地研讨，深入地论证；要交教职工大会表决通过；等等。

（4）学校行为文化的策划

依据不同的行为主体，学校行为文化可以为分为三个方面：一是学校的管理行为。在学校管理行为中处处体现学校的文化特点，体现学校的文化品位。二是教师的行为。它是学校文化的具体实践。三是学生的行为。学生的良好行为，一方面来自教师和家长的影响，一方面取决于学校是否创设符合学生生活经验的教育场景，是否以多种方式搭建有利于学生主动参与、自主管理的平台。策划学校行为文化时，要注意：一是在广泛征求意见、充分讨论的基础上制定明确的行为规范，如学生的日常行为规范、教师的教学行为规范等；二是积极开展各项主题活动，实施多元评价，在活动中培育和提升管理者、学生、教师的良好行为文化。

2. 示范性高职院文化策划的基本原则

文化作为人类的一种社会生态资源跟自然环境资源一样具有广阔的开发、利用前景。现在关键的是看谁具有敏锐的文化转换力，谁就会占得文化发展的先机，这一点不管是对一个国家、企业还是城市以至个人都是如此。示范性高职院在文化建设中要顺应这种趋势和潮流，就要把握文化策划的基本原则。

一是主题鲜明原则。主题就是主线，它贯穿于整个学校文化策划活动过程的始终，是文化策划的灵魂，把握好了文化策划的主题就像是“会当凌绝顶，一览众山小”，就能够一下子看清文化策划的整体和全部，指明后续各项活动的方向和目标，起到提纲挈领的作用。

二是引人关注原则。现在每天让人关注的事情太多，争夺眼球也就成了我们这个时代最残酷的竞争，有人形容现代商品经济常常是“眼球经济”，就是说要引人注意才会有市场。学校文化策划也必须充分考虑其中的亮点（“卖点”）是什么。

三是资源整合原则。整合就是把分散的资源通过链接聚成合力，化零星为完整，并发挥各自优势，达到四两拨千斤的作用。一项文化策划活动并不是凭空想象出来的，首先要有一个整合策划的因子即有一个资源整合的平台，然后要充分占有现有资料，分析出有利因素和不利条件，最后要形成一套整合运作的技术流程和方法。在设置活动时既要有面的考虑，也要有点的突出，把资源放进具体的活动中去发挥作用。

四是善于借势原则。高人办事在于善于借世界万物为我所用，古今中外莫不如此。所谓借势顾名思义就是借助身边一切有利条件,顺势而上。但是水无常形,势无常态,一不留神就会稍纵即逝。所以借势有时既须要有借势的智慧,也须要有借势的胆略,因为每一次的借势是有风险和成本的,但一旦成功面貌就会大为改观。

五是适当高度原则。策划要站得高,才能看得远。主题或创意是策划的灵魂,一个好的创意不仅要有亮点,还要有适当的高度。创意策划的高度决定了策划活动的广度和深度。策划是一个提出创意—明细创意—制作创意方案—实施创意方案的过程,通常一个有高度的创意能衍生出许多个子创意,这也是检验一个创意是否有高度的衡量标准。因为强调高度就要求对所策划的对象要有一个宏观的把握,须要有全局观、系统论、方法论,须要有经济、科技、历史、哲学、文学等方面的知识积累。策划达到适当的高度在实施过程中就能伸缩自如,具有一定的包容性。

三、示范性高职院文化策划的组织方法与实施过程

学校文化策划是一个创意的过程,每一次具体的策划都有其独特性,并没有统一的模式,对策划程序与方法研究也只是一般意义的分析,在具体的策划过程中,会有许多变数,策划者应根据具体情况灵活操作。一般地说,首先须要明确学校文化的主导价值观,它是社会发展需要的主导价值观在学校领域内的特殊表现;然后是构建学校文化的总结构,在总结构框架清晰的基础上,再来勾画每一方面、层面的框架和内容;在此基础上进一步研究怎样在学校的各项活动中实现新的学校文化追求。它是一个由整体到部分、由价值到内容、由静到动的生成过程。

示范性高职院文化策划的程序与方法如下:高职院文化策划环境分析;高职院文化具体目标的策划和制定;高职院文化策划创意提炼;策划方案的制作与论证;策划方案的实施监控与修正。

1. 环境分析

SWOT 环境分析法:“优势、劣势、机会、威胁”分析的简称。

PEST 环境分析技术:“政治、经济、社会、技术”分析的简称。

六步诊断法:我们是怎样……?我们为什么会这样……?这样……我们感觉……?我们还可以怎样……?我们的……可以从什么地方开始改?变革……我们需要组织给予什么支持?

通过对高职院上级领导、现任和前任院长、教师、学生、家长、社区公众等各个层面的问卷调查、访谈、观察、征文以及查阅高职院历史档案等研究方法,进行学校文化诊断。

2. 目标制定

学校文化的定位，包括学校形象定位、办学核心理念与学校精神的提炼、学校使命与发展总目标的制定，以及相应的办学要略、管理哲学、服务理念、品牌理念、课程理念、公关理念、质量理念等的确定。这些教育理想与价值观念的阐释，必须基于学校独特的文化内涵，必须具备全局的和长远的眼光，必须具有创新性、差异性和相对稳定性，同时还要有相应的制度与执行系统跟进。

系统整合法：学校文化的策划，必须是对学校文化发展的系统规划和整体执行。在战略决策上，要树立鲜明的"时空意识"，即在审视学校的历史底蕴、现实形态和未来规划，审视教育行业形势、学校个性和内外部生态环境的前提下，提炼出具有校本性质的重要元素，整合成新的办学理念系统；在总体运作上，体现出"一体两翼"的鲜明特征，即以学校的精神力建设为主体，以执行力和形象力建设为两翼，有机、协调、全面地展开；在学校文化战略的传达与落实方面，必须在办学理念的指导下对学校组织结构的调整、规章制度的健全、视听觉系统的设计、公共关系策略的确定、传播时机的选择与传播方案的策划、教师培训的导入、校园外观的改建、设计绩效的评估等进行全面统筹、有序推进，不能零星地、孤立地、随心所欲地实施。

个性强化法：文化性格是一所学校独具的生命力。在广大高职院的硬件建设日益趋同的今天，校际竞争已经转向办学质量、办学特色、办学品位的竞争。学校文化性格是否鲜明，文化的生命力是否旺盛，是否能成为学校可持续发展的助推器，就直接决定了学校的成败。在大量同类型学校相互竞争的态势中，需在学校形象、办学理念、校本课程设置、优势项目强化、学生素质、教师教学技能等方面办出特色，办出成就，才能提升学校文化力，提高社会知名度与美誉度，也才能更好地使社会公众建立起对学校的品牌认知与忠诚。所以，学校文化策划的一个重要原则就是努力强化个性，充分开发利用学校的优势资源，或者针对学校现状提炼整合出自己不同于其他学校的差异，以"异"形成优势，以优势达到对内凝聚人心、激发活力，对外吸引公众视线的目的。

3. 创意提炼

创意是学校文化策划的灵魂与核心，是策划成功与否的关键，也是衡量策划者水平高低的主要指标。

创意法：积累顿悟法、头脑风暴法、联想移植法、逆向思维法、预测预案法、重点突破法、巧妙组合法、目标分解法、精神激励法、形象塑造法、集团联合法、连锁经营法，等等。

4. 方案制定

方案制定包含制作与认证两方面。策划方案制作的书面表现形式就是策划书,包括封面、正文、附录三部分。

封面:策划书名称、策划者姓名、策划书制作时间、策划书的编号。

正文:摘要、目录、前言、策划内容的详细说明、策划实施的规划、策划的期望效果与预测效果、策划中的关键环节。

附录:可供参考的文献和案例。如备选方案,列出其中的概要。

制作好的方案还需从创新性、科学性、可操作性等方面加以论证。

5. 实施调整

策划者根据策划方案实施情况进行反馈,并不断调整策划方案,使其更科学、更艺术。院长作为自策划者,则在策划方案完成后投入实施,根据方案实施情况自觉修正方案。

总之,示范性高职院文化策划在促进学校跨越式发展,办学特色创建方面具有重要的作用。但学校文化策划也绝不是万能的,如果没有对教育规律的尊重、学校理念的精心设计、全体师生的共同参与、学校个性特征的塑造,就不可能实现学校文化策划的目标,学校的办学特色也不会有旺盛而持久的生命力。

第五节 示范性高职院文化建设实施

一、示范性高职院文化建设实施的原则

一般意义上的原则是指说话或行事所依据的法则和标准。高职院文化建设具有其规律并且按其规律发展,研究这些规律并将之上升为理论原则,为文化建设实践提供理论上的引导和支撑是十分重要的。高职院文化建设原则指集中反映高职院文化建设的本质和根本价值,对学校文化建设主体、内容和途径具有统帅作用的根本准则,它贯穿于高职院文化建设的全过程。高职院文化作为高校文化的子系统,在其建设过程中必然也要遵循高校文化的一般原则;同时,高等职业教育又不同于一般本科教育,它有着特定的育人目标和办学方式,它是为生产服务第一线培养所需要的高等应用型技术人才,侧重的是"技术型"与"应用型"人才,而本科院校侧重于"学术型"或"研究型"人才,因而高职院文化建设还有区别于一般原则的特有原则。具体来说,示范性高职院文化建设应遵循导向性原则、时代性原则、主体性原则、职业性原则、创新性原则和系统性原则。

1. 导向性原则

导向性原则是高职院文化建设首先应该遵循的原则。导向性原则指高职院文化建设必须坚持社会主义文化方向，坚持教育为社会主义现代化建设服务，为人民服务，与生产劳动和社会实践相结合，培养德智体美全面发展的社会主义建设者和接班人。这不仅为我国的教育事业发展明确了方向，同时也为高职院文化的营造提出了纲领性的要求。在一定意义上说，高职院营造的优与劣、成功与失败，其判断的标准就是看其营造的结果是否有利于、有益于教育方针的落实和贯彻。

随着我国改革开放的深入发展、网络的兴起，伴随其中的一些不良文化对学校文化产生冲击，造成一些学生思想混乱，价值判断失衡。作为教师和管理者要认识到，学生生活于社会中，从小摄取精神营养，逐渐成长起来。但是社会的精神营养不一定是理想的、合理的，必须根据教育目标，创设特别的教育环境。这种特别的教育环境内含了学校文化，它要同教育目标相适应。因此，在任何时候都必须高度重视高职院文化的导向性。

2. 时代性原则

时代性原则，就是要求高职院文化建设要准确把握时代特征，积极适应形势的变化，从而在内容和形式上富于创造性地建设高职院文化，增强高职院文化的吸引力和感召力。学校的围墙是有形的，但思想和文化的交流早已超越围墙。高职院文化虽然具有相对独立性，但它不能脱离社会和社会文化而孤立地生存与发展，它既受社会经济的影响和制约，又受社会文化的影响和制约，是经济、政治、文化发展综合进程的结果。既定的政治、经济体制制约着高职院文化目标的确定；社会文化的基本精神方向影响着高职院文化的主导倾向，影响着高职院文化的形式和内容。

高职院文化建设只有同社会经济、政治、文化的发展相适应，才能促进高职院文化的繁荣，并对推动社会主义教育事业的发展做出贡献。也就是说，文化建设的一切内容、一切设施、一切途径和一切方法都必须鲜明地突出现代社会的时代特征，努力使高职院文化建设适应社会改革与发展的需要，适应社会主义市场经济发展的需要，及时更新人才培养观念，改革人才培养模式，创造出新的学校文化环境，以适应新的价值原则和新的生活方式。

3. 主体性原则

主体性原则是指在高职院文化建设中发挥学校文化主体作用，以人为本，同时满足主体全面发展需要。学校文化主体是指营造、参与建设学校文化的学校人，应该包括学生、教师、管理人员、后勤服务人员等。这些人在营造、参与建设学校文化的过程中发挥着不同的作用，教师与学校管理人员起着主导的作用，他们的思想境界、行为作风、学识水平对于学校文化的建设起着引领和指导的作用;学生是学校的主要群体,他们的求知欲、人际关系以及状态等深刻地折射到学校文化中,成为学校文化的重要方面,是学校文化的聚焦点;后勤服务人员是学校中的重要成员,他们的服务态度和工作水平对学校文化有着重要的影响。

广大师生员工既是学校文化的主体创造者,同时,他们又是学校文化的客体受益者。良好的学校文化能让在校学生、教师等在内的所有师生员工受益。学校文化应当立足于人的全面发展,以丰富多彩、寓教于乐的各种活动,丰富师生员工的科学文化知识,增进师生员工的身心健康,提高师生员工的情趣,促进每个学校人的个性发展和全面素质的提高,对学校人的思想、行为规范、学习态度、生活方式等进行积极的教化。

4. 职业性原则

职业性原则指高职院体现高职个性特征,这种特征突出体现在对学生职业素质或能力的培养上。高职院文化作为培养学生多方面才能和塑造学生健全人格等素质的重要途径,应为高职院的教育目标服务。高职教育目标是为国家和地方发展培养适应生产、建设、服务第一线需要的大量应用型高素质人才,因而高职院文化应该强调职业性特征。

高职院文化建设要与职业素质教育紧密结合,学校要为学生的成长提供一种准职业锻炼与学习的环境,这种准职业环境建设应落实在高职院的物质文化、制度文化、精神文化的建设上。物质文化、制度文化、精神文化建设应该融进更多职业技能、职业理想、职业人文素质等内容,促进学生素质尤其是职业性素质的提高,使学生具有较强的职业适应能力,为实现学校人才培养与社会企(行业)业人才需求的"无缝"对接创造条件。

5. 创新原则

创新原则指对一切符合新的时代、有利于高职教育发展的文化内容和形式都要大力提倡,使之发扬光大,为己所用。高职院基本上是从中专升格而成,只不过有的升格早,有的升格晚。总的说来,高职院文化底蕴不足,一些高职院的文化建设走入一个误区,有的是原来中专学校文化简单的延续,有的是对普通高校文化的一种复制。简单的延续,忽视了广大高职院师生员工对先进学校文化不断提高的要求;复制没有考虑到高职院的特点,导致水土不服,学校文化的功能得不到有效发挥。因此,高职院文化必须从内涵到外延不断创造和更新,以使它的内容、形式和管理方式更能适应高职教育的发展。

文化的创新必须有现实的根基,这种根基就是现实生活中相对于自身而言的新文化。如果没有新的文化来维护和养育,文化的创新是难以想象的,高职院文化当然也不例外。学校文化创新的根基来自两个方面：一个是同一文化群体在秉承传统基础上的创新；另一个是借助非同一文化群体的"文化"，比如很多人强调的学校文化与企业文化的融合。在建设高职院文化过程中，创新原则要求加强对其他文化（包括同类学校文化）影响的筛选，主动、理智地吸纳其中的优秀文化，有效融进其他优秀文化的内容和形式，不断拓宽高职院文化的内涵。

6. 系统性原则

系统性原则强调高职院文化建设是一个复杂的系统性工程。学校文化建设要充分发挥文化活动、组织机构、工作队伍、文化设施、文化环境、学校精神等各要素作用，并与其他方面协调一致，促使学校文化建设发挥出整体的作用。

系统性要求学校文化建设应做到：首先，区分层次，有针对性引导人们在现有基础上共同进步。层次性特征不仅表现在文化自身的层次性上，同时也表现在高职院文化建设主体的复杂性上。文化自身就存在高雅与通俗、先进与落后之分。学校文化主体的思想水平、智力发展程度、文化品位、专业方向、家庭条件以及个人的性格特征等方面各不相同，比如从学生受教育背景来看，高职学生有的来自普通高中，有的来自对口录取的职业高中及中专，他们对学校文化的需求及所起作用是有区别的。其次，学校党政工团各部门必须同心协力，齐抓共管。如果各部门之间从各自的本位出发，对文化建设不能达成一致，那么各部门之间在学校文化建设中就会出现矛盾，甚至相互消解已经取得的成果。再次，统筹兼顾，明确不同文化类型的价值位序。学校文化由精神文化、制度文化和物质文化所构成。精神文化是学校文化建设的灵魂和核心，物质文化是学校文化建设的载体和基础，制度文化是学校文化建设的手段和保障。这"三位"是一个有机统一体，不能割裂或片面孤立起来，如果单打一或各自孤立地建设，将会陷入形而上学的泥潭，其结果都不能有效地提高高职院文化建设的水平。

总之，只有坚持以上原则，示范性高职院才能建立起具有自身特色的文化，为人才的培养提供一个良好的文化环境。

二、示范性高职院文化建设实施的误区

示范性高职院文化建设的实施是一项复杂的系统工程，在开展过程中，如果缺乏正确的指导就很容易陷入一些误区。

1. 重物质轻精神，学校人文环境建设相对滞后

一些高职院只注重学校自然环境的建设，而忽视人文环境的建设。学校物质文化是学校文化建设的基础，也是整个学校文化的外在标志。因此，很多职业

院校为了改变发展历史短、社会认同度低这一不利局面,千方百计地加大物质文化环境建设来吸引更多的生源,提升自身的影响力。但是,这一做法却脱离了物质文化建设的宗旨,学校物质文化建设的目的是使它成为承担精神文化的载体,建设物质文明不是目的,而是手段,精神文化隐含在物质文化中,它是职业院校文化建设中实质性的根本性的组成部分,忽视精神建设,职业院校文化建设只能流于形式。在高职院,花草树木这些容易得到重视和优化,可学生厌学、教师厌教的现象依然存在,并有进一步蔓延的势头。反思我们的学校环境建设,不难发现,人文环境建设严重滞后,主要表现在:只注重学生的行为规范、学校的校纪校规、教学教研质量的管理,忽视学生自我发展的需要,脱离了育人为本的要求。

学校物质文化的特点是它的明见性和商品性。明见是看得见摸得着,商品是有钱就能买来。近些年随着国家提出大力发展职业教育,国家和地方政府给高职院校的投入比之前有较大幅度的提升,因此一些高职院在经费使用上往往首先投入于物质基础建设。这并非错误,但问题是对学校制度文化、精神文化建设却措施不力,从而显示出重物质轻精神的不良倾向。一些高职院的文化建设由于脱离自身培养目标,未能体现职业特色,导致出现学校文化与企业文化脱节,“学科性”专业气氛与“实践性”专业氛围错位等问题;也由于办学理念的不明,导致一些高职院无法“涵养”或“熏陶”出具有职业教育特色的学校精神。学校精神是学校文化的核心,是学校的灵魂,高职院应结合各自的办学特色形成独特的、具有时代特征的学校精神,但实际情况远远没有达到这个水平。更有胜者,学校精神基本缺失,良好的校风、学风无从谈起,其具体体现在以下几个方面:一是校训没有职教特色。校训集中体现一所学校的精神,是基于学科特点、学校传统、时代要求及服务社会的行业不同,在长期的办学过程中形成的既具有学校特色、又富有时代特征的行为、价值取向。而在现实中,高职院的校训随处可见“团结、奋进、求实、创新”的字样,彼此“克隆”或“微缩”,显得千篇一律,能体现职业教育特色和专业个性特征的内容则明显不足。这和特色鲜明、时代特征强的企业文化、商业文化相比,远远落后。二是校风、教风、学风缺乏职校特点。校风、教风、学风是一个学校精神的具体化、人格化。高职院由于招生竞争加剧,生源减少,为了眼前的生存,办学指导思想出现误区,只要学生在学校不出事、留得住就行。于是学生上课是休息、养精神,下课则上网、打架、捣蛋、恋爱等,学风不浓。如何把他们培养成“高素质的技能型人才”,以满足高速发展的社会对人才的需求,是摆在学校工作者面前的一项严峻任务。

2. 开放程度不够,学校文化建设方式方法单一

学校文化活动是学校文化最活跃、最重要的组成部分,是学校文化建设的重

要阵地。学校文化活动载体是学校文化活动过程中的综合组织形式，其大致有如下几类：一是课堂教学活动；二是第二课堂活动；三是宣传教育活动；四是社会实践活动；五是组织管理活动；六是后勤服务活动。它们各自从不同的侧面为学校文化的“育人”功能发挥着独特的作用。高职院校长期以来在开展学校文化活动中，形式较为单一，不注重学校文化活动载体的丰富和创新。首先是开展的学校文化活动零碎、单一，缺乏规划性和系统性。主要是消遣娱乐类和体育锻炼类，如文艺晚会、球类比赛。虽然这类活动是师生员工喜闻乐见的形式，但只是学校文化活动的一个方面，就学校文化活动的内在要求而言，还远远不够。其次是注重校内活动忽视社会实践。有人认为，学校文化建设是学校内的事情，是关起门来搞的文化建设，学校文化活动就是学校内的文化活动。在这种认识前提下，部分高职院的校内文化活动搞得风风火火，可在社会实践环节上却出现了“一头轻”的现象，专业学生外出进行社会义务服务少，深入到企业中更少，不能把握好学校文化建设与社会实践间的内在联系。这是一种片面认识和有害做法。学校文化活动的开展缺乏个性化，这和学校文化建设整体要求不相适应。

当前高职院文化建设对外开放程度低，封闭问题依然存在，而且比较突出地表现在两个方面：一是校际文化交流缺少。高职院在开展校际文化交流方面程度很低，有些学校基本是空白，一年之中即使同地域的高职院之间也很少有文化交流。“院校文化作为一种先进的文化形式，本身就具有开放性，积极开展校际文化交流是其发展的基本要求。”而当前高职院的校际文化交流现状，势必使学校文化走向落后。二是学校与社会之间隔阂严重。在学校文化建设中，大多数高职院把目光局限于学校这个小圈子，对外联合联谊的活动非常少，忽视了学校文化与社会文化之间的互动作用。又由于常常害怕外来的“污染”，在有意无意之中将学校与社会完全分开，甚至对立，导致了文化的封闭。由此形成的学校文化的自我封闭，必然影响学校文化对社会文化特别是企业文化营养的选择和吸收。

3．规划措施不力，学校文化建设整体显得失衡

对高职院文化建设认识比较片面，缺乏科学而系统的规划。一些人对高职院文化认识不清，简单地将学校文化归结为学校文体活动，认为只要轰轰烈烈地搞一些文体活动，就能建设好学校文化，但由于这些活动缺少专业教师的指导，学生参与程度及活动效果都不理想，很难形成浓郁的文化氛围和较大的影响力，导致了学校文化建设的简单化、低层次化。也有许多人将高职院文化建设与思想政治工作混淆，认为学校文化建设是学校政工、宣传部门的事，导致各部门联合举办的活动少、效果差，没有全员参与的意识。即使一些清醒之士能够认识到学校文化建设的重要性，但由于缺乏科学而系统的规划，也造成了工作时思路不

清,重点不明,事倍功半。现实中,有许多高职院没有把学校文化建设纳入学校建设和发展的轨道并放在整体办学方向和培养目标的大背景下来操作实施,而是把文化建设局限在学生管理和思想教育层次上,把文化建设附属于学工处和团委,认为学校文化就是学生的课外文化娱乐活动,故投入的时间、精力不足。学校文化建设只有在全体学校领导、师生员工的共同参与下,才能有效地发展。可是当前不少高职院的领导被招生困扰,为资金而奔走,上半年忙于招生大战,下半年忙于学生就业,整天疲于应酬,对学校文化建设根本无暇顾及。

三、示范性高职院文化建设实施中院长的角色及作用

院长的文化意识是学校文化的"泉眼"。学校文化是一所学校在长期的办学实践中积淀下来的,为全体成员共同遵守的价值观念和行动方式。提升学校内涵建设,校长必须具有文化意识和能力,做一名反思型校长。

1. 院长作为文化建设的领导者

如今"院(校)长是一校之魂"的观念已深入人心,如此说来,院长也应当成为学校文化建设之魂。哲学家尼采在其名著《查拉图士特拉如是说》一书中强调:"世界是围绕新的价值发现者在转的"。对高职院这个"小世界"来说,院长理应在新价值发现上有所作为。苏联教育家苏霍姆林斯基也认为,校长(院长)"对学校的领导首先是教育思想的领导,而后才是行政的领导"。这里所谈的教育思想的领导即指办学思想的领导。高职院院长是学校管理决策的负责人,学校是一个小社会,工作千头万绪,很多事情,都要由院长处理决策。如果院长事必躬亲,再辛苦也难以出成效。院长领导学校一靠真理,二靠情理。院长要用正确的教育观、教学观、人才观和科学的教育管理方法领导学校,要靠尊重人的民主作风、勤奋进取精神和人格魅力,靠凝聚人心管理学校,而不仅靠手中的权力。

院长应当是文化的领跑者,是先进文化的倡导者、传播者和建设者,应在教育思想、教育观念上走在时代的前沿;在思维方式,行为方式上适应时代的要求;在品格修养、形象风范上成为师生的楷模。"茶能醉我何需酒,书能香我何需花。"院长应是勤奋好学的模范,应该用新知识、新理念不断充实自己,为事业、为自身发展奠基。院长只有具有深厚的文化底蕴,较高的文化素养,才能引领师生共同建设学校特色,营造浓郁的学校文化氛围,实现育人的教育使命。

2. 院长作为文化建设的管理者

如果说作为领导者的院长更加注重宏观的思想与精神,那么作为管理者的院长注重的则是学校文化建设实施的实务。管理是通过系列协调活动,有效地整合、利用组织资源以达成组织目标的创造性实践活动。高职院文化建设管理

工作的关键在于让被管理的对象发挥自己的潜力，来为学校文化建设实施服务。管理的核心是人，院长的管理是要促成人与人之间的协作。这就要求院长首先要对学校员工有所了解，特别是了解他们的长处，这样在安排工作时才能做到人尽其才。院长管理的特色是他的管理会影响到作为教职工的成年人，而间接地影响到大量"准成年"或刚成年的大学生。所以院长的管理应是谨慎的，所倡导的理念也应该是健康的。管理者也有他的核心价值，就学校文化建设工作中的管理者院长来说，学校教育发展，学生健康成长是其最基础的出发点。院长不但要在形式上将教职人员和学生组织起来参与学校文化建设，更重要的是将大家的心组织起来，让每个人自觉自愿地参与活动，产生对活动的要求，对学校倡导的文化价值有认同感。

管理文化本身也是学校文化建设的一部分，院长作为管理者应当将每一个困难和问题的出现作为学校文化发展的契机，每解决一个问题，学校就向前迈进一步。在学校文化建设的管理中，院长应坚持高职院文化的核心价值，本着为学校发展和学生成长的负责精神，建立有效的沟通渠道，使学校文化从每个人的心灵生长出来。

3. 院长作为文化建设的参与者

除去思想精神上的领导者和日常事务的管理者身份，院长还是学校文化建设实施的参与者，因为其本身也是学校文化的一分子，他既负责学校文化建设的领导和管理，同时也在所营造的文化氛围下工作、生活。院长会参加一些与学校文化有关的仪式、会议等活动，在这些活动中，院长本身就是一个有力的榜样，一个引领文化风尚的带头人。院长不仅可以参与教师和学生的活动，也可以参加学校文化建设活动中的任何一个恰当的环节，比如听取教师对课程文化的具体设计，到与学校文化有关的课堂上去听课，还可以参与一些学校文化相关的典礼和颁奖仪式等。院长在参与这些活动的过程中，一方面表现了学院对文化建设的重视和院长本身对该项活动的支持；另一方面，院长参与可以增强集体的凝聚力。更重要的是，院长通过参与文化建设活动，能更好地了解和掌握文化建设的实际情况和存在问题，为自己提高领导和管理水平提供丰富的感性基础和思索灵感。

总之，学校文化建设的实施工作是对院长的挑战，不仅挑战院长的智慧，也挑战院长的能力和毅力。在高职院文化建设的实施中，院长在成长，教师和学生也在成长，学校的教育品质也在成长。成长过程往往不会一帆风顺，然而就在困难和收获并存的学校文化建设实施中，高职院必然成为示范性的生动活泼的育人之所。

第六节 案例

高职院校办学的文化逻辑——以宁波职业技术学院为例①

刘 猛

英国学者迈克·克朗说:"不论'文化'如何被定义,我们都应该把它放在现实生活的具体情景中,放在特定的时间和空间里去进行研究……我们必须同时看到一个特定的场所如何获得文化意义,以及文化又是如何利用这些场所实现其意义。"作为特殊类型的育人之地和文化之所,高职院校要获得并实现其文化意义,其办学理应遵循一定的文化逻辑。所谓文化逻辑,是指一定的文化主体在学校内外特定的时空条件下,通过选择性地接受文化熏陶,以生成某种预期的文化人格的理路。笔者试图以办学成效卓越的宁波职业技术学院为例对此加以进一步说明。

一、有机融入社区文化,开放性办学吸纳更多的社会资源

文化是在一定的空间范围和时间向度上生成的。从文化社会学来看,社区是文化的土壤,社区结构的形成有赖于文化的制约,文化的孕育和传承又存在于社区的社会活动和生活工作之中。因而,社区文化是一种家园文化,是社区的地域特点、人口特性以及居民长期共同的经济和社会生活的反映,是社区成员在共同创造的具有本社区特色的精神财富及其物质形态之总和,涉及面涵盖社区内人们的信仰、价值观、行为规范、历史传统、风俗习惯、生活方式、地方语言和特定象征等。

宁波位于杭州湾入海口处,其特殊的地理位置决定了宁波文化是农耕文化与海洋文化的结合,这种结合的主要落脚点就在于它形成了宁波的商帮文化。俗语的"无宁不成市",是说宁波商人的足迹几乎遍及了所有的集市,宁波商帮对于中国商业的影响,由此可见一斑。宁波商帮文化的形成主要得益于中国传统儒家文化、浙东学术文化和特殊的海洋文化背景。具体来说,在宁波商帮的整

---

① 载《职教论坛》,2011 年第 21 期。

个奋斗历程中，强调“诚信义礼”的儒家文化为经商成功提供的是一种必不可缺的道德基础和准则；重视个人逐利和务实的浙东学派则解放了宁波人的思想，让宁波人抛弃了封建社会长期“以农为本，抑制工商”的保守落后的思想包袱，为宁波人出外经商提供了思想基础；而宁波三面临海的特殊地理位置培养了宁波人兼容并包的气质，为他们走出宁波，放眼中国，远眺世界提供了实践的基础。独特的宁波文化又孕育了宁波人独有的人文品性，造就了宁波人独有的精神气质。有人将其概括成如宁波汤圆一般有黏性的集体合作精神、“闯海弄潮”的“敢为天下先”的“搏争”精神、“清清白白挣钱”而又“乐善好施，造福桑梓”的“仁厚”精神及保持低调不张扬的务实精神等。

高职院校作为专门从事文化传承与创新的育人场所，理应有机地融入社区文化，在与社区文化的开放性互动中吸纳更多的社会资源，以提升自身办学的实力及服务地方社会与经济发展的能力。在这方面，宁波职业技术学院的所作所为主要表面在如下两个方面。

一是争取善款项目，改善学校的物质文化条件。宁波自古就有“义乡”之称，取得事业成功的宁波商人总忘记不了家乡父老、桑梓故土。宁波人曾经做得最多的两件事情：修祠堂和建“义庄”。后来他们把善举的目光投向了更有价值和长远意义的领域，比如国防、教育、医疗卫生、公益事业和文化体育等方面。在宁波职业技术学院有几座大楼非常醒目，如顾国华体育中心、李惠利医院、海天大楼等，这些建筑设施主要来源于宁波商人和企业的捐赠，它为社区和学校开展各项文体、医卫等活动提供了便利的条件。如校团委为了规范和发展社团联组织活动，将顾国华体育中心的 4 个工作室以竞争的形式给一些能真正利用好场地的协会。又如 2010 年 7 月第二届中国宁波国际港口文化节的首场活动——“五洲大港”首届国际港口风情大型摄影艺术展在顾国华体育中心开展。本届港口文化节以“和谐共享海洋时代”为主题的活动吸引了校内外各界人士参与。若“精神必寄于物质”，则这些宏伟的物质设施必“可以助吾人精神之曲达”（吴稚晖语）。

二是寻求政企支持，拓展学校的组织文化空间。一方面，在我国，政府组织在掌握资源及影响力方面可以说是“一枝独秀”；另一方面，各类企业又是学生未来就业的主要场所。由于这两方面，高职院校要提升社会服务能力就不能不加强与地方政府、各类企业的密切联系。宁波职业技术学院始终努力把教育与服务地方紧密结合起来，发挥学科优势，发挥其联系、融洽地方政府和企业的作用，主动为地方经济社会建设服务，为地方经济转型升级服务。宁波市保税区人才培养基地（2006 年 4 月）、宁波北仑新阶层人士培训基地（2008 年 9 月）、宁波开发区数字科技园(2008 年 11 月)、宁波北仑区人力资源协会(2009 年 3 月)等先后落户该院。这些机构的设立无疑拓展了高职院校的组织文化空间,提升了高职院校文化与社区文化之间的相互依赖性及彼此互动的水平层次。这种开放性的办学,无疑有助于学院如鱼入水般地吸纳更多有利的社会资源,进而有助于提升自身的办学能力。

二、大胆融合企业文化，合作性办学提升课程的专业品质

教育的使命是培养人才,不同类型的教育承担着培养社会所需不同类型人才的使命,而且决定了具体培养内容及方式(方法)上的不同。高职院主要为谁培养人才及如何培养?这对提升高职院办学效能来说,无疑是一个至关重要的方向性问题。宁波职业技术学院对此的思考与回答是:主要为企业培养人才,通过产学研深层次合作,让企业文化在校园里生根发芽。

企业文化是经济意义和文化意义的混合,即指在企业界形成的价值观念、行为准则在人群中和社会上发生了文化的影响,它是企业成员共同的价值观念和行为规范。讲通俗点,就是每一位员工都明白怎样做是对企业有利的,而且都自觉自愿地这样做,久而久之便形成了一种习惯;再经过一段时间的积淀,习惯成了自然,成了人们头脑里一种牢固的“观念”,而这种“观念”一旦形成,又会反作用于(约束)大家的行为,逐渐以规章制度、道德公约的形式成为众人的“行为规范”。它不只是知识修养,还包含人们对知识的态度;它不只是创造利润的目标,还包含人们追求利润的种种心理;它也不只是一般的人际关系,还深入到处世为人的哲学。总之,企业文化是一种渗透在企业一切活动之中的东西,它是企业的美德所在。

宁波职业技术学院能取得今天的办学成就,其中一条核心秘诀就是与众多企业深度合作以达至双赢。这样,优秀的企业文化与学校自身的专业文化就能很好地实现“无缝对接”,大大提升了职业院校课程的专业文化品质。该院积极探求一条具有自身特色的高职办学之路,通过校企联合办学,借助企业的优势,对学生进行多种技能训练。目前,该院已同宁波市开发区敏孚企业、中国海天集团、宁波讯达仓储运输公司等二百多家企业签订了联合办学协议。如敏孚机械系就是宁波职业技术学院与宁波敏孚企业合作创办的,由敏孚企业总工程师、副总经理俞岳平博士担任主任,聘请全国高校机床学研究会副理事长、全国数控及工厂自动化技术研究会副理事长杜君文教授担任敏孚机械系副主任,指导日常的教学和专业工作。为了吸引优秀学生报考敏孚机械系,敏孚企业总经理秦荣华先生每年为学生设置十万元的新生入学奖金,奖励高分段考入该院的新生,最

高可获 2.4 万元。学院还聘请有关企业的业务骨干为学院专业委员会成员，参与学院学生培养目标的确定和教学计划的制订，使学院的教育教学贴近企业的需要，培养符合市场需要的人才，提高了学生就业率。毕业生就业率连年在 99% 以上。2006 年，与宁波海天集团校企合作育人模式入选"中国高校—大型企业合作人才培养十大案例"，是高职院校唯一一个入选案例。由于企业文化与专业文化融合得好，以至于学生进企业后企业无须为大学生的再培养买单，这样企业与职业院校的合作就达到了双赢的目的。

在宁波职业技术学院校园的"知行路"、"精技路"、"乐业路"等路上走上一圈，不仅可以看到宏伟壮观的"海天实训大楼"等标志性建筑，还可以发现路旁、墙壁、橱窗等地方有许多与企业用人要求有关的宣传标语或口号。如"你成为企业的首选，宁波职业技术学院就成为社会的首选"；"我们是企业的首选，企业的需要是我们的首选"；"具备良好的职业素质，企业才会首选你"；"细节体现责任，细节体现素质，细节决定成功"；"勤学苦练，一专多能，全面发展"；"有了安全，不一定有一切；没有安全，就丧失一切"；"人力资源是第一资源"；"设计可以没有灵感，但不能没有激情"；"只要开始，永远不晚；只要进步，总有空间"；"企业对人才素质能力的要求：职业道德素质、专业技术素质、人际交往素质、良好文化素质、更新知识素质、专业基础知识、思想道德修养、应变能力、学习能力、主动性、敬业精神"。又如，在学院拓展训练中心的门口，宣传语这样写道："在不顾一切追逐目标的路途中/你是否迷失了最真的自己/在繁重的工作与生活压力下/你是否已很难找回当年的童心与激情/在员工的抱怨或上司的责难声中/你是否需要多一些理解与沟通/在创业的艰辛或面对挫折中/你是否深感团体精神的可贵/在实施宏伟战略的进程中/你是否希望所有人都认同和使用组织所认可的文化和行为方式/在锐意改革的浪潮中/你是否期盼所有人在思考和行动时都把自己看作是企业的主人/如果能从体验中改变学习心态，提高工作能力/如果能从培训中优化团队管理，提升组织绩效/我们真诚地欢迎您走进宁波职业技术学院拓展训练中心。"在拓展训练中心开展的体验式管理培训，深入了解企业文化与员工成长需求，量身定制能够改变绩效的培训课程。再如，在学院数字科技园的一面墙壁上，有 GE 的品牌口号"梦想启动未来"（imagination at work），有对此口号的绝佳注解："根据空气动力学理论以及经由风洞实验证明，从大黄蜂的体型、大小以及两翼张开的幅度比例分析，大黄蜂是不可能飞行的，但是，大黄蜂根本不理睬这些理论，照样在飞。"可以说，学院中此类随处可见的宣泄情感、表达意愿、凝聚人心的"漂亮句子"，让优秀的企业文化变得可触可感又"可亲可敬"。这种文化"软"实力，其实更容易转化为学生构建其精神世界的一块信仰

“基石”,为他们理解并完满完成职业院校的教育任务(或目标),成为社会所需的高素质公民提供有力的思想资源。

三、努力创新学生文化,服务性办学找回学子的成长自信

学生文化是指学生入学后,在学生与学生、学生与教师、学生与学校组织相互适应的过程中产生的为学生所特有的文化。高职院校的学生如何看待与对待自己与同学,高职院校的教师和学校组织如何看待和对待自己的学生,对学生文化的形成与发展无疑具有巨大的影响。从文化社会学的视角来看,教育也是文化,是社会赋予人一种社会文化意识和社会心理的过程,即文化赋予人生存的意义。被称为文化新进化论代表人物的怀特在其所著《文化科学》中指出,人的所思、所感、所做无一不取决于他的文化,不是我们控制着文化,而是文化控制着我们。在这里,所谓的文化控制着人,就是指人的生存意义由文化赋予或决定。北京大学陈平原教授曾经说过,一所好学校的学生,大多有一种特殊的气质,这是校园文化熏陶的结果。“对于学生趣味、精神、气质的形成,校园文化起了很大作用。所有这些都是学生日后怀念母校的聚集点。几十年后追忆,能想起的,不是严苛的复习考试,而是名师的音容笑貌,以及有趣的校园文化生活。”

在我国,由于受社会文化积淀的一些偏见影响,人们常把职业教育当作“二流教育”或“次等教育”,而把职业院校的学生称为普通教育的“淘汰产品”或“失败者”。许多职业院校的学生入校时的心态往往只是为谋生而不得不学一技之能。如果说入校之初这一无奈心态的产生尚“情有可原”,但他们入校后在生生及师生等多种人际互动中,仍无法用积极主动的心态去“刷新”、去改变这样消极被动的心态,那就注定无法受到真正的“人的教育”。因为只要称之为教育,其所要培养的就不应当是工具性的人,而是完整意义上的有目的性的人。完整意义上的有目的性的人应当是拥有谋生本领、完善人格,适应社会发展的人。正因如此,办学成功的高职院校在努力创新学生文化方面都会下大功夫,以“教育即服务”为宗旨,帮助学生找回成长的自信。这方面,宁波职业技术学院也可算是成绩斐然。

挖掘校友资源,推动学校的校友文化建设。榜样的力量是无穷的,伟人典范、教师校长都可以成为学生成长的榜样,不过,从学生中走出来的“杰出或成功校友”在某种程度上更有积极的影响力与号召力。宁波职业技术学院作为国家首批示范建设学院,在创建之初就广泛发动,全员参与,启动了“集聚校友资源、促进学院发展”的“名片工程”。学院经过几十年的发展,培养了近五万名校友。从地域看,他们分布在祖国的四面八方;从行业看,他们遍及党、政、军、工、

商、文化和教育等各界。这种地域和行业的广泛性，决定了校友资源的丰富和多样性。宁波职业技术学院提出"学生是学院的名片"的学生观，认为衡量一所学校办学效果的终极标志是学校培养的学生是否成功，学生就如一张带有学校信息的名片，是学校最好的"代言人"，人们可以从学生身上读出学校办学的成效，这无疑是一种全新的教育价值观。

搭建育人平台，丰富学生的校园文化生活。学院坚持育人为本、德育为先，把立德树人作为根本任务，创新素质教育理念，开展成功素质教育。围绕成人、成才、成功这一育人宗旨，确立通过成功素质教育"改变学生心智模式"、"塑造阳光高职学生"的育人目标。构建"大人文"、"大思政"、"大体育"三大育人体系，保障成功素质教育的有效实施。搭建"开设成功大学班、创建素质拓展训练营、建设名片工程、成立思源基金和班级特色项目"等五大平台，打造成功素质教育的特色品牌。走进这所学校行政楼，墙壁上挂着的一幅展板尤其引人注意，上面有一幅反映该校素质拓展训练营体验"信任背摔"的照片。照片中，一位准备背摔的俏丽女生的表情相当丰富，她既相信每一位伙伴都会伸出温暖的双手，又努力在克服自身的心理恐惧；既有渴望分享的喜悦，又有难以自控的紧张。对她来说，这无疑是通过团队熔炼来实现人生一次新的自我超越。可以想象，当她喊出"准备好了吗"，站在下面接住她的团体肯定会整齐嘹亮地喊出："准备好了！"不用说，如此多姿多彩的校园文化生活会给生活于此中的任何一个人以心灵上的亲切感或"家园感"，成为生存的"意义之所"。2007 年"成功大学——宁波职业技术学院大学生素质拓展训练营"成为浙江省首届高校校园文化品牌。2008 年"从历史看未来——宁波职业技术学院毕业生名片工程"被评为浙江省第二届高校校园文化品牌。学院的执行院长苏志刚教授一次在央视访谈节目《教育人生》中提到，他和老师们首先并一直要做的最重要的一件事是，让全校入学时占到 75% 的缺乏自信心的学生，逐步接受"我们是绝对精英"的理念。从这些我们可以看出，只有以为学生提供最佳服务为宗旨来创新学生文化，才能真正帮助学子找回成长自信，才能真正帮助他们成功地走向社会，实现人生的价值和理想。

四、积极建设制度文化，规范性办学抓牢永恒的效益宗旨

蔡元培曾经说过："尚有几句紧要的话，就是文化是要实现的，不是空口提倡的。文化是要各方面平均发展的，不是畸形的。文化是活的，是要时时进行的，不是死的，可以一时停滞的。所以要大家在各方面实地进行，而且时时刻刻的努力，这才可以当得文化运动的一句话。"对高职院校来说，能否实现其文化价值与使命，最终还要看其制度本身的质量及运行的效果。用宁波职业技术学

院的经验来说，就是只有积极加强制度文化建设，才能通过规范性办学打牢永恒的效益宗旨。

俗话说，没有规矩，不成方圆。作为校园文化的内在机制，职业学校校园制度文化是维系学校正常秩序必不可少的制约机制。虽然校园制度文化大多以文约的形式出现，但并非文约式的制度都能称得上制度文化。可以说，校园制度和校园制度文化是既有密切联系又有区别的两个概念。校园制度并不必然地成为校园制度文化，要使校园制度成为校园文化的组成部分，需要相关成员的认同和内化。跟不上形势发展需要的陈旧制度、面对生存危机的应急制度、盲目引进的与学校校情不适的"先进"制度等，常常体现出"非文化"倾向。另外，由于学校制度文化并不都是由学校自身规定的，因而对学校来说，它起码在起始阶段带有强制性，是一种"外在的文化"，或者说是"纯制度文化"。只有当这种"外在文化"被学校成员认可、接受，从而转变为学校"内在文化"时，才能对学校成员的行为以及学校教育教学活动产生深层的影响。这种校园人一致认同和内化的制度文化最高境界表现为：遵行制度的人感觉不到制度的存在，而违反制度的人会感到一种被他人排斥的强烈不适。

校园制度文化不是一朝一夕形成的，也不可能在很短时间里就可推倒重来。早在2003年，宁波职业技术学院就将该年度定为规范管理年。在执行院长苏志刚看来，由于当时高职院校发展上没有一个成型的模式可供借鉴，许多学校仍处于起步阶段、探索阶段，而越是这种情况，越须要加强规范管理。经过努力，宁波职业技术学院已构建起了规范管理的框架，一些基础性的工作，前几年无暇顾及的管理细节，都得到了加强。通过淡化"官本位"色彩很浓的身份管理制度，树立岗位管理的新观念，建立了一个公正、竞争、开放的用人制度；提高师资队伍的质量，提高人力资源管理的效益，建立了最大限度地提高人员素质和最充分地发挥人的作用为目标的全面的人事管理制度。具体做法是：第一，着力构建"小行政、大教学"的管理运行机制，精简院级行政机构，组建了行政、教学、党群三大办公室。学院现有行政人员20余人，不到全院教职工的10%。第二，实行全员聘任制，公开岗位，竞争上岗，加强岗位意识，明确职责，实行合约管理，强调依法办事。第三，打破福利型分配制度，承认差别，强化多劳多得、责权利统一的分配观念。在分配政策的制定上向教学科研第一线、高层次人才和工作业绩突出的人才倾斜，尤其注重对某一领域有突出成果人员的奖励。在管理上非常倡导"以人为本"，把人文关怀贯穿于管理工作的始终，着力培养尊重、团结、奋发、创造、和谐的人文精神。

当然，宁波职业技术学院的管理制度文化建设不仅明确了教师及行政管理者的责权利，还积极赋予了服务对象即学生参与学校各项管理的权利。宁波职业技术学院一直倡导“只有学生参与的管理才是真正有生命的管理”，一届届学生在校期间主动参与学校的管理。例如学生会成立了教学管理委员会、自律委员会、社区管理委员会等组织，他们发挥自己的聪明才智，提倡自我教育、自我管理、自我服务、自我约束，成为了制度文化的倡导者和规范者，为建立健全科学管理制度和民主决策机制，在校园中形成良好的行为习惯和健康文明的生活方式发挥了卓有成效的作用。

通过上述分析和例证，不难发现，高职院校作为一个以传递与创新文化为使命的组织机构，在人类文化、国家文化、社区文化等不同文化空间拓展之中，要始终立足于社区文化资源的充分开发与利用，以便于学校更好地为区域经济与社会发展服务；在企业文化、专业文化、通识文化等多种文化要素相融之中，要适当放大企业文化的影响力，以便于学校更好地为企业的生存与发展服务；在学生、教师、学校行政人员等多个文化主体互动之中，要始终以学生文化主体使命的实现为旨归，以便于学生更好地实现自身的人生价值与理想；在物质文化、制度文化、精神文化等多种文化类型并进之中，要始终不忘强化制度文化建设，以便于积极向上的大学精神有一个良好的生长土壤。

第八章

组织学习:示范性高职院建设的路径

第一节 组织学习理论

近20年来,组织学习(Organizational Learning,OL)已成为管理学、心理学、社会学、经济学、政治学、文化学等多学科研究的热点。简单地说,组织学习是指组织为了实现发展目标、提高核心竞争力而围绕信息和知识技能所采取的各种行动,是组织不断努力改变或重新设计自身以适应持续变化的环境的过程。

组织学习理论的产生至今大致经历了近六十年的研究历程,并且美国的研究者对此贡献尤巨。"学习"一词最早出现于组织理论是赛蒙(H. Simon)在1953年探讨美国经济合作管理局组织成立的文章。赛蒙认为政府组织重组的过程即一种学习的过程。"组织学习概念"作为组织理论的基本概念,最早由塞厄特(Cyert,R. M.)和马奇(March,J. G.)在其著作《商业组织的行为理论》一书中提出。正式把组织学习当作"理论"研究的是甘吉洛西(Cangelosi)和迪尔(W. Dill),两人于1965年在《管理科学季刊》上发表《组织学习:对理论的观察》一文。美国哈佛大学教授阿吉利斯(C. Argyris)、舍恩(D. Schon)两人于1978年著《组织学习:行动理论之观点》一书最具代表性,他们认为,组织学习是指组织发现错误,并通过重新建构组织,以改正错误的过程。其意义是"为了促进长期效能和生存发展,而在回应环境变化的实践过程之中,对其根本信念、态度行为、结构安排所作的各个调整活动;这些调整活动借由正式和非正式的人际互动来实现"。

随后国内外相关学者都从各自的角度,对组织学习概念进行修正和界定,逐渐形成了组织学习这一研究及应用领域。代表性的观点主要有:1)组织学习是指通过更好的知识和理解改进组织行为的过程。2)如果一个组织实体通过其信息处理过程使其潜在行为的范围发生了变化,那么该组织实体就发生学习了。3）组织学习通过共享的洞见、知识和心智模式而发生……建立在过去的知识、经验即组织记忆之上。4）组织学习就是组织的创新能力。5）组织学习是组织在经验的基础上维护或改进绩效的能力或过程。6）组织学习可以被看成是一个组织促进知识创新或获取知识并使之在整个组织内传播，进而体现在产品、服务和系统中的能力。7）组织学习是组织成长和改善的一个连续过程，与工作活动紧密相连，能激发组织成员间的价值观、态度和观念的统一，并且运用有关过程和结果来实施组织变革。8）组织学习是学习在组织中产生的方式，代表了通过组织全体成员的承诺和不断提升机会使组织的知识能力和生产能力得以增强。9）组织学习是指学习在组织中发生的过程，也就是组织在特定行为和文化背景下，建立和完善组织知识和运作方式，并不断增强自身竞争力与适应力的过程。从这个意义上来说，组织学习就是一种活动过程，包括系统地解决问题、试误、从自己的过去与经验中学习——向他人学习以及促进组织内的知识扩散等五项内容。10）在组织学习的过程中，组织通过显性知识和隐性知识的互动、转换过程来创造和使用知识，实现知识创新。从这个意义上说，组织学习就是组织自我革新的能力。

综上所述，组织学习是指以个体学习为基础的组织化学习活动，是组织为了适应外部环境变化和提高组织的创新能力，通过个体、团体和组织层面互动，创造知识、获得行为与观念的过程。

第二节　个体学习与组织学习

组织学习的概念实际上是从“个体学习”（personal learning）借鉴引申而来的，因此，大多数关于组织学习的论述都是基于这种类推。说到“个人”和“学习”的关系，没有人会怀疑它们之间存在必然联系。个体正是通过“学习”，才适应了不断变化的环境。但是，个体身上的“学习”现象，是否也适合“组织”呢？为此，学者之间存在极大的分歧。有的学者只承认个体存在学习现象，因为个体存在学习的基本生物条件——神经系统，而作为人类的构造物——组织本身，则不具备产生学习的这个基本生物条件，因此，组织本身不会学习。如果一定要说组织学习，那也是组织中的个体成员在学习，而作为整体的组织本身则不能也不会学习。

有些学者则认为，组织虽然是人造物，但是，组织是一个复杂的自组织适应系统，其在适应环境时自身结构和行为的改变过程，与个体学习现象相同，作为学习主体的组织学习现象是存在的。因此，主张借用心理学关于个人学习的理论来类比具有目标指向的社会结构——组织。如此，我们就能发现，组织学习与个人学习一样，也是一个获得和应用知识而使组织行为持续改进的过程。另外，组织领域的许多研究都是一种类比研究，我们熟悉的组织生态、组织文化等理论，就是类比研究的典范。类比研究是一种有效的研究方法，将“组织”与“学习”这两个概念加以类比，就可以运用成熟的心理学理论，来促进组织学习现象的研究，为组织研究带来许多新的知识。

组织学习类比的观念逐渐为人们所接受。考察五十多年的研究历程可以发现，组织学习研究的理论基础，在20世纪60至80年代，主要是运用个体学习心理学理论，如刺激—反应理论、认知理论、社会学习理论等，来研究组织学习现象。进入90年代，人类学、政治学、经济学等学科才开始进入组织学习研究领域，出现了诸如“知识管理”等跨学科的管理理论。目前，在类比研究的基础上，组织学习研究领域的跨学科研究趋势正在不断深入。

心理学关于个体学习的比较标准的定义是，“个体经由经验引起的潜在行为发生相对持久变化的过程”。在现代学习理论中，“潜在行为”既包含认知结构、观念、情感等内隐的心理结构，也指外显的可观察的行为。这个定义是说，个体的心理结构和外显的行为发生了变化，并且当这些变化不是因药物酒精之类的物质引起的暂时变化，而是由经验引起的持久变化时，学习现象就在个体身上发生了。学习现象发生的基本标准就是借助经验条件，这个条件使得个体已有的认知结构或外显的行为发生持久的不可逆转的变化。显然个体学习定义包含了三个基本元素：学习主体（个体）、引发学习的条件（经验）及学习发生的标志（潜在行为的变化）。

而组织学习的概念实际上是从个体学习借鉴引申而来的。一般来说，组织学习具有三个主要的特点：第一，组织学习是依赖于共同的见解、知识和组织成员的心智模式而产生的；第二，组织学习建立在组织以往的知识和经历基础之上，并依赖于组织的结构、机制、文化、战略、价值等方面；第三，组织学习过程是一个学习价值链的传递过程。当组织成员个体通过对话和参与性学习，分享彼此的经验、价值观、信念和知识时，就产生了团队学习；而当多个个体和团队在组织中通过探索而传播知识的时候，就产生了组织学习。

至此可以看出，组织学习是组织的全体成员在组织运行中，通过各种途径和方式不断地从组织内部和外部获取知识，通过跨越组织的空间边界、层级结构的合作交流，在组织成员间共享知识，从而促进组织知识库的知识积累、提升组织学习能力、带来组织整体行为或绩效改善的持续学习过程。我们将组织学习的三个特点和个体学习的三个基本元素进行比较就可以看出组织学习类比个体学习的痕迹。个体学习的第一个元素学习主体在组织学习中替换成了组织成员群体；第二个元素是一样的，建立在经验、价值基础上；组织学习的第三个特点是说组织学习结果的发生，是组织知识的变化。组织知识的变化是一种组织系统的宏观相变特征，其机制是学习主体（组织成员群体）的个人知识之间相互作用，使组织知识自下而上地不断转换，并以“涌现”方式超越个人知识经验而变化的组织经验。需要说明的是，作为组织知识结构性变化的前奏，非结构性知识的变化（如个别员工的知识变化）也是存在的，并且是一种量的积累过程，这种积累不以组织知识（如规章、制度、组织结构、组织文化等）的方式表现出来，也不一定对组织行为有改进作用。我们在这里强调组织知识的结构化和被结构化是想突出组织学习与个人学习的不同本质，并不排斥作为组织学习的组成部分——个人学习的作用。组织学习的结果主要表现为组织绩效的提高、组织和个人知识的增长、组织学习机制的形成三个方面。这种变化既包括内隐规矩的变化也包括外显行为的改变，可以看出组织学习知识的传递、分享、创造与个体学习概念的第三个元素都强调学习结果的效果、发生行为的标志。因此说，组织学习是指以个体学习为基础的组织化学习活动就不难理解了。

虽然大多数关于组织学习的论述都是基于这种类推。但理解组织学习内涵时，不能简单地将组织学习与个人学习画等号。组织是由个体构成的，也只有人才能学习，因而个体学习是组织学习重要的前提和基础。但另一方面，组织不是个体的简单加总，组织学习也不是个体学习的简单累加。换言之，组织要进行学习，就需要组织中的成员个人进行学习，组织学习只能通过组织成员个人的行动来完成。但是，个人学习并不是组织学习的充分条件，个人学习的发生并不一定能产生组织学习。个人学习只有上升到组织的层面，在组织中传播并为其他组织成员共享，才能称其为组织学习。

第三节　组织学习过程

在认识组织学习的过程中，需要涉及多个领域的知识或知识体系，并且组织学习的实践过程也会关系到组织内外多种类型的人员，因此相对来说，组织学习过程也是比较复杂的。对组织学习过程的研究，主要是基于对组织学习过程要素的确定、各个要素之间的互动关系，以及各要素对组织学习的影响程度等方面。为了方便人们对组织学习过程的理解，研究人员在组织学习的真实过程基础上，抽象地将组织学习过程分为了几个阶段，并构造出相应的模型。

一、学习过程的五个阶段

根据吉雷(Gilley)和梅楚尼奇(Maycunich)的研究成果，组织的学习过程分为学习准备、信息交流、知识习得与实践、转换与整合、负责与认可等五个阶段①。

1. 学习准备阶段

组织任何行为的开展，都须要进行充分的准备，而组织学习的准备不仅是指组织在物质层面的准备，还须要对开展组织学习活动所要面对的情况进行批判性的反思。

做好组织学习的准备工作，须要关注四个方面的问题：1) 学习意愿。学习者个体有意愿并且有能力参与组织学习活动。开展组织学习的整个过程中，都必须想办法充分调动学习者的学习意愿。通过使用适用于学习者的技巧和方法，营造活跃而积极的团体和个人学习氛围，从而促进学习者积极地参与组织学习活动。学习意愿会随着学习过程中所发生的事件以及学习者的参与程度和得到的反馈而发生变化。为在学习过程中维持或增进学习者的学习意愿，组织者须要准备和应用能够激发学习意愿的组织学习方法，例如角色扮演、小组讨论、头脑风暴、绘画等。在组织学习过程中，须要关注学习者的情绪，并有效维持或增加学习者的学习意愿。2) 自主学习状态。自主学习是学习者能够掌握学习的目标和目的，并能够确保真实地学到相应的知识、技能和价值观。在这种学习状态下，学习者能够把知识进行广泛的关联，对学习内容加以分析和理解，并在头脑中重新建构成一个知识体系。自主学习是组织学习的一种理想状态，因为学习者会将学习活动看作是自己独立进行的和自我导向的过程，并能够明确判断组织的需求、订立学习计划、自我监督并实施学习活动。这里需要注意的是，自主学习并不是完全没有约束的自学。组织学习中的自主学习，其前提须建立在组织学习的框架之中，而自主学习的内容及目的要与组织保持高度的一致。同时，组织中的同事、管理者均是学习的资源及合作方。自主学习的最终目的是获得个人成长与组织绩效共同提升。3) 学习关联度。组织学习的领导者、推动者、实施者及参与者必须关注组织学习内容与组织战略的关联度，并以此为基础开展组织学习活动。只有与组织的发展紧密地结合起来，组织学习才能够真正地发挥作用，并产生积极的影响。相反，如果组织学习的内容脱离组织的战略和

① 参见吉雷、梅楚尼奇《组织学习、绩效与变革：战略人力资源开发导论》第127－147页，康青译，中国人民大学出版社，2005年。

组织面临的现状，那么对于组织而言，这种组织学习的存在很难产生有意义的影响；对于学习者个人而言，由于其学习活动不能促成组织的发展，也就意味着在绩效和价值实现上达不到预期的目标，容易使学习者对组织学习失去积极性。4）知识转化计划。组织学习准备阶段，须要参照学习迁移的相关理论来设计知识转化活动。知识转化活动，是将学习者通过组织学习获得的知识有效转为工作成果的过程。通过知识转化活动，学习者能看到自己的学习活动带来的个人绩效提升以及个人学习与组织间的紧密联系。制订这种知识转化计划，能够帮助学习者为学习和变革做好准备，并取得相应的绩效成果，实现个人目标和价值。

2．信息交流阶段

信息交流是在组织学习中，将须要传递的知识、技能和价值等信息内容与学习者进行交流的过程。信息交流过程为学习者提供了一个增长和改变个人知识结构、转变观念和认识、提升技能和改善行为的条件，并使其在某种程度上与组织的信息对称。

在信息交流阶段，须要关注五个相互联系的要素，分别是：1）学习环境。这里的学习环境除了物理的空间环境之外，更主要的是一种作用于学习者心理的氛围。学习环境须要有利于学习者进行思想和情感的交流，给学习者安全和舒适的感觉，促进学习者个人的成长与发展，促进学习者与他人开放地沟通。通过营造出共同分享、互相尊重、充满活力、富有激情的学习环境，也能够为组织学习的管理者传达他们的价值观，与学习者建立起良好的关系，并形成一种相互信任和共同发展的氛围。2）学习指导者。所谓的学习指导者是负责把组织学习内容的相关信息传递给学习者的个体，同时通过将专业知识和工作经历相结合，帮助学习者将新信息应用到工作中。学习指导者的这种知识和经验能够激励学习者，并唤起学习者学习、成长和发展的意愿。一般来说，学习指导者是培训师、导师、教练等相关人员。成功的学习指导者能够激发学习者的学习动力，高效率地传递组织学习内容，持久地维持学习者的学习兴趣，并辅助学习者提升个人工作能力及工作绩效。组织学习中的学习指导者应当是以学习促进者的身份帮助学习者实现学习效果的最大化。3）学习者。开展组织学习的过程中，学习者须要了解为什么要学习这些新的知识和掌握这些新的技能，须要认识到学习及其带来行为改变所具有的重要性。学习者须要控制他们的行动和能力，以提升个人绩效水平。组织学习也必须支持学习者的自我意识及其实现。学习者之间分享经验和经历能够促进他们个人所拥有的宝贵知识转变为团队知识或者组织知识。正是基于学习者的这些特征，信息交流过程必须要围绕着学习者这个中心而开展。4）沟通过程。沟通过程是指学习指导者利用各种传播媒介与学习者之间就组织学习内容进行交流的过程。通常意义上，沟通过程最常用到的媒介是语言，这里的语言主要指的是文字和符号。语言是介于学习指导者与学习者间的桥梁，也是分别由学习指导者和学习者经过思维加工而形成的。因而，在信息交流过程中，学习指导者须要关注语言是否完整地表达了学习内容，避免随意使用难以理解的语言表述问题；而学习者须要通过语言表达对学习内容的理解和掌握，实现个人知识体系的重构。5）指导过程。在充分了解学习者特征和知识能力水平的基础上，指导过程更多的是激发学习者的兴趣和意愿，鼓励他们分享和交流，鼓励学习者将学习应用于工作情境中。学习指导者在指导过程中须要遵循一些原则，如提出启发性问题来吸引学习者的注意力，与学习者打成一片并共同探究，不要将对某个问题的理解全盘托出，鼓励学习者就困惑和不理解提问，唤醒学习者的意识，调动学习者的积极性，提高学习者的参与度。开始每一次学习课程时都要激发学习者的兴趣和热情，激发学习者开动脑筋自己解决问题，提供与学习者生活、兴趣和经验有关的信息等。

3. 知识习得与实践阶段

当组织学习活动使学习者将信息转换成最终改变其行为的意识时，可以说这种知识习得便产生了。衡量知识习得与否，最重要的指标应该就是个体是否将学习内容转换成自己的行动，并持久地改善行动和提升个人绩效。

知识习得和实践阶段须要考虑三个要素：1）启发。从本质上来说，启发是学习者将学习过程所设计的知识内化，并以某种形式或方式去应用知识。学习指导者必须要帮助学习者明确将要完成的工作，并要求学习者表述出所理解的内容，这样就使得学习者得到了启发。为了帮助学习者受到启发，学习指导者可以采用多种方式来实现这一目的，例如虚怀若谷地与学习者进行交流，鼓励学习者发表自己的观点，帮助学习者承担起自身学习和发展的责任，引导学习者对自己进行反思，通过提问促使学习者更加深入地思考问题，为学习者的学习提供及时的帮助等。2）重复。社会生活中常见的运动健将并不是天生就掌握这些技能，而是通过后天不断练习、不断重复的结果。重复是使学习者获得知识和技能的重要方法，是学习者在经历过一段时间的不断实践之后掌握知识和技能的方法。促使学习者进行重复的环境有两种类型：一种是学习者将所学不断地应用到工作的实践中，不断地经历成功或是失败；另一种是通过模拟或案例来为学习者提供重复的机会。无论哪一种促进重复的环境，都须要为学习者提供必要的支持和鼓励。3）回顾。这里所说的回顾，是指运用以前的知识开展活动并进行批判性反思的过程。有效的回顾能够促进学习者进行重新思考和再次使用最近获得的知识，增强学习者的理解力和学习效果，并且能够帮助他们将知识应用在实际场景中，从而获得新的知识。组织应当提供这样回顾的机会，促进学习者对知识进行回顾，同时也须要对学习者的回顾活动进行反馈。

4. 转换与整合阶段

知识的转换与整合是组织学习过程中最为关键的一环，组织学习的内容假如不能转换、整合到学习者日常的工作生活中，那么这样的组织学习很难说是成功的。知识的转换与整合，决定了个人学习与组织学习的边界。简单地讲，只有学习表现为工作绩效时，个人学习行为才能成为有效的组织学习。知识的转换与整合不只是学习者个人的任务，组织学习指导者及管理者也应当积极地参与其中，承担起职责。

转换与整合阶段须要考虑三个要素：1）应用。对于一个人而言，大多数的学习是发生在实践过程中的，因此在组织学习活动之后，加强学习内容的应用，会使学习者达到最为理想的学习效果。要让学习者积极地参与应用活动，鼓励他们及时应用新知识和技能，并尝试改变行为方式。虽然在强调这种应用的时候，可能会带来个体绩效降低的风险，但是这正是实现学习转换与整合不容错过的时机。这其实是在要求相关人员关注长期的绩效提升和长远的组织发展，而不是短期的尽善尽美。应用过程要给予学习者实践和改善的机会，更要给予学习者积极应用的认可和鼓励。2）强化与反馈。学习者通常会重复那些得到积极强化和反馈的活动，这样也会增强学习的效果。简单的强化与反馈可以通过对取得成绩的祝贺、表示赞许的肢体语言、在会议上进行表扬和鼓励等方式，定期地对学习带来的绩效变化进行反馈，这能够促进学习者在工作中应用所学的知识和技能。在向学习者提供强化和反馈时，须要遵循下列原则：学习者能够具体地认识到正确和错误所在；学习者要在真实的环境下接受反馈，并在完成任务后能得到及时的反馈；给予频繁但随机的反馈来提升学习者的绩效；针对不同的学习者给予具有个性化的强化与反馈。3）反思。作为学习过程中的关键步骤，反思能够帮助学习者促进新知识、新技能、新行为的转换与整合。反思能够强化学习者的洞察力，确保其吸取成功或失败的经验，通过学习促进个人发展和绩效提升，并且能够使学习者保持开放的心态。在重要的事件或危机发生后、完成重大的项目或任务时、每个时间段的工作任务完成时，学习者所进行的定期反思都会鼓励他自己去思考可能会用到新知识或新技能的机会，促进学习者学习的转换。反思有助于学习者从错误中学习并剖析自己的思维和感受，从而克服自身或职业所带来的障碍，促进在未来工作和生活中的学习与改变。

5. 评价与认可阶段

组织内的每一个人都必须对自己的学习肩负责任,同时个人的努力也须要得到组织的承认与认可。在组织学习的过程中,组织学习指导者与学习者之间应该建立起合作关系,共同促进学习者及组织的发展,提升未来的绩效水平。

评价与认可阶段须要考虑两个要素:1)期望与检查。在学习活动开始之前,学习指导者与学习者应当共同建立一个可以实现的学习目标,包括绩效产出的数量、质量,并尽可能细化目标。学习目标的建立须要与学习者充分商讨,共同制定,这样才能增强学习者与学习的关联性。在订立目标之初,就应当明确对学习目标的评估方法与评估时间,使学习者承担起学习的责任。在组织学习实施过程中,须要根据预定的标准和计划,对学习者的学习情况及效果进行检查。2)认可与奖励。学习指导者必须对学习的过程给予充分的关注和及时的反馈,对那些学习努力或绩效提升较快的学习者给予奖励,并表示认可。适当的认可和奖励有利于鼓励学习者通过学习不断地成长和发展,同时也会成为学习者成长过程中的一个重要组成部分。可以采用一些仪式化的活动,比如开学庆典、毕业仪式、荣誉授予等,以表示对学习者学习过程的认可,并对学习者进行奖励。

总之,没有经历一定过程的组织学习,就无法真正实现组织知识的创新。这种知识既包括组织外在的结构、制度等,也包括组织的文化、组织成员的态度与技能等,还包括组织与组织、组织与成员、成员与成员之间的关系等非物质、软性的资源,而且后者更为重要。

二、组织学习过程应用模型

如果将组织学习过程五个阶段中的信息交流、知识习得与实践、转换与整合作为应用于组织学习的三个维度,就可以构建出一个组织学习过程的应用模型(见图8-1)。这个模型描述了信息交流阶段(纵向部分即y轴)、知识习得与实践阶段(斜向部分即z轴)、转换和整合阶段(横向部分即x轴),并用数值1～9来表示程度。纵向数值表示信息交流阶段的重视程度,体现了信息交流程度与组织学习类型的关系;斜向数值描述了知识习得和转换阶段在组织学习过程中的运用程度,也就是学习者在学习过程中自身变化的程度;横向部分表明了学习结果转换和整合的数量和程度,揭示了学习者和组织作为一个整体的绩效改变和变革的程度。

根据组织学习过程中信息交流、知识习得与实践、转换与整合这三个维度的划分,可以将组织中所发生的学习活动描述为八种不同的类型。

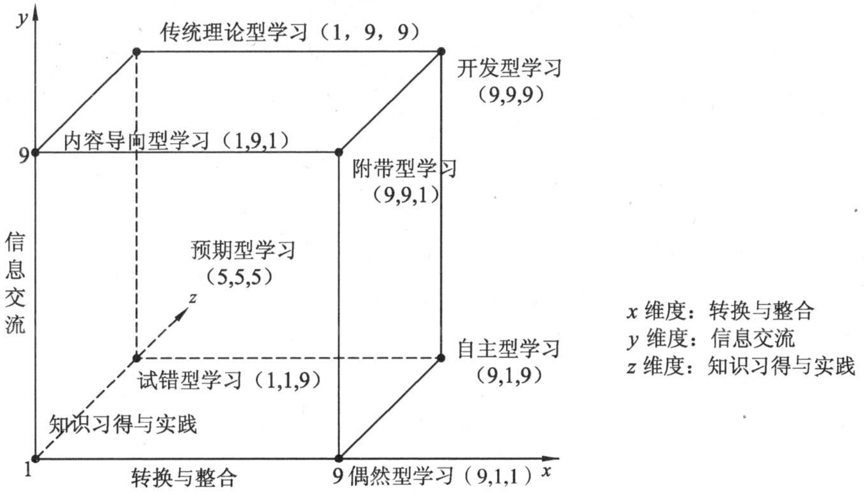

图 8-1　学习和变革立方体①

1．试错型学习（Trail and Error Learning，1，1，9）

学习作为一种偶发事件，学习者独立地对所需要的知识和技能在实践中进行探索，组织很少或者不提供有关学习方面的责任和指导，或是不提供任何形式的反馈或强化。学习者掌握与组织发展和工作职责相关的必要性知识和拓展性知识都非常的随机，并具有"运气"的成分。

2．内容导向型学习（Content-Centered Learning，1，9，1）

将专家或讲师作为信息的主要传播者，强调学习内容，很少或基本不会关注学习的转换、实践或整合。组织学习活动所关注的焦点大部分都集中在学习内容方面，因此学习者对所学内容的掌握程度、因学习所带来的自身变化、在工作实践中对所学内容的应用等，都不在组织的视线之内。

3．传统理论型学习（Traditional Theoretical Learning，1，9，9）

学习者参与正规的培训活动用以提升其绩效水平，但是大多数的组织却没有充分认识到在工作中转换与整合学习的重要性，或者没有为实现这种学习的转换与整合提供足够的支持。这种形式代表了大多数的培训与开发活动，其中学习转换没有得到具体的执行。

---

① 吉雷、梅楚尼奇《组织学习、绩效与变革：战略人力资源开发导论》第 148 页，康青译，中国人民大学出版社，2005 年。

4. 预期型学习(Anticipatory Learning,5,5,5)

在组织学习开发时,将信息交流、知识习得与实践、转换与整合作为同等重要并且相互联系的过程。但是在实际的开发和实践过程中,没有特别重视或者是没有真正地执行这三方面的要求,因此没有最大限度地发挥这种学习的潜力。

5. 偶然型学习(Accidental Learning,9,1,1)

在信息的分享和交流、学习者获取知识及实践得不到有效支持的时候,学习者将他们偶然学到的知识和技能应用到组织的实际工作中。这种情况下,组织的绩效提升和变革主要依赖于组织成员个体的自我觉悟和学习,缺少用以支撑整个组织的系统化的知识、技能和价值体系。

6. 自主型学习(Self-directed Learning,9,1,9)

学习者个体承担起获取知识和实践以及转换和整合的责任,这种学习也被称为非正式学习,是组织中特别重要的一种学习类型。学习者独立获取知识并应用于实践之中,缺少组织层面的保障,因而表现出很强的随机性和对学习者个体的依赖性。自主型学习与偶然型学习相比,学习者的知识习得和实践是一种有意识的行为。

7. 附带型学习(Incidental Learning,9,9,1)

作为另一项活动的副产品而发生的学习,也就是说,学习是在没有设计的“无意”状态下进行的。在工作环境下的各种事件、经历中,包括所经历的失败和成功,学习者的学习被内化和强化。而学习的转换和整合,也是在这种无意识的情况下发生的。

8. 开发型学习(Developmental Learning,9,9,9)

在一个较高的层面重视信息交流、知识习得与实践、转换与整合这三个阶段,并将这三个阶段作为一个相互联系的整体去执行和落实。开发型学习描述并阐明了学习准备、责任及认可的重要性。通过结合传统理论学习和自主型学习,使学习者个体和组织取得了最大的学习效果,并且使组织中的管理者、领导者与员工建立起学习伙伴关系。

第四节 组织学习方法

一、相关的学习理论

组织学习是具有成人特征学习者的自我改变过程,因此在选择和使用学习方法的时候,须要充分地考虑到学习者的特征和学习风格,以及学习者的变化过程。关于学习的诸多理论，支撑了对组织学习方法的思考和应用。下面简要介绍与学习者密切相关的学习理论，包括学习者的学习特征、学习风格和学习迁移三个方面内容。

1. 学习特征

组织学习中的学习者几乎是成人，在学习过程中就会相应表现出成人学习特征。成人学习是一个比较成熟的研究领域，许多学者从成人与儿童两者学习的差异出发，对成人学习特征进行研究。对成人学习特征的了解，有助于根据这些特征来选择和运用组织学习方法，从而达到相应的组织学习效果。

与儿童相比，成人学习者具有更为丰富的人生经历和体验，并具有相对成熟的价值体系、思维模式和行为方式。因此，在学习方面就会表现出成人学习特征。根据对成人学习的相关研究，成人学习特征主要表现在以下八个方面：1）有意愿才能学。学习者强烈的学习意愿是学习的最好动力，而在强迫的条件下，学习者的投入程度和抵触心理都会给学习效果带来不利的影响。因此，组织学习方法必须能够提升学习者的兴趣和动力，增强学习者的学习意愿。2）学习目的性强。如果是迫切需要的，他们会乐意去学习，这是其学习的主要动力之一。尤其是与现实联系密切的知识和技能更能引起成人学习者的注意，即学即用，能立即解决其实际工作中遇到的难题，有效性体现较快。成人学习者喜欢看到自己的工作成果，需要教师不断对自己学习的进步进行检测，提供反馈。3）善于运用过去的经验。成人学习者喜欢用新的知识与旧的经验作比较。随着年龄的增长，成人学习者对新生事物、新观念的接受态度就越谨慎，这时抵抗学习的可能性就越大。同时，成人学习者所具有的这些经验有时是非常宝贵的，可能为其他学习者提供更多的启发。4）倾向于在做中学（Learning by Doing）。成人学习更倾向于在工作的实际环境中去学习，脱离实际环境的课堂并不是大多数人所喜欢的。在做中学的另外一个含义是，通过活动或是工具来进行学习。5）更在乎非物理的支持性环境。成人学习者需要在一个安全的、被接纳的、具有支持力的环境中学习。他们过去所获得的经验需要被认可，并能够在学习过程中得以充分利用。成人学习者喜欢受到尊重和别人重视，比儿童的自尊心更强，在众人面前更喜欢听到积极和肯定的评价。如果在轻松、愉快和友爱的环境下学习，成人学习者开放的程度会更高，更易于接受新的观点，学习效果也会更好。6）多种学习手段结合。在学习过程中，成人学习者更喜欢多途径的信息传递方式，使感官得到多样化的刺激。这样能够使学习者对所学习的知识有更为全面的了解，也会加深印象。在组织学习中，综合运用案例、经历、游戏、录像、图片、演练等会使学习者得到更好的学习效果。7）较难调整的认知结构。成人学习者的认知结构主要来自于他们过去的经验和他们自己对获得经验的总结。成人学习者的学习效果依赖于他们对问题的理解和分析，而这种理解和分析又依赖于他们自己的生活经历、工作经历和已有的知识水平等构成的认知结构。8）成员间异质性较大。成人学习者个体之间的学习习惯和学习方式具有较大的差异。异质性所带来的影响会涉及学习进度、认可程度、满意度等方面，因此也很难期待参加组织学习的所有学习者都达到某一学习状态，或达成同一种共识。异质性的好处是能够带来多种观念的碰撞，形成一种多元化的局面，有利于思维的创新。认识到这种异质性的存在，就需要学习者能够倾听不同的声音。

针对上述成人学习的特征，在开展组织学习活动时，要想达到比较好的效果，就应当注意以下原则①：1）学习项目应该涉及学习者当前生活或工作中所面临的问题。2）让学习者知道能从学习中获益，包括个人成长、改善生活条件、未来职业提升等。3）学习动力须要得到不断的加强。学习前期和学习过程中，须要激励学习者提升其参与的动力。4）有效地评估学习者现有的知识及经验水平，并根据评估结果采取相应的对策。5）学习中的案例及相关训练应当来自现实之中，与参与者的经历、背景具有高度的相关性。6）学习过程中，应该给予学习者足够的反馈。这些反馈不仅仅是学习内容方面的，还应该包括工作和生活，以及精神层面的。7）学习项目设计应当考虑成人不同的学习风格。项目组织者应当了解参与者的不同学习风格，并且将其作为一个重要的因素纳入到项目设计中。8）学习项目设计中，应当包含学习成果转化的内容。鼓励或者提供机会，使参与者将学习应用于工作之中。9）构造安全、舒适的学习环境。这里须要指出，安全和舒适不仅是指物理层面的学习环境，更重要的是指心理层面的学习氛围。10）注重学习的参与性，采取学习促进措施。多鼓励群体互动、合作以及自我指导型学习，营造参与者主动学习的氛围，比单纯的讲座更加有效。

2. 学习风格

学习风格是学习者持续一贯的带有个性特征的学习方式，是学习策略和学习倾向的综合。但并非所有的学习方式都属于学习风格，只有那些持续一贯表现出来的、带有个性特征的、不随着学习情境和学习内容而变化的、相对稳定的学习方式，才能称为学习风格。在对学习风格的众多研究中，戴维·科尔伯(Da-

---

① 吉雷、梅楚尼奇《组织学习、绩效与变革：战略人力资源开发导论》第136－138页，康青译，中国人民大学出版社，2005年。

vid Kolb）的学习风格理论①和米哈伊·奇凯岑特米哈伊（Mihaly Csikszentmihalyi）的人格学习风格理论②是最有代表性的。

科尔伯是著名的经验性学习领域的专家。他认为，并不是所有人的学习过程都一样，由于学习过程本身的复杂性，应该允许出现个别差异和个人偏好。一种学习风格能够表明学习过程中学习者个人所做的选择如何影响其选择信息，也能够表明这种影响是如何发生的。一个人的学习风格基于他偏爱的经验性学习阶段，而学习阶段指的是学习过程之中，学习者个人对信息收集与处理的定位。经验性学习由经验、反思、思考和行动构成了一个学习环。在理想的情况下，经验性学习的过程可以表述为，直接和具体的经验引发了学习者的观察和反思，这些反思被理解或迁移而形成了抽象概念，而这些概念能够应用在行动中，并被学习者主动检验和验证，从而又产生了新的经验，即四个阶段：具体经验、反思观察、抽象概念化、主动实验。科尔伯根据这四个经验性学习阶段，将其组成一个二维矩阵，则会对应如下四种学习风格：1）发散型（Diverging，CE/RO）。具体经验和反思性观察（感知和观察）的结合，强调想象、价值观和发现不同的行为途径的能力。2）同化型（Assimilating，AC/RO）。抽象概念化和反思性观察（思考和观察）的结合，强调归纳推理，把不同的观察结果综合成一种解释和理论模式的创造。3）聚合型（Converging，AC/AE）。抽象概念化和主动实验（思考和行动）的结合，注重问题的解决、方案的确定和观点的实际运用。4）适应型（Accomodating，CE/AE）。具体经验和主动实验（感知和行动）的结合，这种风格通常通过成就实施计划和投身新的经历来表现。配合学习风格理论，科尔伯制作了学习风格量表（Learning Styles Instrument）的自陈式调查问卷，可用于检测组织中学习者不同的学习风格，也能帮助组织中的人力资源开发专家、管理者、雇员用以确定和鉴别不同学习者的学习风格，并针对不同的学习风格选择和实施组织学习方法。

积极心理学家奇凯岑特米哈伊曾请一些人简单描述使他们感到最快乐的活动，最后发现当人们非常投入地谈到自己正在做的事情时，没有任何事情可以打扰他们。经过长期研究，奇凯岑特米哈伊提出，人类最快乐的状态是专注地融入某件自己喜欢做的事情，并全力以赴和尽情发挥，从而完全忘记其他所有不相关事情的存在，内心会感到自然、轻松，这种体验被称为“心流”（flow）。根据这种心理学的观点，学习的过程也应当产生学习者的心流体验，而学习者应该以人格

---

① Diagram of Kolb's learning styles. http://www.busineseballs.com/kolblearningstyles.

② 凯斯《不同的人格，不同的教学》第23－56页，王文秀译，中国轻工业出版社，2009年。

类型为依据进行差异化的学习。与科尔伯学习风格不同,奇凯岑特米哈伊认为不同的学习风格是基于学习者不同的性格特征,分别是:外倾型与内倾型、直觉型与感觉型(见表8-1)。内倾型与外倾型的区别主要涉及学习动力问题。外倾型的人,更容易从行动、与他人的互动和外界获取能量;内倾型的人,更容易从反思、独处和内心世界获取能量。需要注意的是,这两种倾向与社交能力无关,与是否害羞无关,与是否善于反思无关,这是一种天生的倾向。感觉型与直觉型则主要涉及的是从何处收集信息的问题。感觉型首先关注"是什么",关注通过五官收集的信息;直觉型首先关注"可能是什么",关注预感、联系或者想象。感觉型与直觉型描述的是一个人收集信息时倾向于从何处开始,感觉型的人从事实出发,界定事实;而直觉型的人从他们的预感、个人理解来收集信息。

表8-1　四种类型的人格

外倾型的人更倾向于:	内倾型的人更倾向于:
○ 把事情说出来 ○ 变化和行动 ○ 从讨论中获得对事物的看法 ○ 关注外部世界 ○ 先行动后思考	○ 自己思考问题,得出结论 ○ 全神贯注、自我反思 ○ 有了自己的想法后才告诉他人 ○ 关注内心世界 ○ 先思考后行动
感觉型的人更倾向于:	直觉型的人更倾向于:
○ 准确性 ○ 以经验为导向 ○ 关注现实 ○ 采用证实有效的方法	○ 领悟 ○ 以想象为导向 ○ 全心投入 ○ 关注可能性 ○ 采用有创造性的方法和观念

上述两个维度、四种类型的人格互相交叉匹配,可以产生出四种学习风格,具体为内倾感觉型、内倾直觉型、外倾感觉型、外倾直觉型,而这四种类型的学习风格表现出不同的特征(见表8-2)。在组织学习活动中,针对这四种学习风格,须要采取不同学习活动来激发学习者的学习热情(见表8-3)。

表 8-2　四种类型的学习风格

内倾感觉型	内倾直觉型
让我知道要做什么 ○ 确定明确的期望和目标 ○ 举例子给我看 ○ 规定写作步骤 ○ 回答我的问题 ○ 给我思考的时间 ○ 让我学习并记忆事实性的知识 ○ 不要有太多的意外 ○ 建立在我知道的内容基础上 ○ 如果我做对了,请告诉我 ○ 将学习内容和之前所学的知识和经验联系起来	让我自己决定要做什么 ○ 让我钻研我感兴趣的事务 ○ 不要给我布置背诵和程序性作业 ○ 让我自己探索应该怎么做 ○ 给我几个选择 ○ 听听我的想法 ○ 让我独立学习 ○ 让我从想象开始学习 ○ 帮我把想象的事情变成现实 ○ 不要束缚我的创造性和好奇心 ○ 给我提供些参考资料,让我自己构建自己的知识基础
外倾感觉型	**外倾直觉型**
让我做些事情 ○ 从实践活动开始 ○ 帮我制定步骤 ○ 建立在我已有的知识基础上 ○ 告诉我学习那些内容的原因 ○ 给我机会说话、活动并进行小组合作 ○ 给我举例子 ○ 期望要明确 ○ 不要太强调理论 ○ 让我可以立刻练习	让我做学习的主导者 ○ 从宏观开始,而非细节 ○ 让我可以无拘无束地自由想象 ○ 让我找个新的解决方法 ○ 让我去尝试 ○ 给我几个选择 ○ 做事情不要一成不变 ○ 让我把所学的知识教给其他人 ○ 让我负责一些事情 ○ 让我在小组中学习或发言 ○ 让我提出自己的观点

表 8-3　四种学习风格的激发策略

内倾感觉型	内倾直觉型
激发活动： ○ 实验 ○ 演示示范 ○ 阅读和思考 ○ 时间限制 ○ 实际操作 ○ 循序渐进地学习 ○ 计算机辅助学习 ○ 面对面教学 ○ 明确的书面作业 激发性言辞： 阅读、确定、列出、分类、命名、注意、观察、运用、分析、用图表表示、操作、准备、做、组织、完成、回答、倾听	激发活动： ○ 阅读 ○ 研究 ○ 有想象空间或开放性的书面作业 ○ 由学习者自定进度的辅导 ○ 需要动脑筋的难题 ○ 独立完成 ○ 独立完成的项目 激发性言辞： 阅读、思考、判断、设计、评价、推测、梦想、想象、解释、想办法、创造、描述、举例说明、写下、反思、考虑联系、对照、组成
外倾感觉型	**外倾直觉型**
激发活动： ○ 看录像 ○ 小组合作项目 ○ 辩论 ○ 游戏 ○ 幽默故事 ○ 歌曲 ○ 运动 ○ 课堂汇报 ○ 实践操作 激发性言辞： 加强、表现、收集、区分、发现、制作、执行、证明、断定、触摸、设计、建议、解决、选择、绘制、分析、探索、讨论	激发活动： ○ 习题解答 ○ 即兴创作、戏剧、角色扮演 ○ 讨论与争辩 ○ 实验 ○ 小组项目 ○ 概念性作业 ○ 实地考察旅行 ○ 自学 ○ 开发模型 激发性言辞： 创作、发现、扮演、设计、开发、讨论、合作、发现新的、形成、想象、评价、结合、习题解答、实验、发明、推测

3. 学习迁移

学习是一个连续的过程，成人的学习是以已有知识与经验为基础的，因而，在学习过程中两者会呈现出相互交织的关系，即原有知识结构、经验、技能与态度与新知识两者之间的复杂关系。学习理论将新旧学习的互相影响称为学习迁移。原有的知识结构等影响着学习者对新知识的理解、吸收程度；而新知识的习得过程，会对已有的认知起到拓展、扩充或者重构的作用。

按照迁移的效果来划分，学习迁移可分为正迁移、负迁移，一般情况下所说的迁移均指正迁移。“正迁移”是指一种经验的获得对另一种学习起到了促进作用，例如：学习者学了数的运算，便可能促进其对代数式运算的理解；学习者学习了方程的知识，将有助于其学习不等式等。“负迁移”是指一种经验的获得对另一种学习起干扰或阻挠作用。按迁移的方向可分为“垂直迁移”和“水平迁移”。“垂直迁移”也叫“纵向迁移”，主要是指处于不同认知高度的各种学习之间的相互影响。从学习内容的逻辑关系来说，有的学习内容的抽象化和概括性较高，它形成的认知结构是一种“上位结构”，而抽象性和概括性较低的内容在认知结构上处于“下位结构”。“水平迁移”也叫“横向迁移”，它是指处于同一层次认知结构的学习之间的相互影响，学习内容间的逻辑关系是并列的。

组织学习的目的是使学习者掌握、运用所学的内容，实现知识的内化和转化。而学习迁移是能力、态度、技能形成的最为重要的阶段，是习得经验得以概括化、系统化的有效途径。在组织学习理论与实践领域，需要更好地理解与利用“学习迁移”这一理论，从而使得组织学习最大化，使得学习成果更好地转化为组织能力和组织效益。组织学习作为一种学习活动，同样适用于学习迁移理论。基于这种考虑，一些学者提出了多种基于学习迁移的培训转化理论。和个人的学习迁移类似，培训转化也具有多种类型。按照效果，可划分为积极转化、零转化与消极转化。积极转化是指学习者将所学知识有效地应用于工作之中，工作绩效发生改变；零转化是指工作绩效并没有因为参加学习活动而获得提升；消极转化是指工作绩效因为参加学习而变差①。下面将介绍福克森（M. Foxon）培训迁移模型（见图 8-2）和鲍德温（T. Baldwin）与福特（K. Ford）培训迁移模型（见图 8-3），用以理解组织学习成果的转化。

福克森培训迁移模型的假设认为，个体的行为是由作用在他身上的驱动力所引起的，这些驱动力包括正向的与反向的。正向驱动力促使工作行为发生变化，反向驱动力会阻碍变化使得个体维持原状。阻碍个体发生变化的主要因素有较差的组织氛围、缺乏实践机会、个体转化动机不足、没有上级支持；促使个体学习成果转化的因素有：较好的组织氛围、学习内容与工作相关、实践新技能、知识内化能力、充足的外部支持。

福克森认为，学习者从开始到实现理想的培训迁移，共要经历三个阶段：第一阶段是迁移启动阶段，在本阶段中，学习者首先要具备意愿，同时开始进行培训迁移的行为。第二阶段称为可接受的迁移，即学习者对已学习的内容进行迁

① 沃纳、德西蒙《人力资源开发》（第 4 版）第 64 页，徐芳、董恬斐等译，中国人民大学出版社，2009 年。

移,并有意识地维持迁移。这一阶段,学习者须要从主观意识上保持迁移,防止退步。第三阶段则进入理想的迁移,通过长时期的有意识的迁移,最终使迁移成为学习者个人的无意识行为。

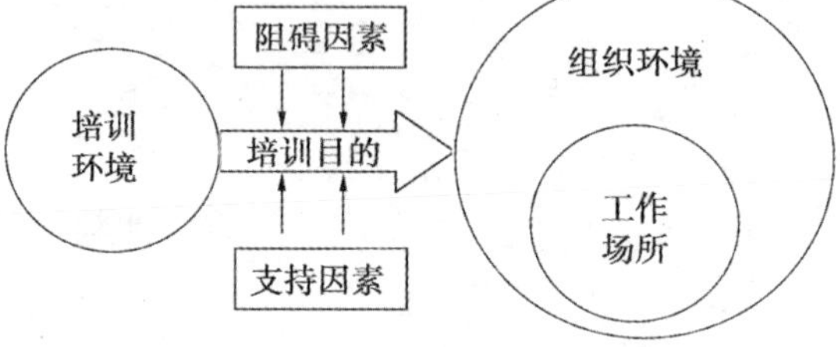

图 8-2 福克森培训成果转化模型①

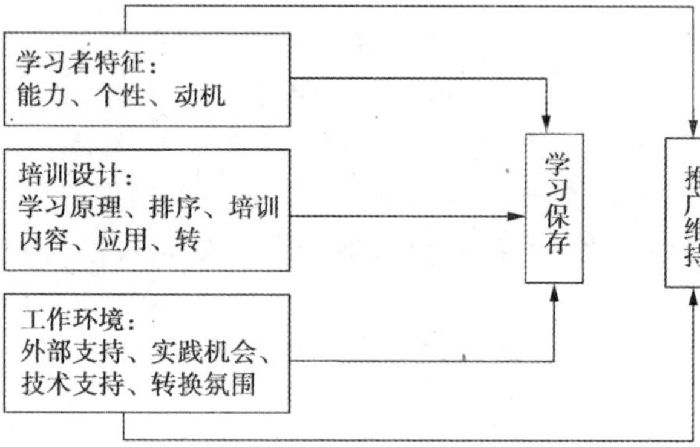

图 8-3 鲍德温与福特培训迁移模型

在鲍德温与福特培训迁移模型②中,培训输入(包括学习者特征、培训设计和工作环境)会影响培训效果的保存和转移,其中学习者特征和工作环境将直接影响迁移效果。培训转化是指学习者在遇到与学习环境类似但又不完全一致的问题和情况时,将所学技能(语言知识、动作技能等)应用于工作的能力。维持是指长时间持续应用新获得能力的过程。

总之,无论个人学习或是组织学习,根本目的就是为了产生"迁移"。组织学习的倡导者乐于看到学习者将学到的知识、技能、态度应用于工作之中,为组

① 陈胜军《培训与开发》第 56 页,中国市场出版社,2010 年。

② T. Baldwin and K. Ford. Transfer of Training: A Review and Direction for Future Research, Personnel Psychology 41(1998).

织创新和改进做出贡献。一般而言，影响学习迁移主要有两个因素：第一，学习任务情景与迁移情景之间是否具有共同要素，这里所谓共同要素是指相似程度，两种学习情景的共同要素越多，那么迁移的可能性就越大。从这一点来看，目前在组织学习领域提出的"工作场所学习"（Workplace Learning）之所以越来越受到关注，原因之一就是在工作中学习使学习情景与迁移情景间的共同要素增多，极大地促进学习者的迁移。第二，学习者原有的经验深度和概括程度。总的来讲，学习者对知识经验理解得越深刻、加工得越深入、概括水平越高，所适用的范围就越大，迁移的可能性就越大。因此，组织学习中，在设计学习项目时，须要关注以上两点，创设有利于学习者发生迁移的学习情景，并注意学习者对学习内容的理解程度。做好这两方面工作，促进学习者由"学习"到"行动"，最终达成"学以致用"，为组织创造更多价值。

二、组织学习的常用方法

在组织学习的实践中，多种多样的学习形式和方法被广泛应用到学习者的学习活动中。摩根·麦考尔（Morgan McCall）与罗伯特·艾兴格（Robert W. Eichinger）经过研究提出"70/20/10 学习与发展法则"①，意即在组织学习中，70%学习发生在日常工作与生活之中；20%学习与发展是通过观察模范员工，与优秀员工共同合作而来；10%能力培养来自于常规的培训、研讨会等。这个观念已经得到了众多组织机构的认同，并作为组织成员发展的重要准则。事实上，组织学习的范畴并不是局限在能够被人们意识到的那些学习活动之中，而是作用于更为广泛的工作和生活空间。下面所介绍的组织学习方法，是与正式的组织学习活动相关的，而不涉及非正式的学习活动。这些常用的方法包括：课堂教学法、行动学习、教练法、工作轮换、学徒制等。

1. 课堂教学法

在所有的组织学习方法中，课堂教学法是最传统和最经典的方法，也是在正式的组织学习活动中使用最多的方法。课堂教学法并不是一种学习方法，而是由多种学习方法所组成的一类学习方法。作为在课堂环境中能够使用的学习方法，课堂教学法包括讲授、小组讨论、案例分析、头脑风暴、艺术活动、角色扮演等。

---

① "70/20/10 模型"最早由摩根·麦考尔、罗伯特·艾兴格在创新领导力中心（the Center for Creative Leadership）提出，并在麦克·兰巴顿与罗伯特·艾兴格合写的《The Career Architect Development Planner(3rd edition)》中再次提出。

（1）讲授

讲授是讲授者通过口头语言，向学习者传递学习内容相关信息的方法。这种方法由讲授者事先准备学习内容，然后在学习过程中主要依赖于讲授者的个人演讲。长期以来，讲授法盛行不衰，主要是因为其具有以下几方面特点：传递信息的效率较高，由一个人在短时间内向多人同时传递信息；讲授者具有控制学习现场的主动权，因而学习过程相对容易控制；讲授者在课程内容的选择、组织和传播方式的选择过程中，有较大的权利；讲授者对于学习进度和话题范围的掌控具有很大的主动权。但同时在组织学习过程中，讲授法可能会显露下面的一些弊端：讲授的过程是讲授者个人的独白，难以满足不同学习风格学习者的需求和兴趣；由于交流、质询的机会较少，争论与讨论较少发生，很难培养学习者的批判性思维；学习者缺乏直接实践的机会，不能得到及时的反馈，学习动机难以得到不断的强化。虽然可能会出现这些弊端，但是讲授法依然被广泛地应用，并且特别适用于一些特定的学习情境，如介绍新知识、新技能，解释学习者困惑、问题，学习项目引入及学习情况总结，系统地向学习者表达思想等。另外，在讲授的同时也可以混入一些其他学习方法，达到比较好的效果。

尽管讲授法是非常普遍的一种组织学习方式，但是为了充分发挥讲授法的功用，增强学习者的学习效果，在使用讲授法时也要注意以下六个方面：一是讲授时间控制在二十分钟内；二是每次讲授内容需要控制在3～5个要点以内；三是考虑到内容难易和重要程度的有机组合；四是不断强化讲授的要点，及时地进行总结或学习者自我总结，以帮助学习者记住和理解学习内容；五是告知学习者，学习内容有多重解读方式，鼓励自我反思及自我探究式学习；六是穿插与内容相关的活动或娱乐，吸引学习者注意力，同时强化学习者对学习内容的理解。

（2）小组讨论

在组织学习活动中，将学习者分为若干个小组，就相关主题或问题进行讨论，这就是小组讨论。这是一种化整为零的学习方式，可以促进学习者之间的交流与探讨，具有协作学习的特征。通常情况下，学习组织者依据学习时间及内容的复杂程度来确定小组的规模和形式。有些时候，每组确定为4～6人，用以确保每个小组每个人都能充分地参与到讨论中；在学习时间比较长的情况下，每组可以达到十人左右。

小组讨论是一种较为常见的学习方法，它可以增加学习者在学习过程中的参与程度，使每个学习者都有机会提出自己的观点，从而加深对学习内容的理解。在小组中，与他人充分地互动和交流，能够在对话中获得新知识，提高学习者合作能力。同时，也能增进学习者之间的个人感情。通过交流讨论和互相熟识，参与者不仅仅关注于自身的发展，同样也会关注小组其他成员的成长。另外，学习活动中的小组讨论能给予组织者放慢思考的时间，组织者可以利用这段时间，回顾和反思学习活动开展的状况，并及时调整接下来的学习活动。在小组讨论过程中，须要营造一种包容和平等的交流氛围，并对小组成员的学习进展和心态给予足够的关注。

一般来说，组织小组讨论大致可以分为以下五个步骤：第一步是人员分组（分组有两种形式，人为分组和随机分组，人为分组又可分为同质分组、异质分组）；第二步是熟悉和了解（通过开展活动使小组内的成员互相熟悉和了解，建立起交流和讨论的基础）；第三步是角色分工（根据讨论任务的情况，小组须要有人员上的分工来完成讨论过程领导与执行、记录和汇报等方面的工作）；第四步是领导与执行（小组讨论的组织者，应当时刻检测各小组动向及进度）；第五步是总结与分享（在小组讨论结束后，要求各小组将讨论结果的要点与其他小组进行分享，或是以书面的形式记录下来。在每个小组汇报后，可以根据内容由讲师或其他学习者进行相应的点评）。

（3）案例分析

案例分析是对一个已经发生、正在发生或将来可能发生的事件或情境进行呈现、描述和分析的方法。案例分析法将真实的或模拟的情景加以典型化处理，形成讨论、分析的材料和依据，使学习者通过研究、讨论和交流，提升个人和团队分析问题和解决问题的能力。组织学习中选择案例时，应当考虑到与学习者和学习内容都具有的相关性。根据不同的角度，可应用于分析的案例具有多种类型，按照时间顺序可分为：已经结束的案例、正在发生的案例和未来可能发生的案例；按照学习者的参与程度可分为：自然主义的案例、参与的案例和设计的案例①。

由于课堂教学中挑选的案例多与学习内容紧密结合，又能结合学习者的经验，因而案例分析能使学习者进入真实且具体的情境中，有利于学习者学会在复杂、真实的场景下综合运用所学知识分析问题，并探寻解决问题的方案。通常情况下，案例分析的学习者参与度和开放度较高，并且焦点比较集中，每个学习者都有机会发表自己的观点。因为所有的学习者共同聚焦于同一个问题或主题，使得相互之间的交流具体而有针对性，并能够加深对学习要点的理解及应用。

运用案例分析的方法开展学习活动时，学习者可能面对的是规模比较庞大、

---

① Robert K. Yin. Case Study Research：Design and Methods，Third Edition，Applied Social Research Methods Series，Vol. 5. London：Sage Publications，Inc. 2002.

持续时间比较长的案例，也有可能只是已发生案例的文字资料。通常情况下，课堂教学中的案例相对来说比较简单，主要包含下面几个环节：首先，案例呈现（即将要分析的案例通过各种媒体手段呈现在学习者面前，有时也会在这个时候提出需要讨论的问题或主题。案例通常是使用文本或影像方式呈现的，也会使用到音频和图片等媒体手段）；接着，个人阅读与思考（对于案例相关的资料，学习者需要一定的时间来阅读并了解情况）；然后，小组讨论与汇报（小组围绕着问题或主题对案例进行讨论和分析，并在讨论结束后进行分享和汇报）；最后，反馈及总结（学习者及其学习团队须要在学习的最后阶段共同分享对案例的分析结果，并进行补充、质疑、提升和总结）。

（4）头脑风暴

头脑风暴（Brain Storming），又被称为“脑力激荡”，是一种在参与者中快速共享看法并生成观点的方法，也是参与者思维碰撞和创新思维的一种方法。头脑风暴适合于讨论不熟悉的领域，以及复杂的或有争议的问题。和其他方法相比，头脑风暴在消除参与者之间的陌生感、避免出现对问题的价值判断、营造平等气氛、促进参与者创造性思维和想象力等方面都有积极的作用。

通常情况下，使用头脑风暴的时候，须要遵循以下原则：尽可能让所有学习者参与到讨论当中，并强调互相间的平等地位；清晰定义所讨论的问题，务必使所有参与者都明白问题的内容；鼓励参与者畅所欲言，无所顾忌地表达个人看法，尤其鼓励创造性和开拓性的发言；学习者的发言尽量简短，使用词语和短句，避免拖沓冗长；及时记录参与者的发言，并展示给其他参与者；速度要快，如果参与者趋向于沉默，则可以结束活动。

（5）艺术活动

艺术活动是指通过具有艺术性的活动进行组织学习的方法。艺术活动不同于常规的讲授、小组讨论等方法，能够更有创造性地调动学习者利用肢体语言和形象思维，并能充分而有趣味性地参与到组织学习之中。这里将主要介绍三种方法：绘画、歌舞和行为艺术。

绘画：组织学习中，可以利用绘画使学习者用直观的视觉图像表达自己的观点，同时图画还可以作为进一步讨论的素材。相比较而言，绘画能更直观形象地表达学习者的想法。绘画作为一种表达和沟通的方式，它所采用的符号不是人们常见的语言、文字，因而在运用绘画的方法时，须要注意以下几点：提前准备好绘画需要的特定工具和材料；针对绘画技能不高的学习者，应当给予肯定与鼓励；不要对绘画技巧作评论，应当将焦点放在绘画反映的内容上；给予学习者阐释图画的时间，并给予反馈。

歌舞：组织学习中的歌舞，一般是指组织学习参与者运用肢体语言和音乐元素进行的学习生活。其优点是：首先，歌舞是一种直观的、生动的活动，能够极大程度地增加学习过程的趣味性与娱乐性，有助于提升学习者的积极性。其次，歌舞作为一种学习方式和学习活动，主要通过肢体语言进行沟通和表达，能够表达文字、语言难以表达的含义（也是通常所说的隐性知识），舞蹈或歌曲能够表达学习者特定的观点与感受。再次，学习者将歌舞与学习内容结合有利于打破对学习的固有认知，并能够引导学习者创造性地和多方位地整合各种文化表达符号。但必须注意的是，在组织学习中，学习者具有不同的人格特征，而歌舞作为一种调动身体各个部位进行的活动，较为奔放，适合那些性格开朗、活泼的学习者，性格内向的学习者往往不易融入其中，并且有些学习者可能确实不具备歌舞方面的特长。

行为艺术：行为艺术（Performance Art）是近些年来活跃在人们社会生活中的一种艺术形式，通常是在特定的时间和地点，通过个人或群体的行为来表达思想和审美。行为艺术具有四个要素：时间、地点、行为艺术者的身体、与观众的交流。在组织学习中使用行为艺术的方法，有利于激发学习者的灵感和创造力，往往能够达到意想不到的效果。组织学习中的行为艺术，一种是参与的学习者比较多，具有社会性特征的行为；另一种是展现和表达个人或团队生活或工作状态的行为。

（6）角色扮演

角色扮演（Roll Play）是指学习者根据学习的要求和自己的理解，扮演生活中的一个角色（如自己的同事、经理等），且须要把该角色的特征与典型行为表现出来，其主要目的是促使学习者从另外一个角度考虑问题，形成认知和情感的新体验。

角色扮演可以促使学习者进行换位思考，使学习者身临其境地感受角色的处境，易与角色产生共鸣，因此具有极大的实效性。在有些情况下，角色扮演可能会影响到学习者的态度和行为，并促使学习者将其他知识和技能综合运用于一个具体的问题中。角色扮演的场景来自于生活，扮演者必须调动所有的知识技能去解决现实问题。角色扮演中产生的情感，来自于学习者与角色之间的互动，来自于学习者与观众的互动，而不止是与讲师的单方面交流。在提高学习者自尊和自信方面，角色扮演也能发挥很大的作用，并使成功的经验强化学习者的动力。

使用角色扮演进行组织学习活动时，可以参考以下六个步骤开展活动：1）介绍现实中的场景，提出角色扮演要求，如内容、人数等；2）学习者分组，确定扮演的主题与角色，选择扮演者，并进行排练；3）对学习者提出观察任务，如观察内容、角度与方法等；4）各小组轮流进行角色扮演，其他人观察与记录；5）在表演结束后，全体学习者对各组表现进行评议和讨论；6）讲师或组织者协助学习者进行总结和反思。

运用角色扮演进行组织学习时，需要注意的问题是：1）角色扮演并不适用于所有群体，对于有些学习者而言，可能会是一个重大的挑战；2）由于在角色扮演中，有可能会涉及反面的、敏感的话题（如出现反面角色、滑稽角色），对于在乎自己形象的学习者，很难调动其积极性投入活动中；3）角色扮演会使学习者感到内心被暴露，可能会产生不安全感；4）角色扮演非常费时，不仅需要大量时间准备，也需要很多时间排练、表演及评议。

基于这些可能出现的问题，在组织学习中使用角色扮演时，可以参考以下技巧：1）活动开始之前，给予参与者足够的准备时间，特别是心理准备；2）提醒参与者，活动的真正目的与意义，而不是一场公开演出；3）提醒参与者与角色间保持一定距离，避免过分进入角色而引起强烈情绪反应；4）为每位角色扮演者准备一张角色任务卡片，以使得参与者更明确自己的任务；5）监控主题，如果偏离主题，须要及时进行干预。

2. *行动学习*

行动学习（Action Learning）是基于“做中学”的教育理念发展而来的，由雷纳德·瑞文斯（Reginald Revans）最早提出。目前，行动学习已经成为组织学习中管理能力、领导能力开发等方面的重要学习方式，并且被广泛地应用于各类组织之中。

行动学习是指通过实际的行动来进行学习，也就是让学习者承担起实际的工作任务解决现实问题，并通过这种实际任务的完成过程，发展和提升学习者相应的能力，最终为组织贡献力量。“行动学习是一种组织人力资源开发的方法，作为一种组织学习的媒介或载体。行动学习的基本信念是，没有行动就没有学习，没有学习就没有明智的行动。”① 行动学习有别于其他学习方式，主要表现在：它是一种将工作实践作为学习形式的方式；以小组参与的形式，采取行动并解决问题，同时学习如何从行动中学习；通常情况下，学习指导者与小组成员共同工作，并协助小组成员掌握如何在工作中进行学习的方法。

（1）行动学习的构成要素

行动学习是一个有效的问题解决工具，而在解决问题的过程中，使得项目设

---

① 麦吉尔、贝蒂《行动学习法》第202－205页，中国高级人事管理官员培训中心译，华夏出版社，2002年。

计者成为学习和变革的推动者,又能成功地塑造领导者、团队和组织。行动学习使学习者在进行有效学习的同时,能够应对实际工作中难以对付的情形,并将组织转变为一个学习型环境。行动学习主要由问题、团队、质询/反馈、行动、承诺学习、教练六个要素构成。在组织中想开发出优质的、适于组织需求的行动学习,必须关注这六个方面的要素。

问题:指重要、紧急、具有足够的挑战性的问题,并且在组织当前情况下没有现成的解决方案,而是需要组织成员运用创新的方式来解决。在工作中的行动学习意味着工作、学习同时同步发生,因此参与者的注意力须要集中在一个与工作有关的问题项目上,比如个人发展、团队建设、管理员工、管理变革等。经理与主管作为该行动学习的发起人,应当与参与者分享其对问题的看法,并对行动学习小组给予鼓励,提供支持。

团队:通常由4到8名不同背景的成员构成。一般是由具有不同学科背景、来自于不同部门的成员组成,这些团队成员看待问题的角度、行为方式、个人能力应当互有差异。在行动学习期间,团队应当经常召开会议,采取切实的行动以促进问题的解决,并要求每名成员都必须参加小组会议。

质询/反馈:提问应当具有深度,是基于倾听的反馈。这一要素要求小组成员的陈述必须建立在回答问题的基础上,也就是说有问题,才有回答。提出一个好的问题,对于新想法、新思路的产生至关重要。

行动:就问题展开行动。行动通常面临各方的挑战,因而必须具备足够的技巧、知识和能力,也要给予团队成员展示小组成就的机会。行动的过程也是锻炼、提升领导力的过程。行动学习中最关键的一环无疑就是行动本身。任何形式的组织学习目的都是为了改进行动,而学习过程经过行动的验证,才能证明是否有效。

承诺学习:团队中的每个人都承诺成为一个学习者,愿意通过学习改进不足、发展自我、发展团队。它是组织通过行动和学习改进学习者自我的基础。

教练:配备行动学习教练。为每个行动学习小组配备教练,通常由来自小组外部的专家承担这一角色。教练须要参加小组的每一次会议,并在会议中选择时间段进行干预。教练的角色异常重要,他能为小组提供反馈,促进小组成员反思,对行动学习的开展具有很强的影响力。

(2)行动学习的设计原则

行动学习要素能够帮助理解行动学习,也是行动学习项目设计的认识基础。在组织学习活动中开展行动学习项目,进行项目方案设计时还须要关注以下原则:1)参与者掌握自己的学习过程——参与者必须具有高度的自我管理能力,在项目进行过程中和项目完成之后,都要对自己的学习负责;2)须要提供团队成员之间的交流机会或社交活动——团队成员在这里可以交换信息、互相讨论、通力合作,这种建立在沟通基础上的共同合作对于行动学习极为重要;3)须要给参与者提供用于反思的空间——这样一个用于反思的房间,也可以作为小组顾问定期进行工作坊(Workshop)学习的场所,使参与者集中在一起对个人和团队过去的行为或经验进行反思;4)参与者须要将行动学习与自身发展相结合——学习者首先在观念上对行动学习价值产生认同,其次是在行动学习和自身发展之间展开广泛的联系,并实现知识的转移和转换;5)参与者须要能够感受到真正的学习在发生——在项目整个过程中,须要及时跟踪调查,并给予参与者及时的反馈和启发;6)学习活动应当得到参与者的认同——项目经理、参与者以及教练之间应当就如何开展该行动学习项目进行探讨并达成共识。

(3)行动学习的操作步骤

开展行动学习的具体步骤,依赖于组织和参与人员的状况,还有行动学习项目的定位、性质、对象、目标、实践等诸多因素。虽然行动学习在具体执行过程中,不同的行为学习项目会出现比较大的差异,但是从整个行动学习开展的过程来看,主要包括四个步骤:第一步是发现问题和组建学习团队(如果不能清晰定义所要解决的问题,行动学习也就无从谈起);第二步是提出解决问题的方案(具体又包括三个细节,即观察反思—转换定势—制订计划。观察反思是在头脑中审视自己做过的事,并尽可能客观地描述过去的做法、思路和效果,以及观察别人的经历和做法。每个人的想法和行动总是来自于已经形成的特定理论,这就是心智模式或思维定式,而转化定势关键是形成一种新的"理论",让参与者能够以全新的视角关注、接受和理解事物,从而形成更具效能的新的思路与对策。在此基础上参与者提出并完成解决问题的方案);第三步是制订行动计划并执行(问题解决方案经有关领导的批准,便可以在组织内进行小范围的实施,以检验其效果和反思方案的有效性。尝试应用的关键是组织的执行力);最后一步是进行评估、改进、推广和激励(相关人员对行动学习项目的开展和所取得的成效进行评估,如果尝试应用的解决方案获得成功,就可以在组织范围内加以推广,并对发明解决方案的学习团队进行激励。对于没有获得成功的方案,或方案中存在不足,则主要重新调整并进入下一个行动学习循环,或是终止行为学习项目)。

当然,还必须提及的是,组织学习的管理部门等行动学习的相关者(Stakeholder)在行动学习中也扮演重要的角色,主要承担项目申报与筛选、团队选择、项目启动、项目评估与反馈等工作。

3. 教练法

教练法(coaching)是通过人与人之间的互动过程，帮助个体或组织确立目标，更好地决策和开展行动，并且充分发挥个体和组织的潜力，实现持续发展并产生积极的成果。教练法的实施过程发生在教练和被指导的小组或个人之间。需要特别注意的是，专业的、正式的教练法应当是一名具有教练资质的人来开展的。在组织学习过程中使用教练法，其目的非常明确，就是推动个人或团队获得卓越的绩效。教练法是一种有针对性的、民主的合作与互动过程，在很多情况下是采用“一对一”的方式开展的。因而，教练法的开展会使得教练与学习者间建立较为密切的人际关系，也可能会涉及隐私和伦理相关的问题。与课堂教学和学徒制不同，教练法侧重于改变学习者的心理状态，从精神上给予鼓励，促进学习者自身的反思。教练法是组织学习的一个重要方法和手段，可以帮助组织保留最好的人才，使得组织间的沟通变得简单、便捷。通过教练法进行组织学习，可以使年轻的组织成员密切接触经验、知识丰富的员工，并帮助其树立组织内的榜样和清楚的个人学习目标。教练法已经成功地被运用到许多组织学习的实践中，并为组织带来诸多益处，如纠正员工的绩效问题、开发员工技能、提高生产率、提高员工稳定性、培育积极的企业文化等。对于员工而言，教练法可以激发其对工作的热情、克服绩效问题、提高个人能力并充分发挥个人潜能。

在这些教练法的成功应用中，通常可以将教练法分成四个实施步骤：第一步是准备(准备工作主要包括：充分观察和了解学习者、评估改进的可能性、告知学习者并使其做好准备)；第二步是讨论(讨论是教练将观察到的问题和情况与学习者本人进行沟通交流，是正式开展教练的预热阶段)；第三步是积极教练(包含了四个子过程，即双方达成共同的目标—制订行动计划—开始教练—反馈)；第四步是后续跟进(目的是既能评估学习者在教练过程中学习目标达成的情况，又能根据掌握到的学习者发展状况来调整行动计划)。

4. 工作轮换

工作轮换(Job Rotation)也就是通常所说的“轮岗制”，是指安排员工在不同的工作岗位进行轮换，丰富员工经历并提升个人能力，促进组织活力和知识流通。工作轮换的过程还可以使得员工认识更多的组织成员，拓展个人人脉关系。工作轮换不同于工作调动。工作轮换是组织学习的一个重要手段，是培养优秀员工的活动；而工作调动是一种常见的人员配置方式，是人力资源管理的一种手段。根据学习者的参与程度，工作轮换可以分为两种形式：学习者轮换到其他部门但不介入该部门的主要工作或核心工作；学习者介入其他部门的主要工作或核心工作。

从长远的眼光来看，工作轮换能更有效激发员工的工作热情，提高员工的工作生活质量；既能为员工的职业成长提供另一种思路，也能为组织适应外部环境的多变性做好准备。作为组织学习的一个方法，工作轮换在实施过程中却可能会面临一些挑战：由于工作轮换的员工在每个部门和岗位停留时间较短，很难深入了解该部门，甚至有时会干扰该部门的正常工作；在这种工作轮换方式下，一个学习者可能会熟悉多个岗位的业务，但是也存在着每个岗位业务都不精通的现象；工作轮换可能会在一定程度上影响两个部门的工作效率，因为学习者到新的工作岗位都有一个熟练的过程，在这个过程中，工作效率可能会降低，同时原来的部门也需要有人接替学习者的工作；从整体上增加了培训成本，一方面是须要对轮换人员投入的成本，另一方面是原部门所损失的机会成本，等等。因此，实施工作轮换的时候，须要着眼于组织长期发展的利益，根据组织及其部门的实际情况，注重工作轮换的流程设计，制定完备的绩效考核体系，面对开展工作轮换所带来的各种挑战。

5. 学徒制

学徒制也被称为学徒培训，是最为传统、历史最悠久的一种组织学习及培训方式。通常学徒制会被应用于操作性较强的职业领域中培养新员工，如机械师、面包师等。学徒制对时间的要求一般较长，短则需要 1 ～2 年的时间，长的有可能会达 7 ～8 年的时间；而对学习的人数也有所限制，一名有资质的员工也不能带过多的学习者。学徒制方法主要有三个方面的优点：第一，师傅传授的技能知识与具体工作有密切的关系，师傅具有的丰富经验和阅历能帮助新员工尽快适应工作，引导员工把握工作的重点与要点，具有极强的针对性。师傅通常直接对徒弟的工作进行指导，因而徒弟的进步迅速，成功易见。第二，学徒制有助于形成良好的同事关系，由于师傅与学徒经常在一起工作交流，他们之间常会形成密切的人际关系，有助于新员工快速融入组织。第三，学徒在与师傅朝夕相处的工作生活中，不仅能获得那些容易被表述出来的显性知识(Explicit Knowledge)，还能吸收往往更为重要的、大量的、但没有或难以被表述出来的默会知识(Tacit Knowledge)，从而有助于组织成员丰富自身经验与知识结构，为知识的转化与应用提供便利。但由于组织对学徒制的理解角度和程度不同，在将学徒制应用于组织学习的时候，经常会暴露出一些问题。如有些师傅传授的内容过于具体，覆盖面较窄，容易出现学习者视野狭窄或局限的问题；有的时候师傅们会拘泥于已经成型的思维模式和工作方式，而工作岗位对员工的要求是需要不断创新、不断变化的；由于师傅和学徒同时在一个类似的岗位上，从事同一种工作，因而彼此之间会存在竞争。这就可能致使有些师傅保留那些最有价值的知识技能，只传授给徒弟一些次要的知识。

学徒制虽然是一种相对古老的方法，但对于组织学习有着非常实用的价值。组织学习活动中，须要采用一些措施保证学徒制的效果，从组织管理方面出台相应的规定，例如对优秀的师傅进行奖励和表彰、定期检查学徒制的开展效果、评估员工的绩效、及时督促双方朝向双赢的合作关系迈进。

第五节　示范性高职院组织学习项目规划与实施

组织学习项目规划是组织学习项目管理中一个非常重要的环节。《礼记·中庸》说："凡事预则立，不预则废。"虽然组织学习项目的规划不能保证项目一定成功，或是不做规划也未必一定会导致项目失败，但是组织学习项目规划通常都会提高学习项目的成功几率。在组织学习项目规划阶段，须要重点完成两项任务：一是分解组织学习项目目标，二是制订组织学习项目实施计划（见图 8-4）。

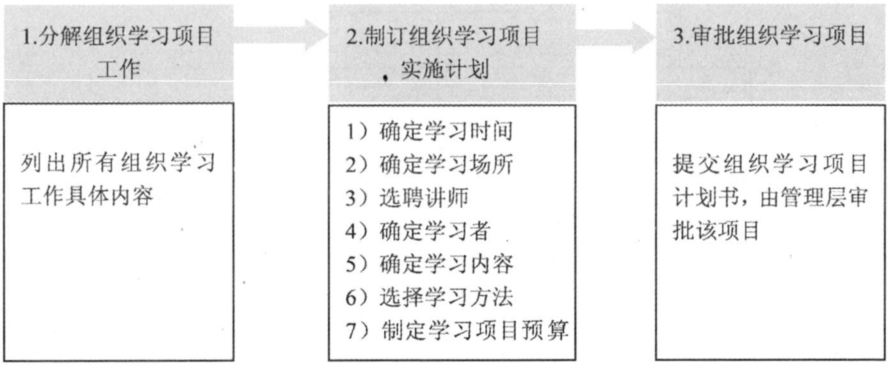

图 8-4　组织学习项目规划

一、分解学习项目工作

分解项目工作通常都会涉及项目管理中的一个重要概念——工作分解结构（Work Breakdown Structure，WBS）。工作分解结构作为项目管理的一种核心方法，主要应用于项目的范围管理。它是一种在项目全范围内分解和定义各层次工作包的方法，是控制项目变更的重要基础。它作为将项目工作分为比较小的任务要素的媒介物，可以把组织学习项目分解成更小、更易于管理和控制的单元,为每个主要的活动和细微的活动提供了更大的实现可能性。

工作分解结构至少有四个方面的作用:第一,确保项目的完整性,工作分解结构结果应该包含所有工作,没有任何一项工作被遗漏;第二,清晰地表示各项目工作之间的相互关系,帮助项目经理和项目团队领导和执行整个项目的实施;第三,展现项目的全貌,详细地说明了为完成项目所必须开展的各项工作计划;第四,定义具有里程碑性质的事件,可以向高级管理层和客户报告项目完成的情况,作为项目状况的报告工具。

工作分解结构分解步骤(见图8-5),所包含的整个分解过程主要包括:总项目→子项目或主体活动→主要的活动→次要的活动→工作包。虽然这个分解过程并不复杂,但是应用在具体的实际项目上可能会出现比较复杂的情况。在进行复杂的工作分解时,可以暂时不考虑各子项目或任务的顺序排列,尽可能完整地列出各项内容,争取不要遗漏任何一项工作。根据工作分解结构的方法,组织学习项目的工作分解也是逐步从大向小的,从而将组织学习项目分解成为更小、更易于管理和控制的组织学习项目工作任务。

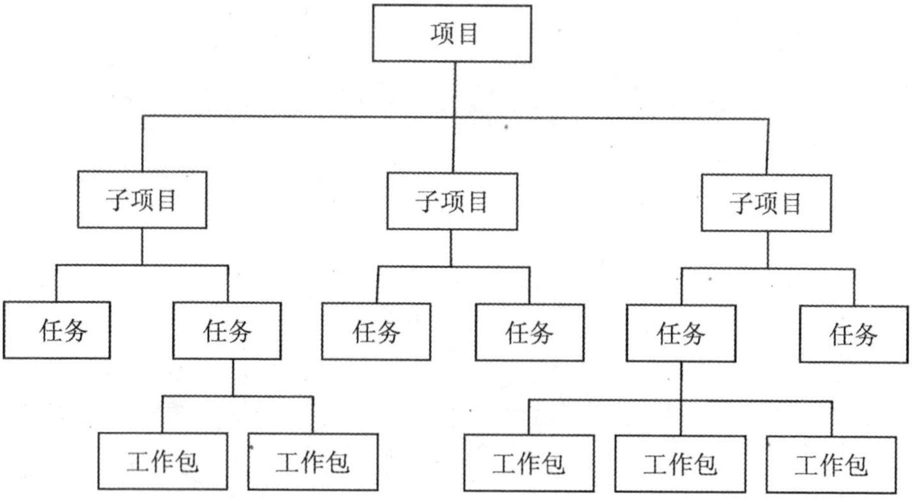

图8-5　工作分解结构(WBS)分解步骤

下面以一个课堂学习项目为例来说明组织学习项目的工作分解。首先把组织学习项目分解成三个部分:学习活动前、学习活动中和学习结束后,然后再继续分解,直至形成容易管理和控制的学习任务(见图8-6)。

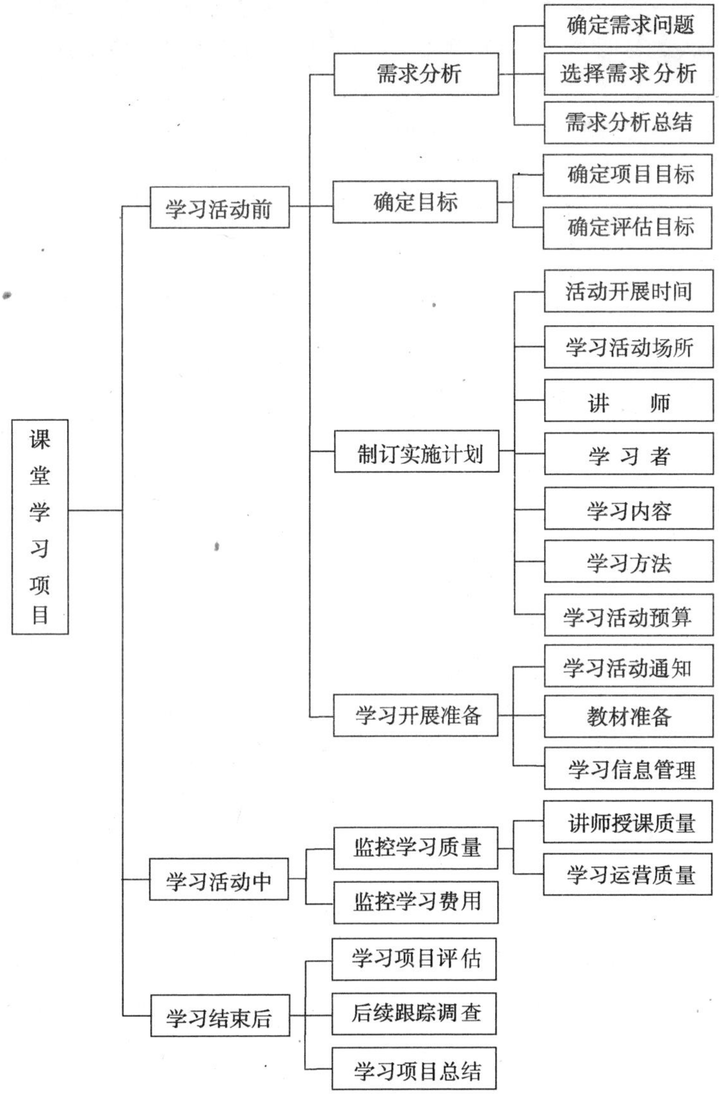

图 8-6　一个课堂学习项目的工作分解

二、制订学习项目实施计划

组织学习项目的实施计划是根据需要完成的组织学习目标和任务，制订相应的具体工作计划，并为保证组织学习项目相关工作的实施提供相应的领导支持和指导。制订组织学习项目计划的结果是形成明确的项目执行计划，即“组织学习项目计划书”。组织学习项目计划书既是基于某一个组织学习项目运行的操作控制、执行管理或领导的文件，也是项目实施执行、质量控制与监督的有力保障。

项目的实施计划可以分为若干个子计划，它回答的是一个学习项目的定位、目标、什么时候举办、在哪里、谁参加、学什么、需要多少资金、具体操作流程、注意事项等基本问题。在工作分解阶段，已经把一个学习项目进行分解，而在制订实施计划阶段，就是按照一定的逻辑顺序做出学习时间（When）、学习场所（Where）、学习者（Who）、学习对象（Whom）、学习内容（What）和学习方式（How）等设定。同时，也要有必需的资源分配计划、考核、职责、管理或领导等内容（见图 8-7）。具体来说，项目的实施计划必须考虑以下内容。

1. 确定学习时间

学习时间安排与组织学习项目实施有着非常密切的联系，因此在实施前应该充分重视。确定学习时间包含两个方面：一是学习日程，二是学习中各个单元模块具体的时间分配。

学习日程，包括何时开始学习活动、学习活动持续的时间、学习活动开展的频率等。一个组织学习项目通常会涉及很多人，如讲师、学习者、学习支持人员等，所以学习日程要尽早确定并告知相关人员，以确保学习活动的顺利开展。另外，在学习活动开展前确定各个学习活动单元模块具体的时间分配也很重要，这样就可以在学习活动开展过程中有效地控制其进度。

2. 确定学习场所

确定学习场所，包括学习地点的选择及学习现场的布置。舒适的学习环境对于学习效果也有着直接而重要的影响。学习现场的布置有很多细节须要考虑，包括课堂环境、生理和心理环境、外部交往空间、网络环境等。

3. 选聘讲师

学习活动中的师资是影响组织学习项目实施质量的关键环节，因此选聘合适的讲师是非常重要的。在选择讲师时，有两个选择，即内部讲师和外部讲师。可以根据组织学习项目及组织的具体情况来判断到底选择内部讲师还是外部讲师。有时候在一个学习项目中可以既有内部讲师，又有外部讲师。

4. 确定学习者

在一个组织学习项目实施前，应该比较确定地了解目标学习者。他们为什么要参加学习，也就是学习动机是什么？他们具备哪些特征？有什么共同点或不同点？相关的学习经历是什么样的？学习者通常是具有某一相同特质的一类人群，如某一类岗位的人员、某一级别的人员、某一部门的人员等。

5. 确定学习内容

在组织学习项目启动的学习需求分析阶段，已经确定了学习主题；在组织学习项目规划阶段，要对学习内容进一步进行确认和细化，包括每个单元的学习内容、相应的学习活动、辅助资料等。

在确定学习内容时，要考虑到学习者的学习背景和学习需求，先确定学习课程中不可缺少的部分，即必须掌握或了解的内容，然后再选择一些学习者应该掌握或了解的内容，根据重点进行编排，并对所列的学习内容有策略地进行筛选。通常情况下，在编排课程内容时，要遵循从简单到复杂，从已知到未知的原则，并符合一定的逻辑结构。在一些特殊的情况下，也可能采用非常规的课程编排方式。

6. 选择学习方法

由于不同的学习方法所要求的师资力量、学习投入、学习时间和学员特征各有不同，产生的学习效果也有所不同，因此对学习方法的选择要充分地考虑到学习者的特征、学习的内容和学习环境的要求。组织学习中可以使用的学习方法有很多种，如讲授法、研讨法、视听法、案例研究法、角色扮演法、游戏学习法、操作示范法等。每种学习方法都各有利弊，在一个组织学习项目中通常会采用多种学习方法，并根据不同的学习内容采用不同的学习方法。

7. 制定学习项目预算

现在的组织越来越重视投入产出比，组织中对学习的投资也慢慢开始由随机性比较大逐步走向预算管理，因此在组织学习项目实施前就须要制定组织学习项目预算，这是学习活动组织者必须要考虑的一个问题。学习预算与可能为组织带来的效益进行比较，会影响到开展组织学习项目的决策。同时，组织学习的不确定性和效果滞后性又非常不利于将组织学习与效益直接联系起来。

组织学习项目的预算通常大致分为以下几类：课程相关费用——包括讲师的讲课费、学习材料费、学习道具费用等；学习运营费——学习活动所在的场地及设施使用的费用、餐费、茶歇费等；学员相关费——包括住宿费和交通费等。

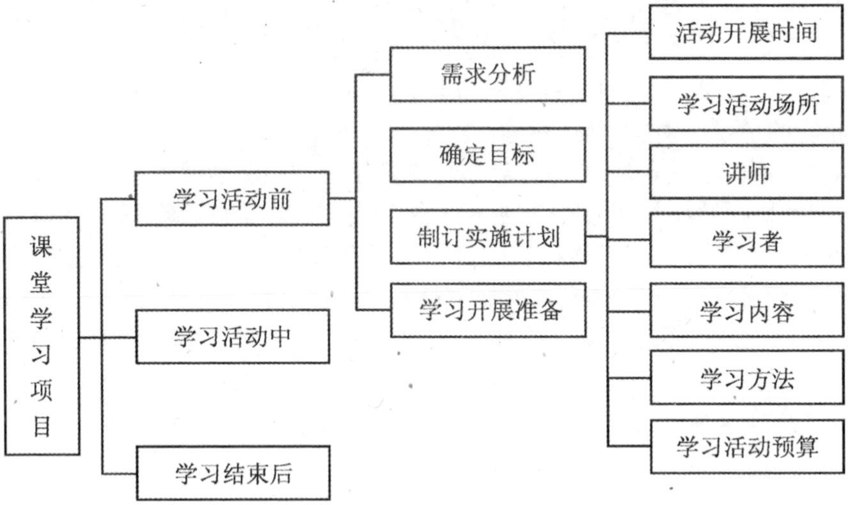

图 8-7　一个课堂学习项目的实施计划

三、组织学习项目实施

组织学习项目的实施与监控，是指通过采取一系列的措施，保证组织学习项目实施与项目计划的要求在某种程度上保持一致，从而最终达到组织学习项目的预期要求和效果。组织学习项目的过程控制主要包括学习活动前的准备工作、学习活动的实施、组织学习项目的过程监控以及学习项目评估（见图 8-8）。

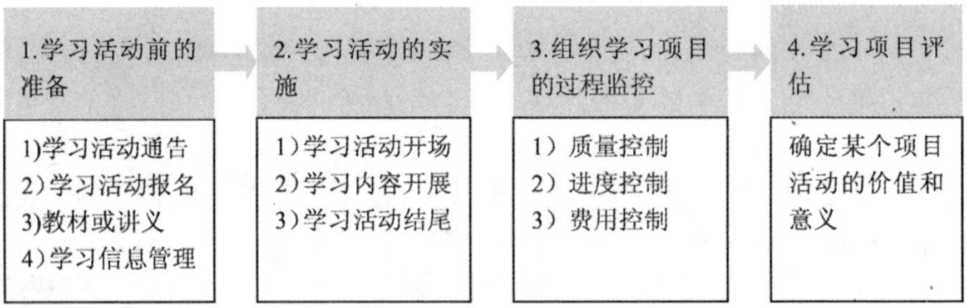

图 8-8　组织学习项目实施

1. 学习活动前的准备

虽然在组织学习规划阶段做了很充分的实施准备，在学习活动正式开始前，还有许多学习准备工作须要完成，如拟定并及时发布组织学习项目通告，制作学习手册，安排登记注册以及完成学习者学习档案等。

学习通告是用来告知目标人群有关组织学习项目的各项事宜，包括项目目的，项目进行的时间、地点，参加项目须要具备的资格条件等。学习通告应该尽量提前，这样可以让目标人群有足够的时间调整自己的工作安排，并进行学习申请。在目前通讯发达的工作环境下，组织学习部门人员可以利用的信息传递渠道十分丰富，如通过局域网发布学习信息、电话或短信通知、电子邮件通知、在组织学习专刊上登文等。总之，要尽量让目标学员通过最方便的渠道快速地和全面地了解组织学习项目的相关信息。

学习报名工作通常在学习通告发出后开始。传统的纸质报名、审批工作繁杂而效率低下，而且经常会出现各种错误，比如遗漏人员、信息有误等。现在许多组织使用学习管理系统，借助互联网和内部网络技术及数据库管理技术，学习者只需使用浏览器即可完成查询、在线注册、在线审批等全部操作，使学习报名工作变得简单而有效。

学习教材及其相关学习资料也会影响组织学习项目的实施效果，因此制作学习教材也是学习准备工作中很重要的一项。无论是利用内部讲师还从外部聘请讲师，最迟应该在学习正式开始前一定的时间内将学习手册或学习教材准备好，以保障学习者在学习过程中能够获得所需要的学习资源。

学习信息管理工作也应在这时候开展。目前组织都很重视员工的职业生涯发展，因此，学习开发部门应该加强对组织成员参加各种学习活动的文档管理，如可以采用在组织人力资源管理系统中建设组织成员学习模块，对学习者参加的学习活动实施跟踪等方式。学习者的学习档案是其在组织内部个人发展过程的记录，同时还是职务晋升、岗位变动的重要背景信息资料。

2. 学习活动的实施

当所有与学习活动相关的前期工作大致已经准备就绪的时候，接下来需要做的就是实施组织学习活动了。学习活动通常是分阶段进行的，由此可以将组织学习项目中的学习活动分成若干个环节或阶段。在这里将重点讨论学习活动开场、学习内容开展和学习活动收尾三个环节。

首先是学习活动开场。作为学习活动的初始阶段，会为后续的各个学习活动环节奠定一种影响深远的基调，影响着组织学习项目中的学习氛围和学习文化形成。在这个阶段，有以下几项任务须要完成：一是明确学习预期——说明学习目的、学习目标、学习主题、学习日程等。二是约定课堂规范——各项约定和纪律，比如不能迟到早退、在课堂上不能接电话、要积极参与讨论、相互之间要多交流等。三是破冰活动——许多组织学习项目在开始的时候都会进行一些破冰的小活动，除了可以帮助讲师了解学员的基本情况外，还有助于学员之间相互了解,大家相互熟悉后建立起和谐的人际关系,增强学员对这个学习活动之临时组织的归属感。四是了解学员的学习动机——这项工作对于成人在职学习来说尤为重要。可以问一下学习者通过学习活动达到的目标是什么,实现这些学习目标对他们有什么好处等。与单纯了解学员的学习动机相比,最好能够做一些增强学习动机的工作,比如,对学员关心或担心的问题表示关注,让学习者签署一份学习协议等。进行学习活动前的检测或预备练习,了解学习者的起点,也是一种积极的做法。五是营造学习氛围——在开始学习活动的时候,应尽力营造一种相互尊重和开放的氛围,这样学习者能更容易地得到自己需要的帮助和取得更好的学习效果。

其次是学习内容开展。有了良好的学习活动开场后,学习内容的开展就会相对顺畅一些。这时候就可以根据之前的学习设计,进行相应的学习内容的开展。一是关于内容方面(Content):可以采用一些方式引起学习者的好奇心,激发学习者对学习内容的兴趣,比如讲故事、猜谜等方式。另外,学习者本身也有很多宝贵的经验和体会,通过一些讨论和经验交流活动可以充分体现学习者的知识积累并进行经验分享,促进学习者参与学习活动。总之,在内容方面,讲师或组织者应该更多关注学习者的反应和反馈,以确定是否达到了每个学习单元的学习目标。二是过程方面(Process):可以通过各种小活动不断地吸引学习者的注意力,比如互动、竞赛、游戏、操作、视频等。同时,也须要关注学习进度,以确保在既定的时间内完成整个学习项目。另外,也有一些提倡"松散型"的组织学习观念,认为对某个学习者共同关注的问题进行深入讨论的意义要远远大于完成学习计划的意义。

再次是学习活动收尾。一个组织学习项目活动的收尾工作也非常重要,可以起到画龙点睛的作用。通常在学习活动收尾时要完成以下几个任务:一是总结归纳——用各种方式或活动,将整个学习内容进行梳理,让学习者对学习有一个整体的认识和回顾。二是深化理解,强化印象——在学习活动最后,须要确认学习者对重点学习内容的理解,可以通过讲师提问或学员提问的方式进行,用以强化学习者对于这些知识点或技能的印象。三是激发行动——要将这些学习内容落实到学习者的实际工作中,因此可以通过一些倡导的形式,让学习者建立行动计划,以建立学习者在将来实践这些知识和技能的意愿。

3. 组织学习项目的过程监控

组织学习项目的实施与最初的项目计划之间必然存在着一些差异,因为项目计划不可能编制得完美无缺,并能够预见未来各种情况的发生。同时,在项目实施过程中,也必然要根据各种实际情况的变化对项目计划做出相应的调整。

组织学习项目的过程监控非常重要，是应对各种实施过程中变化的基础性工作。定期检查组织学习项目的执行情况，可以用来发现组织学习项目执行时的环境变化以及与既定计划之间的偏差。当环境发生改变和项目执行出现偏差的时候，须要通过调整组织学习项目计划来改变执行项目的方式和相关的学习活动。

项目的“铁三角”（三个要素）分别是范围、进度和资源。具体地说，范围即定义一个项目最终达成的成果，可以是质量或者数量等；进度是完成一个项目需要花费的时间；资源是执行一个项目需要的人力物力成本。在组织学习项目的过程监控中，就须要对这三个项目要素进行相应的监控，因而组织学习项目监控最关键的包括：一是组织学习项目的质量控制——对组织学习项目实施情况进行监督和管理，监督项目的实施结果，将项目的结果与事先制定的质量标准进行比较，找出存在的差距，并分析形成差距的原因。二是组织学习项目的进度控制——将已完成的组织学习项目的工作任务与计划完成的工作任务进行比较，从多种角度确定工作进度是否符合计划的要求，并根据进度情况调整各类资源的投入和分配。三是组织学习项目的费用控制——为实现项目的成本目标，对组织学习项目实施过程中的各种花费进行指导、监督、调节和限制，及时控制与纠正即将和已经发生的偏差，把各项费用控制在规定的范围内。

4．学习项目评估

评估是一个用来确定某个项目活动具有何种价值和意义的系统过程。任何一个组织学习项目在收尾阶段都要进行项目评估，其意义和重要性不言而喻。但是，组织学习项目评估在现实环境中却是一项非常艰难的工作，因为组织学习项目的效果或投资回报都是很难通过直观的手段检测出来的。

在过去几十年的研究中，有许多人力资源领域和学习领域的专家学者都致力于学习评估这项艰难而又重要的探索中，并取得了一些研究成果，提出一些可以用于学习评估的模型。在这些模型中，目前国内外运用得最为广泛的仍然是美国学者柯克帕特里克在1959年提出的培训效果评估模型，柯克帕特里克从评估的深度和难度将培训效果分为四个递进的层次：1）反应层，即学员反应（Reaction）。在培训结束时，培训机构通过调查，了解学员培训后的总体反应和感受。可通过问卷、面谈、座谈、电话调查等形式要求学员对培训内容、讲师、方式、场地、报名等程序进行总体评价。2）学习层，即学习效果（Learning）。确定学员对原理、技能等培训内容的理解和掌握程度。如采用闭卷考试、演示、讲演、讨论、角色扮演等方式考核学员对所学内容的掌握情况，这个层面的评估对学员有一定的压力，会督促他们认真学习；当然对讲师也有压力，这样会督促他们认真准备每一节课。3）行为层，即行为改变（Behavior）。确定学员培训后在实际工作中行为的变化，如培训结束后在工作岗位的工作态度、工作热情、工作效率的变化以判断其所学知识、技能对实际工作的影响。这一层面的评估可以通过对学员的调查跟踪，如观察学员培训后的表现，主管领导及同事、下属对该培训学员培训前后的评价，来了解学员对培训内容的掌握及应用情况。4）结果层，即产生的效果（Result）。培训机构可以通过一些指标来衡量。如在培训结束后的三个月至半年左右时间里，将企业关心的产品质量、数量、安全、事故率及工作积极性、顾客满意度等指标与培训前进行对照，拿出令人信服的调查数据，以此来评估培训效果。

还值得提醒的是，无论采用哪种评估模型或技术，组织学习项目评估本身都是非常重要的，通过对组织学习项目的评估，可以向管理者和学习者提供反馈，促进学习者对学习进行反思，了解学习者的学习效果。同时，可以积累组织学习数据和案例，提升今后组织学习方案分析的成本效益。对组织学习项目的评估及其评估结果的宣传，还可以不断地强化组织成员对学习的认识，使其意识到组织学习对于组织和个人的意义和重要性。

第六节　案　　例

行动、组织学习与职业技术院校的成长

——对宁波职业技术学院的初步观察①

庄西真

一、一个分析职业院校成长的框架

在我国，职业技术学院这样一种教育形式，是近20年才逐渐发展起来的。在这之前，与这种教育形式处在同一个层次的是“××专科学校”，或者“××高等专科学校”，本人就毕业于一所师范专科学校，这样的学校的办学方式实际上就是一个微缩版的本科院校，它们没有独特的培养目标和规格，几乎完全照搬本科院校的教学计划和教学内容，只是因为学生比本科生在校时间短，所以教学内容有压缩、要求有降低。后来兴起的职业技术学院，是为了因应经济社会发展对应用

① 载《职教论坛》，2011年第21期。

型技能人才的需要，也是为了适应高等教育改革的要求。政府建立这样的院校，就是希望它们能够培养企业和生产一线上的技术工人，能够很好地缩短学习和工作之间的距离。想是一回事，做又是一回事，现实中，我国的职业技术学院怎么办也没有现成的模式可以使用，除了借鉴国外高等职业教育的一些做法外，就只能"摸着石头过河"，正如宁波职业技术学院执行院长苏志刚教授所说："对于职业教育来说，管理就是创新，没有现成的东西可以让你照搬或者模仿。"因为笔者的工作就是研究职业教育如何发展，所以平时就很留意职业技术院校的成长，很关注对于众多起点相似的职业院校，为什么过若干年后，它们之间就会有分化，就会有很大的不同？用统一的、被大家比较认同的标准来衡量，在办学质量、办学声誉等方面会有云泥之别，比如说同样脱胎于中等专业学校的甲、乙两所职业技术学院，他们刚刚转型为职业技术学院的时候，基础差不多，可经过十多年的时光，前者成为国家重点建设的首批国家示范性高职院校，而后者则依然是生存都比较困难的普通职业技术学院。就这个问题，有些人从领导的能力、教师的水平、设施的齐备，甚至从学校所在地区经济社会发展的模式等方面给予解释，这些解释似乎都有一点道理，但也都有解释得不尽如人意的地方。果如此，那接下来的问题是，为什么好的职业技术院校的领导就有能力、教师就有水平、设施就齐备，而差一点的职业技术院校的领导就没有能力、教师就没有水平、设备就不齐全呢？难道领导的能力和教师的水平在他们进入职业技术学院以前就有了？据笔者观察，即使在同一个地区（比如在江苏常州大学城里面的5所职业技术学院）的职业技术学院发展也不平衡。这里面可能还有更令人信服的解释。带着这样的疑问，我们对宁波职业技术学院十几年来的办学历程进行了考察，再加上对中国近代以来教育发展历程的体认，笔者觉得，组织学习这一视角能够比较好地回答上面的问题。从组织学习的视角看，职业技术院校的成长路径不可能是预先规划好的，其成长是一个动态的组织学习过程，通过反思和学习、总结并逐渐清晰学院发展战略和路径，通过不断地反思和学习，职业技术院校在前进中学会了适应环境、积累了经验，并逐渐清晰了发展目标，并最终把学校引导到一条快速而又可持续发展的道路上来。反映在职业技术院校改革与发展的实际上，即表现为"改革—失败与调整—正常发展"这样一种基本形式。而这一点与笔者对"中国教育发展方式一直是一个不断学习、纠错调整并转入正常成长的渐进过程"的判断是一脉相承的。

从分工的角度来看，现代社会的组织是为了完成某种特定任务而设置的一种机构，根据其承担职能的不同，组织有教育组织（比如学校）、经济组织（比如工厂）、政治组织（比如政府）、文化组织（比如艺术团）等之分。组织一经产生，便像生物体一样有一个不断生长和发展的过程,或由弱变强、或由小到大、或者二者兼得。任何组织的成长都是一个动态过程,是一个组织根据内外部环境变化而不断进行适应性调整的过程。某种意义上,任何组织,尤其是在中国这样的外部环境极不确定性的国家的组织,其成长都不可能完全依赖于预先确定的“成长路线图”(即所谓的规划,在这里我并不是否定规划在组织成长中的作用,而是强调规划应该是有弹性的,应该能够因时、因地而调整),而极有可能表现为“行动—组织学习—成长”这样一种“刺激—反应”式发展路径,这是我观察宁波职业技术学院等高速成长的职业技术院校以及中国教育发展模式得出的分析框架(见图8-9)。这一分析框架有三个要件:即行动、组织学习和成长,组织开展行动并从行动中获取过往经验;强调组织的反省能力和经验积累能力,以及相关经验在组织内的扩散与分享能力;在事后的行动中保留已被验证的过往的有益行动,并形成组织成长路径,终致组织健康快速成长,这一学习过程是动态的、交互式进行的。

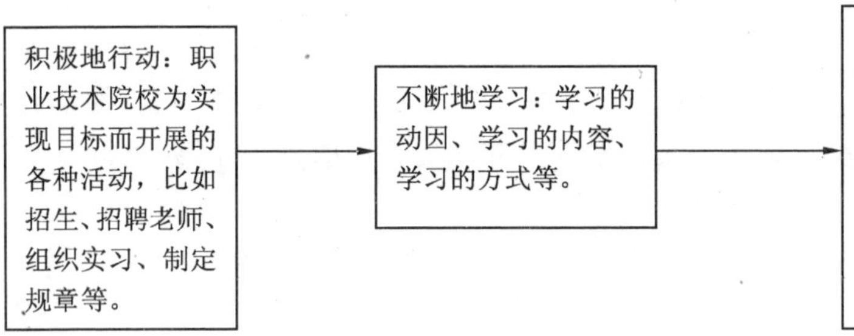

图8-9　职业技术院校“行动—组织学习—成长”分析框架

在高度不确定性的生存环境中,“行动—组织学习—成长”是组织成长的基本脉络,从宁波职业技术学院的发展案例中能够看出这一点,其他职业技术院校的发展也说明了这一点。笔者认为,在当前环境中,任何事先的、不切实际的发展规划都可能是纸上谈兵式的。职业技术学院只有行动、通过行动来体现“学中干”与“干中学”这样一种互动过程,才能真正达到可持续成长。

二、行动——积极、主动、坚决地行动

从生物学上来说,行动是生物体在空间上的移动,比如一只老虎嗖的一声窜出去3米,这是生物学意义上的行动,行动对于生物的生存、成长十分重要。对于一个人或者一个组织来说,行动是个人或者组织为达到某种目的而进行的任何活动,包括外显的行动和内隐的行动。比如人驾驶、读书、步行、打球、动心思

等行动，又比如组织开展的培训、招聘、促销、开会等各种活动。任何组织要成长就要行动，任何组织的成长都是积极行动、主动行动的结果，一个无所事事、没有行动的组织是不可能成长的。换言之，在人们无法对未来进行准确判断和规划的情况下，只有立马行动起来是组织迈向外部环境并可能走向成功（也隐含失败风险）的必然选择。从这层意义上，组织行动可以看作是一个应急的过程，组织通过“干中学、学中干”，才能发现自身优势、劣势，并驱动组织成长。从理论上讲，职业技术院校是一个有着鲜明特点、明确目标的教育组织，它主要通过培养学生来获得社会的认同，为了培养学生，它将开展包括招生、基建、就业、实习、教学、教师培训、内部管理等一系列活动，也是推动学院发展的重要途径。宁波职业技术学院就是一个长于行动、敢于行动、善于行动的组织。为了分析的方便，笔者把职业技术院校的行动大致分为内部行动和外部行动两种。

1. 外部行动

所谓外部行动主要是指组织为了获得外部资源和支持而开展的“走出去、请进来”行动。职业技术院校是一种教育组织，它的运行需要资源，而这些资源几乎都存在于外面，经费需要政府划拨、企业支援，师资需要对外招聘，学生实习需要对应的外部企业接受等，这些都需要职业技术院校走出去，采取主动的、积极的行动，获取组织发展的各种资源。宁波职业技术学院到相关科研院所的走动、与政府的联动、与企业的互动就是比较典型的外部行动。早在学院转职升格的时候，学院就与上海市教育科学研究院职业教育与成人教育研究所建立合作关系，由上海教科院职成教所为宁波职业技术学院提供高职理论和教学方面的指导。另外，学院面向全国知名高校、企业和研究机构延揽了30多位具有高级职称的人才担任系、部主任和学科带头人，初步形成了一支以教授、专家为主体的教学管理队伍。1999年，宁波职业技术学院创办机械系，可是所需要的所有资源几乎都缺乏，师资、设备、厂房等都没有，怎么办？等是等不来的，学院领导把眼光放到校外，决定利用校外的丰富资源。经过几次碰壁以后，他们调整策略，首先取得学院所在地方政府的认同和支持，继而在政府牵线搭桥下，与当地有实力的企业联合办学，由企业提供车间、设备和专业教师，甚至系主任也由企业总工程师担任，教学目标、教学内容由学校和企业共同决定。学院通过“走出去、请进来”的外部行动，积聚了学院成长的资本，明确了学院办学的定位，拓宽了学院办学的渠道，为学生开辟了就业的空间。

2. 内部行动

就是学院内部的管理活动，是指围绕提高教育教学质量而开展的一系列内部管理活动，包括组织架构、建章立制、设定程序等。比如宁波职业技术学院开展的人事制度改革就是比较典型的内部行动。第一,宁波职业技术学院着力构建“小行政、大教学”的管理运行机制,精简院级行政机构,组建了行政、教学、党群三大办公室。第二,实行全员聘任制,公开岗位,竞争上岗,加强岗位意识,明确职责,设立了重大问题24小时内回复的“直通车”制度,实行合约管理,强调依法办事。第三,打破福利型分配制度,承认差别,强化多劳多得、责权利统一的分配观念。在分配政策的制定上向教学科研第一线、高层次人才和工作业绩突出的人才倾斜,尤其注重对某一领域有突出成果人员的奖励。学院还建立了督导制和教学质量动态考核制,加强教学常规管理。学院还相继开展了订单式教学和项目化教学活动。

学校组织的核心职能是培养学生,所以教育组织的一个重要的内部行动是对学生的教育活动。宁波职业技术学院为了培养高职院校学生的自信心,要求班主任老师指导每位学生制定自己的职业生涯规划,明确自己的学习和人生目标;还在校园里面建立大学生创业街,让学生熟悉创业流程、提高创业能力。

总之,一个成长型的组织,必定是一个行动着的组织。一所成长型的职业技术院校,必定是一所丝毫不放松行动的学校。

三、学习——持续、高效地学习

1. 组织学习

虽说“凡事预则立,不预则废”,组织成长须要有一个发展方案来引领,须要有一个未雨绸缪的蓝图来鼓舞员工,比如几乎每所职业技术学院都制定的“十二五”发展规划。但是,组织发展作为一个自发过程,其发展方案制定不会是一个严格的计划过程,实际上是一个通过行动并在行动中不断学习的自我调整和总结的过程,是一个“事后诸葛亮”的过程。在这一行动且学习的过程中,制定方案和执行方案的界限变得模糊不清、难辨彼此,是一个不断地制定、不断地调整、不断地执行的过程。组织学习过程更多地表现为集体学习,领导的作用不再是预想深思熟虑的东西,而是管理学习过程,并在学习过程管理中寻找可能出现的发展方向、发展思路、发展策略。组织学习是形成组织竞争优势、提升组织业绩和增强组织创新能力的重要来源。组织学习为提升组织应对外部环境变化能力,进而调整并改变组织既有规则和战略等提供了基础。可见,组织学习能力是提升组织绩效的重要方面。学习是获取知识的过程,也就是说学习发生在知识取得、分享与使用的过程,组织学习所涉及的层面包括:向何人学,在何处学,如何学习。

组织学习的来源主要包括两个方面:一是榜样组织和可编码的“共有知

识”，对于职业技术院校来说，榜样组织既可以是做得好的院校，也可以是企业、政府机构、国际组织等；二是组织自身的过往体验并形成组织“内含知识”积累，每一个组织的成长都不是一朝一夕实现的，成长的每一个节点都是经验。在组织管理中，组织学习可以被描述为“向其他榜样组织看齐”，即从他人成功经验和教训总结中来看待自身的成长。这是一条最为简单的学习路径，成本最低且收益可能最高。但是，组织不同于个人就在于，组织是一个资源的集合体。而任何一个组织的竞争优势都来自于该组织自身所拥有的资源及资源特质，组织资源特质包括资源具有价值、稀缺性、难以模仿或复制、没有替代品，并能为组织带来持续的盈利等，它导致了组织长期竞争优势。资源的综合运用产生了组织的长期竞争优势。当一个组织向其他组织学习时，它所能得到的可能是有关组织管理的共有知识（指那些可用正式语言等进行编码并系统化、能被传播的知识），而非独特的组织经验，特定组织的经验是难以通过向其他组织学习得到的。这就引致了组织学习的第二个源泉，即从组织过往的经验中学习：组织学习的根本在于通过组织自身的经验积累而不断地纠错与完善自身，其中“干中学、学中干”是组织学习的基本方法。譬如开发一种新课程，引进一项新技术、新方法，或者改造学院的组织机构，推行新的管理制度，都需要学院更新原有知识，吸收或创造出新知识。可以说，职业技术学院的每一项进步都是通过学习实现的。我们认为管理不可避免地要与过去经历中留下印象的过程密切相关，即使强调“思考和规划必须在行动之前”，这个规划也是在吸收以前经验基础上的规划。因此，组织学习行为可以描述为：首先是行动，没有行动，就不可能有过往经验的产生，也就不可能有积累；其次是经验总结和积累，即总结影响行动结果的重大因素，找寻组织运行的机制，辨明组织本身的“优势和劣势”；最后是保留有益的行动，并总结出组织成长中关键且有效的路径，正式形成组织成长策略。

2. 组织学习方式和举措

从组织学习过程及经验积累和分享能力看。职业技术院校组织学习方式和举措主要有：第一，主要领导及其团队就学院走过的历程进行深入全面回顾、反省、研讨和剖析，并就其办学定位达成共识。比如宁波职业技术学院的领导们在建校伊始就基于对国内外职教发展经验的总结完成了对自身的定位，即学院的主要任务是培养高级技术应用型人才，其总的目标是为生产、建设、管理、服务一线输送具有综合职业能力和全面素质的高等技术人才……。第二，学院领导、管理团队、教师到兄弟学校、企业、国外相关机构参观学习，借鉴、吸收并消化成功经验。比如宁波职业技术学院每年用于鼓励和支持教师到高校和企业进修培训的资金近百万元。第三，学院领导成员与学校管理团队积极参与学校以及各类型职业教育发展和改革议题的各种讨论会。第四，设立董事会、专业指导委员会等各种机构，吸收校内外人士参加，积聚各种信息和技术，并对其进行深入分析和吸收，组织学校教职员工就学院定位等问题进行讨论和意见收集、反馈。第五，聘请知名专家为学院发展顾问（比如宁波职业技术学院就聘请中国科学院贺贤土院士，中国工程院朱高峰院士、刘盛纲院士，著名教育专家潘懋元教授，教育部职业教育与成人教育司原司长杨金土为学院发展高级顾问），对学院发展战略进行研讨和咨询，通过咨询和内部沟通，就学校未来发展战略达成共识，并在学院内部大力宣导、沟通、反馈与修正。第六，为适应学院发展需要，借鉴其他企业组织架构和有效管控模式对学院进行深化设计并组织实施。第七，选择学院内部在教育教学方面成绩突出的二级学院（比如宁波职业技术学院的海天学院）作为典型样本，组织其他二级学院管理团队就成败得失进行相互学习、经验交流，促成其经验在组织体内的扩散和分享。第八，通过制定和修订学院章程、董事会议事规则以及其他规章制度，形成良好的董事会决策机制和决策程序，规范学院教职员工、学生的行为，加深师生员工对学院发展愿景的认知和理解，增强他们对学院的认同感，等等。

3. 领导者个人学习对院校成长的影响

"学习是有机体中普遍存在的适应环境的手段之一"①，但是，学习至少可以分为个人学习和组织学习两种类型。前者属于教育学和心理学的研究领域，着眼于新知识与旧知识的融通而实现个人内化的认知过程。后者则属于社会学和组织学的研究领域，更关注学习的动机与动力，学习的效果及其对学习行为的影响。

组织作为一个虚拟"人"是不会学习的，组织学习本质上是针对组织内部的个体或群体而言的；组织学习又不等同于将组织内部每个个体集中起来进行学习，而是指透过组织内部个体间的交流与互动、共同解决组织面临的复杂问题等所形成的组织学习氛围，将组织个体的学习行为集聚为组织的群体经验并内嵌于组织之中、形成组织记忆。个人作为组织学习的最小细胞和学习型组织中的重要主体②，组织中每个领导者、管理者和员工的学习行为和能力对整个组织的学习能力和学习型组织的建设都有重要影响。职业技术院校的学习过程也大体会经历接触、接受、融会和创造性转换等阶段。在这一过程中，发挥关键作用的

① 中国大百科全书总编委会·教育编委会编《中国大百科全书（教育学）》第441页，中国大百科全书出版社，1985年。

② 陈国权、李赞斌《学习型组织中的学习主体类型与案例研究》，《管理科学学报》，2002年第4期。

分别是以学院领导者和部分管理者身份参与其间的群体，他们以个体化的学习方式生成自身的认知变化，再经由管理活动而使习得的知识演化为更具制度形态的结果。领导者是职业技术院校战略方向和组织系统的决策者和设计者，领导者个人学习能力对整个学院在复杂变化环境下的可持续生存和健康和谐发展至关重要。笔者通过观察分析发现，我国职业技术院校领导者的整体学习能力属于较强水平，其8种学习分能力从大到小的顺序依次为反思、获取知识、选择、推广、执行、发现、输出知识和知识管理能力。职业技术学院领导者个人学习能力对组织创新和组织绩效确实具有显著影响关系，这说明职业技术院校领导者个人学习对组织的可持续生存和健康和谐发展非常关键。

4．重视组织学习成本问题

在这里需要强调的是有关组织学习中的学习成本问题。组织学习要承认并有能力承担学习成本。如前所述，组织在行动之前难以形成组织未来“长远规划”，因此，先期行动、试错并承担风险损失在某种程度上就应当成为组织管理常态，能被相关利益人所容忍。但从管理层角度，学习、试错并承担风险损失并不能成为组织不成功的借口：任何学习都要强调组织目标的最终实现——形成组织核心竞争力并将其转化为组织长期可持续的价值增值能力。组织学习应在潜意识中比较“学习成本”和“学习收益”间的关系，努力确保收益能吸收、消化成本。

在这里，学习成本是指组织学习过程中所发生的各种成本和代价，包括因发展方案不当、管理失败等原因所产生的直接或间接损失，以及组织纠错和自我修复过程中所花费的各种管理成本等，比如一些职业技术院校因为方案不当而延误了学院的发展就是学习成本。学习成本会随着学习不断深化而逐步降低，我们假设，聪明的管理者不会在同一件事上犯同样错误。学习收益则是透过组织学习与创新而给组织带来的价值增值，它要求学校管理者在学习过程中必须始终将目标锁定在“职业技术学院核心竞争力培植及持续增长的价值增值能力实现”这一目标上。学习收益直接或间接表现为：1）触发变革。通过学习成本的付出，进而触发组织反省并谋求组织变革，从而为未来发展谋求新的机会和动力。2）形成组织发展战略构想。通过学习积累，逐渐形成相对清晰的组织战略、管理思路。3）整合并高效利用资源。组织学习和整合、利用资源的经验，主要体现在以下要点上：更加有效地将资源集中在战略焦点上；通过从经验中汲取知识和借用其他组织的资源来更高效率地积累资源；将某些资源转化到组织的核心业务中去（如宁波职业技术学院通过后勤社会化改革而将更多资源集中在学院教育教学领域等），从而创造更高效益等。由此可见，组织成长就是组织学习的过程，是一个“学习成本产生—学习收益实现”的交互过程。

四、成长——健康、可持续地成长

组织行为学认为,学习的过程是学习者的行为逐渐得到改变的过程①,任何学习都要强调组织目标的最终实现——形成组织核心竞争力并将其转化为组织长期可持续的价值增值能力。行为的改变以及组织核心能力形成的过程就是成长。成长是指随着时间的推移向着圆满成熟的生长,在量化的方面如身高的增长,经济的增长,或抽象的基础上更加注重积极面的生长,如一个系统变得更加复杂,生物体变得更加成熟完善。所谓组织成长系组织在其所处的社会环境中维持生存和繁荣的能力。而作为职业技术学院的成长主要反映在量和质两个方面的变化。之所以叫成长,在量的方面表现为学校办学规模的稳定增加,比如说校园面积的扩大、在校生数量的增加以及学校层次的改变(由专科升格为本科)等,这种成长虽然在某一时段是必要的,但这不是组织成长的全部,甚至不是组织成长重要的组成部分。笔者认为组织成长重要的一点是质量的提高。和普通学校主要评价学生的学业成就高低不同,职业技术院校评价学生主要看其是否适应当地经济社会发展的需要,是否是有动手能力、个性化和普遍化相结合的实用性人才。具体说来,职业技术院校在质的方面主要看学校之于"人"的成长的帮助和支持有多大,这个"人"包括教师、学生以及学院其他人员。一所好的职业技术院校成长理应包括教师的成长,当然更重要的是学生的成长,正如宁波职业技术学院坚持的学院的一切工作都是为学生服务的;同时,学生的一切表现,又检验着学生的成色。

综合上面,通过对宁波职业技术学院从小变大、从弱变强过程的观察,可以说组织学习贯穿职业技术学院变革过程的始终。这里有几点须要再强调:1)职业技术学院之所以不断学习的压力和动力均来自于外部环境的不确定性和独特知识的不可传播性;2)职业技术学院组织学习过程使得其发展方案的制定与执行之间不再存在明确的界限,二者是一个交互存在过程(彼此不存在先后顺序);3)职业技术学院的组织学习不单纯强调领导和管理层的学习与反省,更强调全院上下都要学习,学院要营造一个浓厚的学习氛围;4)职业技术学院的组织学习不仅是主动地从成功经验中学习、深化和总结,而且也要从失败中学习;5)职业技术学院管理行为的过程,遵循着"既有的行动—学习与总结—战略形成与再行动"这样一个路径,其本质在于为学院健康成长培养创造、积累和利用知识的能力。

---

① 周雪光《组织社会学十讲》第174、177页,社会科学文献出版社,2003年。

第九章

学生成长：示范性高职院建设的归宿

第一节　示范性高职院学生的特点

职业教育研究专家姜大源认为，辩证地分析职业教育对象的特点，包括职业教育对象的基本特点、职业教育教学的基本规律、职业教育教学的基本功能，就能帮助职业院校的学生正确认识自己、正确认识学习、正确认识社会，从而能在职业教育的天地里寻求自己成长的空间，成为全面建设小康社会所需要的生产、服务和管理一线高素质、高技能人才，成为有别于学术型而以高技能为特征的"专家"①。从一定意义上说，教育者、教育对象、教育措施作为构成教育活动的三大基本要素，教育者没有对教育对象特点的充分了解与把握，一切教育措施就会显得无的放矢，最终导致教育效果必然是低效、无效，甚至于只有负面效果。当代教育学者严元章在其著作《中国教育思想源流》中谈及教育效果时说："书本教育教出来的学生，一般并不够好。好教育必须注重教人，以教人为主。这是说，好教育的所有活动，要以人为主；但不是以教的人为主，而是以学的人为主。"② 我们认为要把握高职院校学生的特点，有两个维度特别重要：一是理论视角的变化，多元智能理论对人的多种类型发展的可能作了最确切的说明，必须依此才能对高职学生特点有科学的认识；二是社会环境的变化，我国近十多年的社会发展是影响高职学生成长的基本环境，必须依此形成对高职学生特点动态的认识。

---

① 姜大源《职业教育学研究新论》第 234 页，教育科学出版社，2007 年。

② 严元章《中国教育思想源流》第 137－138 页，广东教育出版社，2012 年。

一、多元智能视野中高职院学生的特点

尊重劳动,尊重知识,尊重人才,尊重创造,这是全社会都应崇尚的风气。但是,基于传统"万般皆下品,唯有读书高"的观念,对劳动、知识、人才以及创造的认识仍存在种种偏差。特别是以为社会培养高素质劳动者和专门人才为己任、直接为社会创造价值的职业教育,却往往被看成是一种"二流教育",以致造成许多接受职业教育的青少年颇有"破帽遮颜过闹市"、低人一等的感觉。其实,高职院校的培养对象,与普通高等学校的培养对象相比,在智能结构与智力类型方面有着本质的区别。因此,拿一把尺子去考核、去衡量所有的学生,而从根本上忽略智能和智力的差异,显然是不公平,也是不科学的。例如,用数论的理论知识试题去考数控机床操作工人,结果肯定是负面的;同样,用数控机床的操作知识(这也是一种知识)试题去考数学家,其结果也必定是负面的。所以,对具有不同智能结构与智力类型的学生应该用不同的标准去考核、去衡量,才是正确的做法。

美国哈佛大学心理学家加德纳教授的多元智能理论认为,个体身上独立存在着与特定认知领域或知识范畴相联系的七种以上的智能①。加德纳认为过去对智力的定义过于狭窄,未能正确反映一个人的真实能力。人的智力应该是一个量度他的解题能力(ability to solve problems)的指标。根据这个定义,他在《心智的架构》这本书里提出,人类的智能至少可以分成七个范畴(后来增加至九个):1) 语言智能(Verbal/Linguistic):这种智能主要是指有效地运用口头语言及文字的能力,即指听说读写能力,表现为个人能够顺利而高效地利用语言描述事件、表达思想并与人交流。这种智能在作家、演说家、记者、编辑、节目主持人、播音员、律师等职业上有更加突出的表现。2) 逻辑数学智能(Logical/Mathematical):从事与数字有关工作的人特别需要这种有效运用数字和推理的智能。他们学习时靠推理来进行思考,喜欢提出问题并执行实验以寻求答案,寻找事物的规律及逻辑顺序,对科学的新发展有兴趣。即使他人的言谈及行为也成了他们寻找逻辑缺陷的好地方,对可被测量、归类、分析的事物比较容易接受。3) 空间智能 (Visual/Spatial):空间智能强调,人对色彩、线条、形状、形式、空间及它们之间关系的敏感性很高,感受、辨别、记忆、改变物体的空间关系并借此表达思想和情感的能力比较强,表现为对线条、形状、结构、色彩和空间关系的敏感以及通

---

① 参见李利、王瑞明《多元智能理论及其对我国职业教育的启示》,《河南职业技术师范学院学报(职业教育版)》,2002 年第 6 期。

过平面图形和立体造型将他们表现出来的能力。能准确地感觉视觉空间，并把所知觉到的表现出来。这类人在学习时是用意象及图像来思考的。空间智能可以划分为形象的空间智能和抽象的空间智能两种，形象的空间智能为画家特长，抽象的空间智能为几何学家特长，建筑学家形象和抽象的空间智能都很高。4）肢体运作智能（Bodily/Kinesthetic）：善于运用整个身体来表达想法和感觉，以及运用双手灵巧地生产或改造事物的能力。这类人很难长时间坐着不动，喜欢动手建造东西，喜欢户外活动，与人谈话时常用手势或其他肢体语言，学习时是透过身体感觉来思考。这种智能主要是指人调节身体运动及用巧妙的双手改变物体的技能，表现为能够较好地控制自己的身体，对事件能够作出恰当的身体反应以及善于利用身体语言来表达自己的思想。运动员、舞蹈家、外科医生、手艺人都有这种智能优势。5）音乐智能（Musical/Rhythmic）：这种智能主要是指人敏感地感知音调、旋律、节奏和音色等能力，表现为个人对音乐节奏、音调、音色和旋律的敏感以及通过作曲、演奏和歌唱等表达音乐的能力。这种智能在作曲家、指挥家、歌唱家、乐师、乐器制作者、音乐评论家等人员那里都有出色的表现。6）人际智能（Inter-personal/Social）：人际关系智能，是指能够有效地理解别人及其关系，以及与人交往能力，包括四大要素。一是组织能力，包括群体动员与协调能力。二是协商能力，指仲裁与排解纷争能力。三是分析能力，指能够敏锐察知他人的情感动向与想法，易与他人建立密切关系的能力。四是人际联系，指对他人表现出关心，善解人意，适于团体合作的能力。7）内省智能（Intra-personal/Introspective）：这种智能主要是指认识自己的能力，正确把握自己的长处和短处，把握自己的情绪、意向、动机、欲望，对自己的生活有规划，能自尊、自律，会吸收他人的长处。会从各种回馈渠道中了解自己的优劣，常静思以规划自己的人生目标，爱独处，以深入自我的方式来思考。喜欢独立工作，有自我选择的空间。这种智能在优秀的政治家、哲学家、心理学家、教师等人员那里都有出色的表现。内省智能可以划分两个长层次：事件层次和价值层次。事件层次的内省指向对于事件成败的总结，价值层次的内省将事件的成败和价值观联系起来自审。8）自然探索智能（Naturalist，加德纳在1995年补充）：能认识植物、动物和其他自然环境（如云和石头）的能力。自然智能强的人，在打猎、耕作、生物科学上的表现较为突出。自然探索智能应当进一步归结为探索智能，包括对于社会的探索和对于自然的探索两个方面。9）生存智慧智能（Existential Intelligence，加德纳后来补充）。

在这一分类中，既有我们中国人传统“偏爱”的逻辑、数理智能以及言语、语言智能，也有偏重于技艺、技巧和技能的音乐、节奏智能，视觉、空间智能及身体、动觉智能,还有体现现代研究成果的偏向于心智操作的交流、交往和自知、自省智能。根据这一理论,每一个体由此组成的智能结构并因此而呈现的智力类型是不同的,存在着极大的差异。这意味着,人类智能的多元性决定了个体的智能倾向(能倾)也是多种智能组合集成的结果。从总体上来看,可将个体所具有的智力类型大致分为两大类:一是抽象思维,二是形象思维。前面多次指出,通过学习、教育与培养,智力类型为抽象思维者可以成为研究型、学术型、设计型的专家,而智力类型主要为形象思维者则可成为技术型、技能型、技艺型的专家。所以,对"专家"这一概念的理解,应该有一个新的诠释。数学家、物理学家、医学家是专家,工程师、政治家、歌唱家是专家,高级技师工、技术员、高级技师同样是专家。应该说,他们是在社会不同工作岗位、不同工作阶段、不同工作层面上的不同工作类型的专家,其对社会的发展,对人类的贡献,都具有相互不可替代的作用。教育的根本任务,就在于根据人的智能结构和智力类型,采取适合的培养模式,针对每一类教育的特点,来发现人的价值,发掘人的潜能,发展人的个性。

实践表明,高职教育的教育对象,主要具有形象思维的特点。高职院学生,与相应层次的普通高等学校专科、本科的学生相比,是同一层次不同类型的人才,没有智力的高低贵贱之分,只有智能的结构与智力类型的不同。所以,职业教育与普通教育的培养对象在智力类型上的差异,决定了两类教育的培养目标的差异——社会所需要的不同类型的人才,因此,它们是两类不同类型的教育。

现代教育研究表明,具有不同智能类型和不同智力结构的人,对知识的掌握也具有不同的指向性。教育实践和科学研究都证明,形象思维强的人,能较快地获取经验性和策略性的知识。这正是职业教育的优势,也正是大多数职业院校的学生的优势。因此,课程作为知识的载体,对不同类型的教育来说,在选择课程内容时,对过程性和陈述性这两种基本属性的知识的取舍也就必然有所侧重。这里,选择的依据是课程开发应该遵循的科学性、情境性和人本性原则。

由于大多数职业院校学生具有偏于"形象思维"的智力类型,其课程开发应以情境性原则为主、科学性原则为辅。现实生活中不少生动的例子都表明,这是培养技能型、技术型、技艺型甚至管理型"专家"的成功之路,从某种意义上讲,也是必由之路。

例如,只有 22 岁的青年网络专家李明,曾在河北高考中落榜,后经自学及职业实践磨炼,终成大器,成为许多中央国家机关办公网络的主要设计者。黑龙江一名中专毕业生,通过职业教育学会如何根据自己的智能特点结合实际的职业环境学习,终于学有所成而留学美国哈佛大学商学院攻读工商硕士。一个极端的例子是,连 5 元、10 元钞票都不认识的武汉弱智儿童周舟,因不能上学,从小成了当大提琴手的父亲的“陪练”，历经长年音乐情境熏陶、潜移默化而使其对音乐节奏的智能得到一定程度的开发，产生对节奏的特殊敏感，终究“自食其力”，成为中国残疾人艺术团乐队指挥，并远涉重洋，在世界人民心中留下了美好印象。

当然，不只是人的智能类型不同，为了提高教育的针对性，我们还要了解人的个性心理特征和学习风格的差异。心理学分析，个体外显的心理特征可分为四种：1）领导型，个体常常自觉不自觉地成为群体中有主见的核心或灵魂；2）专家型，即个体处理事情重分析归纳，冷静而富于理性；3）随意型，即个体不善于独立思考，缺乏主见和方法而随大流；4）孤僻型，常自我游离甚至隔绝于群体之外，或盲目清高自大，或冷漠与世无争。与个体心理特征紧密相关的学习方式，或者说适合自己学习习惯和思维定势的途径，也可以分为四种：1）互动学习型，即习惯于诸如网络学习、交流讨论等交互方式；2）行动学习型，即习惯于诸如实际操作、动手尝试等实践方式；3）听觉学习型，即习惯于诸如朗读背诵、口头解释等听觉方式；4）视觉学习型，即习惯于诸如资料默读、图形自绘等视觉方式。

总之，掌握对职业教育对象的智力类型、心理特征、学习风格的准确定位，并以此为依据，认识职业教育的特点，让学生充分发挥自己的长处，将大大增强高职学生接受职业教育同样能成才的信心。

二、新的时代背景下高职院学生的特点

人是自然生物的人，更是社会历史的人。当前“90 后”大批学生进入高职院，这些不同于以往时代的学生带有浓重时代和社会特色的气质。

首先，“快餐”文化催生早熟，辨别能力显得不足。网络是 90 后学生离不开的学习工具，从网络等媒体中学生可以轻易地获得各种文化信息，接受的海量信息使他们的思想更为早熟，扩大了知识面，开阔了视野，心智发展超前。他们习惯在网络上交流情感，许多同学的手机都带有移动 QQ 或飞信功能，虽然为了方便快捷，常常喜欢使用网络的“火星文”与人沟通，但是他们在讨论问题时观点深刻、逻辑严密、善于表达，甚至有强迫自己用成年人的思维思考问题的倾向。加入了他们的 QQ 群后，感受到他们喜欢发表自己的见解，并且会对各项事物进行分析与讨论，并非随便地盲从。但正是这种便利让“90 后”大学生出现了“浅阅读”文化现象，获得了大量信息，却没有进一步学习和借鉴。通过虚构的世界学习，缺少了与现实世界的沟通与交流，很容易出现内心的空虚和无助。在高职院校，因为生源的成绩相对较低，学生本身带有不同程度的自卑感，又因年龄关

系自我控制力较差，一部分人存在着依赖网络的现象，不愿与老师、同学相处交流，在班级中成了“隐形人”。

其次，思想独立有反叛意识，过于以自我为中心。根据网络调查显示，66%的考生入学志愿是自己拿主意的，当然他们也很尊重父母的意见，现在父母也会放心地把选择权交给孩子。在出远门方面，可能女孩子的父母比较不放心孩子独自出远门，总的说来约63%的家长是放心的，同时没有出过远门的也是少数。现阶段社会文化思想的“百花齐放”，多种思想的碰撞，使成长起来的“90后”大学生不是盲目地接受某种思想和理念，具有一定的选择性和自我性，导致一部分学生缺乏理想和信仰。许多“90后”的大学生有自己的观点，敢于反抗，对父辈、学校一些不甚合理的说法和规定敢于质疑，语言的创新性更强，但是他们的反叛意识也会出现偏差，一旦学校和集体出现意外事件，比如偶然的停水、停电，有些学生会通过起哄、制造混乱来宣泄心中的情绪和不满。“90后”大学生大多是独生子女，父母的管教趋向于对孩子过分呵护，导致自我意识增强，存在以自我为中心、合作意识淡漠等不足。而在高职院校中学生家庭类型相对较多，来自单亲家庭、离异家庭的学生占有一定比例，这些学生对家庭的概念比较淡漠，往往产生社会、家庭对自己是不公平的想法，内心世界从童年开始变“老”。

再次，未来发展目标明确，行为过于功利化。绝大多数同学对自己的将来已经有了明确的目标，知道自己努力的方向。有关调查显示，当问及“你对自己未来的职业发展规划的设想是成为一个什么样的人”时，高职学生的选择依次是白领（47%）、企业家（20.5%）、出国发展（15%）、公务员或事业单位职员（5%）。“90后”高职生对于自己的未来有着独特的认识和理解，绝大多数（98.5%）学生都有了自己成才发展的大致规划。但是，调研者也发现，学生的目标定位明显受到市场经济大环境的影响，呈现更加务实的倾向。在入学教育中，许多新生最喜欢问的问题，都是关于他们各自已经确立的目标如何更好地去实现，须要做出哪些方面的努力，还有如何才能更有效地去实施他们的计划等。当然，功利行为的增多主要和现在社会阶段竞争激烈、就业难对大学生造成的压力有关，信息的普遍性让他们比较了解中国社会的主流思想和价值观，且价值观更加现实。在大学生生活中所有的行为都以是否有利于今后找工作为评判标准，当班干部、入学生会、入党这些对学生今后顺利就业能起到重要作用的活动和行为成为学生们重视的事情，很多学生在阐述自己的目的时直白地表达了参加活动的目的，而且认为这样做很正常，大家都在这样做。

第四，内心情感体验丰富，缺乏挫折锻炼。“90后”是最年轻的一代，年轻让人自信，让人充满激情。这种自信不是举起拳头的宣誓，而是从谈笑、举止中就能感受到的一种对自己的能力、对未来的成功毫不怀疑的气质。他们极少有对未来的失望和迷茫。不管是在开学伊始的班会上，还是在各种干部的竞选中，他们都是积极地参与，没有任何的胆怯与退缩，总是愿意勇敢地尝试，展示出自己各个方面的才华。他们出生在改革开放以后的年代，物质条件相对丰富，在家里也经常是集万千宠爱于一身，因此缺乏挫折锻炼，逆反心理特别强，容易产生心理问题。在开学一段时间，宿舍里的矛盾已经开始逐渐加深，摩擦也变得越来越大，如作息时间的不一致，甚至宿舍公共事务的分配和公共支出的分担都可以成为宿舍成员矛盾的导火索。相对而言“80 后”的学生，尽管习惯和行为模式差异明显，但协商一致、磨合成功的情况则多得多。还有，社会经济、文化环境的变化使得“90 后”大学生接受思想相对开放，更容易表达内心的情感，对于恋爱有着自己的观点和想法。由于没有经历过大的风浪，致使他们的心理普遍比较脆弱，容易受到伤害，进而产生自卑、焦虑等心理问题，如果没有正确的引导，易导致一步错步步错现象高频率地发生。

第二节 示范性高职院学生成长的涵义

一般来说，学生成长是指个体在学生生涯阶段中身心上持续的有规律的变化过程，特别是使学生的身心向积极方向变化的过程。学生的成长受到遗传因素、社会环境、学校教育以及学生主观能动性的影响。社会和教育对学生提出的要求所引起的学生新的需要与学生已有的心理水平之间的矛盾，是学生不断向前发展的根本动力。我们认为，示范性高职院学生的成长既是身心交织的全面成长，又是习得能力的专业成长；既是师生互动的共同成长，又是寻找自我的个体成长。

一、身心交织的全面成长与习得能力的专业成长

1. 身心交织的全面成长

人是身心合二为一体，身心和谐才是人们所应当追求的发展境界。

高职院学生的年龄，新生 17—18 岁，毕业生 21—22 岁。因此，我国目前的高职院学生绝大多数属于青年中期，部分高年级学生进入青年晚期。这一时期生理发展的基本特点是，身体发育经过第二次生长快速时期（11—17 岁之间）后，骨化逐渐完成，虽有缓慢生长，但基本趋向稳定；身体各部分的长度、宽度、围度逐步进入生长稳定期，身体内部各系统、各器官的机能也逐渐成熟和健全，各

部分的受力及运动负荷接近或达到最佳水平，为身体形态均衡发展提供了物质前提；男生较壮实，女生较丰满，男女差别显著。可见大学时期是人体发育的最后时期，是人体机能旺盛、生机勃勃地步入成人阶段的前夜。大学生生理发育成熟还表现在，脑细胞活动的数量迅速增加，联络神经纤维大量发挥作用，尤其是第二信号系统的调节功能的迅速增强，使大脑皮层的发育达到了基本成熟的水平，为思维发展创造了物质基础。这些生理特点为大学生从事激烈的活动提供充沛的精力，并且在心理上表现出好奇、好胜和好动的特点。

高职院校大学生正处于青年中期，个体的生理发展已接近完成，已具备了成年人的体格和生理功能，但在心理发展上是正在走向成熟而又未完全成熟。大学校园是一个不同于任何别的环境的特殊地方，从中学到大学，大学生的生活环境发生了巨大改变。此外，当前我国社会各个领域正在进行全面而深刻的变革，社会进步，经济飞速发展，这些必然会波及和影响到当代大学生，各种信息都会在他们身上产生综合作用。在整个大环境的影响下，当代大学生的心理发展呈现出十分明显的新特点：一是认知能力迅速增强。18—22 岁这一年龄阶段的大学生正处于智力发展的高峰期，观察力、记忆力、思维力、想象力都达到了人生中的最佳时期。大学生智力发展中最大的特点是思维能力的发展，他们思维的独立性、合理性、灵活性和批判性显著增强，思维活跃成为当代大学生的一大优点。然而，由于个人阅历较浅，缺乏生活经验和丰富的知识积累，并且看问题时掺杂了个人的感情色彩，大学生往往有过分自信、偏激和固执己见的倾向，存在把社会问题看得过于简单的情况，容易陷入主观、片面和“想当然”的境地。二是成长意识发展迅速，社会需求迫切。由于生活环境的变化：从家门到学校、从中学到大学，大学生脱离了父母的呵护和中学老师的严格约束与管理，开始了相对独立的生活。同时，伴随着年龄的增长和身体的发育与成熟，成人感、独立感骤然增强，他们逐渐意识到自己是个大人了。随着这种成人感的出现，大学生相应地表现出独立性和自主性。他们希望参加成年人的活动，更希望别人把自己当作成年人看待，让自己享有与成人同等的社会地位和权利，与成年人建立平等友谊的新关系。三是情绪、情感的强烈体验。情绪和情感丰富多彩，内容更加深刻。大学生充满青春活力，随着文化层次的提高，生活空间的扩大，形成了丰富、复杂而又愈益深刻的情感世界。四是爱情需要与性意识的进一步发展。随着大学生生理发育的基本完成，他们的性意识也开始明朗化和迅速发展起来。男女大学生已不再为“第二性征”的出现感到羞涩或反感了，而是通过各种形式展现性的魅力。五是个性与归属同在。作为年轻人，大学生追求个性的释放，他们希望自己成为有独特风格的人，也喜欢有独特风格的产品与品牌，但是这种独特是群体的独特，作为每天进行全方位、立体性相互接触的群体，他们具有高度的一致性；作为群体中的个体，他们希望并主动与群体保持一致，渴望获取群体的认同。“老板”成了他们对导师的共同称呼，QQ 成了所有大学生沟通工具，“我的地盘我做主”成了所有年轻人偏爱的广告词。

2. 习得能力的专业成长

在一定意义上，大学生之为大学生就是要学到高深的学问，获得将来立足社会的实际本领。大学生的专业成长须要掌握扎实的专业知识、拥有合理的知识结构、发展比较全面的素质和养成良好的道德品质，成为一个全面发展的新时代青年。

扎实的专业知识对于大学生未来的发展如同登山的拐杖，有了它，人生的登峰可以攀得更快、更高。专业知识是任何一个大学生区别于其他同龄人的重要标志。现代社会是分工创造出的效率，所以要有专业知识，专业知识还是学术品格形成的基础，没有学术品格，就很难有科学精神，将来也很难有实事求是的勇气。

合理的知识结构如同人成长需要的营养均衡，只有粗细、荤素搭配，才有利于人的健康，所以不能偏食。良好的知识结构是大学生提升人生品质的前提，但是，因为受到功利主义影响，对升学、找工作没有直接用处的知识很容易被学生所忽视。大学阶段是为人生发展打基础的时期，升学、找工作并非人生的全部内容。专业知识的掌握是大学生在现代社会生存的本领，大规模的社会分工也只是近三四百年社会工业化的产物，它也不是人类社会的全部。合理的知识结构是人充分发展的基础。

比较全面的素质养成如同蜜蜂酿蜜，集百花之粉，采回蜂巢，经过酿造，生产出甘甜的蜂蜜。素质的养成是人的能力缓慢发展的过程，是人全面发展的结果。大学是学校教育的最后环节，是学生社会化的重要阶段，大学生应该主动培养自己比较全面的素质，为将来做一个合格的社会人打好基础。内容单纯的知识积累并不是教育的目的，教育是一切已学过的东西都忘掉之后所剩下的东西，所剩下的东西意指人的素质。素质包括哪些内容呢？现代出版社出版的《青年成才学习读本》指出，素质包括学习、信念、自信、情商、心理、文化等六个方面。

良好的道德品质如同行程中对路人的微笑，跟你的目标相比，与你同行的人更重要。道德品质即是在与别人进行交往中表现出的行为习惯和精神风貌。没有德行的教育是一种罪恶，因为仅有足够的知识，失去德性，就有可能危害社会。

二、师生互动的共同成长与找到自我的个体成长

1. 师生互动的共同成长

教育与教学在本质上都是关怀和指导人成长的,这里的人既包括学生,亦包括教师。西方教育哲学家杜威认为,"教育即生长"。而我国古代最早的教育专著《学记》中却有"教学相长"的说法。原文是:"是故学然后知不足,教然后知困。知不足然后能自反也,知困然后能自强也。故曰教学相长也。"教学相长的本意为教和学两方面互相影响和促进,都得到提高,后多指教师与学生之间相互促进,共同提高。在高职研究界,2004 年为指导高职院校教师(尤其是刚踏入高等职业院校的大学毕业生或从企业进入高等职业院校的技术人员)的教育教学,由教育部高等教育司和全国高职高专校长联席会组织编写的"银领工程"系列丛书中便有一本广受好评的《教学相长》。

如果从大家今天比较接受的意思上来理解教学相长,那其实就是说教师与学生之间是彼此互为主客体,彼此只能是共同成长(其中也包括学生之间的共同成长)。就是说如果教师停滞了,不再有良好的成长(当然主要是指非身体性方面的),那么就难说学生得到了良好的成长。陶行知说过,教育者最大的幸福是创造出值得自己崇拜的学生。只有在教学过程中师生平等和谐相处,互尊互爱,互相配合,发扬民主,才能充分发挥教师教的主导作用,确保学生学的主体地位,达成教学目的,圆满完成教学任务。在教学过程中我们要正确看待师生这对矛盾,教师教的主导作用和学生学的主体地位是相辅相成又相互排斥的关系,这一关系原理确定了师生在教学过程中的平等地位。因此,决不能因强调主导作用而否认主体地位,也不能因强调主体地位而否认主导作用,把二者关系割裂开来,否则工作就会出现不必要的失误和挫折。如一味强调教的主导作用,则势必把学生变成学习机器,如一味放大学的主体地位,则学生要么是无师自通的神童,要么是白卷英雄张铁生式的人物。

师生互动取广义理解就不限于一师一生的互动,而应当包括师生各自群体之间的互动及受教师或学校环境影响下的生生之间的互动。当今我们不难认识到,"大学同窗"是每个人日后发展重要的人际和情感资源。除了课堂教学的共同活动之外,学校里同宿舍的相处,社团活动、志愿者服务之类的社会实践活动等过程中,学生彼此之间的交往与合作,都会对对高职学生的成长具有重要意义。总之,对示范性高职来讲,师生之间共同成长应当成为一种普遍被接受的观念。

2. 寻找自我的个体成长

有人说，人的心智真正开始成长是从认识自己开始的，人的成长永远少不了自我成长，正如教育永远离不开自我教育。自我目标的寻找不是很困难的事情，自我教育也是很有乐趣的过程。这里面最重要的关键词就是自我与成长。希腊有一句名言就是：认识你自己。人对自己的认识，那种热情是永远不会枯竭的。认识你自己关系到活着的意义，关系到生和死的问题，关系到生活的动力，关系到我们潜能能不能发挥出来的问题。自我的成长所指的不是我们外在的体貌成长，而是人内在精神的一种成熟，这种成熟可以用另外一个术语来表示，就是发展，积极的向上力量的更好的发展。

对高职院大学生来说，自我成长一词明示了自我是个体成长的第一负责人，如果这份责任承担不起来，那么就很难说真正存在教育学意义上的学生成长。网上盛传《大学生成长求职过程：十八条受益一生的定律》①，思考得非常有深度，而且涉及大学生成长的多个重要方面。我们不妨来看看：

第一条：一定要有独立的人格、独立的思想。一个经过独立思考而坚持错误观点的人比一个不假思索而接受正确观点的人更值得肯定。不要成为灌输教育的牺牲品。

第二条：仕途，商界，学术。大致说来，每个人都注定要走上三条道路中的某一条。在进行职业生涯规划的时候，不妨以此作为思考的出发点。根据不同的职业生涯规划来塑造各自的核心竞争力。只有知道自己以后要做什么，才能知道自己应该学什么。

第三条：专业无冷热，学校无高低。没有哪个用人单位会认为你代表了你的学校或者你的专业。千万不要因为你是名牌大学或者热门专业而沾沾自喜，也大可不必因为你的学校不好或者专业冷门而自卑。

第四条：千招会，不如一招熟。十个百分之十并不是百分之百，而是零。如果你有十项工作每项都会做百分之十，那么，在用人单位眼中，你什么都不会。所以，你必须要让自己具备核心竞争力。“通才”只有在“专才”的基础上才有意义。

第五条：不逃课的学生不是好学生。什么课都不逃，跟什么课都逃掉没什么两样。一定要掌握学习的主动性，不要像读中学一样被老师牵着鼻子走。逃课没有错，但是不要逃错课。

第六条：一定要学会理财。对于贫困生来说，首先要做的不是挣钱，而是省钱。很多大学生读书的时候一掷千金，可是，毕业以后一个月的工资还不够交半

① http://news.xinhuanet.com/edu/2007-09/27/content_6799280.htm

个月的房租。

第七条:大部分女生将电脑当成了影碟机,大部分男生将电脑当成了游戏机。大学生要掌握必要的计算机操作能力,但是,很多时候电脑会成为浪费时间的堂而皇之的借口。有电脑的大学生非常多,可是,这中间很多人可能大学毕业的时候还不会 Excel,不会做一个像样的 PPT。

第八条:做事不如做人,人脉决定成败。一个人有多少钱并不是指他拥有多少钱的所有权,而是指他拥有多少钱的使用权。一个人具备多少能力,不只是说他一个人的时候能做什么,还包括他能通过别人做什么。一个人赚的钱,12.5%是靠自身的知识,87.5%则来自人脉关系。30 岁以前靠专业赚钱,30 岁以后拿人脉赚钱。所以,请好好珍惜大学期间建立起来的人脉关系。这几年你认识的朋友可能会是你毕业以后最可宝贵的财富。

第九条:互联网固然威力无穷,但是,如果你沉迷于网络聊天,或者沉迷于网络游戏,浪费的金钱倒是可以弥补,荒废的青春就无可追寻了。轻舞飞扬已经红颜薄命了,而痞子蔡却继续跟别的女孩发生着一次又一次的亲密接触。对于很多大学生而言,网吧就是一个血淋淋的黑洞。

第十条:爱情是不期而至的,可以期待,但不可以制造。花开堪折方须折,莫让鲜花败残枝。一个有一万块钱的人为你花掉一百元,你只占了他的百分之一;而一个只有十块钱的人为你花掉十块,你就成了他的全部。

第十一条:研究生扩招的速度是 30%,也就意味着硕士学历贬值的速度是30%。千万不要以为考研究生就是积极进取的表现。对于很多人而言,考研不过是一种消极逃避的方式罢了。对于绝大多数人而言,读研究生纯粹是浪费时间浪费金钱,立志从事科研、学术的人及其他少数人除外。

第十二条:不要一门心思想着出国,更加不要迷信外国的月亮比中国圆。削尖脑袋记 GRE 词汇很可能是一件非常愚蠢也非常可悲的事情。既然全世界的公司都想到中国的市场上来瓜分蛋糕,为什么中国人还要一门心思到国外去留学然后给外国人打工?

第十三条:人才市场就是一个地雷阵。通过多种方式求职固然没有错,但是千万不要饥不择食。只要用人单位一说要你交钱,你掉头就走便是了。

第十四条:求职简历必须突出自己的核心竞争力。求职的时候大可不必像严守一那样"有一说一",必要的时候恰到好处地说一些谎言是非常有用的。一份求职简历只要用一张 A4 纸做个表格就足够了。很多女生的求职简历就像是写真集,不但浪费钱,而且对求职毫无用处。面试其实是有规律的,每次面试的时候只要背标准答案就行了……

第十五条:垃圾是放错位置的人才。所以,在找工作的时候一定要把自己放到那个让你成为人才而不是垃圾的职位上。当然,前提是你要知道自己究竟想做什么、究竟适合做什么。

第十六条:大公司是做人,小公司是做事。进入公司工作以后,必须尽快融入写字楼政治。职员能否得到提升,很大程度不在于是否努力,而在于老板对你的赏识程度,在写字楼的政治斗争中,一定要学会自我保护。

第十七条:一定要有创业的勇气和魄力。

第十八条:大学期间一定要多去图书馆多去自习室。很多书你现在不读,一辈子就再也没有机会去读了。虽然不是每本书看了都一定有用,但是,因为你不知道究竟哪本书以后会有用,所以只好多看书,并且抛弃那些过于功利的想法。尽管每次网到鱼的不过是一个网眼,但要想捕到鱼,就必须要编织一张网。

只要细读其中的每一条,从"独立"、"主动性"、"你"、"自己"、"自我"之类词汇中,我们不难发现:先要努力找到属于自己的地盘,然后才有"我的地盘我做主"的自信。如此说来,所谓自我个体成长,说到底就是能够自我抉择、自我完善的过程。

第三节　案　　例

解构成功:宁波职业技术学院毕业生生命历程调研报告①

任君庆　戚　音

一、引言

个体生命带有社会世界的"印记"自始至终,学校教育为个体生命的"着色"或深或浅。借用社会学中的生命历程理论,无疑有助于人们拓展研究职业教育的视野。生命历程理论侧重于研究剧烈的社会变迁对个人生活与发展的显著影响,将个体的生命历程看做是更大的社会力量和社会结构的产物②。既往对职

① 载《职教论坛》,2011 年第 21 期。

② 郭于华、常爱书《生命周期与社会保障——一项对下岗失业工人生命历程的社会学探索》,《中国社会科学》,2005 年第 5 期。

业学校毕业生的研究,较多地停留在事迹介绍、孤立研究的阶段。而在实际生活中,作为生存于特定社会中的生命个体,职业学校毕业生的成长历程是非常复杂的,受到周围多种因素的影响①。如从层次上,就有宏观的社会结构转型影响、中观的市场改革、家庭、学校、企业等要素影响及微观的同辈群体影响等。关于这些因素在职业学校学生生命成长过程中的作用和规律的研究,目前还基本是空白。

本研究试图通过对我校首届毕业生的抽样调查,以期了解毕业生当年在校与毕业后多方面的状况,并在分析的基础上,寻求职业学校更好地服务学生进而更好地服务社会之道。

二、研究方法

1. 调查对象

本研究的调查对象主要涉及我校商务英语、应用英语、国际商务、商务日语、应用日语、应用韩语、应用化工、应用电子技术、建筑管理等专业首届毕业生。共收到有效问卷175份,覆盖了宁波职业技术学院的代表性专业,且调查样本具有较强的代表性,为开展宁波职业技术学院毕业生成长历程研究提供了可能性。

2. 调查方法

本次调查通过填写纸质或网上调查问卷两种方式进行。调查问卷由三个部分共33道题构成。第一部分为基本情况调查,第二部分是毕业后的成长历程调查,第三部分是毕业生在校时的成长历程调查。

问卷题目包括单项选择、多项选择、量表程度选择等封闭型问题和若干问答式开放型问题。问卷设计合理,具有一定的信度和效度。

所有有效问卷数据经整理并输入电脑后,运用SPSS13.0进行了统计和分析。

三、调查结果统计与初步分析

1. 基本情况调查统计与分析

在学历情况调查中,专科有161人,占92%;本科9人,占5.14%;中专5人,占2.86%(见图9-1)。

① 庄西真《学做技术工人——从职业技术学校到工厂过渡的实证研究》第63－79页,外语与教学研究出版社,2010年。

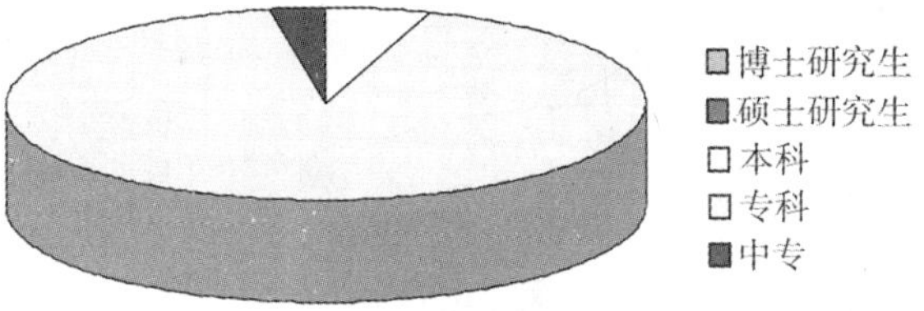

图 9-1　学历分析

职称情况调查中，正高级 3 人，占 1.71%；副高级 2 人，占 1.14%；中级 20 人，占 11.43%；初级 46 人，占 26.29%；技术员 22 人，占 12.57%；初级以下职称 82 人，占 46.86%（见图 9-2）。

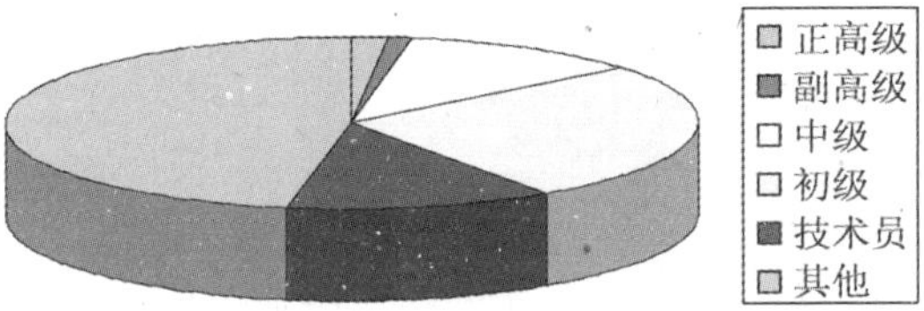

图 9-2　职称分析

有 3 人拥有处级级别，有 7 人拥有科级级别，占 3.9%；科员 57 人，占 32.57%；科员以下 108 人，占 61.71%（见图 9-3）。

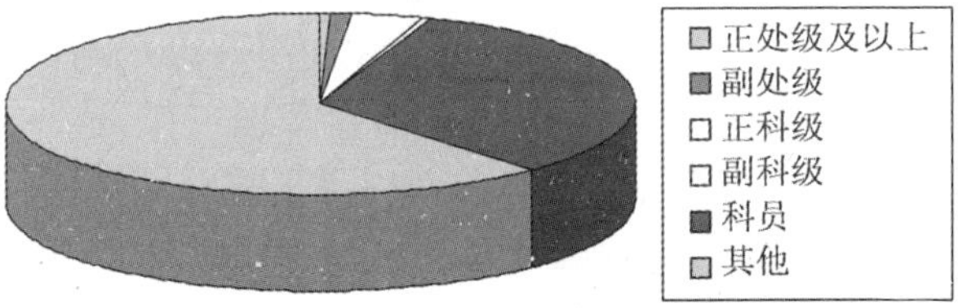

图 9-3　行政级别分析

有 46.29% 的毕业生拥有职业或执业资格证书，技师（二级）2 人，占 2.86%；高级（三级）14 人，占 8%；中级（四级）35 人，占 20%；初级（五级）27 人，占 15.43%；初级以下 94 人，占 53.71%（见图 9-4）。

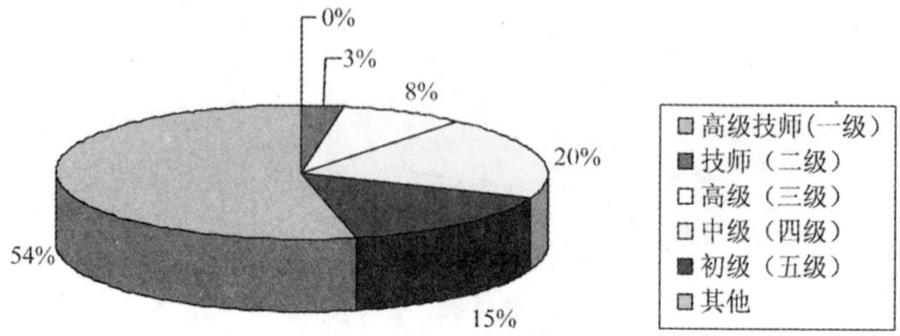

图 9-4　职业资格分析

国家机关 2 人，占 1.14%；国有企业 7 人，占 4%；外资企业 18 人，占 10.29%；合资企业 10 人，占 5.71%；私营企业 115 人，占 65.71%；事业单位 4 人，占 2.29%；其他 18 人，占 10.29%（见图 9-5）。

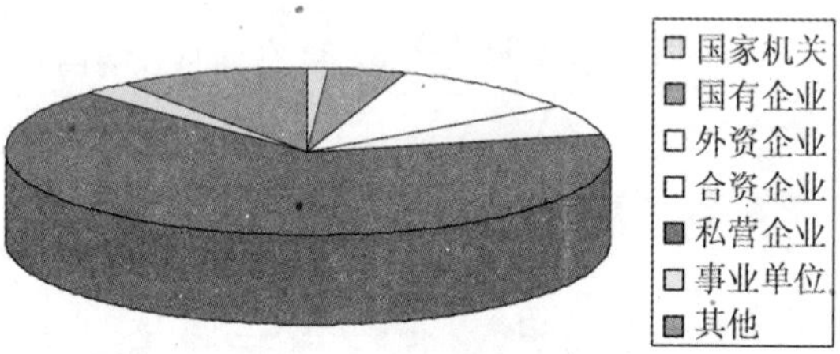

图 9-5　单位性质分析

从以上的基本情况统计我们可以看到职业教育有别于普通教育明显的特色。第一，在学历、职称和行政级别上，研究生以上学历比例、副高以上职称明显偏少，拥有行政级别的毕业生也多集中于科级。而这也是与职业教育的培养目标相一致的。第二，多从事基层、一线的技术和管理工作，这一点从毕业生的工作单位和职称、拥有的职业资格证书等方面得到了充分的证明。

2. 学生毕业后成长历程调查统计与分析

根据调查，有超过 90% 的毕业生的工作单位个数不超过 3 个，其中工作后没有变动过的 44 人，占 25.14%；变动 1 个 28 人，占 16%；变动 2 个 65 人，占 37.14%；变动 3 个 27 人，占 15.43%；变动 4 个以上 11 人，占 6.29%（见图 9-6）。

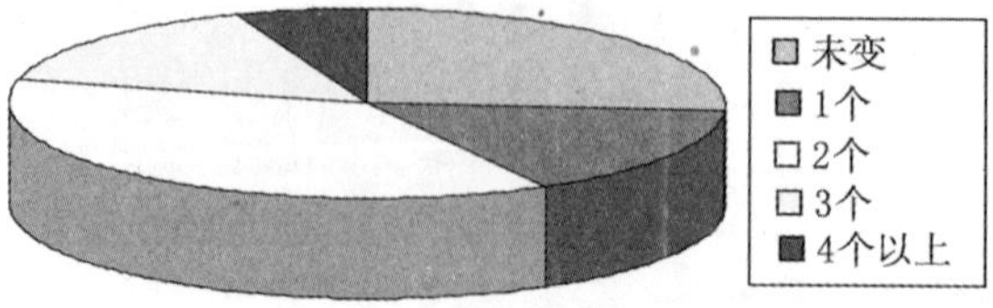

图 9-6　工作情况分析

统计还显示，毕业生中 71 人未更换过岗位，占 40.57%；39 人更换过 1 个岗位，占 22.29%；31 人更换过 2 个岗位，占 17.71%；28 人更换过 3 个岗位，占 16%；更换过 4 个以上岗位的 6 人，占 3.42%。

以上调查表明，各个专业的毕业生的工作单位都相对稳定，职业转换较少，并未出现盲目性的跳槽、转岗的现象。这一方面说明，我们学校开设的各专业能够较好对接宁波及其周边区域社会经济需求，另一方面说明，通过学校的职业指导，学生对职业具有强烈的责任感和专业认同感。

同时调查还显示，毕业生中 149 人未进行学历进修，占 85.14%，24 人进行了本科学历的进修，只占 13.71%（见图 9-7）。在调查中我们发现，由于学历层次较低，学历提升成了毕业生毕业后一段时间内亟待解决的一个问题。这也需要我们学校方面思考，在我们的课程内容、学分制度方面如何改革才能有助于学生学历提升。

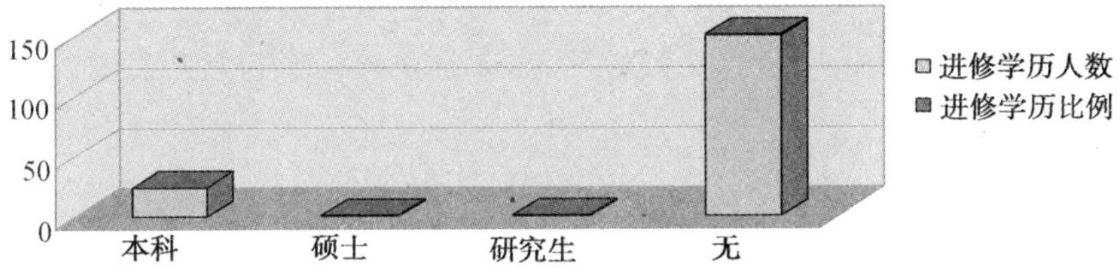

图 9-7　学历进修情况

对一个要取得成功的重要品质调查中，有“坚毅执着”、“大胆自信”、“刻苦勤奋”、“真诚善良”、“目标明确”、“心态积极”、“良好习惯”、“身心健康”、“创新制胜”和“其他”这些选项。“坚毅执着”、“大胆自信”、“目标明确”排在前三位（见图 9-8）。

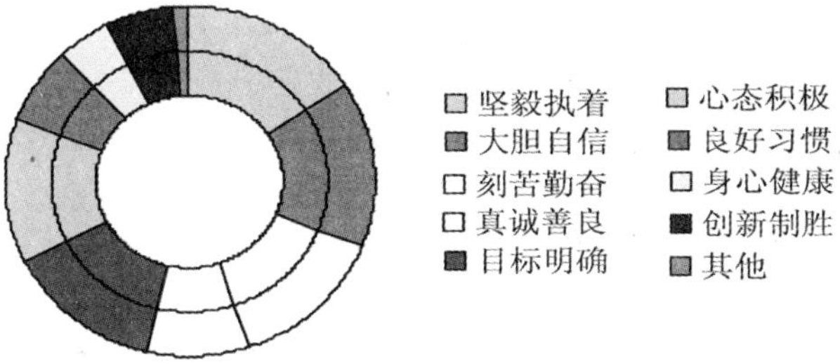

图 9-8　成功所需品质认知

在对成长成功影响因素的认知调查中，个人能力、个人努力和机遇运气排前三位，成为影响毕业生成长成功最重要的三个因素，而学校教育、家庭教育、家庭资源排在后三位（见图 9-9）。说明我校毕业生对于成功的认知归因倾向于内部的稳定的因素。

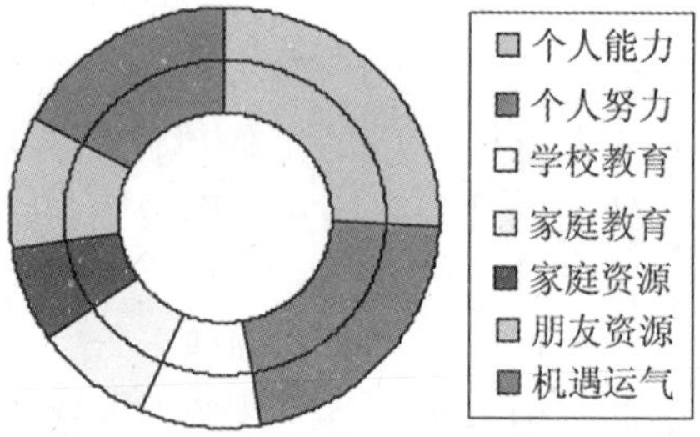

图 9-9 影响成长成功的因素认知

近 1/3 毕业生将综合协调能力、创新和创业能力、社会适应与人际交往能力作为影响成长成功的重要能力，远高于职业知识和职业技能(见图 9-10)。

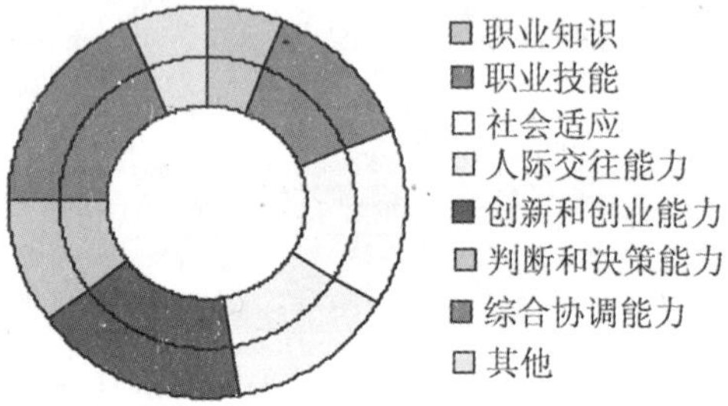

图 9-10 影响成长成功的能力认知

这让我们认识到了职业学校教育对学生人生成长的重要作用，同时也充分表明了职业学校的职能不仅仅是传授职业知识、培训职业技能，更应该关注学生综合素质和综合能力。

3. 毕业生在校时成长历程调查统计分析

统计表明，入学前家庭所在地有 67.43% 在农村，19.43% 在城市(县城及以上)，13.14% 在小城镇(见图 9-11)。父母是工人和农民的占绝对多数，达 66.86%(见图 9-12)。

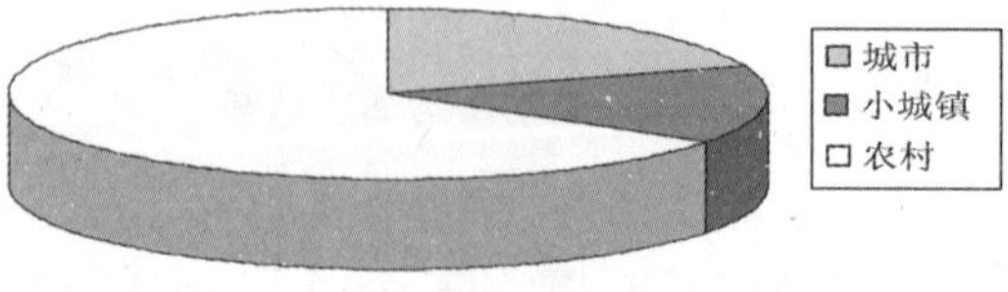

图 9-11 家庭所在地情况

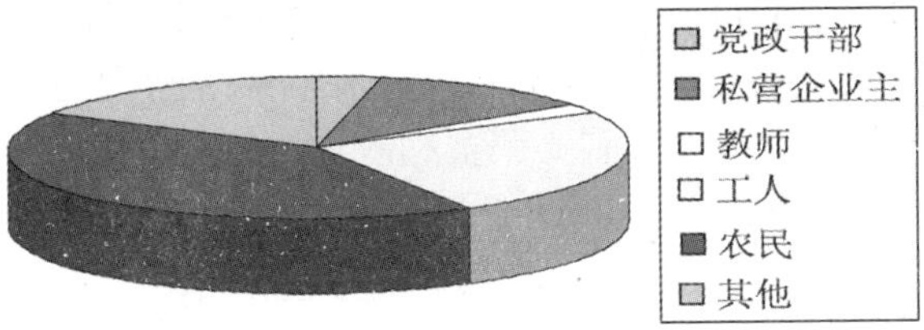

图 9-12　家庭背景情况

这些都显示了社会对职业教育态度和职业教育承担的功能及培养目标的变化，同时也充分表明一点，职业教育承担着农民、工人等社会基层家庭子女的教育功能，是面向大多数人的教育，是涉及民生的重大工程。由此可见，职业教育在改变社会分层、促进社会流动中起到了一定的作用。

关于入学动机的调查中，自己喜欢和未考上理想学校后的选择是选择职业技术学院原因的前 2 位，占了 64%（见图 9-13）。

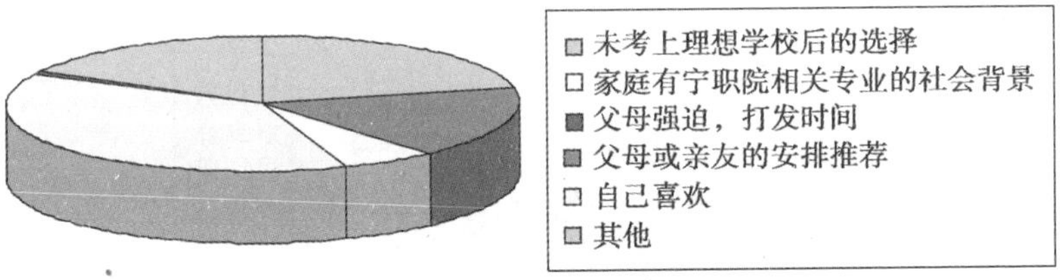

图 9-13　选择学校的原因

选择专业的原因中，近一半毕业生首选是因为自己的兴趣和爱好，占了 53.14%；专业就业前景好排第二位，占 28.57%；老师或亲友的推荐占 15.43%（见图 9-14）。

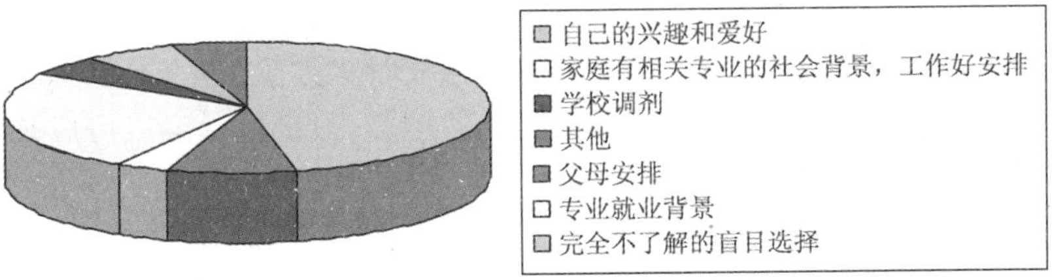

图 9-14　选择专业的原因

这也说明绝大多数学生报考职业学校和选择专业时受父母、亲友和社会的因素影响不大，有自己的兴趣驱使和理性认识，入学动机和专业选择主动明确而非盲目。

在对学校教育教学方面的评价中，认为学校专业和课程设置“合理，能适应社会发展和需要”的24人，占13.87%；“基本合理，基本适应社会发展和需要”的141人，占81.5%；“不合理，需要调整和改进”的只有8人，仅占4.62%（见图9-15）。这说明我们学校的专业和课程设置比较适应宁波当地以及周边区域经济发展，能够给学生以适宜的专业知识、专业技能及专业素养。

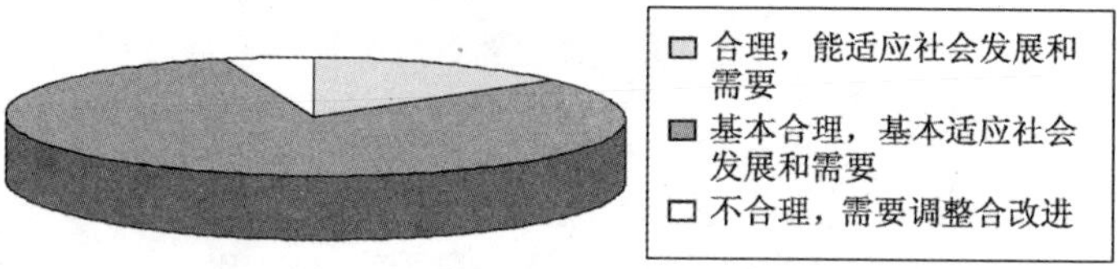

图9-15　对学校专业和课程设置的认知

在学校时取得的基础文化课成绩优秀33人，占23.91%；良好95人，占68.84%（见图9-16）。这说明在学校时的成绩和表现与到社会上的成长成功有着很强的正相关性。

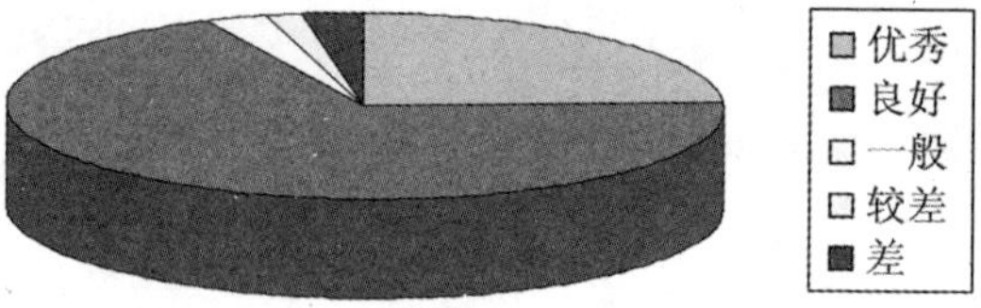

图9-16　在学校取得的基础文化课成绩

4/5以上的学生在校时获得专业技能证书，其中初级65人，占37.14%；中级53人，占30.29%；高级26人，占14.85%。这说明我们在培养学生时要继续立足“双证”培养，要以学生“技能培养”为抓手，提升学生就业能力。

认为在校时培养社会工作能力的途径中，参加社会实践排第一位，占37.28%；担任学团干部，占26.69%。说明在校时多鼓励学生参加社会实践，参与学团组织管理对于学生综合素质和能力的培养，对走上社会以后成长成功的重要性。

在对母校教育教学中做得最好的方面调查中，职业知识的教学、职业技能的培养排前二位（见图9-17）。这也恰恰说明，学生专业知识的传授、职业技能的强化等是非常重要的，须要常抓不懈。而如职业理想的树立和职业生涯的规划辅导、心理健康咨询与辅导、就业和创业的教育选择的人很少，这在另外一个侧面也引起我们的关注，学校在这些方面的工作是须要完善的。

对母校最难忘的老师调查中，有超过64.5%的人填写了自己的班主任和专业老师。这说明班主任和专业老师是我校学生在校时接触较多的人员，也对他们的成长产生了重要的影响。

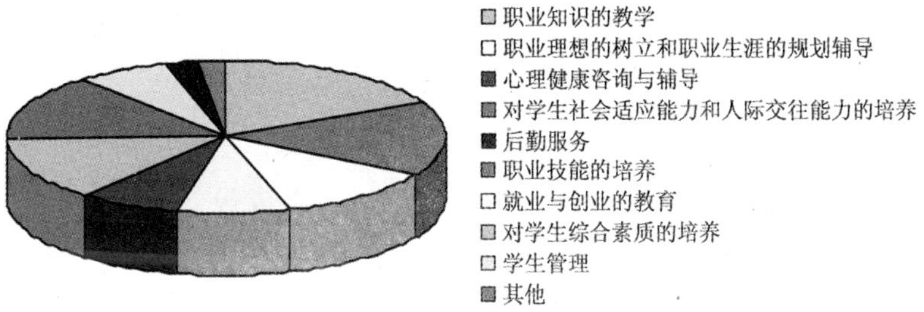

图 9-17　母校教育教学较好的方面评价

四、调研初步结论及建议

1. 初步结论

(1) 学校职业教育对毕业生成长成功具有重要意义

职业学校教育对学生成长成功有着重要的影响。在校期间是学生树立职业理想、开展职业生涯规划和实践的起点，学生不仅学习职业知识、培养职业技能，更是锻炼社会能力、提升综合素质，初步形成自己的世界观、人生观、价值观和职业观，这些都是影响学生今后成长成功的关键因素。可以说，职业学校教育几乎决定了学生一生的职业选择和努力方向。

之后学生要经历第一次就业、学历深造、第一次升迁、创业等重要的职业生涯探索和尝试期，进入较为稳定和持续的职业生涯实施和发展阶段。但无可否认的是，学校职业教育为他们走向职场奠定了坚实的基础，对以后的初入职场、职业提升和职业转岗都具有极强的影响。

(2) 学校职业教育具有改变社会分层的重要功能

调研显示大部分毕业生的家庭背景为底层农民、工人。在经过学校职业教育授予职业知识、职业技能和职业素养后，毕业生们走出校门，踏入改变自己的职场，慢慢蜕变，最后大部分摆脱社会阶层底层。

马克思和韦伯都把教育或技术资格看成是划分阶级阶层结构的重要依据。柯林斯、贝尔等人也都认为，在未来的社会阶级结构中，教育将作为在社会中经济方面受益阶层的筛选标准，技术能力成为实际权力的一个条件，社会主要机构中成员的招募将以技术能力为首先条件。

通过调研充分表明一点，学校职业教育具有改变社会分层的重要功能。

2. 建议

(1) 职业技能层面——深化“三位合一、三方联动”内涵式发展道路

在对母校教育教学中做得最好的方面调查中,职业知识的教学、职业技能的培养排前二位。学院积极探求一条具有自身特色的高职办学之路,通过校企联合办学,借助企业的优势,对学生进行多种技能训练。目前,学院已同开发区敏孚企业、中国海天集团、宁波讯达仓储运输公司等200多家企业签订了联合办学协议。聘请有关企业的业务骨干为学院专业委员会成员,参与学院学生培养目标的确定和教学计划的制定,使学院的教育教学贴近企业的需要,培养符合市场需要的人才,提高了学生就业率。毕业生就业率连年在99%以上。

我们与海天集团股份有限公司等企业建立了独具特色的“学工交替”、“订单式(2+1)”、“项目化教学”人才培养模式,可谓走出了一条“校企合作”成功之路。学院应以此为基础,充分利用地处宁波经济技术开发区的区域优势,坚持走产学研相结合的办学之路,在实践中继续深化具有鲜明区域特色的“三位合一、三方联动”的现代高职教育宁波模式。

职业教育直接面向就业,职业教育的定位和培养目标就决定了职业技能是职业院校培养中的重要抓手。进一步强化学生的职业技能训练,让学生在走上工作岗位时熟练掌握相关职业的核心技能,拥有自己的核心竞争力,为今后成长成功打下坚实的基础。

(2) 职业素养层面——关注学生“关键能力”的培养

调查中,有近1/3毕业生将综合协调能力、创新和创业能力、社会适应与人际交往能力作为影响成长成功的重要能力,远高于职业知识和职业技能。没有一个岗位是仅靠职业知识和技能就能胜任的,我们学校的毕业生要想获得生存和发展,发展其综合协调和社会交往能力更加重要。

德国梅腾斯提出的“关键能力”概念,可以理解为跨专业的知识技能和能力,由于普遍适应性它们不易因科学技术进步而过时或被淘汰。梅腾斯从未来劳动领域需求的角度,强调培养人的能力,而能力的培养不能仅局限于一项专门技术内容上,而应适应多种职业,为劳动者能在现代化社会中生存进行培训。

因此,在我们学校教育教学改革过程中不妨作一些类似探索,使“关键能力”的培养更具有职业导向性。学院在培养学生的目标上不应仅仅停留于专业技能,而应全方位地培养人、造就人,应该更贴近社会需求,培养合格的职业人和完善的社会人。毕业生都认为担任学团干部会对自己的综合协调和社会交往能力起到最大作用。大力开展各个层次、各种类型的活动,创造更多的如运动会、文艺汇演等品牌活动,广泛利用班级、系部、各类社团组织等开展活动,形成良好的氛

围，让更多学生参与，让学生在参与中成长。同时也要开展各类社会实践活动，让学生在与社会的接触中提高自身的社会适应和交往能力。

(3) 就业心理层面——加强就业心理辅导

调查中毕业生将个人能力和个人努力列为自己成长成功最重要的影响因素。韦纳(B. Weiner)认为，我们对成功和失败的解释会对以后的行为产生重大的影响。人们对行为成败原因按各因素的性质，分别纳入控制点、稳定性、可控性三个向度之内。个人能力为稳定、可控和内在因素，这说明毕业生对成功的认知相对积极。

一方面，高职学生的心理素质仍未成熟，生活经验不丰富，还没有做好应对当前激烈就业竞争和就业压力的自我准备；另一方面，由于高职学生的文凭和知识技能的社会认可度不高，加之当前激烈的就业形势，使得他们的就业面临更大的挑战。因此，学院应该由教务牵头，心理研究所主要负责，加强对学生，尤其是毕业班学生的就业心理辅导，引导其树立正确的就业观，保持积极良好的就业心态，让我们的学生从容地走出校门迎接方方面面的挑战。

还要在日常授课中通过如心理辅导和心理训练等方式对学生进行判断、推理、逻辑思维、直觉思维、发散思维及创造性思维和自我激励等各种能力的训练和培养，让我们的学生具有创新能力，在就业这场硬仗中博得头筹。

(4) 教育管理层面——构建学生管理共同体，形成教育合力

调研结果显示，大部分毕业生都认为班主任和专业教师对他们影响最大。高职教育阶段正是学生形成世界观、人生观、价值观、职业观的关键时期，这个时期与他们经常接触的"关键人物"将对他们的人生产生深远的影响。究其原因，就在于班主任和专业教师与他们接触最多，其为人处世的方式方法都会给他们很多潜移默化的影响。

学院现行的学生管理是校院两级的。校级主要由学院团委和学工部门负责，院级由分团委、辅导员和班主任负责，专业教师并不过多介入，思政线路和教学线路各司其职。但这种界限分明的传统学生教育管理模式往往不利于教育教学资源的很好整合。

在管理维度上，学院应该构建由各级教育教学人员等组成的教育教学团队，推广学生导师制，实施大教育、大管理，使学生"时时有人育，处处有人导"，最大限度地发挥教育的合力。

后　记

《国家示范性高等职业院校的个性化成长——以宁波职业技术学院为例》一书是我这些年来对国家示范性高等职业院校建设的一些思考，以及在这些思考基础上的实践。之所以把这些思考和实践经验汇集成书，一是为了对自己过去这些年做的事情有一个总结；二是希望能给其他高职院校的发展提供借鉴。本书的撰写单靠我一个人是无法完成的，正如宁波职业技术学院国家示范性高职院校建设单靠我一个人无法完成一样，这是一个凝聚了集体智慧的成果，是集体合作的结果。在这个过程中，江苏理工学院职教研究院的庄西真博士、刘猛博士、孙健博士、贺文瑾博士、孙建波老师等贡献良多，江西科技师范大学的陈建华主任（《职教论坛》杂志社原社长）、我校的任君庆教授等人也做了大量的工作。另外我们还参考了国内外众多专家学者的大量研究成果，并尽可能注明了出处。需要特别说明的是，为了能达到理论与实践相结合的效果，本书一些章节采用较为鲜活的案例研究。这些案例研究全部是国内职教研究界的同行（包括我院的一些老师，比如周亚老师、郑卫东老师等）在实地考察宁波职业技术学院后，写就的相关专题研究报告或学术论文，都曾公开发表过。这次根据体例需要，引入这些案例研究，相关研究人员都欣然同意，谨在此一并表示感谢！

苏志刚

2013 年 3 月 18 日